Seelsorge und Psychotherapie im Dialog

Gemeinsamkeiten – Unterschiede

Michel Lansel

Die vorliegende Arbeit wurde von der Theologischen Fakultät der Universität Zürich im Frühjahrssemester 2019 auf Antrag von Prof. Dr. Ralph Kunz als Dissertation angenommen.

Zweite Auflage Herbst 2020

Edition 381 | www.edition381.ch

Um dem Anliegen einer geschlechtersensiblen Sprache gerecht zu werden, werden wahlweise männliche und weibliche Sprachformen verwendet, wobei in beiden Fällen das andere Geschlecht jeweils mitgemeint ist.

Bildnachweis Umschlag:
Vincent van Gogh: Der barmherzige Samariter.
© Kröller-Müller Museum, Otterlo

Druck und Bindung: Books on Demand GmbH, Norderstedt
Papier: Cremeweiss, 90 g/m²

ISBN: 978-3-907110-08-9

Inhalt

Es wäre höchste Zeit,
dass der Seelsorger und der Seelenarzt
sich die Hand reichten ...

C. C. Jung

Vorwort

Seit dem Abschluss meines Medizinstudiums beschäftigt mich die Frage nach dem Verhältnis von Seelsorge und Psychotherapie in hohem Masse. Wie noch genauer zu erörtern ist, ergab sich eine entscheidende Klärung aus der Unterscheidung zweier komplementärer Zugangsweisen zu dieser Frage: einer empirisch-praxisorientierten auf der einen und einer wissenschaftstheoretischen Linie auf der anderen Seite.

Ein vertieftes Verständnis der praxisbezogenen Seite gestattete mir meine ärztliche Tätigkeit im akuten und chronischen stationären psychiatrischen Bereich, in der teilstationären Behandlung und Rehabilitation psychisch kranker Menschen sowie im notfallpsychiatrischen Dienst der Stadt Zürich. Letzterer gewährte mir einen Einblick in das Drogenelend und die verborgene Not allzu vieler Menschen, die am Rande unserer Gesellschaft leben. Hinzu kamen eine über 20-jährige analytisch-supervisorische Selbsterfahrung sowie persönliche Gespräche als Seelsorgeempfänger bei meinem damaligen Religionslehrer während meiner Zeit als Gymnasiast und Student.

Meine theologische und theoretische psychiatrisch-psychotherapeutische Ausbildung war mir auf der anderen Seite eine grosse Hilfe, mich mit der wissenschaftstheoretischen Seite des Problems eingehend zu befassen.

Diese Arbeit möchte beide Aspekte berücksichtigen: einerseits dem wissenschaftlichen Anspruch hinsichtlich einer Verhältnisbestimmung von Seelsorge und Psychotherapie gerecht zu werden. Andererseits will sie auch die praktische Sicht betonen, um so den in den Gemeinden tätigen Seelsorgern eine Wegleitung zu geben, wie weit sie in ihrer seelsorgerlichen Tätigkeit gehen können und wann sie den Seelsorgeempfänger an einen Psychiater oder Psychotherapeuten überweisen sollen.

Die Beschäftigung mit diesen Fragen war indes nicht nur sehr weiterführend für mich, sondern darüber hinaus von einer inneren Entwicklung begleitet, die ich ebenfalls als höchst bereichernd erleben durfte.

Vielen Menschen bin ich zu Dank verpflichtet: meinem Religionslehrer Harro Peter; meinem Analytiker Dr. med. Peter Jung; Prof. Dr. Ralph Kunz, der meinem Vorschlag zu dieser Arbeit spontan zugestimmt hat, Dr. theol. Rebecca Giselbrecht für wichtige Impulse sowie meinen früheren Mitstudenten Pascal Bertallo und Matthias Maywald, die mir Mut gemacht haben, das Studium der Theologie doch noch abzuschliessen. Schliesslich sei auch Prof. Heinrich Kuhn für die sorgfältige Durchsicht dieser Arbeit sowie Noëmi Ruther für ihre wertvollen Hinweise und Verbesserungsvorschläge gedankt.

1 Problemanzeige

Das Verhältnis von Seelsorge und Psychotherapie lässt sich als eine Geschichte von »Anlehnung und Abgrenzung« lesen.[1]

Aus seelsorgerlicher Sicht ist die abgrenzende Position von der Furcht geprägt, ein profanes Menschenbild zu integrieren und so die eigenen Grundlagen des Glaubens zu untergraben. Dies ist die Sicht der kerygmatischen Seelsorge, wie sie etwa von Eduard Thurneysen vertreten wurde. Wie alle dialektischen Theologen ging er von der radikalen Kluft zwischen der göttlichen Realität und aller Weltwirklichkeit aus.[2] Die Offenbarung als zentraler Inhalt der Heiligen Schrift liege nämlich in »exklusivstem Sinne ausserhalb der Welt menschlichen Erkennens und menschlichen Seins«.[3] Deshalb hätten die auf Menschenerkenntnis[4] ausgerichtete Weltanschauung Freuds und das Menschenverständnis[5] in der Bibel nebeneinander keinen Platz.

Eine konträre und weitgehend isolierte Meinung vertrat Oskar Pfister, der sogar so weit ging, Liebe und Libido über den verwandtschaftlichen Klang hinaus auch inhaltlich nebeneinanderzustellen.[6] Denn wo Glaube und Psychoanalyse sich frei entfalten können, werde durch Überwindung der Angst der Lebensfluss wieder ermöglicht.[7] »Da Jesus dieses Grundprinzip als Mitte seiner Seelsorge vertreten habe, könne diese Seelsorge als Form der Psychoanalyse bezeichnet werden«.[8]

Auch wenn diese gegensätzlichen Positionen durch neuere Entwürfe relativiert werden – zu nennen ist in erster Linie die pastoralpsychologische Seelsorge mit ihren Exponenten Joachim Scharfenberg und Dietrich Stollberg –, so machen sie doch deutlich, dass Seelsorge nicht als einheitliches Phänomen wahrgenommen wird.

Noch weit weniger einheitlich gestaltet sich indes die Psychotherapie. Biologische, behavioristische, psychoanalytische, humanistische und spirituelle Ansätze – es seien hier nur die wichtigsten genannt – bilden ein breites Spektrum stark divergierender Grundanschauungen, die nur schwer zu vergleichen sind und die sich teilweise unversöhnlich gegenüberstehen. Hinzu kommt, dass jede dieser Hauptströmungen sich in eine Vielzahl verschiedener Richtungen weiter auffächert.

Dementsprechend ist die Psychotherapie in Bezug auf ihre Menschenbilder gleich mehrfach in sich gespalten. Radikale biologische Ansätze gehen gar so weit, dass sie dem Menschen einen freien Willen absprechen. Die klassische behavioristische Schule betrachtet ihrerseits das Innenleben der Person als unerforschbare und daher für eine Therapie irrelevante »black box«. Allein durch eine Konditionierung von aussen könne eine Verhaltensänderung herbeigeführt werden. Für das humanistische Therapieverständnis ist die Innenperspektive dagegen ein unverzichtbares und entscheidendes Element. Nur durch Zugang zu den eigenen Gefühlen und Gedanken in einer tragenden Beziehung zum Therapeuten erscheinen Entwicklungsschritte möglich. Spirituelle Ansätze streben schliesslich danach, durch Einbezug des Religiösen dem Bedürfnis nach Sinn, nach umfassendem Vertrauen sowie angemessenem Umgang mit Schuld und Vergebung gerecht zu werden. Je nach Schulrichtung sind somit ganz unterschiedliche Theorie- und Therapieansätze erkennbar. Analog zur Seelsorge erscheint daher zumindest ein einfacher, linearer Vergleich auch innerhalb der Psychotherapie nicht möglich.

Hieraus ergeben sich grundlegende methodische Probleme im Blick auf eine Verhältnisbestimmung von Seelsorge und Psychotherapie. So sind Vergleiche nur innerhalb eines weitgehend kohärenten und einheitlichen Systems sinnvoll. Auf welche Bestimmung von Seelsorge wäre bei einem Vergleich zu rekurrieren? Handelt es sich um die oben erwähnte dogmatische Sicht Thurneysens, Pfisters psychoanalytische Perspektive oder die pastoralpsychologische Position? Welche psychotherapeutische Richtung wäre auf der anderen Seite zu wählen? Ist es der biologische, behavioristische, psychoanalytische, humanistische oder spirituelle Ansatz?

2 Problemanalyse

Im folgenden Kapitel soll in einem ersten Schritt versucht werden, die Bedeutung des Verhältnisbegriffes präziser zu bestimmen und philosophisch auszuleuchten. Seelsorge und Psychotherapie stellen, wie schon angedeutet und wie im Verlauf der Arbeit noch ausführlich zur Sprache gebracht wird, geschichtlich gewachsene Gebilde mit zum Teil deutlichen Differenzen selbst innerhalb der jeweiligen Disziplin dar. So wie jede kirchengeschichtliche Epoche eigene Akzente in Bezug auf die Seelsorge setzte, führte jede weltanschauliche Ausrichtung zu einer ihr gemässen Psychotherapieform; beides hatte eine Vielzahl von Ansätzen und Systemen zur Folge. Die Grundfrage lautet dabei: Wie ist bei einer Verhältnisbestimmung diesem Umstand Rechnung zu tragen?

Aus wissenschaftstheoretischer Perspektive bietet sich hier Ludwig Wittgensteins Konzept der Familienähnlichkeiten an: »Betrachte z.B. einmal die Vorgänge, die wir ›Spiele‹ nennen. Ich meine Brettspiele, Kartenspiele, Ballspiele ... schau, ob ihnen allen etwas gemeinsam ist. – Denn wenn du sie anschaust, wirst du zwar nicht etwas sehen, was allen gemeinsam ist, aber du wirst Ähnlichkeiten, Verwandtschaften sehen ... Wir sehen ein kompliziertes Netz von Ähnlichkeiten, die einander übergreifen und kreuzen ... Ich kann diese Ähnlichkeiten nicht besser charakterisieren als durch das Wort ›Familienähnlichkeiten‹ ...«[9]

Sowohl Psychotherapie wie auch Seelsorge bilden aus dieser Sicht »Grossfamilien«, die sich weiter in Familien und diese wiederum in Unterfamilien unterteilen lassen.

Dies wird besonders im Bereich der Psychotherapie ersichtlich.[10] Die tiefenpsychologische Familie etwa lässt sich weiter in Unterfamilien aufteilen, als deren Hauptvertreter die Freud'sche und die Jung'sche Schule zu nennen sind. Diese weisen hinsichtlich der Konzeption eines Unbewussten grosse Ähnlichkeiten untereinander auf, ganz im Gegensatz etwa zur behavioristischen Familie, welche ohne die Annahme eines Innenlebens auskommt. Andererseits unterscheiden sich die Freud'sche und Jung'sche Schule grundlegend hinsichtlich ihrer Weltanschauung. So zeigt Freuds materialistische Ausrichtung einen viel stärkeren Bezug zur biologischen Familie als Jungs Konzept der Archetypen sowie eines spontanen Individuationsprozesses.

Eine Verhältnisbestimmung hat mit anderen Worten eine Vielzahl mehrschichtiger einander übergreifender und sich kreuzender Haupt- und Nebenlinien der jeweiligen Disziplinen und Subdisziplinen zu berücksichtigen.

Die im Folgenden vorgeschlagene Lösung dieses Problems soll im Rahmen einer ausführlichen Zusammenfassung der Arbeit vorangestellt werden, um dem Leser auf dem Weg durch die wie erwähnt komplexe und zum Teil wenig übersichtliche seelsorgerliche und psychotherapeutische Landschaft in dieser Untersuchung als Orientierungshilfe zu dienen.[11]

3 Problemlösungsvorschlag und zusammenfassende Übersicht

Das Problem der Komplexität lässt sich, wie bereits angedeutet, nicht durch den einfachen linearen Vergleich der jeweiligen Grossfamilien lösen. Vielmehr müssen diese zu kleineren Familieneinheiten heruntergebrochen werden, wobei die entsprechenden seelsorgerlichen und psychotherapeutischen Elemente in minutiöser Vergleichsarbeit miteinander in Verbindung zu bringen sind.

Wohl werden Gemeinsamkeiten und Unterschiede zwischen der Psychotherapie und der Seelsorge bei der Darstellung der jeweiligen Disziplin laufend zur Sprache gebracht. Da aber die Psychotherapie vor der Seelsorge besprochen wird, mussten bei der Gegenüberstellung viele Elemente der Seelsorge bereits vorweggenommen und zahlreiche Querbezüge und Vergleichsmomente zwischen beiden Disziplinen schon im psychotherapeutischen Teil abgehandelt werden. Daher ist dieses Kapitel auch länger ausgefallen als jenes über die Seelsorge. Eine gesonderte Darstellung der beiden Gebiete mit anschliessendem Vergleich in einem dritten Teil hätte zu vielen schwerfälligen Wiederholungen geführt.

Neben der filigranen Vergleichsarbeit, die einen beträchtlichen Teil dieser Untersuchung ausmacht, wird auch die Frage nach der Möglichkeit einer Komplexitätsreduktion im Sinne einer alternativen Annäherung an das Problem gestellt. Die Grundfrage dabei lautet: Lassen sich Seelsorge und Psychotherapie auf bestimmte, den jeweiligen unterschiedlichen Ausformungen zugrunde liegende essenzielle Elemente zurückführen?

Bereits in den Dreissigerjahren gab es Bestrebungen, nach einer allen Psychotherapieformen gemeinsamen Basis zu suchen. So beschäftigte sich etwa Carl Rogers mit der Frage, »welche Elemente ... die persönliche Weiterentwicklung eines Klienten besonders begünstigen« würden.[12] Als wesentliche

Wirkgrösse einer Psychotherapie – dies wurde in einer Vielzahl von Studien bestätigt – konnte die Qualität der zwischenmenschlichen Beziehung ermittelt werden.[13] Von hoher Relevanz war dabei die Erkenntnis, dass diese Beziehung primär von der *Person* der Therapeutin und erst in zweiter Linie von der Therapieform abhängt; Eigenschaften wie Empathie, Authentizität sowie Wertschätzung für den Klienten bestimmen dabei das wachstumsfördernde Klima einer Beziehung, was gemäss Rogers nicht nur für die Psychotherapie, sondern etwa auch für Seelsorge- und Lehrerberufe Gültigkeit hat.[14]

Ist nun die Person des Seelsorgers beziehungsweise des Therapeuten sowohl in der Seelsorge wie auch in der Psychotherapie tatsächlich entscheidend, so treten normative Differenzen im Verhältnis beider Disziplinen vorerst in den Hintergrund.

Nun ist es höchst bemerkenswert, dass nach Luther der Ursprung der Seelsorge ebenfalls in einer Person, und zwar in einer geschichtlichen Gestalt begründet liegt: »Christus, der *medicus, rector et pastor* ist.«[15] Angesprochen sind indessen nicht innere Werte wie bei Rogers, sondern die äusseren Fähigkeiten der *Heilung, Führung* und des *Zuspruchs*. Damit wird die christliche Seelsorge von ihrer Quelle her gedeutet, was, von Ausnahmen – etwa Oskar Pfister – abgesehen, in der neuzeitlichen Wahrnehmung der Seelsorge bisher nur wenig Fürsprache erhalten hat. So sei nach Rössler Seelsorge als »Ergebnis der geschichtlichen Entfaltung des Christentums« zu betrachten und weniger auf die Person Jesu zurückzuführen.[16] Durch das Wiedererwachen der jesuanischen Historizitätsfrage in der Zeit nach Bultmann erscheint es indes berechtigt, von den Logien und Gleichnissen Jesu entscheidende Impulse für die christliche Seelsorge abzuleiten – Impulse, die sich selbstredend über die Epochen entfaltet und vom jeweiligen Zeit- und Glaubensgeist überformt wurden. Aus dieser Sicht soll der Luther'sche Ansatz über den Ursprung der Seelsorge genauer ausgeleuchtet werden.

1. Christus, der *medicus*. Für die alte Kirche erwies sich die Metapher der ärztlichen Kunst als prägend, indem die Sünden als »Krankheit der Seele« seelsorgerlich zu therapieren waren.[17] Neben dem Zuspruch dürften Einsicht und Umkehr dabei eine zentrale Rolle gespielt haben.
2. Christus, der *pastor*. Als zweiter Aspekt der seelsorgerlichen Praxis Jesu, wie sie in den Evangelien narrativ überliefert wird, fungiert das Bild des guten Hirten, welches die christliche Seelsorge zweifellos entscheidend beeinflusst hat.
3. Christus, der *rector*. Aus der Metapher des Hirten leitet sich auch der dritte Aspekt ab; denn die Sorge um das Wohlergehen der Herde bedingt auch die Führung der Schafe.

Diese drei Elemente entsprechen, in geänderter Reihenfolge, den drei zentralen psychotherapeutischen Prinzipien, die sich schulübergreifend in jeder Therapie, wenn auch in unterschiedlichem Masse, nachweisen lassen: das *stützende (pastor), führende (rector)* und *aufdeckende (medicus)* Element als äussere (im Gegensatz zu den Rogers'schen inneren) Eigenschaften jeder Psychotherapeutin.

Es gilt indessen zu bedenken, dass die drei Rogers'schen Kriterien – Empathie, Authentizität sowie Wertschätzung – keine isolierten Eigenschaften sind. Sie können nicht losgelöst von anderen charakterlichen Qualitäten betrachtet werden. Aus humanistischer Perspektive (s. 7.7 und 8.2) wären zu nennen: Geborgenheit, Gelassenheit, Serenität, Humor sowie die Fähigkeit, glücklich zu sein, zu verzeihen bzw. einen Sinn im Leben zu erfahren. Wesentlich sind des Weiteren Toleranz, adäquate eigene Emotionswahrnehmung sowie Weisheitskompetenz. Es handelt sich um eine ganze Reihe sogenannter Kerntugenden, die über die Vorbildfunktion eines Psychotherapeuten und Seelsorgers zugleich auch Ziele der Psychotherapie und Seelsorge darstellen. Dabei verschränken sich die genannten Tugenden mit der Luther'schen und Rogers'schen Trias, zumal etwa die Eigenschaft der Selbstkritik, die der Fähigkeit zu führen oder der Authentizität unter anderem zugrunde liegt, ein hohes Mass an Weisheit voraussetzen. Dieselben Bedingungen gelten gleichermassen auch für die Empathie und die Wertschätzung. Allerdings gilt es, Unterschiede zu beachten. So ist etwa die Weisheitskompetenz in der Psychotherapie ganz unterschiedlich gewichtet. Bei den humanistischen Methoden – sie werden unter 7.7 ausführlich erörtert – ist sie weit mehr gefragt als zum Beispiel in der Verhaltenstherapie der ersten Stunde (s. 7.8), die sich auf eine mechanistisch orientierte Veränderung des Verhaltens bzw. auf eine Desensibilisierung von u.a. phobischen Symptomen beschränkte. Demgegenüber erfordern Fragen nach dem Lebenssinn oder nach der Bewältigung von Leid, wie sie etwa in der Logotherapie Viktor Frankls (s. 7.6) gestellt werden, ein sehr viel breiteres Wissens- und Erfahrungsrepertoire, das weit über die Psychologie bis in die Philosophie und Theologie hineinreicht. Dieses »Wissen« bildet eine wesentliche Bedingung jeder Weisheitskompetenz.

An dieser Stelle drängt sich die Frage nach einer Konzeptualisierung des Verhältnisses von Seelsorge und Psychotherapie auf. In Anlehnung an Henning Schröer[18] und Klaus Winkler[19] wird hierzu ein polares Strukturmuster definiert. Es handelt sich auf der einen Seite um das *Autarkiemodell*, bei welchem sich die jeweilige Disziplin gewissermassen selbst genügt,[20] und auf der anderen Seite um das *Kooperationsmodell* mit der Option der *bereichernden Ergänzung* durch die andere Disziplin. Dazwischen wäre noch das *Dominanzmodell* mit dem Status der *Hilfswissenschaft* für die jeweils andere Disziplin anzusiedeln.

Entscheidend ist dabei, welche Perspektive gewählt wird. Geht man von einer *theoretischen (Top-)*Betrachtung aus und stellt die Vielfalt von seelsorgerlichen und psychotherapeutischen Konzepten nebeneinander, so lassen sich diese nur sehr bedingt vergleichen. Aus dieser Sicht dürfte sich zur Beschreibung der Relation von Seelsorge und Psychotherapie das *Autarkiemodell* tendenziell besser eignen. Wählt man hingegen eine *Basisbetrachtung*, geht man also von der Trias Luthers beziehungsweise den drei Rogers'schen Kriterien aus, so erscheint ein Vergleich durchaus sinnvoll. Nicht nur die inneren Werte der Person, namentlich *Empathie, Authentizität* und *Wertschätzung* wären somit sowohl auf die Seelsorge wie auch auf die Psychotherapie anwendbar, sondern auch der *stützende, führende* und *aufdeckende* Aspekt und damit die Funktion der Person nach aussen. Damit fiele die Bestimmung des Verhältnisses zwischen Psychotherapie und Seelsorge deutlich zugunsten des *Kooperationsmodells* aus. Bildhaft: Je weiter wir uns von der Basis entfernen, desto übergreifender werden die jeweiligen Eigenschaften, und die Kontexte komplexer – wie bei zwei Spalierbäumen, die beieinanderstehen und deren Stämme sich aufteilen, wobei die höheren Äste derart ineinandergreifen, dass man ihre Verbindung zum Stamm nicht mehr verfolgen kann. Bei einer Betrachtung von oben schliesslich, die – um beim Bild zu bleiben – den Blick auf die Baumkronen richtet, imponieren verschiedene Eigenschaften wie Dichte, Blattwerk oder Blüten, die den Blick auf den Grund allerdings verstellen.

Je nachdem, ob man wissenschaftstheoretisch oder praxisorientiert vorgeht, ergeben sich somit unterschiedliche Verhältnisbestimmungen. In dieser Arbeit finden beide Betrachtungen Anwendung. Der Schwerpunkt liegt allerdings auf der praktischen Ebene, wo es neben den genannten Gemeinsamkeiten indessen auch Unterschiede zwischen Seelsorge und Psychotherapie gibt; aus Sicht des Kooperationsmodells ergänzen und bereichern sich diese in sinnvoller Weise. Gemeinsame und differierende Aspekte werden im 10. und 11. Kapitel noch ausführlich erläutert.

Die Frage nach den ergänzenden Differenzen ist dabei gleichbedeutend mit der Frage nach dem Proprium der jeweiligen Disziplin. Allerdings sind die verschiedenen Psychotherapieformen bei Weitem nicht durch ein einheitliches Proprium charakterisiert, was die Komplexität des Themas stark erhöht; so liegt das gemeinsame *Spezifikum* etwa aller psychoanalytischen Richtungen in der Arbeit am Widerstand und in der Analyse der Übertragung, das heisst der Gefühle und Vorstellungen, die der Klient im Lichte der eigenen Geschichte auf den Therapeuten überträgt. Diese analytische Arbeit an den Symptomen unterscheidet sich indes von der primär auf den leidenden Menschen bezogenen Begegnung im Kontext seelsorgerlicher Tätigkeit.

Dieses seelsorgerliche Spezifikum wird allerdings auch von den humanistischen Psychotherapiemethoden geteilt, weshalb aus konzeptioneller Sicht selbst zwischen Seelsorge und gewissen Psychotherapieformen nur eine quantitative (s.u.), aber keine qualitative Propriumsgrenze gezogen werden kann. Andererseits gilt ebendiese »Humanität« als Unterscheidungsmerkmal zwischen der Seelsorge und der Verhaltenstherapie.

Eine weitere recht spezifische Unterscheidung zwischen Seelsorge und Psychotherapie stellt das sogenannte Setting, welches aber hinwiederum zwischen den verschiedenen Psychotherapieformen beträchtlich variieren kann, dar. Hierunter versteht man den örtlichen, zeitlichen und situativen Rahmen, in welchem sich eine Psychotherapie abspielt, das heisst die Lage und Ausstattung der jeweiligen Praxisräume, die Frequenz und Dauer der einzelnen Sitzungen, die sich nur über kurze Zeit, mitunter aber auch – etwa bei tiefenpsychologisch-analytischen Behandlungen – über Jahre erstrecken kann. Ein solches Setting würde die zeitliche Kapazität vieler Pfarrer indes übersteigen. Zudem trifft der Seelsorger seine Klienten oft im Rahmen anderer kirchlicher Veranstaltungen. Der Psychotherapeut sieht dagegen seine Klienten ausserhalb der Stunde in der Regel nie. Diese können sogar, um ihre Anonymität zu wahren, wünschen, in der Öffentlichkeit von ihrem Therapeuten nicht gegrüsst zu werden.

Umgekehrt ist das Setting in der Seelsorge viel freier gestaltet als in der Psychotherapie, was unter Umständen erhebliche Vorteile mit sich bringt. Der Seelsorger kann die Gespräche durchaus bei Kaffee und Kuchen, unter Umständen auch einmal bei einem Essen, führen. Nicht immer steht ein dafür eingerichtetes Gesprächszimmer zur Verfügung und nicht wenige Gespräche werden anlässlich eines Hausbesuches geführt, was in der Psychotherapie fast nie der Fall ist.

Auch wenn die Psychotherapie durch den Einfluss der humanistischen Betrachtung den engen mechanistischen Rahmen der klassischen Psychoanalyse und der biologisch-behavioristischen Ansätze geweitet hat, so sind der Empathie und Wertschätzung im klassischen psychotherapeutischen Setting doch Grenzen gesetzt. Kaum Grenzen seien, wie Oskar Pfister bereits erkannt hatte, indes der »seelsorgerliche(n) Praxis Jesu«, welche »die Zuwendung zu psychisch Kranken umschliesse«, gesetzt.[21]

Vier Aspekte lassen sich hiervon ableiten, die das eigentliche Proprium der Seelsorge bestimmen und welche die gewöhnlichen Grenzen der Psychotherapie radikal sprengen. Dies soll anhand dreier Gleichnisse und einer Wundergeschichte zunächst kursorisch erörtert, um im 11. Kapitel weiter vertieft zu werden.

1. *Radikale Fürsorge (Das Gleichnis vom Barmherzigen Samariter [Lk 10,25–37])*

   Die Radikalität besteht zusammengefasst darin, dass der Samariter für einen ihm völlig unbekannten Menschen ein beispielloses Engagement an den Tag legt. Dieses reicht dabei derart weit über das zu erwartende und als fair erachtete Mass hinaus, dass es nicht mehr in den gängigen moralischen Kategorien einzuordnen ist, zumal das Verhaltensmuster des Samariters jede psychotherapeutische Realität übersteigt. Diese konstituiert sich nämlich aus einer Balance von Empfangen und Geben und erlangt so einen Modellcharakter für andere zwischenmenschliche Beziehungen. Ein absolutes Engagement, wie es der Samariter vorlebt, würde nicht nur jede Psychotherapeutin bald in ein Burn-out treiben, es würde dem Klienten darüber hinaus völlig falsche Signale vermitteln und eine Haltung der Verwöhnung fördern. Das Gleichnis ist daher als Regulativ zu verstehen und beinhaltet, wie übrigens auch die Bergpredigt, eine Sollensforderung, die sich in der therapeutischen Realität nicht umsetzen lässt. Die Seelsorge darf und soll sich indes näher an dieses Ideal heranwagen. Es wäre aber gewiss verfehlt, einer Therapie ein zu starres Korsett aufzuerlegen, welches jeden Akt der Zuwendung exakt aufrechnen würde. Der Aspekt der Seelsorge soll daher immer auch in einer Therapie durchscheinen dürfen. Selbst dem eher rigiden Freud wird nachgesagt, er habe einem Klienten durchaus einmal das Geld für die Strassenbahn gegeben.

2. *Radikale Vergebung (Die gerechte Sünderin und das Gleichnis vom Geldverleiher ([Lk 7,36–47])*

Wie bei der Fürsorge des Samariters, so wird auch in diesem Gleichnis nicht aufgerechnet. Der Geldverleiher erlässt beiden Schuldnern ihre Schuld, auch wenn bei dem einen der zehnfache Betrag aussteht. Im selben Masse kann der Seelsorger die göttliche Vergebung im Blick auf einen radikalen Neubeginn unabhängig von dem Ausmass der Schuld bzw. der Verfehlung zusprechen. Demgegenüber fungiert der Psychotherapeut primär als Richter, der auf das Ausmass der Verfehlung und auf allfällige Sühneleistungen erneut im Sinn einer Modellfunktion aufmerksam machen muss. Er muss den Patienten auf der Ebene der irdischen Realität ansprechen. Der Seelsorger dagegen wird nicht auf der Ebene des Tuns, sondern des Seins, des Gerechtseins vor Gott vollumfänglich Vergebung zusprechen können. Da dieser Aspekt aber für jeden Neuanfang unumgänglich ist, wird jeder Psychotherapeut im Inneren ein Stück weit auch Seelsorger sein müssen.

Denn von sich aus wird eine Klientin kaum in der Lage sein, einen radikalen Schnitt mit der Vergangenheit zu vollziehen.

3. *Radikale Freiheit (Das Gleichnis vom verlorenen und wiedergefundenen Sohn [Lk 15, 11–24])*

   Das Problem der Radikalität präsentiert sich hier ganz entgegengesetzt zur radikalen Fürsorge des Barmherzigen Samariters. Die absolute Passivität und Willfährigkeit des Vaters erstaunten in höchstem Masse. Er lässt den Sohn ohne ein Wort der Ermahnung ziehen und ohne sich nach der Intention seines Handelns oder nach dem Ziel seiner Reise zu erkundigen. Es werden weder Warnung noch Ratschlag auf den Weg mitgegeben, es fallen auch keine Worte des Trostes oder der Besorgnis. Der unendlich langmütige Vater hält auch nach Wegzug des Sohnes weder Ausschau nach seinem Aufenthaltsort noch erkundigt es sich nach dessen Befinden. Und nach seiner Rückkehr werden keine Worte darüber verloren, wo er gewesen sei, was er so lange gemacht habe und warum erst jetzt wieder nach Hause zurückgekehrt sei. Kein Anflug eines Vorwurfes, die Vergangenheit erscheint keines Gedankens wert, so wie die Zukunft beim Wegzug keine Rolle gespielt hatte. Es zählt nur der Augenblick mit der überschwänglichen Freude des Vaters. Diese Radikalität kann aber bald in Konflikt geraten mit der zu erwartenden elterlichen Fürsorgepflicht sowie moralischen Verantwortung. Ein Psychotherapeut könnte sich gegenüber seinem Klienten nämlich der unterlassenen Hilfeleistung schuldig machen. In der Psychotherapie wird also rein gesetzlich ein Mehr an Verantwortung im Vergleich zur höher gewichteten Freiheit in der Seelsorge verlangt. Ein praktikables Wirklichkeitsprinzip zu vermitteln gilt denn auch als eine wesentliche pädagogische Aufgabe der Psychotherapeutin. Gewiss sind auch der Seelsorge Grenzen gesetzt, doch darf und soll sie einen Schritt weiter gehen dürfen als die Psychotherapie. Die Vernachlässigung des Autonomieanspruches von Betroffenen zugunsten einer übertriebenen therapeutischen »Verantwortung« zeigen sich auch in den zahlreichen inhumanen fürsorgerischen Massnahmen der jüngeren Geschichte.

4. *Radikales Vertrauen (Die Geschichte von der Stillung des Seesturmes [Mk 4,35–41])*

   Die Geschichte von der Stillung des Seesturmes, die im Kern durchaus auf eine historische Begebenheit zurückgehen könnte, lässt sich indes auch als Metapher deuten. Dabei käme die Spannung zwischen Angst und Verzweiflung auf der einen Seite sowie zwischen Gelassenheit und Zuversicht auf der anderen Seite, die unser Leben stetig durchziehen, zum Ausdruck. Für die Seelsorge wiederum konstitutiv ist dabei die Radikalität dieses Vertrauens, die gesundem Menschenverstand und einem natürlichen Überlebensinstinkt so sehr zuwiderlaufen. Wie lässt sich denn nur auf einem beinahe sinkenden Schiff ruhig schlafen? Folgende Dialektik ist hier zu erkennen: Einerseits die Forderung, in der Welt aktiv gestaltend zu wirken und andererseits die Gelassenheit, die Dinge des Lebens ganz in Gottes Hand zu wissen.

   Alle vier genannten seelsorgerlichen Propria unterscheiden sich trotz ihrer Radikalität indes nur quantitativ von der Psychotherapie. Das fünfte noch zu besprechende Spezifikum ist dagegen von unterschiedlicher Qualität.

5. *Die Sinnfrage als das eigentliche Proprium der Seelsorge*

   Das eigentliche Spezifikum der Seelsorge, die *Sinnfrage*, ist letztlich – im Gegensatz zu deren immanenten Natur in der Psychotherapie – als transzendent anzusprechen und liegt ganz im Bereich des Glaubens.

   Krisen können dazu führen, dass Sinnentwürfe entweder verworfen werden oder aber, dass eine Neuattribuierung erfolgt. Bei Hiob etwa wird das Leiden nicht mehr als Ausdruck eigener Verfehlung gedeutet; dieses dient vielmehr aus einer finalen Perspektive der persönlichen Reifung und

Vertiefung der Gottesbeziehung. Allerdings kann auch die Psychotherapie dem Scheitern einen Sinn abgewinnen, insofern daraus ein konstruktives Geschehen hervorzugehen vermag. Beide Konzepte stossen indes in ihrer immanenten Ausrichtung an Grenzen, zumal in *conspectu mortis*, angesichts der Sprach- und Fassungslosigkeit vor dem Tode, die Psychotherapie verstummen muss. Allein der Glaube an einen transzendenten Sinn kann Antwort auf das Skandalon des Todes sein und ist als das eigentliche konstituierende Proprium der Seelsorge zu betrachten.

Zusammenfassend lässt sich somit festhalten: aus einer *theoretischen Perspektive* erscheint eine Verhältnisbestimmung zwischen Seelsorge und Psychotherapie aus oben dargelegten Gründen nur sehr bedingt möglich. Aus dieser Sicht lässt sich die Relation zwischen Seelsorge und Psychotherapie daher mit dem *Autarkiemodell* wohl am besten beschreiben. Aus einer praktischen Perspektive dagegen lässt sich die Relation durchaus als *Kooperationsmodell* mit der bereichernden *Ergänzung* durch die Propria der jeweils anderen Disziplin bestimmen. Generell gilt, dass je »höher« man sich auf einer Betrachtungsebene befindet bzw. je komplexer sich das Theoriegewebe gestaltet, desto unübersichtlicher sich das Ergebnis einer Verhältnisbestimmung ausnimmt. Man wird höchstens einzelne Elemente aus beiden Disziplinen herausgreifen können und einem Vergleich unterziehen. Je tiefer man hingegen in die Familienhierarchie hinuntersteigt, je verwandtschaftlicher m.a.W. sich die Konzepte gestalten, desto anschaulicher, plausibler und auch praxisnaher werden die Gegenüberstellungen ausfallen.

Mit Luther und Rogers stossen wir gewissermassen auf seelsorgerliches und psychotherapeutisches Urgestein. Zugleich ist ein Weg gefunden, die beiden Grossfamilien der Seelsorge und Psychotherapie auf elementare Eigenschaften bzw. Funktionen zurückzuführen. Wegen ihrer eminenten praktischen Bedeutung seien sie nachfolgend nochmals kurz skizziert, um im 10. Kapitel ausführlicher erörtert zu werden.

Luther hat in einer Person, Christus, einen wichtigen Ursprung der Seelsorge erkannt; in den Eigenschaften des *pastors, rectors* und *medicus* nimmt er bereits die zentralen Funktionen der drei psychotherapeutischen Hauptrichtungen vorweg: Die humanistischen Psychotherapieformen sehen im *fürsorglichen* Element ihr zentrales Anliegen; die verhaltenstherapeutische Richtung weiss um die Bedeutung der *Führung* zu schrittweiser Verhaltensänderung; die tiefenpsychologischen Schulen schliesslich betonen den *heilsamen, heilenden Wert* der aufdeckenden Arbeit am Unbewussten sowie der Interpretation von Träumen.

Carl Rogers gelang es seinerseits, aufgrund minuziöser Analysen von Therapiesitzungen aufzuzeigen, dass die Qualität der therapeutischen Beziehung der entscheidende Wirkfaktor hinsichtlich einer gelungenen seelischen Entwicklung einer Klientin darstellt.[22] Dabei wird diese Beziehung durch die *Person* des Therapeuten ganz entscheidend geprägt. Eigenschaften wie *Empathie, Authentizität* und *Wertschätzung* gelten als essenziell. Im gleichen Sinne betont auch Jerome Frank, wie wesentlich »an intense, emotionally charged, confiding *relationship* with a helping person«[23] sei.

Abschliessend gilt es noch einige zentrale Prämissen zu klären. Vergleiche dienen dazu, Gemeinsamkeiten herauszuarbeiten und so Berührungspunkte zwischen Disziplinen zu erkennen. Dadurch lassen sich aus praktischer Sicht Prozesse optimieren sowie Synergien gewinnen. Konkret: Wenn es sich zeigt, dass der Seelsorger durchaus in der Lage ist, gewisse depressive Zustände zu behandeln, dass es also Berührungspunkte zwischen Seelsorge und Psychotherapie gibt, so muss ein Klient nicht zwingend einem Psychiater überwiesen werden, wodurch die Kontinuität der Beziehung gewahrt bleibt.

Eine Vergleichbarkeit erscheint nur dann möglich – dies ist eine zweite Prämisse –, wenn Seelsorge und Psychotherapie dieselbe Sprache sprechen beziehungsweise derselben Wirklichkeit zugeordnet werden können. Als Frage formuliert: Erschliesst sich die Seelsorge nur aus einer *hermeneutica sacra* gegenüber einer profanen Hermeneutik bei der Psychotherapie, oder unterstehen die beiden Disziplinen derselben Hermeneutik?

Im Sinne Wilhelm Gräbs wird in dieser Arbeit von einer »Entsubstanzialisierung herkömmlicher theologischer bzw. biblischer Begriffe«[24] ausgegangen. Gemeint ist, »dass der Bedeutungsgehalt dieser theologischen Begriffe strikt auf die Funktion hin verstanden wird ... Diese Begriffe ... stehen insofern nicht für eine andere, göttliche, geistliche oder kirchliche Wirklichkeit, die von der menschlichen Erfahrungswirklichkeit substanziell unterschieden wäre ..., sondern für eine andere Sicht, eine andere Deutung dieser Wirklichkeit ... Die Theologie ist, wie alle anderen Kulturwissenschaften auch, eine hermeneutische Disziplin, der es um das Verstehen der Welt der Menschen in der Perspektive ihres Erlebens und Handelns geht.«[25] Es ist also von einer Hermeneutik auszugehen, die im Sinne Heideggers der Analyse des ganzen Daseins dient.[26]

Allerdings – und das ist ebenso entscheidend – kann im Gegenzug auch eine *Substanzialisierung* psychologischer und psychiatrischer Begriffe eingefordert werden, indem sich die Psychotherapie gegenüber neueren Strömungen der Spiritualität offenhält und auch Glaubensfragen nicht ausklammert, diese vielmehr als grundlegende Aspekte unserer Existenz anerkennt und integriert. Diese Haltung ist indes bei Weitem nicht selbstverständlich. Sie wird von recht vielen Psychotherapeuten als unwissenschaftlich abgetan. Diese Kritik soll in zwei Exkursen, die im Anhang dargelegt werden, entkräftet werden. Sie befassen sich mit den *erkenntnistheoretischen Prämissen der Psychiatrie* sowie mit der *Frage nach einem freien Willen*; dieser wird von nicht wenigen Psychotherapeuten und renommierten Wissenschaftlern negiert.

Im folgenden 4. Kapitel wollen wir uns zunächst den forschungsgeschichtlichen Aspekten zuwenden, um in einem weiteren Schritt (5. Kapitel) die Sprachspuren der beiden Begriffe »Seele« und »Psyche« mit besonderer Berücksichtigung ihrer Etymologie zu verfolgen. Ausgehend von den antiken Seelenvorstellungen wird die besondere Bedeutung des Seelenbegriffes im Alten und Neuen Testament untersucht. Weder Anthropologie noch Begrifflichkeit erweisen sich dabei als einheitlich.

Es folgt im 6. Kapitel ein kurzer religionsphänomenologischer Exkurs.

Im 7. Kapitel werden die Ursprünge der Psychotherapie bis in die Frühgeschichte zurückverfolgt, wie sie zum Teil noch heute bei Naturvölkern zu beobachten sind. Hierzu gehören auch exorzistische Handlungen sowie Heilungszeremonien, die mit hoher Wahrscheinlichkeit als Placeboeffekte zu deuten sind. Die heutige Forschung hat längst die zum Teil hohe Wirksamkeit solcher Rituale sowie deren Heilungsträger nachweisen können. Die Trennung zwischen priesterlicher und somatischer Medizin dürfte sich schon früh abgezeichnet haben, wobei aus dem Medizinmann wohl der Priester und aus den Laienhelfern der Ärztestand hervorging. Erst unter dem Einfluss der Aufklärung trat die Behandlung psychisch Kranker vornehmlich in die Domäne der Medizin ein, vorher war sie zumeist Priestern vorbehalten. Der Prozess verlief parallel zur durch die französische Aufklärung propagierten materialistischen Deutung seelischer Prozesse.[27] Dieses biologistische Modell, wonach die Geisteskrankheiten keine Krankheiten des Geistes, sondern des Gehirns seien, dominiert bis heute weitgehend den psychiatrischen Diskurs. Demgegenüber lassen psychotherapeutische Ansätze durchaus Interesse an Geistigkeit, am Seelischen, in neuerer Zeit sogar an Spiritualität erkennen. Die bis heute geführte Debatte zwischen materialistisch und humanistisch ausgerichteten Psychotherapieformen nimmt in dieser Arbeit einen breiten Raum ein und wird durch die zahlreichen Bezüge zur Seelsorge jeweils ergänzt. Den eigentlichen Brückenschlag zur Seelsorge bilden neben Viktor Frankls Logotherapie die spirituelle Psychotherapie sowie die Positive Psychologie (8. Kapitel). Letztere orientiert sich nicht primär an krankhaften Phänomenen, sondern an den Ressourcen des Klienten und untersucht auf empirischer Basis Themen wie Hoffnung, Vertrauen, Gelassenheit, Sinn oder Vergebung.

Im 9. Kapitel wird die Geschichte der Seelsorge von der alten Kirche bis zur Jetztzeit entfaltet. Die Schriften der Kirchenväter, von Klemens von Alexandria über Gregor von Nazianz, Gregor von Nyssa, Ambrosius bis hin zu Augustin – um nur die wichtigsten Vertreter zu nennen – bergen einen reichen Schatz an seelsorgerlicher und psychotherapeutischer Erfahrung, was in dieser Arbeit höchstens gestreift werden konnte. Dasselbe gilt auch für die Anachoreten, die bereits über ein Depressionskonzept verfügten, welches in ihren seelsorgerlichen Gesprächen auch Anwendung fand. In der Reformation gingen wie bereits erwähnt besonders von Luther entscheidende Impulse für die Seelsorge und Psychotherapie aus, indem er den Ursprung der Seelsorge in der geschichtlichen Gestalt Jesu, des *pastors*, *rectors* und *medicus* sah. Einen weiteren epochalen Beitrag verdanken wir Friedrich Schleiermacher, der die Bedeutung der geistigen Freiheit für die Seelsorge hervorgehoben hat und die Gottesbeziehung nicht mehr allein im dogmatischen Glauben, sondern im Gefühl der *schlechthinnigen Abhängigkeit* verankert. Schliesslich nahm die Pastoralpsychologie – wie der Name sagt – eine vermittelnde Stellung zwischen Seelsorge und Psychologie ein.

In den letzten drei Kapiteln werden dann die Gemeinsamkeiten und Unterschiede der beiden Disziplinen sowie die Sinndimension aufgenommen und weiter vertieft.

4 Forschungsgeschichtliche Aspekte

Mit Recht weist Jochheim darauf hin, dass die Seelsorge seit ihren Anfängen stets die zu ihrer Zeit geltenden weltlichen Vorstellungen der Seelenlehre und -führung mehr oder weniger stark assimiliert hat.[28] Diesen Prozess wird man sich indes nicht ohne Spannungen vorstellen dürfen. So hören wir einerseits etwa bei Jesus Sirach: »Ehre den Arzt mit gebührender Verehrung, damit du ihn hast, wenn du ihn brauchst. Denn der Herr hat ihn geschaffen« (38, 1.2). Die Heilung allerdings, so heisst es weiter, »kommt vom Höchsten«. In die gleiche Richtung zielt das Diktum in Ex 15, 26: »Ich bin der Herr, dein Arzt«, welches auch als Warnung vor Assimilation altorientalischer Heilungsvorstellungen und -verfahren zu verstehen ist.[29] In einem ähnlichen Spannungsfeld hat sich wohl auch die Auseinandersetzung des frühen Christentums mit der Heiltradition der antiken Tempelmedizin, wo rational fundierte, hippokratische Medizin und mythologische Asklepiostradition, die die direkte Gottesbegegnung im Inkubationsschlaf suchte, sich in einem fruchtbaren Sinn beeinflussten. Dass der mit der göttlichen Gabe der Heilung ausgestattete Asklepios einen Märtyrertod erlitt, rückt ihn als »Mittlergestalt« in die Nähe der christlichen Glaubensvorstellung.[30] Treffend gibt Popkes zu bedenken, es sei kaum verwunderlich, »dass es in der weiteren Entwicklungsgeschichte des frühen Christentums zu einer Konkurrenz zwischen den Asklepios- und Christuskulten kam, in deren Verlauf das Christentum sukzessive die Asklepios-Traditionen überformte und Asklepios-Heiligtümer in Kirchen bzw. christliche Kultstätten umgewidmet wurden«.[31]

Ein weiteres fürs Christentum wichtiges Element antiker Philosophie bildeten die Diatribe oder die Homilie als Ausdruck einer »neuartigen Rhetorik« der Volksverkündigung.[32] In seiner Dissertation aus dem Jahre 1910 hat Rudolf Bultmann herausgearbeitet, inwieweit die paulinische Tätigkeit in dieser Form der Volksseelsorge gründete.[33] Der Einfluss antiker Philosophie hatte darüber hinaus einen eminent grossen Einfluss auf das christliche Seelenverständnis. So wurde die platonische oder aristotelische Auffassung einer immateriellen Seele von fast allen Kirchenvätern geteilt. Einzig Tertullian vertrat in Anlehnung an die Stoa eine Stofflichkeit der Psyche.[34]

Bonhoeffer geht gar so weit, der Stoa »die Ausarbeitung der klassisch abendländischen Seelsorgetechnik zu verdanken«; dabei gehe es »um die bewusste Wahrnehmung des Göttlichen im Menschen ... Es geht nicht darum, ein bisschen zufriedener ... und glücklicher zu sein. Es geht um Göttlichkeit, um Rettung und nichts Geringeres.«[35]

Keinerlei Berührungsängste kannte Klemens von Alexandrien, der in den bunten »Gedankenteppichen«, den *Stromateis*, »eine Synthese aus griechischer und christlicher Gedankenwelt«[36] anstrebte. In seinen und Justins Augen sollte die Philosophie sogar in der Lage sein, die Griechen zu Christus hinzuführen.[37]

Auch in der Tugendlehre verschränken sich antikes und christliches Gedankengut in durchaus fruchtbarer Art. So wird in der Ostkirche der Wert der Tugend, der von Basilius dem Grossen stark betont worden war,[38] von Gregor von Nazianz allegorisch im Bild des Olivenbaumes, der veredelt werden müsse, um reiche Frucht zu tragen, illustriert.[39] Und in der Westkirche bezeichnete man seit »Ambrosius ... die Gruppe der vier Haupttugenden – im Allgemeinen: Besonnenheit (*sophrosyne, temperantia*), Tapferkeit (*andreia, fortitudo*), Weisheit (*phronesis, sapientia*) und Gerechtigkeit (*dikaiosyne, iustitia*) – als« sogenannte »Kardinaltugenden ... In systematischer Ausgestaltung finden« sie sich indessen bereits »bei Platon, der die Gerechtigkeit den drei übrigen, aus den Seelenanteilen des Menschen abgeleiteten Kardinaltugenden überordnet« (s. 8.3 und 9).[40] In der Folge werden sie über die Stoa Teil der hellenistisch-römischen Popularphilosophie.[41] Im Anschluss an die Rezeption durch den jüdisch-hellenistischen Philosophen Philon werden die Kardinaltugenden durch Ambrosius in die Bibelexegese einbezogen.[42] Eine entscheidende Erweiterung erfuhren diese im Mittelalter noch durch die drei zentralen Begriffe *Glaube*, *Liebe* und *Hoffnung* (1. Kor 13,13).

Weiter zu nennen ist eine besondere Bewegung, die ganz in der Nähe weltlicher Psychagogik angesiedelt ist: das Anachoretentum. Wie der Psychiater Daniel Hell nachgewiesen hat, antizipierten die Wüstenväter psychotherapeutische Konzepte der Depressionsbehandlung, indem Gefühle des Überdrusses und der Leere (*acedia*) nicht durch Aktivismus nach aussen, sondern durch Ausharren in diesem Zustand und durch die damit verbundene Innenschau und Selbstwahrnehmung überwunden wurden.[43]

Mit Augustins *Confessiones* erfolgt dann die Wende nach innen als dem eigentlichen Ort der Wahrheit, womit der Kirchenvater die zentrale Voraussetzung tiefenpsychologischer Verfahren sowie humanistischer Psychotherapieformen bereits vorwegnimmt.[44] Auf Ebene der Wissenschaftslehre unterscheidet Augustin indessen zwischen der *sapientia*, der göttlichen Weisheit, und der *scientia*, die sich irdischem Wissen verpflichtet weiss.[45] Die »Abgrenzung der *sacra doctrina* von den profanen Disziplinen«[46] sollte bis in die Scholastik des 12. Jahrhunderts nachwirken. Erst ab dem 13. Jahrhundert, mit der Gründung der ersten Universitäten, stellte sich auch »die Frage nach der Wissenschaftlichkeit der Theologie«.[47] Das bislang gültige Prinzip, wonach die Philosophie der Theologie als Magd zu dienen habe, wurde durch die Rezeption des Aristoteles in der Hochscholastik nicht nur infrage, sondern sogar auf den Kopf gestellt. Die *sacra doctrina* hatte sich fortan in ihrer Wissenschaftlichkeit zu legitimieren.[48] Dieser Anspruch wird bis heute an die Theologie herangetragen und prägt das spannende, aber auch spannungsreiche Verhältnis zwischen der Seelsorge und der Psychotherapie.

Die aufklärerische Forderung Kants, wonach der Mensch, um mündig zu werden, aus seiner Unmündigkeit herauszutreten habe, fand ihren Niederschlag im Anspruch Schleiermachers, in der Seelsorge sei »die geistige Freiheit der Gemeindeglieder zu erhöhen«.[49] Die Förderung der Autonomie gilt bis heute als eines der zentralen Postulate der Psychotherapie – eine Erkenntnis, die bereits hundert Jahre vor Freud von der Theologie im Blick auf die Seelsorge antizipiert wurde. Darüber hinaus wurde schon zu Beginn des 19. Jahrhunderts erwartet, »dass der Seelsorger Menschenkenntnis besitzen müsse«.[50] Aber auch aufgrund einer zunehmenden gesellschaftlichen Individualisierung konnte die Seelsorge gar nicht andres, als sich psychologischen Fragen und Themen anzunähern und zwar zu einer Zeit, da die Psychologie noch weitgehend zur Domäne der Philosophie gehörte. Als sich die Psychologie dann gegen Ende des 19. Jahrhunderts mehr und mehr als eigenständige Disziplin zu etablieren begann, wurde die Theologie in einer ganz neuen Weise herausgefordert, gegenüber den neuen psychologischen Entwicklungen Stellung zu beziehen.

Schon sehr früh, unmittelbar zu Beginn des 20. Jahrhunderts, war der Schweizer Pfarrer Oskar Pfister auf Freuds Psychoanalyse aufmerksam geworden und bestrebt, deren Erkenntnisse für die Seelsorge fruchtbar zu machen. In seiner pfarramtlichen Tätigkeit realisierte er bald, dass »eine grosse Menge unglücklicher Menschen, deren religiöse ... Leiden« auf die gängigen seelsorgerlichen Methoden nicht ansprachen, unter »verdrängten seelischen Konflikten litten«.[51] Pfisters Ansatz ist indes ausgesprochen praktischer Natur. Ihm geht es um die täglich gelebte religiöse Praxis. Dogmatische und weltanschauliche Erwägungen sind für ihn zweitrangig. Für Pfister kann nur die Liebe das Grundprinzip des Christseins sein. Pfister arbeitet darüber hinaus mit dem Prinzip der Analogie.[52] Er glaubt, eine Übereinstimmung zwischen der Liebe Jesu und Sigmund Freuds Libidobegriff zu erkennen. »In Aufnahme der ersten Angsttheorie Freuds, die das Entstehen von (Zwangs-)Neurosen auf Libido-Stauungen (für Pfister Liebeshemmungen) zurückführt, sieht Pfister nun ein gemeinsames Ziel zwischen dem, was das Evangelium will, und dem, worauf die Psychoanalyse abzielt ... Insofern christlicher Glaube und Psychoanalyse auf den freien Fluss der Liebe/Libido zielen, teilten sie das Grundprinzip des Lebens. Da Freud sich ... zu diesem Prinzip bekenne, könne er zu Recht Christ genannt werden.«[53] Kritik und Widerspruch konnten in der Folge nicht ausbleiben. Dass Freuds atheistische Weltanschauung den christlichen Prinzipien fundamental widerspreche, wurde unter anderem auch vom schlesischen Pfarrer W. Buntzel[54] gemahnt. Es entbehrt nicht der Ironie, dass selbst Pfisters Ehefrau »die Psychoanalyse energisch ablehnte und sogar gegen ihren Mann beim Kirchenrat intervenierte«.[55]

Man darf indes Pfister nicht nur als ergebenen Adepten Freuds sehen. Indem er sich auf den »zentralen Konflikt« eines Klienten fokussierte – Nase erkennt darin den Ausgangspunkt der späteren Fokaltherapie –, gelang es ihm, die Therapiedauer zu verkürzen,[56] was gewiss nicht im Sinne von Freuds orthodoxem Psychoanalyseverständnis gewesen sein dürfte. Auch wusste sich Pfister insofern abzugrenzen, als »die Analyse ... immer nur ein Pflügen«, und daher »von allergrösster Wichtigkeit« sei. »Allein das Säen« wäre »für den Seelsorger noch bedeutsamer«.[57] Die nach Heilung der Neurose anstehenden Entscheide wären darüber hinaus sittlicher Natur und nicht mit den Methoden der Psychoanalyse zu lösen.

In der Tat widersprach Pfister Freuds These, wonach es nicht Aufgabe der Psychoanalyse sei, Lebenssinn zu vermitteln; er wies auch darauf hin, dass der Unglaube eben auch ein Glaube und daher nicht neutral sei. In der von Hartmut Raguse aufgearbeiteten Korrespondenz zum Thema wirken Freuds Antworten eher hilflos, sofern er sich überhaupt auf Pfisters Argumente einlässt.[58] Dennoch blieb Pfister eine singuläre Erscheinung. Scharfenberg nennt zwei Hauptgründe für die ablehnende Einstellung einer Mehrheit der Theologen gegenüber der Psychoanalyse: »Einmal ist es die zitternde Besorgnis um alles Höhere im Menschen, die deutlich die Angst vor einer Korrektur des eigenen Selbstverständnisses einschliesst. Zum anderen ist es die Auflehnung gegen den fortschreitenden« Prozess der Säkularisierung.[59] Gleichwohl konnten auch Pfisters Kontrahenten nicht übersehen, dass dieser dank seiner Methode durchaus Erfolge vorweisen konnte. Darüber hinaus liess sich der weltweite Siegeszug der Psychoanalyse nicht negieren, auch wenn sie weit davon entfernt war, ein einheitliches theoretisches System darzustellen. In dieser Aporie erwies sich der von Pfennigsdorf eingeführte Begriff der »Hilfswissenschaft« als äusserst hilfreich.[60] Er liess einerseits zu, auf weltanschaulicher Ebene an der Überlegenheit der Seelsorge gegenüber der Psychoanalyse festzuhalten, und gestattete auf praktischer Ebene gleichwohl die Verwendung bestimmter psychoanalytischer Techniken.

Schliesslich ebbte zugleich mit den politischen Umwälzungen anfangs der 30er-Jahre die Debatte dahingehend ab, als »sich immer deutlicher die Position durchsetzte, dass psychologische Kenntnisse im Sinne einer Hilfswissenschaft nützlich seien, ansonsten aber für eine klare Trennung von ärztlichem und seelsorgerlichem Handeln zu plädieren sei«.[61]

Die Jahre nach dem Zweiten Weltkrieg waren durch eine ähnlich tiefe Sinnkrise geprägt wie die Zeit nach dem ersten grossen kriegerischen Ereignis anfangs des Jahrhunderts. Die damals hervorgetretene dialektische Theologie sollte in den 50er-Jahren in der Seelsorgedebatte bestimmend werden; sie war in besonderen Masse an die Gestalt Eduard Thurneysens gebunden. Neben der Suche nach einem festen Grund dürfte auch das Misstrauen gegenüber der mechanistischen, des Geistes beraubten Psychoanalyse – sie hatte ja das furchtbare Kriegstreiben nicht zu bändigen vermocht! – zur dogmatischen Ausrichtung der Seelsorgelehre geführt haben.[62] Jedenfalls hätten nach Thurneysen die auf »Menschenerkenntnis«[63] gerichtete

Weltanschauung Freuds und das »biblische Menschenverständnis«[64] nebeneinander keinen Platz. Dabei überbiete die biblische Perspektive jene der Psychologie.[65] Gleichwohl könne »die Anthropologie ... weder rein geistlich noch rein medizinisch-biologisch entworfen werden. Denn der Mensch sei, ob gesund oder krank, nach Seele und Leib ein unteilbares Ganzes.‹«[66]

Im Gegensatz zu Hans Asmussens autoritärem Stil, der zu einem »Bruch« in der Kommunikation führte, indem man dem Betroffenen »›auf seinen Kopf zu die Botschaft‹« mitteilt,[67] lehnte sich Thurneysen doch stärker an die Humanität an: »›Das für das Gespräch Entscheidende liegt darin, dass es zu einer Begegnung komme.‹«[68] Doch geht es um weit mehr als nur um ein einfaches psychologisches Gespräch, denn »das Wort Gottes gilt ... ›als das grosse Gegenüber‹«.[69] Daher wird »›das ganze Feld des menschlichen Lebens ... dem Urteil des Wortes Gottes unterstellt‹«.[70] Somit geht gleichwohl »›durch das ganze Gespräch eine Bruchlinie‹«, allerdings eine viel »liebevollere« als dies noch bei Asmussen der Fall ist.[71] Thurneysen geht es letztlich darum anzuzeigen, dass die menschliche Perspektive in ihrer »›Vorläufigkeit erkannt ist‹«.[72]

Gar einen milden, menschenfreundlichen Ansatz vertrat Karl Barth, dem in seiner späten Theologie sehr daran lag, den Notleidenden ein Bibelwort »ans Herz« zu legen, welches zu einem »Lebenswort« werden sollte.[73]

Gleichwohl konnte sich die Theologie und mit ihr die Seelsorge nicht mehr dem Zeitgeist entziehen; sie war aufgefordert, die Errungenschaften und Einsichten, die aus den gesellschaftlichen Veränderungen und dem damit verbundenen allgemeinen Wertewandel hervorgegangen waren, zu integrieren. Der paternalistische Ansatz hatte ausgedient, auch in der Psychotherapie, wo etwa Michael Balint im therapeutischen Gespräch »eine freie Atmosphäre gegenseitigen Austauschs« förderte: »Man hatte der Bezeichnung ›Patient‹ die Bezeichnung ›Klient‹ vorgezogen«, wodurch der Aspekt der Autonomie unterstrichen werden sollte.[74]

»Die Dominanz dogmatischer Fragestellungen in der Praktischen Theologie« wurde in kritischer Auseinandersetzung mit Thurneysen »zugunsten sozial- und humanwissenschaftlicher Fragestellungen zurückgenommen«.[75] Ein weiterer Grund für diese Entwicklung dürfte auch im Gefühl der Ohnmacht vieler »Seelsorger angesichts der Nöte der bei ihnen Rat suchenden Menschen« gelegen haben.[76]

Im Rahmen dieser tiefgreifenden Veränderungen entwickelte sich in den 60er-Jahren des letzten Jahrtausends, ausgehend von den USA und Holland, die Seelsorgebewegung.[77] Diese »führte in den deutschen Kirchen zur« Ausgestaltung »einer pastoralpsychologisch orientierten Seelsorgepraxis und -lehre«,[78] die im Grunde bereits von Oskar Pfister (s.o.) vorgezeichnet worden war. Als führende Gestalten sind Joachim Scharfenberg und Dietrich Stollberg zu nennen. Für Ersteren ist »›Seelsorge ... die göttliche Gabe der Solidarität eines gemeinsamen Fragens nach der Wahrheit‹ in einem zeitlich begrenzten Rahmen«.[79] Nach wie vor entscheidend ist die »heilende Funktion« des Wortes.[80] Hinzu kommt die »›Aufhebung des Autoritätsverhältnisses‹« sowie die Integration psychologischer Elemente wie »Freuds Instanzenmodell von Es/Ich/Über-Ich« oder auch das »Phänomen von Übertragung und Gegenübertragung«.[81] Damit kommen sowohl die Gefühle des Seelsorgeempfängers wie auch des Seelsorgers, der sich ebenfalls in seiner Bedingtheit und Begrenztheit erfährt, ins Spiel. Die Thematik der Sünde und der Gerechtsprechung wird neu unter dem Aspekt des Selbstwertes zur Sprache gebracht. Woraus bezieht der Mensch seinen Wert, seine Identität? Nach Dietrich Stollberg soll sich der Klient »als Sünder von Gott angenommen wissen und« so »zu einer realistischeren Selbst- und Fremdeinschätzung gelangen, die ihm« helfen soll, »akute Krisensituationen zu bewältigen«.[82] Die urmenschliche »Tendenz zur Selbstrechtfertigung ... zeigt zwei Möglichkeiten der Teilhabe am Reiche Gottes: Gesetzlich oder evangelisch. Der Weg des Gesetzes wird aber als

Sackgasse erlebt ..., das Tat-Folge-Denken wird durchbrochen (Ps 103, 10) und das Angewiesensein des Menschen auf Gottes Gnade zur Rechtfertigung offenbar (Röm 3, 28). Im Neuen Testament äussert sich Seelsorge als Chance, anders zu leben aufgrund der erfahrenen« und zu erfahrenden »Liebe (Joh 5,15; 8, 11; Röm 6,6; 8,2; ...)« Gottes.[83]

Indem Seelsorge Antwort auf menschliche Not darstellt, beinhaltet sie – so die neue Einsicht – immer auch psychotherapeutische Elemente.[84] »Stollberg versucht« dabei »von verschiedenen Psychotherapieverfahren (analytische ..., logotherapeutische, beratende, gesprächstherapeutische Verfahren und dem Gruppenverfahren) Elemente für ein integriertes Seelsorge-Modell zu gewinnen«.[85]

Allerdings ist die Integration der damit verbundenen empirisch-statistischen Forschung – sei sie psychologischer oder kirchlicher Provenienz – immer auch kritisch zu hinterfragen. Sie ist einerseits davon abhängig, wie repräsentativ eine befragte Gruppe ist (s. Anhang). Ebenso wichtig sind die verwendeten Untersuchungsinstrumente. Selbst bei hoher Sensitivität lassen sich nicht alle entscheidenden Aspekte erfassen. Aus diesem Grunde bleibt die Einzelfallanalyse in der Forschung unverzichtbar, zumal sie die zum Teil verborgene menschliche Innenwelt viel eher auszuleuchten vermag. »Trotz Erfahrungswissenschaften steht« persönliche »Erfahrung« daher mehr denn je »auf dem Spiel« – hieraus erwuchs »die Wende zur spirituellen Gestalt der praktischen Theologie«.[86] Sie wurde von Rudolf Bohren unter Einbezug etwa literarischer und ästhetischer Elemente initiiert und von Manfred Josuttis mit seiner energetischen Seelsorge weitergeführt.[87]

Weitere Strömungen in der Seelsorge umfassen seit den 90er-Jahren des 20. Jahrhunderts auch musikalische und systemische Elemente.[88] Diese Ansätze knüpfen indes an teilweise uralte Tradition an. So hatte sich schon Augustin über die heilsame Wirkung der Musik geäussert (s. 9.2.4). Und auch der

Gottesdienst als Gemeinschaft der Glaubenden kann durch das gleichberechtigte Zusammensein aller Gemeindeglieder eine sehr tiefe systemtherapeutische Kraft entfalten. Schliesslich zieht sich auch die oben genannte Spiritualität in den unterschiedlichsten Formen wie ein roter Faden durch die gesamte Geschichte des Christentums hindurch.

Dieser Geschichte wie auch der Geschichte der Psychotherapie werden wir uns in den folgenden Kapiteln vertieft zuwenden. Zuvor sollen die Begriffe »Psyche« und »Seele« auf ihre sprachlichen, begriffsgeschichtlichen und etymologischen Wurzeln noch genauer untersucht werden.

5 Sprachspuren

5.1 Etymologie und Vorstellungswelt der Begriffe Seele und Psyche

Der Wort Seele leitet sich sprachlich vom gotischen *saiwala* mit der Grundbedeutung »die zum See Gehörende« ab, was wohl auf *saiws* »Binnensee, Marschland« zurückgeht.[89] Dem Ausdruck liegt ein alter germanischer Glaube zugrunde, wonach die Seelen von Verstorbenen und ungeborenen Kindern in heiligen Seen wohnen.[90] Möglicherweise glaubte man in den Geräuschen oder im Gurgeln des Wassers das Murmeln jener fernen Seelen zu hören. »Auch andere Kulturen haben Seelisches mit der Vorstellung von Wasser verbunden. Im Spiegel eines ruhenden Gewässers, aber auch in der unerforschlichen Tiefe eines Sees wurden seelische Eigenschaften wiedererkannt.«[91] Die Bewegung und der Kreislauf des Wassers verweisen auf die Dynamik und auf den zyklischen Charakter aller Lebensprozesse. Dem Wasser eignet indes auch etwas Bedrohliches an. Eine stürmische See kann zum Bild einer aufgewühlten Seele werden (s. 11.5: Die Geschichte von der Stillung des Seesturmes [Mk 4, 35–41]), und in der Psychologie gilt das Wasser als Metapher für das Unterbewusstsein schlechthin. Oder mit Goethe: »Seele des Menschen, Wie gleichst du dem Wasser!« (Aus dem »Gesang der Geister über den Wassern«).

Psyche gehört etymologisch zu griechisch *psychein*, was hauchen oder »(zur Abkühlung) blasen« bedeutet, und bezeichnet die Lebenskraft, die dem Körper innewohnt.[92] Im Augenblick des Todes – so heisst es in der *Ilias* – verlässt diese als Hauchseele den Menschen durch den Mund[93] oder als Blutseele wohl aus einer Wunde[94] und begibt sich alsdann in die Unterwelt,[95] wo sie eine nichtige Schattenexistenz führt.[96] Zurück bleibt das Soma, der Leichnam.[97] Vor dessen Bestattung kann die Seele den Lebenden noch im Traum erscheinen[98] und in der *Odyssee* fliegt die Seele flatternd davon, wenn der Lebensmut den Leib verlassen hat.[99]

Weder als Lebenskraft noch als Totenseele hatte *psyche* indes in der vorklassischen griechischen Zeit etwas mit den emotional-kognitiven Funktionen des Menschen zu tun.[100] Diese wurden durch eine Vielzahl anderer Begriffe umschrieben, die entweder gewisse »geistig-seelische Aktivitäten« (z.B. *noos*, Verstand) oder die vermeintlich »organischen Träger« dieser Tätigkeiten (z.B. *phrenes*, Zwerchfell) bezeichneten.[101]

Erst in der Folgezeit entwickelte sich *psyche* zu einem umfassenderen Oberbegriff.[102] Er bezeichnete um 500 v.Chr. neben der Lebenskraft neu auch das Denken, Fühlen, Wollen sowie das unvergängliche Wesen des Menschen,[103] dem auch eine moralische Qualität eignet. Als bedeutsamer Ausdruck dafür gilt die sokratische Sorge um die Seele (*epimeleisthai tes psyches*). Seinen Gegnern redet Sokrates bei seiner Verteidigung mit folgenden Worten ins Gewissen: »Denn ich ... tue nichts anderes, als ... euch dazu zu überreden, sich nicht ... so sehr um den Leib oder das Geld als um die Seele zu kümmern, auf dass sie möglichst gut werde, indem ich zu bedenken gebe: ›Nicht der Reichtum bringt die Tugend hervor, vielmehr die Tugend den Reichtum sowie alle anderen Güter für die Menschen.‹«[104] Darüber hinaus entwirft Plato ein sehr breit gefächertes religiöses, erkenntnistheoretisches sowie psychologisches Bild der Seele. Die Erfahrung widerstrebender Impulse führt im Dialog *Der Staat* zur Lehre von der Trichotomie der Seele mit folgenden drei Anteilen: »Begehrendes« (*epithymetikon*), »Muthaftes« (*thymoeides*) und »Überlegendes« (*logistikon*).[105] Im Dialog *Timaios* werden diese Anteile jeweils dem Unterleib, Brustkorb und Kopf zugeordnet,[106] wobei dem *Logistikon* eine Herrschaftsfunktion zukommt.[107]

Es ist erstaunlich, wie damit bereits vor 2500 Jahren das erst Mitte des letzten Jahrhunderts formulierte wissenschaftliche

Konzept eines triunen Hirnes, welches anatomisch und funktionell zwischen dem evolutiv alten Hirnstamm, dem intermediär liegenden limbischen System und dem entwicklungsgeschichtlich jüngeren Neokortex unterscheidet, vorweggenommen wurde.[108] Dabei werden – analog zu Platon – der Hirnstamm mit den Trieben (z.B. Sexualität, Durst oder Hunger), das limbische System mit den Emotionen und der Neokortex mit den kognitiven Funktionen in Verbindung gebracht.

In der alten Kirche und im Mittelalter war die Vorstellung einer immateriellen Seele bestimmend. Als Ausnahme ist etwa Tertullian zu nennen, der in Anlehnung an die Stoa und an den Epikuräismus eine Stofflichkeit der Seele vertrat. An der Existenz einer Seele aber wurde nicht gezweifelt.

Dies sollte sich zu Beginn der Neuzeit indes ändern. Denn seit dem 17. Jahrhundert strebten Philosophen danach, »einen Menschen ohne Seele zu konstruieren, d.h. die Vorstellung der Seele aus dem überlieferten Menschenbild zu vertreiben. Man klärt darüber auf, dass die Existenz einer Seele nicht ausweisbar ist und der Mensch sich auch ohne die Annahme einer Seele begreifen ... könne.«[109]

Der Philosoph Helmut Holzhey unterscheidet vier grundlegende Stadien des »Seelenexorzismus«:[110] Erstens: »Die Vergeistigung der Seele« durch René Descartes; zweitens: »Die Entsubstanzialisierung der Seele im Empirismus«, alsdann: »Die materialistische Interpretation seelischer Funktionen in der französischen Aufklärung« und schliesslich als Viertes: »Die erkenntniskritische Dekonstruktion des Seelenbegriffes durch« Kant.[111]

Die während des Mittelalters gültige Trichotomie von Leib, Seele und Geist wurde von Descartes zugunsten eines dualistischen Konzeptes aufgegeben. Allerdings war im mittelalterlichen Volksglauben in einem durchaus dualistischen Sinn bereits die Vorstellung wirksam, wonach die Seele beim Sterbenden als kleines nacktes Menschlein jeweils durch den

Mund entweicht.[112] Dieses Weltbild dürfte Descartes philosophisch beeinflusst haben, die *res cogitans* ohne Vermittlung einer Seele der *res extensa* gegenüberzustellen.[113] Die Selbstvergewisserung lässt sich nach Descartes indessen alleine im Denken vollziehen. Geschmack, Gefühle oder Geruch werden dabei als Tätigkeiten der Seele im Sinne der Stoa als ein materielles »feines Etwas« vorgestellt, »nach Art eines Windes, Feuers oder Äthers«,[114] und damit dem Körper zugeordnet. Davon substanziell getrennt ist das Denken, mit welchem sich der Philosoph unauflöslich und einzig verbunden weiss. Sein Fazit lautet dementsprechend: »Ich bin also genau nur ein denkendes Wesen, d.h. Geist (*mens*), Seele (*sive animus*), Verstand (*sive intellectus*), Vernunft (*sive ratio*).«[115] Dabei wird die zuvor in seinen Ausführungen als Begriff wiederholt verwendete *anima* stillschweigend zum *animus* »vermännlicht« und in einem Atemzug mit *mens*, *intellectus* und *ratio* genannt.

In Entsprechung zur Vorstellung der Seele als *res cogitans* wird der Bereich des Physischen zur *res extensa* geschlagen.[116] Der in der Philosophie der Renaissance vertretenen Auffassung einer Weltseele begegnet Descartes ebenfalls mit einer Trennung von Welt und Seele.[117] Der Substanzbegriff wird indessen von Descartes noch nicht hinterfragt.

Erst im Empirismus übt John Locke Kritik an der Substanz selbst. Wir hätten »überhaupt keine klare und deutliche Idee von einer Substanz als Träger der Qualitäten«[118] – so Locke. Doch indem »der menschlichen Seele kein substanzielles Sein zugesprochen werden« könne, habe dafür das »empirische Bewusstsein« an die Stelle der geistigen Substanz[119] zu treten. Damit führt »die ontologische Entwurzelung« der Seele »zum neuartigen Problem der Ich-Identität. Sie kann nicht mehr in einem Seelenwesen gesichert werden, sondern nur im Bewusstsein unserer Selbigkeit.«[120] Locke hatte indessen mit seiner Substanzkritik nicht die Materialität der Seele behauptet bzw. ihre Unsterblichkeit infrage gestellt.[121] Diese radikale Kritik sollte

Hildegard von Bingen.
Auszug der Seele

Tafel 7 des
Rupertsberger Kodex

der französischen Aufklärung vorbehalten bleiben, namentlich ihrem bekanntesten Vertreter, dem Arzt Julien Offray de La Mettrie (1709–1751), wie er sie in seinem Werk *L'homme machine* vertrat. Sein deterministisches Credo nimmt die heute vorherrschende monistisch-biologische Auffassung, welche alle Seelentätigkeiten allein auf Ebene des Gehirns ansiedelt, vorweg (s.u.). So weit mochte das nachbarschaftliche Deutschland indes nicht gehen; Goethe etwa sprach von der »tristen atheistischen Halbnacht«;[122] der deutsche Idealismus sollte noch andere Wege beschreiten. Gleichwohl war es Immanuel Kant, der aus philosophischer Sicht mit der Frage, ob unsere Erkenntnis ausreiche, eine unsterbliche Seele zu begründen, den folgenschweren Schritt zur »Entseelung von Mensch und Welt« tat.[123] An der grundlegenden Bedeutung des Bewusstseins unserer selbst mag Kant zwar nicht zweifeln, ebenso wenig am Ich, das unhintergehbar an der Spitze der Prädikatenpyramide steht. »Denn alle Prädikate des inneren Sinnes« – etwa denken, empfinden usw. – »beziehen sich auf das Ich als Subjekt, und dieses kann nicht weiter als Prädikat irgendeines anderen Subjekts gedacht werden«.[124] Da es aber nicht »als erkennbarer Gegenstand« auftritt,[125] könne es auch nicht als Substanz fungieren.

Dennoch bleibt bei Kant eine Art Hintertür offen: Wohl kann es zwar kein gesichertes Wissen über die Seele geben. Indem sie aber nicht als konstitutive, vielmehr als regulative Idee, welcher Unsterblichkeit aneignet, begriffen wird, vermag sie unser ethisches Handeln zu bestimmen. Im Grunde knüpft Kant an die sokratisch-platonische Sorge um ein gutes Leben an (*epimeleisthai tes psyches*)[126] (s.o.). In dieser Tradition steht etwa auch die Vorstellung der »schönen Seele«, die in der Literatur des 18. Jahrhunderts das »Ideal der Vervollkommnung« widerspiegelt.[127]

Doch zurück zur materialistischen Position. Der Physiologe Karl Vogt brachte sie in einer Schrift aus dem Jahre 1855 unmissverständlich zum Ausdruck: Es werde »immer klarer, ›dass alle jene Fähigkeiten, die wir unter dem Namen Seelentätigkeiten begreifen, nur Funktionen des Gehirns sind oder, um es einigermassen grob auszudrücken, dass die Gedanken etwa in demselben Verhältnis zum Gehirn stehen wie die Galle zu der Leber oder der Urin zu den Nieren«.[128] Die Annahme, dass das Körperliche die Grundlage seelischer Prozesse bildet, ist für alle monistisch-materialistischen Konzepte konstitutiv. Die sog. *Identitätstheorie* geht dabei von einer »Identität zwischen mentalen Zuständen und solchen des Zentralnervensystems« aus.[129] Eine moderne Variante bildet der sog. *Funktionalismus*, »wonach Bewusstseinszustände als Funktionen des Nervensystems ... zu verstehen sind. Diese können ähnlich den Computerprogrammen begriffen werden. Ein Bewusstseinszustand ist daher nicht mit einem Gehirnzustand identisch, sondern mit einem Teil des ›Programms‹, dessen Ausführung die Gehirnaktivität ermöglicht.«[130] Eine abgeschwächte Form des biologischen Monismus stellt der sog. *Epiphänomenalismus* dar, der nur ein Ursachenverhältnis vom Leib zur Seele anerkennt, indem »das Seelische ... bloss« als »unwirksames Nebenprodukt der Tätigkeit des Körpers« betrachtet wird.[131]

Im Grunde fusst der materialistische Monismus auf einem klassisch-physikalischen Ansatz, der bis Ende des 19. Jahrhunderts Gültigkeit beanspruchte. Die moderne Physik dagegen bietet mit dem Prinzip der Komplementarität[132] ein plausibles Modell für die »Doppelaspekttheorie, nach der Seelisches und Leibliches zwei verschiedene Aspekte derselben zugrunde liegenden Wirklichkeit[133] bilden; über die Beschaffenheit dieser Wirklichkeit« wären allerdings keine sicheren Aussagen möglich.

Hinzu kommt, dass das Prinzip der Unschärfe keine klare Trennung zwischen forschendem Subjekt und zu erforschendem Objekt mehr zulässt. »Insofern enthält in der heutigen Naturwissenschaft jeder physikalische Sachverhalt objektive und subjektive Züge. Die objektive Welt der Naturwissenschaft des vorigen Jahrhunderts war ... ein idealer Grenzbegriff, aber nicht die Wirklichkeit. Es wird zwar bei jeder Auseinandersetzung mit der Wirklichkeit auch in Zukunft notwendig sein, die objektive und die subjektive Seite zu unterscheiden, einen Schnitt zwischen beiden Seiten zu machen. Aber die Lage des Schnittes kann von der Betrachtungsweise abhängen, sie kann bis zu einem gewissen Grad willkürlich gewählt werden.«[134]

Neuerdings wird die Ersteperson-Perspektive in Zusammenhang mit der Rede von der Seele gebracht.[135] Innenperspektivisches oder seelisches Erleben erscheinen dabei gleichbedeutend. Mit Psyche wird indes in der Psychiatrie der von aussen psychometrisch messbare Ausdruck dieses inneren Geschehens bezeichnet. Ist etwa das Denken kohärent oder paralogisch-inkohärent? Sind dessen Inhalte normal oder wahnhaft? Erscheinen die begleitenden Emotionen adäquat? Gegen eine solche pragmatische Unterteilung gäbe es nichts einzuwenden, würde nicht der innere Anteil, weil objektiv nicht fassbar, als inexistent betrachtet.

Mit Recht gibt Helmut Holzhey zu bedenken, dass Seele einer reinen Begrifflichkeit widersteht; so »vermag der Logos als Begriff das mythische Bild« nicht vollständig zu ersetzen.[136] Denn »das Wort ›Seele‹ ... hat mythologische, prälogische Bedeutungsmomente, die sich nicht restlos in logische Bedeutung, d.h. einen Begriff der Seele überführen lassen. Diese widerständigen Bedeutungsmomente« lassen sich viel aussagekräftiger in Metaphern kleiden.[137] So übersteigt der Reichtum bildhafter Sprache den Horizont rationaler Rede und begrifflicher Bestimmung. Hier ist das von Paul Ricoeur[138] angeregte Verständnis von Gleichnissen als Metaphern zu nennen. Die Seele – syntaktisch das Subjekt – ist vergleichbar mit der nachfolgenden Bildrede, die in ihrer Gesamtheit als Prädikat fungiert. Die einzelnen Bildelemente wollen dabei nicht allegorisch gedeutet werden. Entscheidend sind die vielfältigen, wechselseitigen Bezüge, die zudem durch den übergeordneten Aspekt der Dynamik der Seele mit der Möglichkeit des Aufstiegs und Falles zusammengehalten werden. Aus dieser Sicht kann keine konkrete Rede die kreative Kraft der Metapher und ihre existenzielle Implikation ersetzen.[139]

Mit Nachdruck ist dem reduktionistischen Fehlschluss, wonach eine erkenntnistheoretisch bzw. empirisch-materiell nicht ausweisbare Seele kein Existenzrecht habe, entgegenzutreten. Hier kommt uns Ludwig Wittgenstein zu Hilfe. Der Milliardärssohn, der sein ganzes Vermögen verschenkt hatte, um freier zu philosophieren, befreit uns von den Fesseln des Positivismus; indem er zwar die Grenzen des Sagbaren auslotet, über welche hinaus nur geschwiegen werden darf,[140] schliesst er ein »darüber hinaus« keineswegs aus: »Es gibt allerdings Unaussprechliches, es ist das Mystische.«[141] Das Seelische als innere Wirklichkeit – hier gilt es, mystische Erfahrung zu verorten – ist aus unserem Erfahrungsschatz nicht zu verbannen.[142] Der postmodernen Rede vom Verschwinden des Subjektes und damit der Kälte einer von Rationalität und Materialität bestimmten Existenz vermag die seelische Qualität der Wärme, wie sie Horkheimer »in einer essayartigen Aufzeichnung *De anima*« geltend macht, zu begegnen.[143] In diesem Kontext ist auch Albert Schweitzers Ethik des Mitgefühls mit allem Lebendigen, der Ehrfurcht vor dem Leben, zu nennen.[144] Vielleicht lässt sich diese universale Verbundenheit mit allem Leben am besten mit dem Begriff der *Weltseele* umschreiben.

Nicht ein spekulativ verfluchtigtes, sondern das erfahrbare Ich wird fortan zum Ausgangspunkt weiterer wissenschaftlicher Reflexionen und Untersuchungen werden. Der überfällige Angriff auf den Begriff der Substanz Platon'scher Prägung hatte diese indes nicht zerstören können, vielmehr nur eine neue Deutung hervorgebracht. Im Grunde hat die Sprache auf natürliche Weise das Wort Wesen, das eng mit dem Substanzbegriff verwandt ist, uminterpretiert und ihm die Bedeutung *Einzelwesen* gegeben. So gibt Whitehead zu bedenken, dass man hinter den wirklichen Einzelwesen nichts Realeres finden könne.[145] Und auch Peter Strawson gelangt zum Ergebnis, dass man von

Bewusstsein nur sprechen könne, wenn man von einem noch grundlegenderen Begriff ausgeht, nämlich den der Person.[146] Nachfolgend sollen in zwei Exkursen das Seelenverständnis im Alten und im Neuen Testament eingehend untersucht und in ihrer bis heute ungebrochenen Aktualität erläutert werden.

5.2 Exkurs: Näfäsch – Der Seelenbegriff im Alten Testament

Ein Charakteristikum des Hebräischen ist – im Gegensatz zu anderen, auf Abgrenzung und Definition bedachten Sprachen – das sogenannte *synthetische Denken.*[147] So wird beispielsweise durch Nennung eines Körperteils nicht nur dessen Anatomie, sondern auch seine Funktion bezeichnet. Ja, mehr noch, wie es beim Propheten Jesaja (52,7) heisst: »Wie lieblich klingen die Schritte des Freudenboten auf den Bergen.« Hier findet durch Nennung der Füsse sowohl der äusserlich wie auch innerlich bewegte Mensch seinen angemessenen Ausdruck. Dies weist auf eine Unteilbarkeit des Menschen und eine ganzheitliche Anthropologie hin, die kaum zwischen Geist, Seele und Leib unterscheidet. Überdies unterliegt menschliches Erleben nicht klaren Begriffsbestimmungen, sondern wird im Hebräischen durch die »Nebeneinanderstellung sinnverwandter Wörter«[148] gewissermassen umkreist. Man spricht in diesem Zusammenhang von Stereometrie.[149] So heisst es in Ps 84, 3.: »Meine Seele sehnt sich … nach den Vorhöfen des Herrn, mein Herz und mein Leib, sie rufen zum lebendigen Gott.« M.a.W.: Im ersten Fall kann ein Wort viele Bedeutungen beinhalten, im zweiten Fall sind es viele Begriffe, die das »Eine« benennen. Des Weiteren ist auch von einer »semantischen Weiträumigkeit der anthropologischen Hauptbegriffe«[150] auszugehen. Dies führt uns zum vielschichtigen hebräischen Wort *näfäsch*, das in der Septuaginta, der altgriechischen Übersetzung des

Alten Testamentes, in der Regel – allerdings nur unzureichend – mit *psyche*[151] und in der deutschen Bibel mit Seele wiedergegeben wird.

Sehen wir uns im Folgenden die verschiedenen Bedeutungsebenen von *näfäsch* an. Zunächst bezeichnet *näfäsch* die Organe der Nahrungsaufnahme und der Atmung und kann mit *Rachen* oder auch *Kehle* übersetzt werden. »Die Kehle steht somit in jener archaischen Anatomie ohne begriffliche Unterscheidung zugleich für die Luftröhre und die Speiseröhre.«[152] Erwähnenswert ist der Umstand, dass das deutsche Wort *schnaufen* in lautmalerischer Weise an *näfäsch*, das dieselben Konsonanten trägt, anklingt – wenn man das Wort mehrmals hintereinander ausspricht, so fliessen die beiden Begriffe ineinander, und man vermeint, einen schwer atmenden Menschen zu hören: n-f-sch-n-f-n-f-sch …

Werden alsdann in Ps 107,5 die Hungrigen und Durstigen mit einer verzagten *näfäsch* in Verbindung gebracht, so wird neben dem Organ selbst bereits die nächste Ebene, nämlich die Funktion dieses Organs bzw. dieser Organe, berührt. Somit »klingt bei der Erwähnung des Körperteils Kehle oder Hals häufig die Sicht des Menschen als des Bedürftigen und Gefährdeten mit«.[153] Von daher bedeutet in obigem Kontext *näfäsch* auch *Verlangen*, *Begehren*, *Trachten* oder *Sehnen*.[154] Eine schöne Veranschaulichung findet sich in Dt 23,25: »Wenn du in den Weinberg deines Nächsten kommst, so darfst du Trauben essen nach Herzenslust (= entsprechend deiner *näfäsch*), bis du satt bist, aber in dein Geschirr darfst du nichts tun.«

»Ein kleiner Schritt führt« damit »von der *näfäsch* als spezifischem Organ und Akt des Begehrens zu der erweiterten Bedeutung, bei der *näfäsch* Sitz und Akt auch anderer seelischer Empfindungen und Gemütszustände wird«.[155] Diese Bedeutung findet in Ex 23,9 ihren Ausdruck: »Einen Fremden sollst du nicht bedrücken. Denn ihr wisst, wie dem Fremden zumute ist (= ihr kennt die *näfäsch* des Fremden), seid ihr doch selbst

Fremde gewesen im Lande Ägypten.« Hier erscheint *näfäsch* in der uns vertrauten Bedeutung von *Seele*. Angesprochen ist das gesamte Spektrum innerseelischen Erlebens bzw. menschlicher Gefühle und Empfindungen.

Eine Bedeutungserweiterung, die auf die menschliche Existenz unter dem Aspekt verantwortlichen Tuns zielt, finden wir ferner in Prov 8, wo über die Weisheit gesagt wird: »Denn wer mich gefunden hat, hat das Leben gefunden« (V. 35a), »aber wer mich verfehlt, schädigt sich selbst (= seine *näfäsch*)« (V. 36a). Gemeint ist hier die Person selbst in ihrem *Wesenskern* bzw. ihrer *Eigentlichkeit*.

Eine gewisse semantische Ausdünnung kann *näfäsch* indes erfahren, wenn der Begriff an die Stelle des *Personal-* oder *Reflexivpronomens* tritt.[156] Allerdings geht auch in Formulierungen wie »Lass mich (= meine *näfäsch*) doch am Leben« (1. Kön 20,32) die Bedeutung von Seele nicht wirklich verloren. Dass diese Stelle im Königsbuch auf den Krieg Bezug nimmt, könnte ein Licht auf zwei weitere Bedeutungen von *näfäsch* werfen. Einerseits wird *näfäsch* auch bei Zählungen verwendet, etwa in Jer 52, 28f: »Dies ist das Volk, das Nebukadnezzar in die Verbannung geführt hat: Im siebten Jahr dreitausenddreiundzwanzig Judäer, im achtzehnten ... achthundertzweiunddreissig Menschen (= *näfäsch*) aus Jerusalem.«

Andererseits kann *näfäsch* auch *Leichnam* bedeuten (z.B. Num 6,6).[157] Dies ist umso erstaunlicher, als damit das *soma* auf Stufe Homers und daher das genaue Gegenteil von *psyche* bezeichnet wird. Dass *näfäsch* zugleich dem vorplatonischen Sprachgebrauch im Sinne von *Leben* entsprechen kann,[158] verweist eindrücklich auf die ganzheitliche Anthropologie des Hebräers. Denn *näfäsch* bezeichnet nicht nur die Luftröhre oder – wie *psyche* bei Homer – die ausgeatmete Luft, die beim Tod das Soma verlässt, sondern die lebenssichernde Funktion der Atmung. Dies ist ein weiterer Hinweis dafür, dass mit Seele etwas, das *ganz* zum *ganzen* Individuum gehört, gemeint ist.[159]

Eher atypisch für den Hebräer ist die *näfäsch*, die im Blut lokalisiert ist (Lev 17, 11) oder sogar mit dem Blut identifiziert wird (Dtn 12, 23). Man muss hier vermutlich von einer noch archaischen Vorstellung ausgehen, die sich über den Opferkult bis in spätere Zeit erhalten hat.

Das Alte Testament kennt überdies auch die Vorstellung des belebenden Windes, Hauches oder Geistes, *ruach* genannt. Doch dieser Begriff bezeichnet »in erheblichem Umfang eine Naturkraft« und wird zumeist auf Gott bezogen.[160] Darum ist *ruach* als Schöpferkraft zu betrachten, eine primär göttliche und nicht menschliche Eigenschaft, die sich aber auf den Menschen übertragen lässt. Es ist die Kraft, die Wunder wirkt, so wie der starke Ostwind in Ex 14, 21, der das Schilfmeer trockenlegt und den Verfolgten Rettung bringt. *Ruach* ist auch diejenige Kraft, die die toten Gebeine in Ezechiels Vision wiederbelebt (Ez 37, 5). Wenn die von Gott gegebene *ruach* zu ihm zurückkehrt (Qoh 12, 7), so kehrt der Mensch seinerseits zur Erde zurück (Ps 146, 4). Aus dieser Perspektive erscheint *ruach* als das »göttlich Kraftvolle im Kontrast zu *basar*«, der Hinfälligkeit des Menschen.[161] *Basar*, das gewöhnlich mit *Fleisch* oder *Schwäche* übersetzt wird, bildet damit eine Antithese zu *ruach*, der göttlichen »Kreativität«, was im Neuen Testament, v.a. bei Paulus, mit den beiden Begriffen *sarx* (Fleisch) und *pneuma* (Geist) wiederaufgenommen wird und grosse theologische Bedeutung erlangt.

Ein älterer, mit *ruach* vergleichbarer Begriff bildet *neshamah*. Man findet dieses Wort in Verbindung mit *näfäsch* an einer der zentralsten Stellen im Alten Testament, dem Schöpfungsbericht in Gen 2, 7: »Da bildete der Herr, Gott, den Menschen aus Staub vom Erdboden und blies Lebensatem (*nischmat* [= Constructus-Form von *neshamah*] *chajjim*) in seine Nase. So wurde der Mensch ein lebendiges Wesen (*näfäsch chajjah*).« Hier klingt noch wie bei Homer die archaische Vorstellung einer Seele an, die der an sich leblosen Erde bzw. dem daraus hervorgegangenen Menschen Lebendigkeit verleiht. Diese wird aber explizit von Gott eingehaucht und befähigt den Menschen zu bewusstem Sein.[162]

Des Weiteren sei nochmals auf das oben bereits erwähnte Phänomen der Stereometrie hingewiesen, das einer sehr bedeutenden Stelle im Alten Testament zugrunde liegt: dem Gebot, Gott von ganzem Herzen (*leb*), von ganzer Seele (*näfäsch*) und mit aller Kraft zu lieben (Dtn 6, 5). Durch die Sinnverwandtschaft nebeneinandergestellter Wörter[163] lassen sich semantische Besonderheiten zur Darstellung bringen. *Leb* und *näfäsch* haben sich überlappende Bedeutungsfelder und fungieren aufgrund ihrer abweichenden Konnotationen als sich wechselseitig verstärkende Synonyme. Von ganzem Herzen und von ganzer Seele liesse sich daher deuten als »Hingebung aus dem tiefsten Innersten«.[164]

Es ist schliesslich mehr als bemerkenswert, dass der alttestamentliche Begriff *leb*, der gewöhnlich mit Herz übersetzt wird, die folgenden drei Bedeutungen umfasst: zum einen *Verlangen* bzw. *Begehren*, alsdann *Gefühl* und *Gemüt* sowie drittens *Verstand* oder *Vernunft*.[165] Es handelt sich also um die drei Funktionen des triunen Hirns, die im Gegensatz zu Platons Trichotomie in ihrer Einheitlichkeit wahrgenommen und durch einen einzigen Begriff wiedergegeben werden (s.o.) – vielleicht wäre Embodiment eine ergänzende moderne Übertragungsmöglichkeit von *leb*. Denn das noch junge Konzept des Embodiment besagt, dass alle gefühlsmässigen und gedanklichen Prozesse mit einer veränderten körperlichen Empfindung einhergehen.[166] Und umgekehrt kann auch eine bestimmte Körperhaltung Gefühle und Gedanken beeinflussen.[167] Dies hat darin seinen Grund, dass die kognitiven, emotionalen und sensorischen Areale des Gehirns in sehr hohem Masse miteinander vernetzt sind. Gerade die Anthropologie des Alten Testamentes hat diesen Umstand mit aussergewöhnlichem Gespür wahrgenommen.

5.3 Exkurs: Psyche – Der Seelenbegriff im Neuen Testament

Aufgrund der bisherigen Erörterungen ist auch im Neuen Testament nicht mit einer eindeutigen Begrifflichkeit zu rechnen.

Zum einen ist im Griechischen terminologisch nie klar zwischen der *psyche* als vitalem Prinzip und den seelischen Funktionen des Denkens, Fühlens und Wollens unterschieden worden.[168] Zum anderen dürfte die Septuaginta, das Alte Testament der Griechisch sprechenden Juden und Judenchristen, den Sprachgebrauch von *psyche* wesentlich mitgeprägt haben. Als Bürger zweier Sprachwelten bzw. zweier Sprachkulturen hatten sie zweifellos noch die ursprüngliche Bedeutung von *näfäsch* im Ohr (s. 5.2).

Alles in allem darf man annehmen, dass sowohl der alttestamentliche wie auch der griechisch-hellenistische Sprachgebrauch von *psyche* die Anthropologie im Neuen Testament nicht unwesentlich mitbestimmt haben.

Es erscheint deshalb angezeigt, sich dem Bedeutungsspektrum von *psyche* im Neuen Testament zunächst über einige alttestamentliche Zitate, in deren Licht ganz besonders das Matthäusevangelium ihm vorgegebene jesuanische Tradition reflektierte, anzunähern. So wird zum Beispiel die Frage nach dem grössten Gebot von Jesus bei allen Synoptikern mit Verweis auf Dtn 6,5 und Lev 19,18 beantwortet. Markus geht allerdings über die alttestamentliche Vorlage hinaus, indem er den Begriff *dianoia*, Verstand, ergänzt: »Höre Israel, der Herr, unser Gott, ist allein Herr und du sollst den Herrn, deinen Gott, lieben mit deinem ganzen Herzen und mit deiner ganzen Seele und mit deinem ganzen Verstand und mit all deiner Kraft« (Mk 12,30). Dies dürfte er wohl deshalb getan haben, damit nach griechischem Sprachempfinden die Gottesliebe auch als Denkakt wahrgenommen werden kann. Denn die Bedeutung des hebräischen *leb*, die vom eigentlichen Organ über das Gefühl bzw. die Gemütsverfassung bis hin zur Vernunft reicht (s. 4. 2) , deckt sich nicht vollumfänglich mit dem griechischen Begriff *kardia*. Wohl um die alttestamentliche Dreiheit (Herz, Seele, Kraft) zu wahren, lässt Matthäus die Kraft weg: »Du sollst den Herrn, deinen Gott lieben mit deinem ganzen Herzen und mit deiner ganzen Seele und mit deinem ganzen Verstand« (Mt 22, 37). Und Lukas überliefert wie Markus, vertauscht jedoch die Reihenfolge von Verstand und Kraft.

Es gilt indes zu beachten, dass *leb* als der häufigste und vermutlich zentralste anthropologische Begriff des Alten Testaments anzusehen ist und dass er wohl auch deshalb im Gebot, Gott zu lieben (Dtn 6, 5), noch vor *näfäsch* erscheint. Im Zusammenhang mit dem Begriff *leb* spricht daher Gerhard von Rad auch von »vernehmende(r) Vernunft« bzw. einem »Gespür für die Wahrheit«.[169] Darum besteht Salomons hohe Weisheit nicht darin, dass er um langes Leben, Reichtum oder um das Leben seiner Feinde bittet, sondern um ein *verständiges Herz* (1. Kön 3, 9).[170] Denn im Herzen, *leb*, vollziehen sich Einsicht, Erkenntnis und Bewusstsein.[171]

Wie unter 5.1 bereits angedeutet, begegnen wir hier einem modernen psychobiologischen Konzept, welches auch als *affektlogisches Prinzip* bezeichnet wird. Demnach bilden Emotionen und Kognition, indem sie in ständiger Wechselwirkung stehen, eine grössere Einheit.[172] Mehr noch: Zumal *leb* auch *Verlangen* bzw. *Begehren* bezeichnen kann, sind in diesem Begriff alle drei Funktionen des »triunen Gehirns«, nämlich das Denken, Fühlen und auch die Triebfunktionen zusammengefasst, die in ihrer Gesamtheit wahrgenommen werden. Die Funktionen des Denkens und Fühlens bzw. die Eigenschaften der Kraft und des Wollens dürften dem in der jüngeren Existenzphilosophie bedeutsam gewordenen und im alltäglichen Sprachgebrauch eingegangenen Begriff des »Engagements« recht nahe kommen. Angesprochen ist eine Haltung, die im Sinne Karl Jaspers'‹ »alles ans Ganze«[173] setzt und die weder Halbheit noch Halbherzigkeit duldet. In dieser »Einstellung fühlt der Mensch sich« – nach Jaspers – »in seiner innersten Substanz, in seiner Wesenheit berührt«.[174] Damit ist wohl jener Wesenskern im Menschen gemeint, der Voraussetzung für authentisches (mit-)menschliches Denken, Fühlen und Wollen ist.[175]

Ein anderes alttestamentliches Zitat zum Thema »Seele« bietet Mt 11, 28. 29: »Kommt zu mir, all ihr Geplagten und Beladenen: Ich werde euch Ruhe geben. Nehmt mein Joch auf euch und lernt von mir, denn ich bin sanft und den Geringen von Herzen zugetan; und ihr werdet Ruhe finden für eure Seele.« Das Versende ist ein Zitat aus Jer 6, 16.

Als weiterer Beleg ist Mt 12, 18–21 zu nennen, der die berühmte Stelle aus dem Propheten Jesaja (42, 1–4) über den »Gottesknecht«[176] aufnimmt: »Siehe, mein Knecht, den ich erwählt habe, mein geliebter, an dem meine Seele Wohlgefallen hat. Ich werde meinen Geist auf ihn legen, und den Völkern wird er das Recht verkünden« (Mt 12, 18). Seele (*psyche*) und Geist (*pneuma*) erscheinen hier gemeinsam als Prädikate Gottes, ohne dass von einem eigentlichen »Parallelismus membrorum« gesprochen werden kann.

Von einer Synonymität der Begriffe ist indessen im »Lobgesang der Maria«[177] (Lk 1, 46–55) auszugehen. Im Hymnus finden sich zahlreiche Anklänge an alttestamentliche Stellen, u.a. viele Psalmen. Von besonderem Interesse sind dabei die Verse 46a und 47: »Meine Seele erhebt den Herrn und mein Geist jubelt über Gott, meinen Retter.« Die parallele Nebeneinanderstellung von Seele und Geist kann durchaus als Ausdruck ausserordentlicher Freude gedeutet werden.

Tatsächlich sind *psyche* und *pneuma* in einem populären, theologisch nicht reflektierten Sinne als Orte innerer Erfahrung austauschbar.[178] Gleichwohl sind sie wegen ihren unterschiedlichen Konnotationen nicht gleichzusetzen. »Deutlicher als *psyche*« umschreibt nämlich *pneuma* »Gottes Gabe«,[179] entsprechend dem Begriff *ruach* im Alten Testament. Damit wird das innere Erleben als *Glaubenserfahrung* näher bestimmt.

Der Unterschied »verschärft sich zum eigentlichen Gegensatz«,[180] wenn man etwa an die Kreuzesworte denkt: »Vater, in deine Hände befehle ich meinen Geist (*pneuma*)« (Lk 23,46). Demgegenüber kann *psyche* das bedrohte Leben beschreiben, wie in Jesu Kindheitsgeschichte: »Als Herodes gestorben war, siehe, da erscheint dem Josef in Ägypten ein Engel des Herrn im Traum und sagt: Steh auf, nimm das Kind und seine Mutter und geh in das Land Israel. Denn die dem Kind nach dem Leben (*psyche*) trachteten, sind tot« (Mt 2,19.20). Die Traumbotschaft lehnt sich inhaltlich stark an Ex 4,19 an: »Und der Herr sprach zu Mose in Midian: Geh zurück nach Ägypten, denn alle, die dir nach dem Leben (*näfäsch*) trachteten, sind gestorben.«

Wenn Jesus in Mk 3,4f zornig und betrübt seine Gegenspieler fragt, ob es sich zieme, »am Sabbat ... Leben zu retten oder zu töten«, so spricht er damit wohl »alttestamentliches Empfinden« an, wonach »schon das Belassen in der Krankheit ein ›Töten‹«[181] sei.

Leben (*psyche*) zu retten, m.a.W. die »lahme Hand« heilen, ist daher die wirklich menschliche Alternative. Hier ist mit Leben allerdings mehr als nur die körperliche Gesundheit gemeint. Denn physisches und psychisches Kranksein sind nicht zu trennen, und wo der Körper leidet, leidet die Seele mit. Hinzu kommt: Durch die genesene Hand liesse sich an frühere Lebensphasen anknüpfen. Darum kann die Heilung auch als »lebensrettend« und ihre Unterlassung gar als »töten« bezeichnet werden.

Die Apostelgeschichte (27,10) »spricht von der Gefahr nicht nur für Ladung und Schiff, sondern auch für die *psychai* der Passagiere. Der pluralische Gebrauch zeigt schon, dass *psyche* stärker als das deutsche *Leben* individualisieren kann.«[182] Hier sind eindeutig *Menschenleben* gemeint; an die abstrakte Bedeutung von Leben ist dabei nicht gedacht. Hierfür stünde *zoe*, das im Plural nicht verwendet wird,[183] was weiter unten noch näher erörtert wird.

In der Bergpredigt warnt Jesus vor unnötigen Sorgen. »Darum sage ich euch: Sorgt euch nicht um euer Leben (*psyche*), was ihr essen werdet, noch um euren Leib (*soma*), was ihr anziehen werdet« (Mt 6,25a). Die Gegenüberstellung von *psyche* und *soma* ist zweifellos griechisch, doch die Verbindung von Leben und Nahrung sowie von Leib und Kleidung lehnt sich an die alttestamentliche Vorstellung der bedürftigen *näfäsch* an. Wenn es dann weiter heisst: »Ist nicht das Leben mehr als die Nahrung und der Leib mehr als die Kleidung?« (Mt 6,25b), so ist dies dahingehend zu deuten, dass es eben auch Aspekte des Lebens gibt, die über das Materielle hinausgehen. Gemeint ist ein »Lebendigsein«, das oft erst im Verzicht und in der Konzentration auf das Wesentliche erfahrbar wird. Aus dieser Sicht erschliesst sich die Paradoxie in Mk 8,35: »Wer sein Leben retten will, wird es verlieren; wer aber sein Leben verliert … wird es retten.«

Hier knüpfen thematisch die soteriologischen Worte Jesu an: »Denn auch der Menschensohn ist nicht gekommen, um sich dienen zu lassen, sondern um zu dienen und sein Leben (*psyche*) hinzugeben …« (Mk 10,45). In Mk 8,31 ist ebenfalls die Rede vom Menschensohn, der vieles erleiden muss, und wovon Petrus Jesus eindringlich abhalten will. Das gleiche Thema erscheint wieder bei der Fusswaschung (Joh 13,1–17). Auch hier setzt sich Petrus zur Wehr: »In Ewigkeit sollst du mir nicht die Füsse waschen!« Erneut wird Jesu Selbsthingabe infrage gestellt. Dass sowohl *sacrificium* wie auch *victima* im Deutschen mit Opfer wiedergegeben werden und – im Gegensatz zum Lateinischen bzw. zu den davon abgeleiteten Sprachen – nicht auseinandergehalten werden, erweist sich sachlich auch als das Problem des Petrus.

Neben dem Begriff *psyche* kennt das Griechische mit *zoe* eine weitere Bezeichnung für *Leben*. Allerdings verwischen sich im klassischen Sprachgebrauch oft die beiden Bedeutungen.[184] Dennoch kommt *zoe*, das nicht im Plural verwendet wird,[185] eher eine abstrakte Bedeutung im Sinne einer Gegebenheit, in der man »sich immer schon vorfindet«,[186] zu. In einem gewissen Gegensatz dazu stünde damit der Begriff *psyche*, der dem individuellen Ich, das verantwortlich in der Welt wirkt, wohl nähersteht. In dem Masse indessen, wie diese Gestaltungskraft durch bestimmte Umstände, wie z.B. Krankheit, eine Einschränkung erfährt, wächst die Bedeutung von *zoe* als Schöpfergabe, als göttliche Kraft der Hoffnung und der Heilung. Da Leben im Grunde nie zu einer vollen Entfaltung gelangen kann, bleibt es immer auch ein Leben im »Noch-nicht«, das der Ganzwerdung harrt. Demgegenüber wird göttliches Leben stets als erfüllt gedacht.[187] Darum wenden sich Menschen seit alters an eine »höhere Macht«, wie etwa der Psalmist: »Was bist du so gebeugt, meine Seele ...? Harre auf Gott, denn ich werde ihn wieder preisen, ihn, meine Hilfe ...« (Ps 42, 12). In dieser Relation gewinnt aus theologischer Sicht menschliche Existenz erst ihre Eigentlichkeit. Doch kann Paulus mit *zoe* auch »die geschichtliche Bewegtheit der menschlichen Person ... in der Freiheit von der Welt«[188] bezeichnen. In diesen Kontext gehört auch jene andere Bedeutung von *zoe*, die mit dem Zusatz *aionios* versehen ist; ein Ausdruck, der mit »ewiges Leben« übersetzt wird und sowohl ein Ereignis der Zukunft wie auch ein Leben in der Gegenwart bezeichnen kann. So hat das Johannesevangelium ein präsentisches Geschehen im Auge, wenn es etwa heisst: »Wer mein Wort hört und dem glaubt, der mich gesandt hat, hat ewiges Leben (*zoe aionios*) und kommt nicht in ein Gericht (*krisis*), sondern ist hinübergegangen aus dem Tod in das Leben (*zoe*)« (Joh 5, 24).

In vergleichbarer Weise wird auch *pneuma*, das sowohl für den göttlichen wie auch den menschlichen Geist stehen kann, als heilig (*agion*) bezeichnet.

Eine anthropologische Vertiefung erfährt *psyche* des Weiteren durch die Neuausrichtung des Gesetzes, wie sie besonders in der Bergpredigt entfaltet wird. Dass diese nicht auf das Äusserliche, sondern auf die innere Haltung des Menschen zielt, ist indes schon im Alten Testament vorgezeichnet, etwa bei Jeremia (31,33): »Dies ist der Bund, den ich mit dem Haus Israel schliessen werde nach jenen Tagen, Spruch des Herrn: Meine Weisung habe ich in ihre Mitte gegeben, und in ihr Herz werde ich sie ihnen schreiben ...« Hier wird klar Abstand genommen von einem blinden Traditions- und Buchstabenglauben. Im Zentrum des Gesetzes steht neu der Aspekt verantwortlicher Gottesbeziehung. Genau daran knüpft Jesus in der Auseinandersetzung mit jeglicher Art von Gesetzlichkeit an, wenn er nach Matthäus selber aus dem Alten Testament (Jes 29,13) zitiert: »Dieses Volk ehrt mich mit den Lippen, ihr Herz aber hält sich fern von mir. Nichtig ist, wie sie mich verehren; was sie an Lehren lehren, sind Satzungen von Menschen« (Mt 15,8f).

Diese Gedanken werden im folgenden Gleichnis noch weiter ausgeführt: »Das Land eines reichen Mannes hatte gut getragen. Da dachte er bei sich: Was soll ich tun? Ich habe keinen Raum, wo ich meine Früchte lagern kann. Und er sagte: ... Ich werde meine Scheunen abbrechen und grössere bauen, und dort werde ich all mein Getreide und meine Vorräte lagern. Dann werde ich zu meiner Seele (*psyche*) sagen ... : ... du hast reichen Vorrat daliegen für viele Jahre. Ruhe dich aus, iss, trink, sei fröhlich« (Lk 12,16–19). Weiter heisst es allerdings, dass die Seele (*psyche*) des Mannes in jener Nacht zurückgefordert werde. »Was du aber zurückgelegt hast – wem wird es gehören? So geht es dem, der für sich Schätze sammelt und nicht reich ist vor Gott« (Vv. 20b. 21).

Wahrscheinlich stand das Gleichnis ursprünglich in einem anderen Zusammenhang: Fruchtbares Land, reiche Ernte, worin die Seele satt werden, sich ausruhen und fröhlich sein darf – dies könnte auf einer früheren Stufe der Tradition als Motiv für ein Gleichnis vom Reiche Gottes gedient haben. In Zeiten der Verfolgung konnte es aber rasch in den Verdacht geraten, sich bequem in der Welt einrichten zu wollen und dabei dem Eigentlichen zu verweigern. Dafür spricht auch der vermutlich spätere (v. Verf. kursiv gesetzte) Zusatz im wohl echten Jesuslogion Mk 8, 35: »Denn wer sein Leben (*psyche*) retten will, wird es verlieren; wer aber sein Leben (*psyche*) verliert um *meinetwillen und um des Evangeliums willen,* wird es retten.«

Das Gleichnis vom reichen Bauern lässt schliesslich offen, ob besagter Mensch in jener Nacht seine *Lebendigkeit* oder sein *Leben* verlor. Diese Differenzierung ist insofern müssig, als ein Leben ohne Lebendigkeit letztlich gar kein wirkliches Leben ist.[189] Das breite Bedeutungsspektrum von *zoe*, das von *Naturphänomen* bis hin zu *spezifisch menschlichem Leben* reicht, kommt auch im Deutschen in folgender Formulierung etwa angesichts anhaltender Lebensprobleme zum Ausdruck: *Was ist denn das nur für ein Leben?* Gemeint sein kann sowohl der persönliche geschichtliche Aspekt des Lebens wie auch die Qualität dieser gelebten Existenz.

Fliessend ist schliesslich der Übergang zum Begriff *bios*, der u.a. das individuelle Leben bzw. die Lebenszeitspanne wie auch die biologischen Bedingungen bzw. die biologische Veranlagung bezeichnen kann.

Die zahlreichen Überschneidungen und die Bedeutungsvielfalt des Seelenbegriffs zeigen, wie komplex das Thema bereits in der Antike wahrgenommen wurde.

Doch wie steht es mit dem Begriff des Bewusstseins? Inwieweit ist das Phänomen auch in der Antike von Bedeutung? An dieser Stelle sollen nicht die neurobiologischen Grundlagen des Bewusstseins erörtert werden. Hierzu sei auf 5.1 und Kapitel 7 verwiesen. Generell lässt sich sagen, dass die wissenschaftliche Befundlage heute nur dürftig zur Erhellung des Phänomens beiträgt. Dies liegt daran, dass noch viel zu wenig über das Zusammenspiel der äusserst komplexen kognitiven, emotionalen, intuitiven und somatischen Prozesse bekannt ist. Bewusstsein lässt sich nicht einzelnen Hirnarealen zuordnen, es untersteht distributiven Gesetzen und umfasst neben dem Gehirn auch die Sinnesorgane sowie das gesamte sensible (Haut) und sensorische (innere Organe) System peripherer Nerven. Darüber hinaus deuten Merkmale wie Subjektivität und Individualität auf einen personalen Kern hin, der noch weit davon entfernt ist, auch nur annähernd verstanden zu werden. Eine weitere wichtige Rolle spielen zudem so gegensätzliche Prämissen wie die Frage nach Willensfreiheit einerseits sowie die Problematik der Kausalität innerseelischer Prozesse andererseits und deren Anbindung an ein Subjektivitätsempfinden. Da sich Letzteres einer objektiven Vereinnahmung widersetzt, muss daher offen bleiben, ob Bewusstsein überhaupt als »Gegenstand« der Naturwissenschaft zu betrachten sei oder ob es nur auf zwischenmenschlichem Wege über anderes Bewusstsein wahrgenommen werden kann.

Eine besondere Konnotation erlangen in der Antike sowohl *psyche* wie auch *zoe* dann, wenn sie mit der Einsicht verbunden sind, dass »der faktische Lebensvollzug kein Naturprozess ist«, der sich einfach »von selbst vollzieht, sondern im verstehenden Entschluss ergriffen und verwirklicht werden muss«.[190] Dies setzt aber ein *Bewusstsein* sowohl der *Welt* als auch seiner *selbst* voraus. Im Gleichnis vom reichen Mann (s.o.) denkt dieser zunächst bei sich (*en eauto*) (Lk 12,17), was er tun soll; alsdann spricht er zu seiner Seele *(psyche*), m.a.W. zu sich (V.19). Die beiden Begriffe betreffen das eigene Selbst oder die eigene Person, wofür indes auch *soma* stehen kann.[191] Im Neuen Testament bezeichnet *soma* weniger den Körper, den ich *habe* und in dem die Seele aus gnostischer Sicht gefangen ist, als vielmehr den Leib, der ich *bin*, in dem ich mich als Person erlebe.

Im inneren Menschen (*eso anthropos*) (Röm 7,22) vollzieht sich also der Sinneswandel (*metanoia*) (Mt 3,8) und erfolgt auch die ethische Ausrichtung (*agathon*) (Mk 3,4; Röm 7,19). Die Lebendigkeit (*zoe* oder *zoe aionios*), die als »Gabe« daraus hervorgeht, ergreift dabei die ganze Person (*psyche* oder *soma*) in ihrer leib-seelischen Einheit. Hier lässt sich erneut eine Brücke zur heutigen Psychiatrie bzw. Psychobiologie schlagen: »Wer von Seelischem spricht, hat es« zugleich »mit leiblichen Erfahrungen zu tun«, sagt der Psychiater Daniel Hell.[192] Dass Leib mehr als nur den Körper, also sachliche Verhältnisse, bezeichnet, deutet auch die sprachliche Verwandtschaft zum englischen Wort *life* an.[193] »Körper … haben wir … Leib *sind* wir«[194] und »wer leibt, lebt«, verrät auch ein geflügeltes Wort. Weiter betont Daniel Hell, »dass seelisches Empfinden … einer menschlichen Grunderfahrung« entspricht, »die so real ist wie die Beobachtung eines Gegenstandes … Seelisches Erleben« kann »nur von anderem seelischen Erleben erfasst werden … Es ist … ›Erleben aus erster Hand‹ und kann auch mit den« neuesten technischen Methoden nicht als solches erfasst werden.[195] Lebens- und Existenzphilosophie haben daher »seelisches Erleben mit dem ›Sein‹ gleichgesetzt. Erich Fromm hat dieses ›Sein‹, das nur erlebt werden kann, von einem ›Haben‹ abgegrenzt, das nur wie eine Sache in Besitz genommen werden kann.«[196]

Schliesslich hat gemäss Erik Erikson auch die Psychologie im *Gefühl des Urvertrauens* eine »ontologische Quelle von Glaube und Hoffnung«[197] und damit eine wesentliche Voraussetzung für spätere Religiosität erkannt. Dies dürfte im neutestamentlichen Begriff der *pistis* eine Entsprechung finden. Religion vermag nach Erikson durch Besinnung auf einen »übermenschlichen Beschützer«[198] und durch rituelle »Wiederherstellung eines gefährdeten Vertrauensgefühls in der Form des Glaubens«[199] ein durch Lebenskrisen erschüttertes Urvertrauen wieder herzustellen. Religiöse Rituale sind daher nicht notwendig im Sinne Freuds als eine zwanghafte Abwehr verdrängter sexueller Impulse zu begreifen. Sie können vielmehr als symbolische Darstellungen des zyklischen Weltenlaufes sowie des Vertrauens in die stete Erneuerung des Lebens gedeutet werden.[200]

6 Religionsphänomenologische Vergleichspunkte

Entsprechend der Vielzahl von Seelenvorstellungen ist auch aus Sicht der Religionswissenschaft mit zahlreichen Zugängen zum Phänomen Seele zu rechnen. So sind zwei grundlegende Seelenkonzeptionen, die sich ihrerseits weiter auffächern lassen, zu unterscheiden: zum einen die *monistische Ganzheitsseele* und zum anderen die *vom Leib gelöste Seele*. Beiden Vorstellungen sind wir bereits bei der Untersuchung des Begriffes *psyche* (s. 5.1) begegnet. In der vorklassischen griechischen Periode war von der an das Individuum gebundenen Lebenskraft die Rede, die religionswissenschaftlich als *Vitalseele* bezeichnet wird. Davon zu unterscheiden sind als *Egoseele* oder *Ichseele* die seelisch-geistigen Funktionen des Menschen. Diese wurden an organische Träger (z.B. *phrenes*, Zwerchfell) gebunden gedacht, was wiederum zur Bezeichnung der *Organseele* Anlass gibt. In diesem Phänomen findet »die religiöse Grundhaltung des frühen Menschen« dahingehend ihren Ausdruck, dass dabei die Untrennbarkeit des Seelischen »am Stofflichen«[201] erfahren wird.

Diese Verbundenheit gilt nicht nur für die Organseele, sondern auch für die Vitalseele in Analogie zur griechischen *psyche*, die den Menschen durch den Mund oder aus einer offenen Wunde verlässt (s. 5.1) und »gleich einer Fledermaus in den Hades« flattert, »wo sie als blutloser Schatten ohne eigentliches Bewusstsein west«.[202] Eine Art Zwischenstufe bildet die altägyptische Jenseitsvorstellung, wonach »eine nachtodliche Existenz ohne die Intaktheit und ungestörte Interaktionsfähigkeit aller anthropologischen Konstituenten« unvorstellbar ist.[203] »Erst wo diese beiden Grundbedingungen dahinfallen (etwa durch Bestrafung im Jenseits oder Vernachlässigung der Totenpflege), spricht der Ägypter von ›Tod‹ (*mwt*): dieser ›zweite Tod‹ bedeutet Nichtsein.«[204] Andernfalls handelt es sich nur um »Verklärtsein (*3hw*)«.[205]

Erst später ist »in der Idee der Hauchseele, z.B. wenn diese mit dem unsichtbaren Atem identifiziert wird (Atman, Pneuma, Spiritus)«,[206] eine Wendung zum Spirituellen zu erkennen. Man spricht dabei von Freiseele oder auch *Exkursionsseele*. Diese kann den Körper im Schlaf wie auch bei paranormalen Zuständen vorübergehend oder sogar bleibend verlassen.[207]

»Hieraus erklärt sich« jedenfalls »das ›vitale‹ Interesse an der postmortalen Konservierung (Mumifizierung) des Leibes«.[208] Wenn dieser schläft, entfernt sich die Ba-Seele »in Vogelgestalt« vom Leib »und schweift frei (fährt mit dem Sonnengott Re auf der Sonnenbarke durch die Unterwelt, wo dann Tag herrscht). Erwacht der Leib (Tag), vereinigt sich« der Ba »wieder mit ihm und belebt ihn«.[209] Auch wenn jemand ohnmächtig wird oder »ausser sich« gerät vor Angst, »geht sein *Ba* dahin und sein Leib wird schlaff«.[210]

Mit dieser Vorstellung verwandt und damit ebenfalls der *Exkursionsseele* zuzuordnen ist der *Ka*, den der Schöpfergott Chnum zugleich mit dem menschlichen Leib auf einer Töpferscheibe formt.[211] »Der Ka wird dabei bildlich als identischer Doppelgänger des *nasciturus* (der *nascitura*) dargestellt. Er wird auch durch Umarmung« – wie die entsprechende Hieroglyphe zeigt – »vom Vater auf das Neugeborene übertragen« und ist beziehungsstiftend: »Umarmung ist hier Adoptionsgestus. Nach verbreiteter Auffassung ist es erst« dieser »Ritus, der dem Neugeborenen Leben im Vollsinn verleiht ... Ka ist ... Lebensmächtigkeit«,[212] »Vitalseele – wieder mit der Besonderheit, dass sie postmortal nicht mit dem Leib zugrunde geht (solange der konserviert bleibt), sondern als Aussenseele weiter mit ihm interagiert«.[213]

Damit begegnet uns in der Anthropologie und im Jenseitsglauben des alten Ägyptens eine Seelenvorstellung, die zwischen der monistischen Ganzheitsseele und einer vom Leib getrennten Seele anzusiedeln ist.

Erst Letztere ermöglichte, wie etwa in Griechenland, die Annahme einer seelischen *Präexistenz* sowie einer *Reinkarnati-*

Ausschnitt aus dem Totenbuch des königlichen Schreibers Ani

19. Dynastie. Ca. 1275 v. Chr. Malerei auf Papyrus. London, British Museum

Die Ba-Seele verlässt den Körper des Verstorbenen. Auch im Schlaf entfernt sie sich und fährt mit dem Sonnengott Re auf der Sonnenbarke durch die Unterwelt, wo dann Tag herrscht. Das »Totenbuch« der Ägypter war in Wirklichkeit kein einzelnes Buch, sondern bezeichnete eine in unterschiedlicher Ausgestaltung tradierte Sammlung religiöser Formeln. Sie sollten den Verstorbenen auf seiner gefährlichen Reise durch die Unterwelt ins Jenseits begleiten.

Darstellung einer sitzenden Frau mit Seelenvogel in der linken Hand auf einem Grabstein aus Marion, 5. Jh. v. Chr.

Nikosia, Zypernmuseum

Die entspannte Haltung, das angedeutete Lächeln, die offenen Schwingen des Vogels sowie die Spuren grüner Farbe auf dem Hintergrund erscheinen als Zeichen von Zuversicht und Hoffnung auf einen Aufstieg der Seele und ein neues Leben.

onsseele – ein Glaube, der neben der pythagoräischen Seelenwanderungslehre u.a. in der germanischen Volksüberlieferung und in der Etymologie des deutschen Wortes Seele zum Ausdruck kommt (s. 5.1).

Eine religionswissenschaftliche Besonderheit mit durchaus aktueller Bedeutung bildet darüber hinaus die *Aussenseele*, auch *Alter Ego* oder *Nagual* genannt. Sie »stellt als ›Umweltkomponente‹ der menschlichen Persönlichkeit den Rapport zwischen dem Menschen und der ihn umgebenden Wirklichkeit her und befindet sich (im Normalfall) in verschiedenster Gestalt ausserhalb des menschlichen Körpers: wird sie (bewusst oder versehentlich) zerstört, stirbt der Mensch«.[214] Hier ist eine fürs Überleben unabdingbare Interdependenz zwischen Mensch und Umwelt angesprochen.

Im Gegensatz zur enormen Bedeutung des Leibes für das Fortbestehen der verschiedenen seelischen Vermögen bei den alten Ägyptern geht die Entwicklung in Griechenland einen anderen Weg. Als Freiseele verlässt die *psyche* das *soma*, den Leichnam, und begibt sich in den Hades. »Das Erleben des Menschen war« – wie oben bereits angedeutet – »von ... Organseelen bestimmt. Die *psyche* erweiterte nun im Laufe der von Homer zu Platon führenden Entwicklung ihr Territorium« und »inhalierte gewissermassen die anderen Seelen«.[215] Sie gestaltete sich so zu einem umfassenderen Oberbegriff. Er bezeichnet um 500 v. Chr. neu sowohl das Denken, Fühlen und Wollen, den moralischen Wesenskern und – wie bis anhin – auch die Lebenskraft (s. 5.1).

Die Pluralität der Organseelen wurde wohl unter dem Aspekt der als Einheit erlebten Lebenskraft philosophisch im Sinne der »Pluralität von Seelenvermögen« gedeutet.[216] Da dafür kein expliziter Begriff bereitstand, »wurde aus den vielen Seelen eine besonders wichtige, die Macht des Atems, zum Terminus für die Einheit der Seele überhaupt. Die anderen Mächte aber (*thymos, noos, phren, kardia* usw.) wurden als Funktionen dieser Einheit, als deren *dynameis*, begriffen.«[217]

Diese Einheit der Seele findet nicht nur etwa bei Platon, sondern auch in anderen religiösen Traditionen, so z.B. im Hinduismus und im Buddhismus, im dynamischen Bild des Wagenlenkers ihren Ausdruck. Dessen grosse religionswissenschaftliche Bedeutung soll daher nachfolgend näher erläutert werden. »Der Wagen als Gleichnis für die Seele ist nur verständlich vor dem Hintergrund einer spezifischen kulturgeschichtlichen Entwicklung. Die Erfindung des Rades und im Zusammenhang damit des Wagens geht in das vierte Jahrtausend v. Chr. zurück. Die enge Zusammengehörigkeit von Rad und Wagen zeigt auch die Etymologie. Im Indogermanischen verweist die entsprechende Wurzel sowohl auf Rad als auch auf Wagen, im Litauischen heisst *ratas* im Singular ›Rad‹ und im Plural ›Wagen‹« – dieser »hatte neben seiner praktischen Funktion und kriegerischen Verwendung als Streitwagen von früh an auch religiöse Bedeutung«.[218] So wurde er im Rahmen ritueller Zeremonien als Kultwagen mitgeführt. Weiter fand der Wagen auch Verwendung »für den Transport der Leiche zum Begräbnis bzw. – symbolisch – zur Beförderung der unsterblichen Seele des Verstorbenen ins Jenseits«.[219] Hier spiegelt sich vermutlich noch die archaische Vorstellung einer Exkursionsseele, die gleichsam über dem Leichnam schwebt und sich mit dem lebendigen Bild des Verstorbenen, das die Trauernden begleitet, verbindet. Der materielle Aspekt des Wagens findet darüber hinaus im Menschen selbst eine Entsprechung. Vergleichsmomente ergeben die Zugtiere als Bild für die Triebe und der Wagenlenker, der für das individuelle bewusste Ich des Menschen steht.[220]

Und schliesslich verweist die *Bewegung* des *Wagens* – beide Begriffe sind etymologisch verwandt[221] – auf den Weg bzw. das anvisierte Ziel. Es erstaunt daher nicht, dass das Bild des Wagens in anderen Religionen, besonders im Hinduismus, bedeutsam wurde.

Keltischer Kultwagen aus Bronze aus dem 6. oder 7. Jh. v. Chr.

»Zwischen Jägern und Jagdbeute herrschte in der keltischen Mythologie ein besonderes Verhältnis. Die Tiere, vorzugsweise Hirsche und Eber, wurden fast wie Jagdgötter verehrt. Sagen erzählen von magischen Hirschen und Ebern, die ihre Jäger in den Tod und das Jenseits lockten« (Adkinson, Heilige Symbole 113). Aufgrund des besagten Bezuges zur Transzendenz dürfte der Kultwagen auch im Rahmen anderer ritueller Zeremonien Verwendung gefunden haben; etwa beim »Transport der Leiche zum Begräbnis bzw. – symbolisch – zur Beförderung der unsterblichen Seele des Verstorbenen ins Jenseits« (Figl, Bilder für die Seele 18). Daher lässt sich dieser Kultwagen auch als Prototyp des Seelenwagens deuten.

So heisst es in den *Upanishaden*:

Verstehe das Selbst als den Herrn des Wagens, (1)
den Körper als den Wagen selbst, (2)
den urteilsfähigen Verstand als Wagenlenker (3)
und den Geist als die Zügel. (4)

Die Sinne, sagen die Weisen, sind die Pferde; (5)
eigennütziges Begehren sind die Strecken, die sie zurücklegen. (6)
Wenn das Selbst, der Atman, mit dem Körper, dem Geist und den Sinnen verwechselt wird – so heben sie hervor –, scheint er Lust zu geniessen und Kummer zu erleiden. (7)

Katha Upanishad III, 3–4[222]

Dieses Bild offenbart eine doppelte Aussageintention, die sich auch aus der Struktur der sieben Verse erschliesst: die fünf Vergleichspunkte im Inneren des Gleichnisses (Verse 2 bis 6) sind von zwei Aussagen über das Selbst, den Atman[223] (Verse 1 und 7) gerahmt. Einerseits werden die materiellen Anteile des Wagengespanns mit körperlichen und geistigen Funktionen des Menschen verglichen. Andererseits wird der Atman als eine dem Wagen übergeordnete Grösse vom Vergleich ausgenommen. Ihm, und nicht dem Wagenlenker, untersteht das ganze Gespann; er ist es, der die Kontrolle über den Wagen ausübt.

Körperkontrolle ist übrigens ein Grundzug des Yoga, was »wörtlich … ›Vereinigung‹ … bedeutet«, womit »das deutsche Wort ›Joch‹, in dem die Pferde zusammengespannt sind, etymologisch verwandt ist«.[224] Angesprochen ist hier eine Grösse, welche sich nicht auf partikuläre Funktionen wie Triebe, Affekte, Kognition oder Sinneswahrnehmung reduzieren lässt. Erst im vom Atman dirigierten harmonischen Wechselspiel aller körperlichen und geistigen Funktionen und in der daraus hervorgehenden Bewegung auf ein Ziel hin, komme die Seele in einem dialektischen Prozess zur Ruhe und erlange inneren Frieden. Darüber hinaus ist im indischen Denken noch eine über- oder transpersonale Dimension Gegenstand religiöser Reflexion, in welcher »die Individualseele mit einem universellen und unsterblichen Weltgeist gleichgesetzt« wird: »›Atman ist identisch mit Brahman.‹«[225]

»Eine ›Seele‹ als wesentliche Mitte des Menschen, die die Upanishaden-Denker im Atman erblickten«[226] und die im Unendlichen des Brahman eingebunden ist, kennt der Buddhismus *nicht*. Aus diesem Grunde »wird in Pali von *anatta* (Sanskrit: *anatman*), ›Nicht-Seele‹ bzw. ›Nicht-Selbst‹ gesprochen. Die *anatta*-Lehre gehört in den zentralen Kontext der buddhistischen Anthropologie: es ist die bekannte Unterscheidung der fünf Skhandas, wörtlich: Häufungen ... oder Gruppen, welche die fünf Bestandteile jeder menschlichen Persönlichkeit ausmachen, wie sie uns erscheint«,[227] namentlich »Körper, Gefühl, Wahrnehmung, geistige Gebilde und Bewusstsein«.[228] Im Buddhismus entspricht das Bild des Wagens einer mechanistischen Sicht auf das Seiende. Der Mensch wird dabei als empirische Grösse ohne Wesenheit begriffen: ein Bündel vergänglicher Daseinsaspekte; eine Summe von Akzidenzien ohne Substanz. Diese radikale Metaphysikkritik ist wohl als eine Reaktion auf allzu spekulative Konzepte innerhalb des Hinduismus, aus welchem der Buddhismus als Reformbewegung hervorgegangen ist, zu deuten. Gleichzeitig stellt sich angesichts dieser reinen Diesseitsorientierung – man hat den Buddhismus auch als Religion ohne Gott bezeichnet – die Frage nach der Begründbarkeit der hohen ethischen Ansprüche und besonders der Annahme einer Sinnhaftigkeit unseres Daseins.

Vor Verallgemeinerungen ist indes zu warnen, wie etwa die reiche Bildsprache der Mandalas im Vajrayana-Buddhismus zeigt, die eindeutig auf eine kosmische und seelische Mitte ausgerichtet ist.

Überdies kann der Buddhismus auch lehren, dass jede Bewegung im Universum nicht nur eine Ursache und eine Wirkung, sondern auch ihren Ursprung und ihr Ziel habe.

Bemerkenswert ist zudem die Nähe zum Christentum, wie sie sich etwa im universellen Mitleidsgebot des Mahayana-Buddhismus zeigt. Darüber hinaus kennen sowohl der Buddhismus wie auch das Christentum ein Gleichnis vom verlorenen Sohn mit zahlreichen inhaltlichen Berührungspunkten. Es sieht sogar danach aus, als ob das Gleichnis aus dem Lotos-Sutra von der Parabel im Lukasevangelium beeinflusst worden wäre.[229] Parallelen zwischen Christentum und Hinduismus finden sich auch im Appell zu Hingabe und Nächstenliebe im hinduistischen *Mahabharata*-Epos. Es ist bemerkenswert, dass das Lotos-Sutra sowie die *Bhagavadgita* als Kernstück des *Mahabharata*-Epos rund um die Zeitenwende und damit in die Entstehungszeit der Evangelien anzusiedeln sind. Karl Jaspers bezeichnete diese zeitliche Koinzidenz als den »sekundären Durchbruch der primären Achsenzeit.[230] Letztere ist durch das gleichzeitige, aber voneinander unabhängige Auftreten ... mehrerer alttestamentlicher Propheten, des historischen Buddha und der älteren Upanishaden gekennzeichnet. Rund um das siebte und sechste vorchristliche Jahrhundert – gleichsam am Übergang vom mythologischen zum logischen Denken – sind auch die vorsokratischen Philosophen Griechenlands sowie die chinesischen Denker Konfuzius und Laotse in Erscheinung getreten.«[231]

Erstaunlicherweise haben einzelne sehr alte Seelenvorstellungen in der Philosophie der Neuzeit an Aktualität gewonnen. So spiegelt sich im buddhistischen Verzicht auf eine Wesensmitte bereits die vom *Empirismus* vorgetragene Kritik am Substanzbegriff und in »der archaischen Vorstellung einer Vielzahl von Seelen«[232] ist man geneigt, eine *postmoderne* partikuläre Perspektive, die einem ganzheitlichen Seelenkonzept skeptisch bis ablehnend gegenübersteht, zu erkennen.

Mit diesem philosophischen Brückenschlag zur Postmoderne wenden wir uns im folgenden siebten Kapitel den Ursprüngen, der Geschichte, der Gestalt, der Tiefenstruktur und den gegenwärtig vorherrschenden Psychotherapieformen zu und zwar entsprechend unserer einleitend besprochenen Methodik unter Berücksichtigung der komplexen Relation zwischen Seelsorge und Psychotherapie.

7 Psychotherapie

7.1 Die Wurzeln der Psychotherapie und ihr Verhältnis zur Seelsorge

Die Geschichte der neueren Psychotherapie ist verhältnismässig jung, ihre Anfänge werden gewöhnlich in die Mitte des 18. Jahrhunderts datiert. Ihr Wesen aber ist uralt, viel älter noch als die sokratische Sorge um die Seele. Psychotherapie reicht zurück bis in magische Urzeiten. So hat die historische und anthropologische Forschung aufgezeigt, dass bei frühgeschichtlichen Gemeinschaften sowie Naturvölkern bereits psychotherapeutische Praktiken Anwendung fanden.[233] Unter den Anthropologen war es Claude Lévi-Strauss, der »mit Nachdruck« darauf hinwies, »dass gewisse uralte Ansichten der primitiven Medizin und manche neue Ansichten der modernen dynamischen Psychiatrie im Grund identisch seien«.[234]

»Primitive« Krankheitskonzeptionen lassen sich letztlich auf wenige Grundvoraussetzungen zurückführen. So wird etwa angenommen, dass Krankheiten durch das *Eindringen* eines fremden Objektes bzw. Geistes oder aber durch den *Verlust* der Seele entstehen. Alsdann kann auch eine Verfehlung, die durch den Betroffenen selbst im Sinne eines Tabubruches erfolgte, oder ein von einer anderen Person ausgeübter negativer Zauber zur Krankheit führen. Wir begegnen also einerseits einem Ungleichgewicht,[235] bei welchem ein schädigender Überschuss bzw. ein Mangel die Erkrankung verursacht. Im anderen Fall sind es Fehlhandlungen, die zu einem Zustand des Leidens führen können. Bedeutsam ist dabei, dass nicht nur ein selbst verantwortetes Fehlverhalten (auf der Ich-Ebene) durch Übertretung einer kollektiven Norm (Über-Ich-Ebene), sondern auch eine Schädigung durch eine Drittperson krank machend wirken können.

»Therapeutisch« kommt beim schlechten Zauber nur ein Gegenzauber infrage. Das psychologische »Pendant« liesse sich als mentale Ich-Stärke, als selbstbewusste Einstellung, die sich gegen destruktive Gedanken und Gefühle richtet, deuten. Dementsprechend kann auch der sogenannte böse Blick als Ausdruck von sozialer Ablehnung beziehungsweise Ausgrenzung gedeutet werden. Die Inanspruchnahme eines »professionellen« Zauberers unterscheidet sich in ihrem Wesen nicht von der psychotherapeutischen oder seelsorgerlichen Unterstützung für einen psychisch in Not geratenen Menschen.

Wenden wir im Folgenden unsere Aufmerksamkeit dem Konzept eines negativen Agens zu. Weit verbreitet, von Amerika über Ostsibirien, Südostasien bis Australien sind die vielfältigen Rituale, bei denen ein Medizinmann die schädigende fremde Substanz »mit Hilfe eines Tricks« entfernt.[236] Dieser Umstand »erklärt, warum manche Europäer, die zufällig solche Heilungsprozeduren mit angesehen hatten, die Medizinmänner als Quacksalber und Betrüger bezeichneten. Und doch ist kaum daran zu zweifeln, dass diese Behandlungen oft Erfolg haben. Man hat auch darauf hingewiesen, dass bei manchen Völkern das Krankheitsobjekt von solcher Art ist, dass ein Patient unmöglich glauben konnte, es sei aus seinem Körper entfernt worden, ausser es müsste eben sinnfällig sichtbar gemacht werden, dass der Patient das schädigende Element – m.a.W.: ›das Problem‹ – losgeworden ist. Wir stehen hier vor einer Situation, wie sie in der Anthropologie häufig vorkommt: Um die Bedeutung eines Brauchs oder einer Glaubensvorstellung zu verstehen, muss man sie im Rahmen der soziologischen Struktur der Gemeinschaft betrachten. In ähnlicher Weise können wir diese Art der Therapie nicht verstehen, wenn wir nicht wissen, welche Haltung und welche Ansichten die Eingeborenen in Bezug auf die Krankheit, den Medizinmann und die Behandlung haben.«[237] Sonderbar wird daher oft auch das kunstvolle Zeremoniell erscheinen, das die Entfernung des schädigenden Gegenstandes begleiten kann. Hierzu gehören etwa Musik und magische Gebärden.[238] Die sorgfältig vorbereitete und gut aufgebaute »therapeutische Sitzung« findet jeweils »in Gegenwart von Männern, Frauen und Kindern statt und kulminiert« schliesslich in einem dramatischen Höhepunkt, nämlich die Zurschaustellung des Krankheitsobjektes durch den Schamanen: Ein mächtiger magischer Akt oder eben ein kulturspezifischer Placeboeffekt (s. 6.11).[239]

Aus den Evangelien sei eine bemerkenswerte Parallele hierzu erwähnt: Die Heilung der Tochter des Jairus (Mk 5, 22–34 und 35–42). Nachdem dieser Jesus angefleht hatte, seinem todkranken Töchterchen die Hände aufzulegen, ereilte ihn die Nachricht, dieses sei bereits gestorben. Gleichwohl begeben sie sich zur Wohnstätte des Synagogenvorstehers. Sowie sie in dessen Haus eintreten, sieht Jesus »die Aufregung, wie sie weinen und laut klagen« (V. 38b). Daraufhin »schickt« er »alle hinaus, nimmt den Vater … und die Mutter und seine Begleiter mit und geht hinein, wo das Kind« liegt, ergreift seine Hand und spricht ihm zu: »Talita kum!, was übersetzt heisst: Mädchen, ich sage dir, steh auf. Und sogleich stand das Mädchen auf und ging umher« (Vv. 40–42).

Es ist nicht ausgeschlossen, dass der Evangelist ein Heilungszeremoniell als Klageritus missverstand oder umdeutete,[240] weshalb er die Kunde des Todes einbauen musste, was die Bedeutung des Heilungswunders zusätzlich steigerte. Dies könnte bedeuten, dass sich Jesus durch diesen apotropäischen Ritus gestört fühlte und darum die Anwesenden hinausschickte. Nur im Beisein der engsten Vertrauten ergreift er die Hand des Mädchens und spricht sie auf diese Weise direkt an. Dass dafür der aramäische Ausdruck *talita kum* überliefert wird, ist gewiss nicht ohne Bedeutung. Sogenannte Aramäismen gelten in der historisch-kritischen Bibelforschung als wahrscheinliches Kriterium für Historizität bzw. sehr alte Tradition. *Berührung* und *persönliche Anrede* in einem *vertrauten Rahmen* sind die in diesem

Fall weit wirkungsvolleren »Heilungsingredienzien«, die zum aufwändigen Zauber in Kontrast stehen, wobei hier bei Jesus bemerkenswerterweise die Berührung der Anrede vorausgeht.

Allerdings darf die Bedeutung des Heilungszeremoniells auf keinen Fall heruntergespielt werden. Es gibt viele Spielarten, und einige scheinen an frühere Initiationsriten oder an Stammesmythen anzuknüpfen.[241] Diese Verwurzelung in einem kollektiven geschichtlichen Bewusstsein dürfte wesentlich ihre Bedeutung und suggestive Kraft mitbestimmen. Überhaupt ist »Heilung ... bei Naturvölkern fast immer eine öffentliche ... Prozedur«.[242] Hier klingen bereits die modernen *systemischen* bzw. *familientherapeutischen* Verfahren sowie Gruppentherapien an. Und schliesslich ist auch die »Schönheit der Riten, der Kostüme« und »der Tänze«[243] ein wesentliches Element des Heilungsprozesses, welches so sehr mit der zumeist sachlich-funktionalen und emotional distanzierten Art vieler heutiger medizinischer Behandlungen kontrastiert!

Wenden wir uns im Folgenden den anderen schamanistischen Ritualen zu. Neben der Entfernung schädlicher Gegenstände, die im Blick auf das Verständnis psychosomatischer Erkrankungen bedeutsam ist und worüber unten noch genauer die Rede sein soll, ist für das Verständnis psychotherapeutischer Prinzipien die Auffassung eines »bösen Geistes«, der in den Körper des Kranken eingedrungen ist und ihn in Besitz genommen hat, von entscheidender Bedeutung. Noch heute pflegt man nach einer unbeabsichtigten Handlung zu sagen: »Ich weiss nicht, was in mich gefahren ist.«

Besessenheit kommt auch heute noch als Phänomen vor, war aber früher weiter »verbreitet, wenn auch nicht auf der ganzen Welt. Bei den Negritos der Malayenhalbinsel, bei den Pygmäen der Philippinen, bei den Australiern ... scheint sie unbekannt zu sein ... Das Zentrum ihrer Verbreitung« ist vorab im Westen Asiens anzusiedeln.[244] Die wohl »am häufigsten verwendete« Heilmethode ist der »Exorzismus ..., d.h. die Austreibung des bösen Geistes durch Beschwörung oder andere psychische Mittel. Exorzismus war um das ganze Mittelmeer herum eine der wichtigsten Heilmethoden und ist heute noch in mehreren Ländern in Gebrauch; er ist für uns von besonderem Interesse, da er, historisch gesehen, eine der Wurzeln ist, aus denen die moderne dynamische Psychotherapie hervorgegangen ist.«[245]

Stellvertretend seien hier aus einem breiten Spektrum einige Fälle von Besessenheit aus den Evangelien näher untersucht. Sehen wir uns zunächst die Geschichte von der Heilung des Besessenen von Gerasa durch Jesus (Mk 5,1–20) an: »Und sie kamen ans andere Ufer des Sees in das Gebiet der Gerasener. Und kaum war er aus dem Boot gestiegen, kam ihm sogleich von den Gräbern her einer entgegen mit einem unreinen Geist. Der hatte seine Wohnung in den Grabhöhlen, und niemand konnte ihn mehr fesseln, auch nicht mit einer Kette. Denn oft war er in Fussfesseln und Ketten gelegt worden, doch die Ketten wurden von ihm zerrissen und die Fussfesseln zerrieben, und niemand war stark genug, ihn zu bändigen. Und die ganze Zeit, Tag und Nacht, war er in den Grabhöhlen und auf den Bergen, schrie und schlug sich mit Steinen. Und als er Jesus von ferne sah, lief er auf ihn zu und warf sich vor ihm nieder und schrie mit lauter Stimme: Was habe ich mit dir zu schaffen, Jesus, Sohn des höchsten Gottes? Ich beschwöre dich bei Gott: Quäle mich nicht! Denn er sagte zu ihm: Fahre aus, unreiner Geist, aus dem Menschen! Und er fragte ihn: Wie heisst du? Und er sagt zu ihm: Legion heisse ich, denn wir sind viele. Und sie flehten ihn an, sie nicht aus der Gegend zu vertreiben. Nun weidete dort am Berg eine grosse Schweineherde. Da baten sie ihn: Schicke uns in die Schweine, damit wir in sie hineinfahren! Und er erlaubte es ihnen. Da fuhren die unreinen Geister aus und fuhren in die Schweine hinein. Und die Herde stürzte sich den Abhang hinunter in den See, an die zweitausend; und sie ertranken im See. Und ihre Hirten ergriffen die Flucht und erzählten es in der Stadt und auf den Gehöften. Und sie kamen um zu sehen, was geschehen war. So kommen sie zu Jesus und sehen den Besessenen, der die Legion gehabt hatte, bekleidet und vernünftig dasitzen; da fürchteten sie sich. Und die es gesehen hatten, erzählten ihnen, wie es dem Besessenen ergangen war, und von den Schweinen. Da fingen sie an, ihn zu bitten, er möge aus ihrem Gebiet weggehen. Und als er ins Boot stieg, bat ihn der Besessene, dass er bei ihm bleiben dürfe. Aber er liess ihn nicht, sondern sagt zu ihm: Geh nach Hause zu den Deinen und erzähle ihnen, was der Herr an dir getan und wie er sich deiner erbarmt hat. Und er ging fort und fing an, in der Dekapolis zu verkünden, was Jesus an ihm getan hatte. Und alle staunten.«

Die textlichen Unebenheiten, Wiederholungen und Spannungen weisen auf einen Wachstumsprozess in der vormarkinischen Tradition hin.[246] Durch historisch-kritische Analyse lässt sich tentativ eine kleinste in sich zusammengehörige Einheit aus der reichlich ausgeschmückten Geschichte herausdestillieren:[247]

(V.1) Und sie kamen in das Gebiet der Gerasener
(V.2) Da kam ihm sogleich einer entgegen mit einem unreinen Geist
(V.7) und schrie mit lauter Stimme: Was habe ich mit dir zu schaffen, Jesus, Sohn des höchsten Gottes?
Ich beschwöre dich bei Gott: Quäle mich nicht!
(V.8) Da sagte er zu ihm: Fahre aus, unreiner Geist, aus dem Menschen!

Diese hypothetische Urform entspricht einem weit verbreiteten antiken Erzählschema bei Wunderheilungen (s.u.) und zeigt eine erstaunliche Ähnlichkeit zum ersten Wunder – ebenfalls eine exorzistische Heilung – im Markusevangelium (Mk 1,23–25) auf. Allerdings weist die Heilung des Besessenen von Gerasa weit über dieses Trivialschema hinaus. Für das Verständnis der ganzen Konzeption erscheinen indes die folgenden beiden Doppelungen von entscheidender Bedeutung:

(V.3) Der hatte seine Wohnung in den Grabhöhlen
(V.5) Und die ganze Zeit ... war er in den Grabhöhlen

sowie:

(V.2) Und kaum war er aus dem Boot gestiegen, kam ihm sogleich von den Gräbern her einer entgegen mit einem unreinen Geist
(V.6) Und als er Jesus von ferne sah, lief er auf ihn zu und warf sich vor ihm nieder

Ein derartiger Befund verweist in der Regel auf die Bildung von zwei Traditionssträngen, die sich aus einer ursprünglich gemeinsamen Überlieferung gebildet haben. Erst durch eine späte Redaktion wären sie wieder zu einem Ganzen und damit zur aussergewöhnlich langen Wundergeschichte wieder verbunden worden. Die Doppelungen V. 3/V. 5 entsprechen einander inhaltlich und deuten auf die anfängliche Einheit der Erzählung hin. V. 2/V. 6 verweisen hingegen auf zwei verschiedene Konzeptionen, welche differierende Wahrnehmungen und soziologische bzw. psychologische Verortungen verraten.

Die eine Konzeption lässt sich als *konfrontativer* Teil charakterisieren. In V. 2b kommt der Kranke Jesus *von den Gräbern*, also dem Ort der Unreinheit, entgegen. Dieses Geschehen impliziert ein apotropäisches Krankheitsverständnis und erfordert einen rigorosen Umgang mit dem auszutreibenden Dämon. Auf die Gegenwehr (V. 7) folgt der strenge Ausfahrtsbefehl (V. 8): »und schrie mit lauter Stimme: Was habe ich mit dir zu schaffen, Jesus, Sohn des höchsten Gottes? Ich beschwöre dich bei Gott. Quäle mich nicht! Denn er sagte zu ihm: Fahre aus, unreiner Geist, aus dem Menschen!« Damit endet entsprechend dem oben angeführten mutmasslichen exorzistischen Schema (Vv.1, 2, 7, 8) die Heilung.

Der anschliessende V. 9 verrät indes eine andere Konzeption, indem er an die Huldigung in V. 6 anschliesst: »Und als er Jesus von ferne sah, lief er auf ihn zu und warf sich vor ihm nieder« (V. 6). »Und er fragte ihn: Wie heisst du? Und er sagt zu ihm: Legion heisse ich, denn wir sind viele« (V. 9). Folgerichtig gehört hierzu die Konzessionsbitte V. 10 und dann die Bannung der Dämonen an einen für Menschen unschädlichen Ort, was die Anwesenheit der Schweineherde nötig macht (V. 13): »Und sie flehten ihn an, sie nicht aus der Gegend zu vertreiben« (V. 10). »Und er erlaubte es ihnen. Da fuhren die unreinen Geister aus und … in die Schweine hinein« (V. 13). Angesprochen ist hier der mehr *dialogische* Strang, in dem Jesus das Gespräch mit dem krank machenden »Agens« sucht, diesen nach seinem Namen fragt und auch zu Zugeständnissen bereit ist. Dabei läuft der Kranke von ferne auf Jesus zu – im übertragenen Sinn liesse sich deuten: aus der Menschenferne. Das Thema ist hier also die *Entfremdung*; Vertrauen und Verständnis sind deshalb gefragt. Heilung geschieht über Dialog und Konzession. Folgerichtig wird dem »outcast« aufgetragen, zu den Seinen, in die menschliche Gemeinschaft zurückzukehren, ihnen vom Wunder zu erzählen und sie ebenfalls an diesem Heilungsgeschehen teilhaben zu lassen (V. 19). Der Aspekt der Beziehung äussert sich schliesslich auch im Wunsch des Genesenen, bei Jesus bleiben zu dürfen (V. 18b).

Wie der »besessene« Gerasener[248] können auch schizophrene Patienten auf Versuche, sie zu gesellschaftlich konformem Verhalten anzuhalten, mit einem autistischen Rückzug oder selbst- bzw. fremdaggressivem Verhalten reagieren. In einem vertrauensvollen Klima kann indes die autistische »Abwehr« rasch dahinschmelzen. Der Therapeut muss aber angesichts eines vom Chaos bedrohten Ichs des Kranken zugleich eine unerschütterliche Sicherheit und Autorität ausstrahlen, die keinerlei Ambivalenz duldet. Beide in der Wundergeschichte tradierten Aspekte – sowohl der *autoritative* wie auch der *bezie-*

hungsstiftende Zugang – sind also für ein heilendes Herausführen aus dem seelischen Dunkel nötig.

Interessant ist aus dieser Sicht auch die unterschiedliche Rezeption der Heilung der Schwiegermutter des Petrus. Bei Markus (1,29–31) tritt Jesus herzu, ergreift ihre Hand und richtet sie auf. Bei Lukas hingegen geht er auf sie zu, beugt sich über sie und herrscht das Fieber an, das dann von ihr weicht (Lk 4,38–39). Die markinische Version betont den Beziehungsaspekt. Die lukanische Darstellung reiht sich homogen an die beiden benachbarten Wundergeschichten (Lk 4,33–37 sowie 4,41) an,[249] die das für Exorzismen charakteristische Verb anherrschen (griechisch *epitimao*) verwenden. Sie wirken stark schematisiert und entsprechen dem gängigen apotropäischen Heilungsschema (s.o.) der Antike.

Damit ist der Schlüssel zum Verständnis rituell-sakramentaler Handlungen sowohl in einem *suggestiv-autoritativen* wie auch *beziehungsstiftenden* Akt zu sehen. Das Ergreifen der Hand bei der Heilung der Schwiegermutter des Petrus und das Aufrichten lassen sich durchaus auch im übertragenen Sinn verstehen. Neben diesem empathischen Aspekt bedeutet das Bedrohen, das sich gegen das Fieber oder den Dämon richtet, autoritative Anrede an die krank machende Kraft. Der Dämon stünde dabei für die zwingende Macht einer schädigenden Lebenseinstellung, die von der Neurose bis ins Psychotische reichen kann und dem Bewusstsein nicht zugänglich ist. Dieses pathogene Agens muss zur Sprache und nicht zum Schweigen gebracht bzw. verdrängt werden. Der Zuspruch und die Gefühle der Zuwendung hingegen wollen den von Krankheit und Leid Gebeugten stärken und aufrichten.

Es ist gewiss bemerkenswert, dass die neutestamentliche Überlieferung zwar das übliche Heilungsschema verwendet, dieses aber dahingehend erweitert, dass auch die empathische Dimension des Wirkens Jesu zum Ausdruck kommt.

In der Geschichte des Besessenen von Gerasa sind die für die Psychotherapie zentralen drei Elemente der Stützung, Aufdeckung sowie, etwa in der Anweisung an den Kranken, zurück zu den Seinen zu gehen, der Führung bereits enthalten (s. Kap. 3 und 7).

Ein weiteres Beispiel bildet die Heilung des »besessenen Knaben« (Mk 9,17–27). Auch hier finden zwei Überlieferungsstränge zusammen. Zum einen ist von einem »stummen Geist« die Rede, der den Jungen niederreisst, sodass »er schäumt«, »mit den Zähnen« knirscht und »starr« wird – ein klassischer epileptischer Anfall. Darauf *ergreift ihn Jesus bei der Hand* und richtet ihn auf. Die dazwischenliegenden Vv. 18b–26a bieten z.T. eine Wiederholung der epileptischen Symptome, schildern indessen nach klassischem exorzistischen Schema noch den Abwehrschrei und anschliessend die Ausfahrt des unreinen Geistes nach entsprechendem Befehl. Dieser mittlere apotropäische Teil wurde wohl in die »empathische« Handlung eingewoben, um die Autorität des Wundertäters weiter zu würdigen. Als eigentlich revolutionär ist in einer von Dämonenglauben und Ängsten durchdrungenen Welt die Überwindung von Ausgrenzung und Ächtung des Unreinen durch die seelische und physische Berührung zu werten.

Noch heute leiden vorwiegend psychisch Kranke mindestens so sehr unter der Stigmatisierung wie unter dem Kranksein selbst. Dieses wird in einem Circulus vitiosus durch die Ächtung weiter verstärkt, was die Ausgrenzung noch mehr fördert usw. Die ersehnte Berührung, wie sie durch Jesus am kranken Knaben praktiziert wird, ist ein zutiefst menschlicher Akt, den keine institutionelle oder verordnete Hilfe herbeiführen kann, sondern nur die authentisch empfundene und letztlich selbstlose Zuwendung des Heilers. Hier begegnen wir einem genuinen Proprium der Seelsorge, wie unter 11.2 noch ausführlich erläutert wird. Wundergeschichten lassen sich im Grunde in einem einzigen Satz zusammenfassen: »Wunderbare Kräfte gehen von« diesem »Menschen aus«,[250] die nicht nur Heilung, sondern auch Heil bewirken.

Bemerkenswert erscheint in diesem Zusammenhang die Verwandtschaft etwa zur »narrativen Expositionstherapie« bei traumatisierten Menschen. Indem der Patient während der Vergegenwärtigung eines Traumas von der Therapeutin gehalten wird, erfährt er die nötige Geborgenheit.[251] Zeitlos ist dabei die Erfahrung, dass Vertrauen ganz wesentlich von der »berührenden« Wirkung des Therapeuten bzw. Seelsorgers abhängt – ein Aspekt, auf den bereits hingewiesen wurde und auf den in dieser Arbeit immer wieder Bezug genommen wird.

7.2 Geschichtliche Aspekte

Es ist zu vermuten, dass sich schon in frühesten Zeiten eine Trennung zwischen priesterlicher und somatischer Medizin abzeichnete.[252] Aus dem Medizinmann oder Schamanen ging vermutlich der Priester hervor. Dessen Laienheiler dagegen, denen die körperliche Versorgung der Kranken anvertraut wurde, bildeten mit der Zeit den Ärztestand.[253]

In der frühen ägyptischen Hochkultur scheinen indessen sowohl Ritual wie auch Empirie in wechselndem Masse mitgewirkt zu haben. Dabei bildeten die rituellen Handlungen keineswegs nur eine Vorstufe zu den empirischen Heilungsmethoden. Erstaunlicherweise entwickelte sich ein ausgeprägter Hang zur Zauberei erst in einem späteren Stadium wohl als Antwort auf eine rigide empirische Tradition; vielleicht ist auch ein Wiedererwachen weit zurückliegender oder verborgener Überlieferung anzunehmen.

Den Versuch, Ritual und Empirie zu verbinden, sehen wir auch in der Tempelmedizin, einer Bewegung, die sich im fünften vorchristlichen Jahrhundert von Epidaurus aus über den gesamten hellenischen Raum ausbreitete.[254] So wurde nach dem Tode des Hippokrates im Jahre 377 v.Chr. in einem heiligen Hain auf der Insel Kos »ein Asklepiosheiligtum gegründet, was wohl unter dem Einfluss der Kultstätte von Epidaurus geschah. Es gibt gewisse, allerdings nur schwach belegte Hinweise, dass damit eine Wendung zu neuer religiöser Tiefe eingeleitet wurde. Umgekehrt ist anzunehmen, dass die«[255] »stärkere wissenschaftlich-medizinische« Ausrichtung, die »sich später in den meisten Asklepieia bemerkbar machte, überhaupt von Kos ausging«.[256] Dafür spricht auch die Tatsache, dass man beim Asklepieion von Epidaurus, einer der wohl bedeutendsten Kultstätten, auf medizinische Intrumente stiess, die im *Corpus hippocraticum* Erwähnung finden.[257] »Wer bei Asklepios, dem« Heilgott, »Hilfe für sein Leiden suchte, der begab sich in einen seiner Tempel, ein Asklepieion – in Epidauros, Athen ..., in Pergamon oder Ephesos, auf Kos ... oder andernorts«.[258] Nach einem Bad oder auch »im Anschluss an rituelle Waschungen oder Salbungen zog sich der Patient allein in das innere Gemach bzw. in die Schlafhalle (gr. *enkoimeterion*) zum Tempelschlaf zurück. In der Stille und Abgeschiedenheit wurden vermutlich sowohl Selbstwahrnehmung wie auch Selbstreflexion geschärft. Die sakrale Aura dürfte überdies mystisches und spirituelles Erleben begünstigt haben. Schliesslich gab man sich im Schlaf ganz der Sprache und den Bildern des ›Unterbewussten‹ hin. Diese wurden, da der bewussten Einflussnahme entzogen, wohl als unabweislich erlebt. Dabei spielte in der klassischen Periode die ›direkte Gottesbegegnung im Traumgesicht‹[259] eine entscheidende Rolle. ›In der römischen Kaiserzeit‹ dagegen ›gewinnt die Mitteilung eines Orakelspruchs an Bedeutung, der nach dem Erwachen des Adoranten ausgelegt werden muss‹.[260] Aus dieser Sicht könnte man zwar von einer Vorstufe von Psychotherapie sprechen«[261] – allerdings nicht von einer Behandlung im Sinne einer Psychoanalyse, die sich über einen längeren Zeitraum erstreckt.

Man darf annehmen, dass sich diese Institutionen, die die Bedürftigen übrigens unentgeltlich aufnahmen,[262] mit der Zeit zu eigentlichen Kurorten entwickelten und zwar als Antwort auf »Zivilisationsleiden«, die sich durch herkömmliche Methoden nicht befriedigend behandeln liessen. So hielt sich etwa der Redner P. Aelius Aristeides (117–187) rund zehn Jahre lang im Asklepieion von Pergamon auf, wo er »im beständigen Zwiegespräch mit dem Gott sein krankheitsgeplagtes Leben zu meistern suchte. Er war dort nicht der einzige Dauerpatient, man sass oft beisammen und sprach über seine Leiden und die göttlichen Inspirationen.«[263] Wahrscheinlich waren die wechselnden körperlichen Leiden zutiefst seelisch bedingt, weshalb H. M. Koelbing meint, dass es sich bei P. Aelius Aristeides wohl um einen psychosomatisch schwer kranken Menschen handelte, der »an Asklepios seinen Halt« und »in seinem Heiligtum Geborgenheit fand«.[264]

Konversions- oder Somatisierungsstörungen (früher auch Hysterie genannt), also die Mehrzahl psychosomatischer Erkrankungen und Krux so vieler Patienten und Ärzte, dürften damals genauso wie heute diagnostisch und therapeutisch eine grosse Herausforderung dargestellt haben. Wenig fassbare Störungen mit oft wandernden, nicht genau lokalisierbaren und in ihrer Intensität stark variierenden Schmerzen könnten manchen Patienten weg von der traditionellen Behandlung beim Stadtarzt hin zum Asklepiosheiligtum und so zum Priesterarzt geführt haben.

Rekonstruktion des Asklepieion von Kos aus hellenistischer Zeit

Aus Lansel: Zur Aktualität des antiken Asklepioskultes

Weihrelief des Archinos an Amphiaraos, den in Oropos (Attika) verehrten Orakel- und Heilgott.

National Archaeological Museum, Athens

Die Ikonografie unterscheidet sich nicht von jener der Asklepiosheiligtümer. Im Vordergrund links steht der Arzt, der dem Kranken die Schulter massiert oder eine Salbe mit einem Spachtel aufträgt. Die Säule im Hintergrund rechts könnte das stilisierte innere Gemach, in welchem sich der Kranke zum Tempelschlaf zurückzog, darstellen. Im Traum würde ihm die Gottheit in Gestalt einer Schlange, die das heilende Pharmakon in die kranke Schulter »injiziert«, erscheinen. Ganz rechts stünde schliesslich der Genesene, der zum Dank das Weihrelief stiftete (S. Lansel: Zur Aktualität des antiken Asklepioskultes, 583–585).

Unübersehbar sind die Parallelen zu unserer Zeit. Noch heute bilden Bäder, Massage und diverse Applikationen wie Fango oder Wickel, um nur einige wenige Methoden zu nennen, einen integralen Bestandteil von Kuren und Rehabilitationsbehandlungen. Weitere Therapieformen stellen Einzel- und Gruppengespräche bzw. Selbsthilfegruppen dar, vergleichbar wohl mit den Gesprächen von Langzeitpatienten in den Asklepieia. Und spirituelle Elemente bereichern selbst in einer rational ausgerichteten Zeit wie die unsere wieder zunehmend die ambulante und stationäre Psychiatrie bzw. Psychotherapie (s. 7.12).

Wie aber lässt sich der durch eine Vielzahl von Votivgaben historisch verbürgte Behandlungserfolg durch die Tempelmedizin erklären? Bekanntlich wird die Schmerzwahrnehmung durch die emotionale Befindlichkeit massgeblich beeinflusst.[265] »Die Angst sitzt mir im Nacken«, sagt etwa der Volksmund treffend. Und unter einer Depression Leidende klagen häufig über körperliche Symptome wie Kopf-, Rücken- oder Bauchschmerzen. Wenn man darüber hinaus bedenkt, dass die seelische Verfassung auch das Immunsystem[266] nachhaltig beeinflussen kann, so wird durchaus verständlich, dass Wandercharismatiker wie auch Priesterärzte – Apollonios von Tyana soll übrigens zunächst in einem Asklepiostempel in Kilikien tätig gewesen sein[267] – nicht primär mit Pillen und Skalpell – ohne diese Verfahren indes diskreditieren zu wollen – auf die Kranken zugingen, sondern ihnen auf menschliche Weise zu begegnen versuchten. Hierzu gehört sowohl die Berührung durch das Wort – der Zuspruch – wie auch über den Körper. Es ist bemerkenswert, wie sehr etwa Markus diesem Umstand Rechnung trägt: Das Ergreifen der Hand und das Aufrichten der kranken Schwiegermutter des Petrus (Mk 1,31), die Umarmung (Mk 9,36) oder der liebende Blick (Mk 10,21). Die *cura animae* schliesst immer den Körper bzw. den Leib mit ein. *Wenn die Seele schweigt, so schreien die Organe*, soll C. G. Jung gesagt haben. Diesen existenziellen Schrei zu hören ist vordringlichste Aufgabe jedes Therapeuten und Seelsorgers.[268]

Erwähnenswert ist schliesslich auch die Tatsache, dass neben der »Fähigkeit, eine warme, wertschätzende und angstfreie Beziehung« zum Klienten »aufzubauen … die … positive(n) Erwartung des Therapeuten«[269] von ausschlaggebender Bedeutung ist. »Die Wirkung der positiven Erwartung wird noch vertieft, wenn auch der Patient sie teilt. Strahlt ein Therapeut persönliche Sicherheit« und »Angstfreiheit ... aus, so kann er für den Patienten eine Modellfunktion im Umgang mit dem Leiden«[270] erlangen.

Wie in der somatischen Medizin zwischen dem Beziehungsaspekt und konkreten Behandlungsverfahren differenziert wird, so unterscheidet auch die Psychotherapie zwischen *unspezifischen* und *spezifischen* Elementen. Bei Letzteren handelt es sich um an ganz bestimmte Behandlungstechniken gebundene Methoden (z.B. psychoanalytische Verfahren), die in der Regel einer Schulrichtung zugeordnet werden. Der unspezifische, auch *supportiv* bezeichnete Anteil versteht sich als eine – wie der Name sagt – stützende und unterstützende Haltung, die wesentlich die Therapeut-Klient-Beziehung mitbestimmt. Der supportiven Psychotherapie liegt – wie C. Rogers deutlich nachgewiesen hat (s. 1) – ein anerkanntes und empirisch bestens fundiertes Konzept einer tragenden und positiv geprägten zwischenmenschlichen Beziehung zugrunde.

Auch der Zürcher Psychiater Hans Kind betont, »dass das wichtigste therapeutische Agens die Beziehung zum Patienten ist, dass diese Beziehung aber in erster Linie von der Persönlichkeit des Therapeuten bestimmt wird, weshalb jeder seinen eigenen Behandlungsstil finden muss.«[271] Dafür sprechen spannende Untersuchungen mit »*Laienhelfern* ohne spezielle Ausbildung. Bekannt sind Experimente mit Hausfrauen und Studenten, die nach kurzer Anleitung die Funktion von Beratern übernahmen ... Sie sollen annähernd gleich gute Resultate erzielt haben wie professionelle Helfer in Beratungsstellen«.[272] Darin würde sich nach Kind zeigen, »dass das, was man Persönlichkeit und allgemeine Lebenserfahrung nennt, jene Eigenschaften seien, die den Psychotherapeuten ausmachten«.[273] Erwähnenswert ist in diesem Zusammenhang eine Studie an College-Studenten, die zur Hälfte »von erfahrenen Psychotherapeuten« und zur anderen Hälfte »von College-Professoren behandelt« wurden, »die für ihre Fähigkeit bekannt waren, gute zwischenmenschliche Kontakte herstellen zu können ... Es ergaben sich keine deutlichen Unterschiede zwischen« den beiden Gruppen. Allerdings zeigte sich »bei Einzelvergleichen, dass die Psychotherapeuten bei den wenig motivierten, widerständigen Patienten mehr Geduld hatten, besser mit den Widerständen umgehen konnten als die College-Professoren, die ... rascher am Ende ihres Lateins waren und deshalb die Therapie abbrachen«.[274]

Eingeführt wurde die supportive Psychotherapie anfangs der Fünfzigerjahre »vorzüglich im amerikanischen Schrifttum«, wobei der Begriff zunächst als »Sammelbezeichnung für eine Reihe von Modifikationen der psychoanalytischen Behandlungstechnik« fungierte.[275] Das Wort supportiv entwickelte sich »schliesslich als Komplementärbegriff zur graduellen Abgrenzung ... von den eher aufdeckenden (›uncovering‹) Verfahren«.[276] Die supportive Psychotherapie verzichtet weitgehend auf »den – in der psychoanalytischen Tradition im Mittelpunkt stehenden – Versuch, bewusstseinsfernes Material durch Deutungsarbeit im Rahmen einer Übertragungsbeziehung ... dem Bewusstsein zugänglich zu machen«.[277] Hier sind wir auch an den Theologen Oskar Pfister erinnert, der durch die begriffliche Annäherung von *Liebe* und *Libido* versucht hatte, Seelsorge und Psychoanalyse in Verbindung zu bringen.[278] In der Tendenz hat er aber damit die Unterscheidung zwischen unspezifischem und spezifischem Anteil in der Psychotherapie angesprochen und bereits vorweggenommen.

Neben der Bedeutung *stützend* und *unterstützend* ist im Englischen auch noch der Aspekt der Förderung enthalten.[279] In den romanischen Sprachen, wie etwa im italienischen *sopportare*, kommt zudem die Bedeutung von *»ertragen«*, *»erdulden«*, *»erleiden«* zum Ausdruck. Dieser Umstand ist aus theologischer Sicht von überragender Bedeutung. Denn in einem psychotherapeutischen Prozess kann es gelegentlich zu heftig verlaufenden Übertragungsreaktionen kommen. Das heisst, dass Affekte einer biografisch bedeutsamen Person aus der Kindheit vom

Klienten auf den Therapeuten *übertragen* werden. Es ist entscheidend, dass der Therapeut die z.T. verletzenden Äusserungen und Reaktionen erträgt und die Therapie deswegen nicht abbricht, sondern seine Wertschätzung seinem Klienten weiterhin entgegenbringt. Dass er dies tut, ist nicht selbstverständlich. Er könnte seine Seele vor Beleidigung und Leid bewahren wollen. Die Erfahrung einer tragenden Beziehung, die durch die Wiederholung krisenhafter Vergangenheitsszenarien zwar belastet, aber in ihrer Kontinuität nicht gefährdet wird, ist für den Therapieerfolg absolut entscheidend. Diese Fähigkeit rückt die Psychotherapie, wie unter 11.2 noch zu zeigen sein wird, ganz in die Nähe der Seelsorge. Doch bis dahin musste noch ein langer Weg zurückgelegt werden; sehen wir uns hierzu die Entwicklung der Medizin und insbesondere der Psychiatrie von der Antike bis zur Neuzeit anhand ausgewählter Stationen genauer an.

Den antiken Kultstätten (s.o.) erwuchs mit dem sich stark ausbreitenden Christentum zunehmend Rivalität, und der *Christus medicus* trat neu in Konkurrenz mit dem Heilgott Asklepios, der – so ein mythologischer Traditionszweig – ebenfalls einen Märtyrertod erlitt.[280] Die Heiligtümer des Asklepios wurden mit der Zeit in Kirchen umgewandelt und deren Stätten christlich umgedeutet.[281] Die Seelsorge wurde fortan als Aufgabe der Kirche wahrgenommen, was noch ausführlich zu erörtern sein wird (s. Kapitel 9).

Die Medizin entwickelte sich in der Tradition des Hippokrates indessen auf einer empirischen Basis weiter. Der griechisch-römische Arzt Galen von Pergamon (ca. 129–201) »führte nicht nur die Kommentierung des *Corpus hippocraticum* fort, sondern er verfasste u.a. auch das aus 16 Büchern bestehende Werk *Methodi medendi*, welches die Geschichte der abendländischen Medizin bis in die frühe Neuzeit hinein« prägen sollte.[282] In Anlehnung an die hippokratische Säftelehre entwickelte Galen das Konzept, wonach seelische Dispositionen ebenfalls auf ein Ungleichgewicht der Körpersäfte zurückzuführen sei, was wiederum auf schädigende Lebensumstände beruhe.[283] Hieraus entstand später die

Lehre von den vier Temperamenten, namentlich des lebensfrohen Sanguinikers, des durch Blutschleim schwerfälligen Phlegmatikers, des schwermütigen, schwarzgalligen Melancholikers sowie des impulsiven gelbgalligen Cholerikers.[284]

Bemerkenswert ist, dass aufgrund der stark somatisch ausgerichteten Seelenheilkunde in der Antike keine eigentliche psychiatrische Fachrichtung existierte.[285]

Die häufigsten Behandlungen bestanden in diätetischen Massnahmen, hygienischen Empfehlungen, Schröpfen, Aderlass, Purgieren und der Anwendung von Heilmitteln.[286] Die ersten Apotheken entstanden indes erst im Mittelalter und waren in Europa zunächst an die Tätigkeit von Klöstern gebunden.[287] Diese widmeten sich auch der Krankenpflege,[288] wie dies auch in der Ordensregel des Benedikt bereits gefordert wurde: »Die Sorge für die Kranken steht vor und über allen anderen Pflichten ... Für die kranken Brüder werde ein eigener Raum bestimmt und ein gottesfürchtiger ... und besorgter Pfleger soll ihnen dienen.‹ Ausgelöst durch die frühmittelalterliche Klostermedizin folgten« nach und nach erste Gründungen von Spitälern.[289]

Darüber hinaus gab es im Mittelalter auch Einrichtungen, die vorwiegend der Verwahrung von Geisteskranken dienten. Erregte Patienten wurden angekettet, in Holzkisten (Tollkisten) oder Verliesen eingesperrt und mussten so in elendesten Verhältnissen vegetierten. Im ausgehenden Mittelalter wurden im Kontext der Inquisition nicht nur Ketzer, sondern auch Geisteskranke den Folterern und dem Feuer übergeben. Bis in die frühe Neuzeit wurden Hexen, denen vorgeworfen wurde, mit dem Teufel im Bunde zu stehen, verbrannt. Gross war die Empörung im Europa des ausgehenden 18. Jahrhunderts, als Anna Göldi in Glarus wegen Hexerei hingerichtet wurde.

Von frühesten Institutionen zur Behandlung seelischer Erkrankungen wird aus dem arabischen Raum berichtet.[290] »In Westeuropa finden sich Vorläufer psychiatrischer Kliniken bzw. – in heutiger Terminologie – psychiatrischer Abteilungen an

Allgemeinkrankenhäusern etwa ab dem frühen 15. Jahrhundert«, wobei die Gründung einer Abteilung im spanischen Valencia auf maurischen Einfluss zurückgehen dürfte.[291]

Vollends in die Domäne der Medizin trat die Behandlung psychisch Kranker indes erst unter dem Einfluss der Aufklärung. Diese führte zur Überwindung dämonologischer Vorstellungen und damit zu einer Entstigmatisierung psychischer Erkrankungen. Dieser Prozess verlief aber nicht abrupt, vielmehr brauchte der Gesinnungswandel seine Zeit. Im Zürich des 17. Jahrhunderts geschah dies zunächst zweigleisig, etwa beim Umgang mit dem Suizid, der kirchlich seit Augustinus gemäss dem sechsten Gebot dem Mord gleichgestellt war. Wer einen Selbsttötungsversuch überlebt hatte, wurde zunächst in den Wellenberg, den Gefängnisturm, weggesperrt, wo das Tatmotiv eruiert werden musste.[292] Gelang es – dies war der zentrale Punkt –, den Vorwurf des Teufelspaktes zu entkräften und geistige Verwirrung oder Schwermut geltend zu machen, so wurde die betroffene Person ins Hospital verlegt, wo sie allerdings zum Selbstschutz unter Umständen doch in Banden gelegt werden musste. Gelang die Exkulpation indes nicht, blieb die Tat kriminalisiert und der Suizident wurde wie andere Verbrecher behandelt.

In dieser Spannung zwischen verschiedenen Vorstellungswelten standen auch zwei Protagonisten, die in der zweiten Hälfte des 18. Jahrhunderts die Heilerszene in Europa prägten. Auf der einen Seite galt Pater Joseph Gassner (1727–1779) aufgrund seiner exorzistischen Heilungen als Vertreter einer alten Tradition. Sein Antipode, Franz Anton Mesmer (1734–1815), war ein Kind der Aufklärung, der erst über die Theologie, Philosophie und Rechte zur Medizin fand. Mit einer Arbeit »über den Einfluss der Planeten auf die menschlichen Krankheiten erwarb er die medizinische Doktorwürde«.[293] »Gassner selbst war ein bescheidener Landpfarrer, aber sobald er seine zeremoniellen Gewänder angelegt, seinen Sitz eingenommen hatte, und sobald der Patient vor ihm kniete, pflegten erstaunliche

Dinge zu geschehen. Eine Fülle von gesammelten offiziellen Protokollen ist erhalten geblieben, ebenso Berichte von Augenzeugen.«[294] »Gassner« sagte »dem Patienten zunächst, der Glaube an den Namen Jesu sei eine notwendige Voraussetzung für die Heilung, dann bat er um seine Einwilligung zu einem *exorcismus probativus* (Probe-Exorzismus). Darauf beschwor er den Dämon feierlich, die Krankheitssymptome hervorzubringen; wenn die Symptome erschienen, hielt Gassner es für bewiesen, dass die Krankheit vom Teufel verursacht worden war, und er machte sich daran, ihn auszutreiben. Wenn sich aber keine Symptome zeigten, schickte er den Patienten zum Arzt. Auf diese Weise hatte er das Gefühl, seine Stellung sei sowohl von Seiten« der Kirche wie auch »der Medizin unangreifbar«.[295] Doch Gassners Methode stand klar im Widerspruch zum Zeitgeist. So versetzte der Fürstbischof von Regensburg auf Druck des kaiserlichen Hofes den Heiler in eine kleine Gemeinde namens Pondorf, wo er kurz darauf erst 52-jährig verstarb.[296]

Ganz anders gestaltet sich die Biografie des »gebildete(n) Mann(es) von Welt« Franz Anton Mesmer; »der junge Doktor«, der eine »reiche Witwe vornehmer Herkunft« geheiratet hatte, »liess sich in Wien als Arzt nieder ..., lebte auf einem prächtigen Landsitz« und pflegte Freundschaft u.a. zu ... Gluck, Haydn sowie zur Familie Mozart.[297]

Als er erfuhr, dass von englischen Ärzten Krankheiten mit Magneten behandelt wurden, liess er eine seiner Patientinnen ein eisenhaltiges Präparat einnehmen und nachdem er drei Magnete an ihrem Körper befestigt hatte, merkte die Patientin alsbald, wie Ströme durch sie zu fliessen begannen und sie sich für einige Stunden völlig beschwerdefrei fühlte.[298] Auch wenn Mesmer davon ausging, dass die Magnete allein unmöglich für die beobachteten Wirkungen verantwortlich sein konnten, nannte er den Effekt »›thierischen Magnetismus‹« – der Kritik seiner Kollegen, die die neue Behandlung vehement ablehnten, war er indes gewiss.[299]

Dieses Muster von Erfolg und Enttäuschung ist für Mesmers Laufbahn charakteristisch. So gelang es ihm zunächst, einen ungarischen Adeligen, den Baron Horeczky de Horka, von seinen nervösen Krämpfen zu befreien.[300] Doch alsbald beklagte sich dieser ob Mesmers derbe Methoden. In einem anderen Fall starb ein berühmter Patient, nachdem ihn Mesmer erfolgreich behandelt hatte, nach einem Rückfall »in Mesmers eigenem Haus«.[301] Es bereitet heute beträchtliche Mühe, die Heilungsberichte Gassners wie auch Mesmers angemessen zu deuten. Vielleicht hilft hier die wohl berühmteste Patientin Mesmers, die junge und hochbegabte Pianistin Maria-Theresia Paradis, weiter. Sie war im vierten Lebensjahr erblindet und genoss seither »die besondere Aufmerksamkeit und Protektion der Kaiserin Maria-Theresia ... Die angesehensten Ärzte Wiens hatten sie viele Jahre ohne Erfolg behandelt«,[302] und als die Eltern des Kindes von Mesmer hörten, setzten sie grösste Hoffnungen auf seine Methoden. Bereits »nach einer Reihe magnetischer Sitzungen bei Mesmer erklärte sie, sie könne jetzt sehen. Ihre erste optische Wahrnehmung« soll die »Gestalt Dr. Mesmers« gewesen sein; »sie fand, die ... Nase habe eine seltsame, ... erschreckende Form und brachte die Sorge zum Ausdruck, dieser Anblick könne vielleicht ihren Augen schaden. Ihr Sehvermögen kehrte allmählich zurück – jedenfalls sagte sie es, und Mesmer« auch.[303] Gross war die Freude der Familie und wohl noch grösser die Missgunst der Kollegen. »Eine Ärztekommission betonte, die Patientin behaupte, nur in Mesmers Gegenwart zu sehen. Zwischen« ihm »und der Familie Paradis kam es zu einem scharfen Konflikt« und »die Patientin verlor« schliesslich wieder »die Sehkraft. Sie ... setzte ihre Karriere als blinde Musikerin fort. Mesmer deutete an, eine Heilung liege weder in ihrem Interesse noch im Interesse ihrer Familie: sie hätte als Geheilte ihre Berühmtheit als blinde Musikerin verloren, und vielleicht auch die grosszügige Unterstützung von der Kaiserin.«[304] Es ist durchaus denkbar, dass sich die Pianistin im Banne der Musik, die sie mit »blinder« Sicherheit spielte, und unter einem ausgesprochenen Druck ihrer Umgebung unbewusst ihres Sehvermögens beraubte. Aus psychiatrischer Sicht könnte daher eine hysterische Blindheit angenommen werden; und die damit verbundene Anerkennung der gleichnamigen Kaiserin wäre als sogenannter sekundärer Krankheitsgewinn zu bezeichnen.

Diese Geschichte hat übrigens in jüngster Zeit eine literarische Bearbeitung in Alissa Walsers Roman »Am Anfang war die Nacht Musik« erfahren.

Eine alternative psychologische Deutung liesse sich ebenfalls geltend machen: Die Beziehung zwischen dem Heiler und der Musikerin hat insofern etwas Schicksalshaftes an sich, als beide auf ihre Art blind sind. Die junge Frau, die wunderbar auf ihr Inneres hören und dieses auch zum Ausdruck bringt, vermag die Aussenwelt nicht wahrzunehmen. Und Mesmer, der grosse, kräftige und gut aussehende Mann,[305] klammert sich krampfhaft an die Kraft der Magnete und übersieht die Wirkung seiner ausserordentlichen Persönlichkeit auf die Mitmenschen. Blind für seine Innenwelt, weiss er die emotionalen Schwingungen nicht zu erwidern, was schliesslich immer wieder zu Zerwürfnissen führt. Eine vom französischen König einberufene Untersuchungskommission kam indes zum »Schluss, man habe keine Beweise für die … Existenz eines ›magnetischen Fluidums‹ finden können; mögliche therapeutische Wirkungen werden nicht geleugnet, aber sie werden der ›Einbildung‹ zugeschrieben. Für den König wurde« indessen noch »ein ergänzender Geheimbericht verfasst«, wonach »der männliche Magnetiseur auf die … Patientin eine erotische Anziehung ausübe«.[306] Von »animalische(r) Wärme« – nicht von »tierischem Magnetismus« war darin die Rede, zumal »laut Mesmer … jeder Mensch eine gewisse Menge« davon besitzt, »die Kranken« dagegen »weniger als die Gesunden«, so ist aus dieser Sicht der Magnetismus als allgemeines Phänomen und nicht als exklusives, auf wenige beschränktes Vermögen zu deuten.[307]

Henri Ellenberger fällt über Mesmer folgendes bemerkenswerte Urteil: »Mit seinen unheimlichen ›Fähigkeiten‹ steht Mesmer dem früheren Magier näher als dem Psychotherapeuten des 20. Jahrhunderts«; sein Triumph »über Gassner erinnert mehr an einen Wettstreit zwischen rivalisierenden Schamanen in Alaska ... Seine Lehre enthielt jedoch schon den Keim mehrerer Grundannahmen der heutigen Psychiatrie. Ein Magnetiseur, behauptete Mesmer, ist das therapeutische Agens seiner Heilungen: seine Kraft liegt in ihm selbst.«[308] Tatsächlich sind die Magnete im Bereich des Ritus und Zeremoniells anzusiedeln. »Um eine Heilung zu ermöglichen«, müsse – so Mesmer – der Magnetiseur denn auch »zuerst einen Rapport ..., d.h. eine Art ›Einstimmung‹ mit seinen Patienten« herstellen.[309] Hier wird die »einfühlende und akzeptierende Atmosphäre« einer vertrauensvollen Beziehung angesprochen, die für eine »›Reorganisation‹« und Entfaltung des Individuums unabdingbar ist, welche aber letztlich »von der Person selbst geleistet« werden muss.[310]

Was die weitere Entwicklung der Psychiatrie anbelangt, so führte aus soziologischer Sicht erst der Übergang von der ländlichen Grossfamilie zu einer städtischen, bürgerlich geprägten Gesellschaft zu einer Spezialisierung innerhalb der Medizin und zur Herausbildung der Psychiatrie als eigene Fachrichtung; ihr wurde fortan die Aufgabe übertragen, sich psychisch kranker Menschen anzunehmen, die nicht mehr im klassischen Familienverband getragen werden konnten.[311] Und mit der Befreiung der sogenannten »Irren« von ihren Ketten durch den Pariser Arzt Pinel Ende des 18. Jahrhunderts sowie durch den Bau geeigneter Institutionen wurde überdies ein ganz wesentlicher Schritt in Richtung Humanität und Entstigmatisierung psychisch Kranker getan.[312] Im Jahre 1866 trug Gottfried Keller zur Einweihung der neu erbauten Heilanstalt Burghölzli folgende Zeilen vor, wie sie noch heute beim Haupteingang der Klinik zu lesen sind:

»Ihr Werkleut! Tretet nur heran! Ein frommes Werk
wird hier getan.
Da aufgerichtet steht der Bau. Weitragend über See und Au!
Die edle Kunst und Wissenschaft und unsrer Hände rege Kraft,
sie bauten bis das Haus bereit, das tiefstem Unglück ist geweiht.
Als Warnungszeichen irrt umher, des Seele so belastet schwer
und ein gerechtes Volk erkennt, was es mit Recht
sein Höchstes nennt.
Es weiss, dass nur des Geistes Kraft die Welt erhält
und Leben schafft ...

Durch diese weltweit wegweisende Geisteshaltung erlangten auch psychische Störungen Krankheitswert und »die Psychiatrie wurde beauftragt, ›psychische Therapien‹ zu entwickeln und komplementär zur Körpertherapie seelische Störungen ärztlich zu behandeln«.[313] Der Einbezug einer sich rasch entwickelnden Psychotherapie konnte in der Folge bewirken, dass veraltete, kustodiale Verfahren nach und nach durch menschlichere und personalisiertere Behandlungen abgelöst wurden.

Darüber soll im folgenden Abschnitt ausführlich die Rede sein.

7.3 Was ist Psychotherapie?

Eine umfassende und praxisnahe Bestimmung von Psychotherapie verdanken wir dem Psychiater Edgar Heim: »Die Welt der Psychotherapie stellt mittlerweile eine Art geistiges Universum dar, das sich zeitlich von der Aufklärung bis in die Postmoderne erstreckt und Erklärungsmodelle umfasst, die von der Philosophie bis zu den modernen Naturwissenschaften reichen.«[314]

Heim unterscheidet sieben wesentliche Stränge (s.u.) wissenschaftlich fundierter Psychotherapieformen, die sich schon relativ früh als solche in der Geschichte entwickelt haben.[315] »Stränge« stellen »eine gewisse Bündelung von ähnlichen Schulen oder Methoden ..., die sich auf einige wenige Denker oder Denkrichtungen zurückführen lassen«, dar.[316] Bemerkenswert ist, dass diese Methoden, die unten genauer beschrieben werden, »schon relativ früh integrative Kräfte« erkennen lassen.[317] »So hat sich die Bewegung der ... Psychotherapie nicht unähnlich einem Baum entwickelt, dessen Wuchs immer differenzierter« wurde, »aber als Gesamtform erhalten geblieben ist«.[318]

Übersicht über die verschiedenen »Psychotherapiestränge«:[319]

1. *Methoden der Entspannung und Körperwahrnehmung:* Hypnotische Therapien; Autogenes Training; Progressive Relaxation nach Jacobson; bestimmte Körpertherapien wie Feldenkrais-Methode etc.
2. *Methoden zur Stützung:* traditionelle Stütztherapie; adaptive Psychotherapien; Krisenintervention; ›Supportive Psychotherapy‹.
3. *Methoden zur Bewusstseinsförderung und innerpsychischen Entwicklung:* Psychoanalytische Verfahren; Adler'sche Individualtherapie; Jung'sche analytische Psychologie; Daseinsanalyse; Logotherapie ...
4. *Methoden zur Veränderung des Verhaltens:* Verhaltenstherapien wie systemische Desensibilisierung; operante Verfahren; Methoden der Selbstkontrolle etc.
5. *Methoden zur Veränderung von Denken und Einstellungen:* Kognitive Therapien nach Beck; Rational-emotive Therapien; Kognitive Verhaltensmodifikation; mit Einschränkungen auch existenzanalytische Psychotherapien.
6. *Methoden zur Förderung des emotionalen Erlebens und Ausdrucks:* Gestalttherapie; Gesprächspsychotherapie; Katathymes Bilderleben; einzelne körpertherapeutische Ansätze etc.
7. *Methoden mit systemischer Förderung von Familien- oder Gruppenprozessen:* Gruppen- und Familientherapie; systemische Therapien ...

Bevor wir uns den einzelnen psychotherapeutischen Verfahren zuwenden, soll versucht werden, die psychotherapeutischen Grundvoraussetzungen, wenn man so will die Tiefenstruktur der Psychotherapie, auszuleuchten und diese in Relation zur Seelsorge zu setzen. Wie einleitend erwähnt, geht es dabei einerseits um die inneren Eigenschaften der Person: *Empathie, Authentizität* und *Wertschätzung* sowie auf der anderen Seite um die *stützenden, führenden* und *aufdeckenden* Funktionen gegen aussen. Diese Aspekte sollen nachfolgend vertieft reflektiert werden.

7.4 Zur »Tiefenstruktur« der Psychotherapie

7.4.1 Übertragung

Übertragung stellt einen fundamentalen Begriff der Psychoanalyse wie auch der Psychotherapie im Allgemeinen dar.[320] Angesprochen sind die Gefühle, Gedanken, Wünsche und Fantasien, welche der Klient im Lichte seiner Geschichte auf den Therapeuten überträgt. Dabei ist ein »mittleres« Mass an Übertragung für den therapeutischen Prozess in aller Regel günstig – bei einem Zuwenig fehlt indes das nötige »Feuer«; falls die Gefühle für den Therapeuten dagegen überborden, besteht die Gefahr einer übermässigen Idealisierung. Dadurch wird die Aufmerksamkeit zu weit weg von der Therapie auf die Person des Therapeuten gelenkt.

Entscheidend dafür, ob ein Klient sich dazu entschliesst, eine Therapie zu beginnen, ist, wie Rogers gezeigt hat, das Gefühl, in seinem Anliegen verstanden und als Mensch bejaht zu sein (s. Kap. 3 und 7. 7). Die Authentizität des Therapeuten, seine Wertschätzung sowie seine Empathie für den Klienten, m.a.W. sein mitfühlendes Verstehen bzw. sein verstehendes Mitgefühl, sind also die bestimmenden Elemente. Erst in zweiter Linie wird nach einer gewissen Zeit auch die angewandte Technik eine Rolle spielen und mit ihr verbunden natürlich ein allfälliger Heilungserfolg.

Bei Franz Mesmer (s. 7.2) muss also das Phänomen der Übertragung im Sinne einer aussergewöhnlichen Idealisierung bis hin zum Gefühl der Verliebtheit angenommen werden. Dies würde die raschen und aufsehenerregenden Erfolge erklären, die aber nur von kurzer Dauer und nachträglich oft von Enttäuschung begleitet waren. Im Angesicht eines Idoles können Probleme verblassen, Schmerzen abklingen und Hoffnungen keimen. Die »magnetischen Schwingungen« waren aus dieser Sicht Metapher für das emotionale Mitschwingen zwischen Patient und Therapeut.

Eine besondere Art der Übertragung bildet die Hypnose, die von James Braid (1795–1860), einem englischen Chirurgen, entdeckt worden war. Durch Ermüdung der Augenmuskeln konnte »ein veränderter Bewusstheitszustand« ausgelöst werden.[321] Noch heute wird mittels »verschiedene(r) Fixationsmethoden« sowie ritualisierter Sprechformeln ein Trancezustand induziert.[322] Dieser »ist durch minimalen Widerstand (oder positiv ausgedrückt: maximale Akzeptanz) ausgezeichnet« und »offenbar leichter zu erreichen, wenn eine positive Beziehung (Rapport) zum Hypnotiseur besteht«.[323] Gewiss ist die Hypnotisierte dadurch lenkbarer und empfänglicher, doch von einer »verbalen Magie«[324] kann nicht gesprochen werden. Der Patient steht dabei nicht willenlos dem Hypnotiseur gegenüber, zumal er nichts tun oder sagen wird, das seinen ethischen Prinzipien im Wachzustand widersprechen würde.[325]

Für die Psychotherapie von Bedeutung ist nun der Umstand, dass es möglich ist, »einen Patienten im Rahmen einer normal erscheinenden Konversation in Trance zu versetzen (Konversationsinduktion ...)«.[326] Daraus lässt sich schliessen, dass zwischen Hypnose und klassischer Psychotherapie nur ein quantitativer, also nur ein gradueller und kein qualitativer Unterschied besteht. Nicht nur »hypnotische Suggestion« kann »Potenziale hervorrufen« und »Ressourcen« freilegen;[327] auch im angstfreien und entspannten Raum eines therapeutischen Gesprächs lassen sich Widerstände im Denken und Fühlen verringern, sind »Aha«-Erlebnisse möglich. Allerdings muss man sich sehr behutsam an angstbesetzte Themen annähern, wozu Gespür und Intuition, die einer standardisierten Befragungstechnik widerstehen können, nötig sind. Im Zustand der Hypermnesie, d.h. der geschärften Erinnerung, wird der Zugang zu verdrängten traumatischen Erinnerungsinhalten eher gelingen. Dieses für den Erfolg einer Psychotherapie entscheidende Geschehen setzt indes eine geschützte Gesprächsatmosphäre und ein über die Zeit gewachsenes Vertrauensverhältnis voraus.[328]

Zwei Grundprinzipien der Psychotherapie sind damit angesprochen: Zum einen der Übertragungsprozess und auf der anderen Seite die Annahme psychischer Prozesse, deren wir uns nicht mehr bewusst sind. Ersteres Konzept soll im Rahmen des folgenden Exkurses vertieft werden, bevor wir uns jenem des Unbewussten zuwenden wollen.

7.4.1.1 *Exkurs: Übertragung im Lichte der Neurobiologie*

Ein entscheidender Beitrag zum Verständnis von Übertragungsprozessen ist Giacomo Rizzolatti von der Universität Parma zu verdanken.[329] Ihm und seinem Team gelang die Entdeckung einer ganz besonderen Art von Nervenzellen, der sog. *Spiegelneurone*. Diese Zellen bilden eine wichtige Voraussetzung dafür, dass wir uns in andere Menschen einfühlen und wahrnehmen, was in ihnen vorgeht. »Dies geschieht automatisch, es ist ein *implizit* ablaufender, präreflexiver Vorgang, der keiner willentlichen Anstrengung und keines bewussten Nachdenkens bedarf. Das Ergebnis ist eine intuitive Wahrnehmung, wie sich« unser Gegenüber fühlt.[330] Spiegelneurone lassen uns somit mitfühlen, miterleben und auch mitleiden. Indem »unser Gehirn in der Lage ist, eine Repräsentation des fremden Innenlebens aufzubauen«,[331] vermitteln uns diese Zellen u.a. über die Wahrnehmung von Mimik, Gestik oder Stimme das innere Erleben unserer Mitmenschen. Sie erlauben uns, deren Sicht einzunehmen. Hier erinnern wir uns an Carl Rogers, der Jahrzehnte zuvor bereits festgehalten hatte: »Die innere Welt des Klienten mit ihren ganz persönlichen Bedeutungen so zu verspüren, als wäre sie die eigene (doch ohne die Qualität des ›als ob‹ zu verlieren), das ist Empathie …«[332]

Allerdings: Spiegelneurone bilden nur die neurobiologische, materielle Voraussetzung für die Empathie. Sie vermögen nämlich ihre Wirkung nicht ohne die zugrunde liegende Lebenserfahrung zu entfalten. In der Tat ist es nur dann möglich, sich in sein Gegenüber einzufühlen, wenn man die gleichen oder zumindest sehr ähnliche Erfahrungen im Leben bereits selber gemacht hat.[333] Nur auf diese Weise kann im Gespräch ein Resonanzraum entstehen, der das entsprechende Erleben für den Therapeuten wahrnehmbar und verstehbar werden lässt.[334] Es ist darum entscheidend, dass die Selbsterfahrung des Therapeuten nicht nur auf die »Couch« im beschützenden Rahmen einer Lehranalyse bzw. auf den Elfenbeinturm des Selbststudiums beschränkt bleibt. Therapeutische Selbsterfahrung spielt sich immer auch im wirklichen Leben statt – dies gilt ganz besonders für die Erfahrung des Leidens, die uns erst gestattet, das Leiden unserer Klienten zu begreifen und mitzutragen. Erneut berühren sich hier Seelsorge und Psychotherapie bzw. ist das Proprium der Seelsorge angesprochen, wo das Leiden ein für die Psychotherapie nicht mehr erträgliches Mass überschreiten kann (s. 11.2).

7.4.2 Das Unbewusste

Eine Vorstufe zum Freud'schen Konzept des Unbewussten bildet ein Phänomen, das in der Literatur des ausgehenden 18. Jahrhunderts vorwiegend aus der Praxis der protestantischen Seelsorge hervorging.[335] Es handelt sich um die Idee eines *krank machenden Geheimnisses*.[336] Hierzu führt H.-F. Ellenberger den Roman von Heinrich Jung-Stilling, *Theobald oder die Schwärmer*, an.[337] Darin wird der Liebeskummer eines jungen Mädchens geschildert, der sich erst löst, als es sich dem Pfarrer und Seelsorger anvertraut. Im Gespräch wird ihr der Zusammenhang zwischen ihrem Leiden und dem Wunsch nach einer Heirat, der sich schliesslich auch erfüllt und zur Heilung führt, bewusst. Diese Geschichte verdeutlicht die Verschränkung des »Rapportes« und der zu gewinnenden Einsicht in bislang verborgene Lebenszusammenhänge. Darin wird aber auch das Dilemma jeder Psychotherapie sichtbar: Wie soll jemand, dessen Vertrauen schon früh missbraucht wurde, einem noch unbekannten Therapeuten ein Vorschuss an Vertrauen entgegenbringen? Kann eine Therapie im Schatten solcher Traumata überhaupt gelingen, und wie lässt sich die damit verbundene Angstschwelle überwinden? Keineswegs unbegründet ist die Angst vor Machtmissbrauch, davor, dass die gegenüber einem Therapeuten geäusserten Geheimnisse nicht zum Wohle des Hilfesuchenden, sondern gegen ihn verwendet werden. Die gefürchteten »Nebenwirkungen« jeder Psychotherapie, namentlich Abhängigkeit bis hin zur Hörigkeit, gebieten ein gesundes Misstrauen! Als gewiss anspruchsvoll gestaltet sich dabei die Abgrenzung zum Widerstand, zur Angst vor den Konsequenzen eines notwendigen Entwicklungsschrittes.

Paradoxerweise ist das Vertrauen, das sich nur in einer wohlwollenden Beziehung entfalten kann, zugleich auch die Voraussetzung für einen fruchtbaren Dialog und sollte diesem eigentlich vorausgehen. Wie also kann dieser Widerspruch gelöst werden? Zum einen ist der Leidensdruck die treibende Kraft; so wird das Vertrauensvakuum im Blick auf eine erhoffte Linderung trotz aller Angst in Kauf genommen. »Fürchte dich nicht, vertraue nur«, spricht Jesus dem Synagogenvorsteher zu (Mk 5, 36b). Der Sprung ins Ungewisse ist zugleich ein Sprung ins Leben. Der Drang nach neuen Ufern, nach Erfüllung lange gehegter Sehnsüchte entspricht auch einem romantischen Bewusstsein. Dieses fragt nach der »verborgenen Natur im Menschen«[338] und ist am Dunklen und Abgründigen, dem *tremendum* der menschlichen Seele interessiert. Hierzu gehört auch die Symbolik der Nacht und des Traumes.[339] Das nächtliche Geschehen ist nämlich vollständig unserem Bewusstsein entzogen und offenbart die absolute Unverfügbarkeit alles Seelischen in dieser Verfasstheit. Es ist mehr als bezeichnend, dass sich Gott in der Bibel in Visionen oder Nachtgesichtern an die Menschen wendet. Damit wird er als der »Verborgene« (Luther), als der »ganz Andere« (Barth) wahrgenommen, zugleich aber auch als diejenige Kraft, die stützend (*pastor*), führend (*rector*) und heilend (*medicus*) in das Leben der Menschen treten will. Auch hier erkennen wir eine wesenhafte Verwandtschaft zwischen dem Unbewussten und der Unverfügbarkeit des Glaubens, zwischen der Psychotherapie und der Seelsorge. Wir wollen daher beim so rätselhaften und kontroversen Phänomen des Traumes noch einen Augenblick verweilen, um uns anschliessend den neurobiologischen Bedingungen des Unbewussten zuwenden.

7.4.2.1 Exkurs: Das Phänomen Traum

»Träume – Sinn oder Unsinn?« übertitelt der Schlafforscher Alexander Borbély einen Abschnitt seines Buches *Das Geheimnis des Schlafes*.[340] Wie beim Verständnis des Unbewussten zieht sich auch hier ein tiefer Graben zwischen reduktionistischer und analytischer bzw. hermeneutischer Perspektive. Ist, wie Erstere zu verstehen vorgibt, der Traum nur ein Gewitter aus neuronalen Impulsen aus dem Hirnstamm, jener stammesgeschichtlich alten Region, die auch »Reptilienhirn« genannt wird, ohne Ordnung und ohne Sinn? In der Tat wird der Traum dort generiert, doch in der Folge in den entwicklungsgeschichtlich jüngeren Strukturen des limbischen Systems emotional »angereichert« und schliesslich in den philogenetisch jüngsten Bereichen der

Hirnrinde weitergestaltet. Dabei kann sowohl eine hemmende (»Zensur« im Sinne Freuds) wie auch regulierende (Kontrolle der Triebimpulse) bzw. synthetische (schöpferischer Aspekt im Sinne Jungs) Funktion der Träume angenommen werden.

Wie oben angedeutet, sind beim Traum sowohl bewusste (kortikale) wie auch unbewusste (subkortikale) Prozesse im Spiel. Dabei handelt es sich um eine aussergewöhnliche Leistung unserer Psyche, die im Schlaf *sua sponte* erfolgt. Indem unsere bewusste Einstellung über den Kortex in das Traumgeschehen mit einfliesst, beteiligt sich unser »Ich« ebenfalls am Traumgeschehen. Die synthetische Kraft des Traumes besteht im Brückenschlag unterschiedlicher Perspektiven, die im Wachzustand kaum in einen Zusammenhang gebracht würden.

Häufig wird in diesem Zusammenhang die Entdeckung der chemischen Struktur des Benzols durch August Kekulé zitiert.[341] Indem er von einer Schlange, die sich in den Schwanz beisst, geträumt hatte, gelang ihm die kreative Schlussfolgerung, dass der Aufbau der untersuchten Substanz ringförmig sei, was ihm zuvor im Wachzustand nicht gelungen war. So nimmt das Forscherehepaar Marta Koukkou und Dietrich Lehmann in ihrem Traummodell an, »dass im Schlafgedächtnis alte … Inhalte und Denkstrategien mit neuer, aktueller Information in Verbindung gebracht werden. Der Traum wird als das Ergebnis einer Bearbeitung der Gedächtnisspeicher mit verschiedenen Strategien verstanden.«[342] Es gibt daher gute Gründe anzunehmen, dass sich in den Träumen der Umgang unseres Ichs mit den emotional-intuitiven sowie triebhaften Anteilen unserer Seele spiegelt; ein Umgang, der uns in seiner Tragweite indessen nur bedingt bewusst ist. Allerdings stellt eine Deutung kein *quod erat demonstrandum* dar, da sie keinen objektiven Beweiswert hat. Sie ist vielmehr das Ergebnis einer subjektiven Auseinandersetzung mit den Inhalten des Traumes. Denn oftmals leuchten die Träume aufgrund ihres fantastischen Inhaltes nicht unmittelbar ein; sie bedürfen vielmehr zu ihrer Entschlüsselung einer kognitiven und emotionalen Verarbeitung. Kekulés spontane Einsicht stellt gewiss eine Ausnahme dar. Dies ist denn auch der Grund, warum Träume oft als Schäume abgetan werden bzw. in einer Therapie auf ihren möglichen Botschaftscharakter befragt werden müssen. So hat nicht nur der Volksmund, sondern auch die Philosophie immer ein gespaltenes Verhältnis zum irrationalen Gehalt der Träume gehabt. Dabei arbeitet der Traum oft mit dem Stilmittel der Karikatur, die die Realität paradoxerweise bis zur Kenntlichkeit zu verzerren vermag.[343] Daher kann gerade das Groteske im Traum einen in der individuellen Alltagswirklichkeit wenig oder kaum beachteten Aspekt überdeutlich veranschaulichen wollen.

Bemerkenswertes zum Thema Traum ist auch in Platons *Politiea* zu lesen: »Was wir uns klar machen wollen«, führt Sokrates gegenüber Adeimantos aus, »ist doch nur dies, dass einem jeden eine gefährliche, wilde ... Art von Begierden innewohnt ... und diese gibt sich denn in den Träumen kund.«[344] Allerdings: »Wenn ... jemand in ... besonnener Seelenverfassung sich zur Ruhe begibt, nachdem er den vernünftigen Teil seines Ich zur Tätigkeit angeregt ..., den begehrlichen Teil dagegen weder dem Mangel noch der Übersättigung ausgesetzt hat ..., wenn er vielmehr dies sein Bestes ... bestrebt sein lässt, etwas wahrzunehmen von dem, wovon er bisher noch kein sicheres Wissen besitzt, sei es etwas Vergangenes oder Gegenwärtiges oder Zukünftiges ..., so wird er in solchem Zustand ... am besten die Wahrheit erfassen und seine Traumerscheinungen werden am wenigsten« ausschweifend sein.[345] Für Sokrates spielt die Einstellung zu den triebhaften Elementen eine entscheidende Rolle bei der Bildung des Traumes, der dadurch einer Gestaltung zugänglich wird. Eine heuristische Funktion wird dem Traum als Spiegel unserer Seele indes nur indirekt zugesprochen.

»Das Problem der Traumanalyse«, schreibt Jung, stehe und falle mit »der Hypothese des Unbewussten« bzw. einer psychischen Homöostase, ohne welche »der Traum ... ein ... sinnloses Konglomerat zerbröckelter Tagesreste« sei.[346] Für Aristoteles stellen denn auch Träume lediglich ein Fortdauern der Sinneswahrnehmungen des Tages dar, »in gleicher Weise wie die kleinen Wirbel in Flüssen, die sich einmal gleichförmig wiederholen, dann wieder durch ein entgegenstehendes Hindernis ihre ursprüngliche Form verlieren und eine andere einnehmen«.[347] »Aristoteles gibt hier bereits eine Theorie der Traumentstehung, die bei den Positivisten der 19. Jahrhunderts … Anklang finden sollte. Die naturwissenschaftliche Psychologie des letzten Jahrhunderts war an der Erforschung des Traums kaum interessiert … Der Traum wurde bloss als Nachwirkung von Sinnesreizen im Wachen und als Folge von Körperbewegungen im Schlafe aufgefasst. Die Verzerrungen der Traumbilder wurden als eine psychische Minderleistung« verstanden.[348] Gemessen am Massstab der Vernunft konnten die fantastischen und wundersamen Ausgestaltungen des Traumes daher nur als reine Narretei gedeutet werden.

Erst das romantische Bewusstsein (s. 7. 4. 2) sollte diesen irrationalen Phänomenen weit aufgeschlossener begegnen. Aus Sicht der Jung'schen Psychologie besteht der Traum »aus bewussten und unbewussten« Inhalten, woraus die Hypothese abgeleitet wird, dass er in seinen unbewussten Teilen »jeweils die ›andere Seite‹, die der bewussten Einstellung gegensätzliche zum Ausdruck« bringt.[349] Damit wird der Aspekt der *Ganzheit* ins Spiel gebracht, indem die Psyche aufgrund der *kompensatorischen* Funktion des Traumes einen *»Ausgleich* oder eine *Berichtigung«* anstrebt.[350] Dies würde, wie bereits angedeutet, eine Erweiterung bzw. Bereicherung des bewussten Horizontes bedeuten.

Gewiss überschreitet diese auf Verstehen ausgerichtete Sicht die Enge einer reduktionistischen Betrachtung. Letztere ist beileibe kein Kind des Positivismus, sondern lässt sich (s.o.) schon in der Antike nachweisen. Dies geht auch aus folgender Argumentation des Aristoteles in den *Parva naturalia* hervor: »Denn die Tatsache, dass … viele den Träumen eine … Bedeutung zuschreiben, spricht dafür, dass es sich um eine Erfahrungstatsache handelt; und dass die Traumdeutung in einigen Fällen Gültigkeit besitzt, ist nicht ganz unglaubhaft ... Andererseits sieht man keine einleuchtende Erklärung für das Phänomen des Wahrsagens (Wahrheitsgehaltes, Anm. d. Verf.), und das lässt einen wiederum zweifeln.«[351] Auch über den Botschaftscharakter hat sich Aristoteles geäussert: »Denn anzunehmen, ein Gott sende die Träume, und zwar – abgesehen davon, dass diese Auffassung überhaupt unbegründet ist – nicht denjenigen, die moralisch und geistig am höchsten stehen, sondern beliebigen Leuten, ist absurd.«[352] Allerdings liesse sich hier entgegnen, dass es eben die Unvollkommenen sind, die des göttlichen Zuspruchs und Rates bedürften.

Die Diskussion über die Bedeutung der Träume ist bis zum heutigen Tage nicht verstummt und wird je nach Standpunkt und Schule unterschiedlich beantwortet.

Aus einer Fülle von Berichten über präkognitive Botschaften in den Träumen sei hier einer herausgegriffen. Er stammt von Viktor Frankl (1905–1990), an dessen Glaubwürdigkeit m.E. nicht zu zweifeln ist. In der Hölle von Auschwitz, kurz vor der Befreiung durch die Alliierten, vertraute ein Mithäftling Frankl folgenden Traum an: »›Du Doktor, ich möchte dir gerne etwas erzählen. Ich habe da neulich einen ... Traum gehabt. Eine Stimme hat mir gesagt, ich dürfe mir etwas wünschen – ich soll ihr nur sagen, was ich gerne wissen möchte, sie wird mir jede Frage beantworten. Und weisst du, was ich da gefragt habe? Ich möchte wissen, wann der Krieg für mich zu Ende sein wird! Weisst du, Doktor, was ich meine: für mich! Das heisst, ich wollte wissen, wann wir, wann unser Lager befreit werden wird, also wann unsere Leiden aufhören werden.‹ Und wann hast du diesen Traum gehabt, fragte» ihn Frankl. »›Im Feber 1945‹, antwortet er (damals hatten wir Anfang März). Und was hat dir die Traumstimme gesagt, fragte ich weiter. Und leise, geheimnisvoll, flüstert er mir zu: ›Am 30. März‹ ... Da geschah folgendes. Am 29. März erkrankte« Frankls Kamerad »unter hohem Fieber«, und am 30. März, dem Tag, an dem gemäss Prophezeiung das Leiden hätte zu Ende sein sollen, verlor er das Bewusstsein; am 31. März verstarb er an Fleckfieber.[353]

»Wer an eine Zukunft, wer an seine Zukunft nicht mehr zu glauben vermag«, so folgert Frankl, »ist ... im Lager verloren ... Wie wesentlich der Zusammenhang zwischen dieser lebensgefährlichen Selbstaufgabe und diesem Sichfallenlassen einerseits und andererseits dem Verlust des Zukunftserlebnisses ist«, sei ihm durch das besagte Ereignis in dramatischer Weise vor Augen geführt worden.[354] Denn Frankl deutete den infausten Ausgang als Versagen der Immunitätslage, nachdem das ersehnte Kriegsende mit dem nahenden Termin der Prophezeiung ausblieb und damit die Hoffnung auf eine Erfüllung des Traumes nach und nach schwand. Man kann sich auch fragen – eine allerdings völlig unwissenschaftliche Frage, die jemandem, der Auschwitz nicht erlebt hat, im Grunde gar nicht zusteht –, was geschehen wäre, wenn das Ich des Träumers sich nicht eine Zeitangabe, sondern die Kraft gewünscht hätte, das Unerträgliche zu ertragen. Wie auch immer – am besagten Tag war dieser Mensch von seinen Leiden erlöst worden.

Aus dieser Perspektive bedeutet der Traum mehr als eine nur einfache Handlungsanweisung. Interessanterweise mussten in den Asklepieia der römischen Kaiserzeit die Orakelsprüche nach dem Erwachen des Adoranten ausgelegt werden, während in der klassischen Periode die unmittelbare Gottesbegegnung im Traum[355] entscheidend war. Von einer solchen direkten Botschaft berichtet ein Analysand C. G. Jungs: »›Ich komme in ein besonderes weihevolles Haus, das ›Haus der Sammlung‹ ... Es gehen Leute hinein. Sie sprechen nichts und stehen regungslos, um sich innerlich zu sammeln ... Da spricht eine Stimme: ‚... Wehe denen, welche die Religion als Ersatz für eine andere Seite des Lebens der Seele gebrauchen; sie sind im Irrtum ... Kein Ersatz ist die Religion, sondern sie soll als letzte Vollendung zur anderen Tätigkeit der Seele hinzukommen.

Aus der Fülle des Lebens sollst du deine Religion gebären, nur dann wirst du selig sein!‹«[356]

C. G. Jung begreift die Traumstimme als eine »endgültige Feststellung; gewöhnlich kommt sie gegen Ende eines Traumes und ist in der Regel so klar und überzeugend, dass der Träumer kein Gegenargument findet. Was die Stimme sagt, hat ... so sehr den Charakter unwiderleglicher Wahrheit, dass es ... als eine zwingende Schlussfolgerung aus einer langen unbewussten Überlegung und Abwägung von Argumenten zu verstehen ist ... Es war interessant zu sehen, wie dieser intellektuelle und skeptische Mann (der Träumer, Anm. d. Verfassers) die Stimme aufnahm; oft passte sie ihm gar nicht, und doch nahm er sie an, ohne zu fragen, ja sogar in Demut.«[357]

»Ohne Zweifel«, folgert Jung, »ist diese Tatsache ein grundlegendes religiöses Phänomen.«[358] Die Verdichtung eines Traumgeschehens zu einer Kernbotschaft kann also entweder vom Traum selbst geleistet werden, oder aber sie bedarf einer nachträglichen Deutung. »Die unbewussten Inhalte sind immer vieldeutig, und ihr Sinn hängt ebenso von den Zusammenhängen ab, in welchen sie vorkommen, wie« auch »von der spezifischen Lebens- und Seelensituation des ... Träumers. Manche Träume gehen sogar über die persönliche Problematik des individuellen Träumers hinaus und sind der Ausdruck von Problemen, die in der Menschheitsgeschichte immer wiederkehren ... Sie ... werden darum ... heute noch bei« Naturvölkern »als Angelegenheit des ganzen Stammes betrachtet und unter grossen Zeremonien öffentlich gedeutet«.[359]

Damit stellen Symbole aber mehr als nur eine einfache Gleichung dar; und Traumlexika, die jedem Traumbild nur eine bestimmte Bedeutung zuweisen, verfehlen aus dieser Sicht die Intention und Vielschichtigkeit mancher Träume. Man kann sich fragen, ob das von Paul Ricoeur angeregte Verständnis von Gleichnissen als Metaphern[360] nicht auch auf Träume anzuwenden sei. Dabei würden die einzelnen Bildelemente nicht rein allegorisch und isoliert gedeutet. Entscheidend wären vielmehr die vielfältigen, wechselseitigen Bezüge, die durch den übergeordneten Aspekt der Traumdynamik zusammengehalten würden. Darüber hinaus könnte der Traum wie bei der Bildrede im Sinne von Jülicher auf *eine* einzige Hauptaussage hinauslaufen.[361]

Trotz der reichen Tradition biblischer Träume tat sich die Kirche oft schwer mit dem Phänomen Traum. So gibt uns »Athanasius ... in seiner Biographie des heiligen Antonius eine Idee davon, wie geschickt die Teufel in der Vorhersage« zukünftiger Ereignisse sind.[362] Und in einem Traktat des Pererius aus dem Jahre 1598 wird mitunter gar gefragt, »›ob es einem Christen erlaubt sei, Träume zu beobachten‹«.[363] Problematisch müssen besonders in monastischen oder kirchlichen Kreisen erotische Träume erschienen sein, die – wie etwa beim heiligen Antonius – naturgemäss als Versuchungen gedeutet wurden. Bezüglich der Träume sehen wir also kaum Gemeinsamkeiten zwischen einer konservativen Sicht kirchlicher Seelsorge und der Tiefenpsychologie, die den Traum sogar als *via regia* zum Unbewussten auffasst. Diesem werden wir uns nun aus neurobiologischer Sicht zuwenden.

7.4.2.2 Exkurs: Neurobiologische Aspekte des Un(ter)bewussten

Die Rede vom Unterbewussten ist in naturwissenschaftlichen Kreisen wenig populär. Ein Blick auf das Stichwortverzeichnis eines ganze 1886 Seiten starken Standardwerkes der Psychiatrie und Psychotherapie[364] zeigt: Das Wort »Unbewusstes« kommt zweimal darin vor, einmal in einem historischen und einmal in einem aktuellen Kontext, beide Male in Bezug auf Entspannungstherapien. Die Begriffe »Unterbewusstsein« oder »Unterbewusstes« finden sich überhaupt nicht. Demgegenüber scheint sich der Begriff in der Alltagssprache fest eingebürgert zu haben. Allerdings gibt es auch seriöse Wissenschaftler, die sich intensiv mit diesem Phänomen befassen, so z.B. der Emotionsforscher Joseph LeDoux.[365] Demnach spielen bei zahlreichen psychischen Störungen »wie Ängsten, Süchten oder chronischen Schmerzen ... unbewusste Lernprozesse eine wichtige Rolle«; so können all jene neuronalen Vorgänge, die nicht zwangsläufig an die Reizverarbeitung im Cortex, der Grosshirnrinde, gebunden sind, nicht bewusst wahrgenommen werden.[366] Es ist erstaunlich, dass die Grundlage bewusster Erinnerung, nämlich das Arbeitsgedächtnis, »eine maximale Kapazität« von gerade mal »sieben Informationen«[367] aufweist. Selbstverständlich umfasst das Bewusstsein mehr als nur die Fähigkeit, sieben Informationseinheiten aufs Mal zu »überblicken«; denn auch das innere Erleben wird über sog. Hintergrundempfindungen laufend registriert. Dabei handelt es sich um die Wahrnehmung des Zustandes der Muskulatur und der inneren Organe.[368] Doch auch dieses psychophysische Gefühl läuft im Grunde auf ein einziges generalisiertes körperliches Empfinden hinaus, das uns erlaubt, auf die Frage nach unserem momentanen Befinden umgehend anzugeben, wie wir uns gerade fühlen.[369] Und so verdichten sich alle inneren und äusseren Wahrnehmungen, alles Denken und Fühlen, unsere Intuition, selbst unsere ethischen Wertungen und Entscheidungen, letztlich zu einem einzigen Zustand existenziellen Daseins. Die Komplexität dieses Geschehens lässt sich daran ermessen, dass das menschliche Gehirn aus etwa 100 Milliarden Zellen besteht. Jede Nervenzelle besitzt ca. 10 000 Zellfortsätze (Dendriten), was insgesamt 2 Billiarden Verbindungen entspricht. Die Anzahl von Verbindungsmöglichkeiten ist aber unvorstellbar viel grösser, es gibt Schätzungen, wonach diese Zahl etwa der Anzahl Atome im Universum entspricht.

Hieraus wird verständlich, dass unsere Psyche und damit alle bewussten, vor- und unbewussten Prozesse im eigentlichen Sinne des Wortes ein eigenes Universum bilden, das sich selbst in seinen gröbsten Konturen nicht einmal annähernd erahnen lässt.

So zählt der Neurobiologe Gerhard Roth zum Unbewussten »weit mehr als nur den Bereich der Triebstrukturen im Sinne Freuds« (vgl. 7.9).[370]

»Zum Unbewussten im weiteren Sinne gehören (1) vorbewusste Inhalte von Wahrnehmungsvorgängen; (2) unterschwellige (subliminale) Wahrnehmungen; (3) Wahrnehmungsinhalte ausserhalb des Fokus unserer Aufmerksamkeit; (4) alle perzeptiven, kognitiven und emotionalen Prozesse, die im Gehirn des Fötus, des Säuglings und des Kleinkindes vor der Ausreifung des assoziativen Cortex ablaufen; (5) Inhalte des deklarativen Gedächtnisses (was wir *wissen*, Anm. des Verfassers), die ins Unbewusste abgesunken sind (›vergessen‹ wurden) und unter günstigen Bedingungen wieder bewusst gemacht werden können; (6) konsolidierte Inhalte des prozeduralen Gedächtnisses (was wir *können*, Anm. des Verfassers); (7) Inhalte des emotionalen Gedächtnisses, welche die Grundstruktur ... unserer Persönlichkeit bestimmen.«[371]

Diese Übersicht berücksichtigt ein für die Psychotherapie essenzielles dynamisches Geschehen nicht bzw. hebt es nicht explizit hervor: Das Phänomen des *Verdrängens*. Angesprochen sind aversive Erfahrungen, die – weil emotional unangenehm konnotiert – vom Bewusstsein ferngehalten werden. Dieser Vorgang steht im Gegensatz zu den als uninteressant eingestuften, gefühlsarmen bzw. über lange Zeiten hinweg nicht mehr aktivierten Inhalten beim Prozess des Vergessens.

In einer Gesprächstherapie wird dem Phänomen des Verdrängens ganz besondere Beachtung geschenkt. Im einfühlsamen Dialog werden diese Inhalte nach und nach dem Bewusstsein nahegebracht bzw. wird der Klient beim Umgehen solch »virulenter« Themen so weit wie möglich auf dieses Vermeidungsverhalten aufmerksam gemacht. Behutsam und unter Beachtung der jeweiligen Widerstände wird er also auf den entscheidenden Fokus hingeführt. Die Angst, die dem Prozess des Verdrängens zugrunde liegt, sollte in der therapeutischen Beziehung – indem sich der Klient *aufgehoben* fühlt – nach und nach so weit wie möglich *aufgehoben* werden. Diese doppelte Bedeutung des Begriffs *aufheben*, die auf den Philosophen G.W.F. Hegel zurückgeht, erscheint sowohl für das seelsorgerliche wie auch für das psychotherapeutische Geschehen von zentraler Bedeutung.

Die Psychoanalyse in der Tradition Freuds kennt im Übrigen neben dem *Verdrängen* noch weitere grundlegende »Abwehrmechanismen«.[372] Diese wurden von Sigmund Freuds Tochter Anna vertieft untersucht und weiter systematisiert. Allen gemeinsam ist die Tatsache, dass sie der bewussten Wahrnehmung nicht oder nur sehr bedingt zugänglich zu sein scheinen. Paradoxerweise sind die zugrunde liegenden Motive für Aussenstehende mehr als evident, was natürlich häufig zu Konflikten führt. Einen weiteren Abwehrmechanismus stellt die sog. *Verkehrung ins Gegenteil* dar. Als Beispiel lässt sich die Ehefrau anführen, die von ihrem Mann geschlagen und gedemütigt wird und dieses Verhalten dadurch rechtfertigt, dass er es eigentlich doch nur gut mit ihr meint. Damit verwandt ist eine dritte Abwehrform, die sog. *Reaktionsbildung*. Hier ist etwa an überfürsorgliche Eltern zu denken, die ihr Kind, um es vor vermeintlichem Schaden zu bewahren, nicht aus den Augen lassen. Dabei realisieren sie nicht, dass sie durch dieses Verhalten ihre eigenen aggressiven Impulse ihrem Kind gegenüber kompensatorisch abwehren. Diese werden auf einen fantasierten Täter projiziert, womit eine vierte Abwehrkonfiguration angesprochen ist: die *Projektion*. Sie kommt besonders dann zum Tragen, wenn man eigene unangenehme Charaktereigenschaften im Mitmenschen zu erkennen glaubt. Bei der *Idealisierung* dagegen werden die negativen Seiten einer Person unbewusst ausgeblendet.

Welche Bedeutung – so ist im Blick auf die Verhältnisbestimmung von Seelsorge und Psychotherapie noch zu fragen – haben unbewusste Prozesse in der Seelsorge selbst? Diese ist durchaus gegeben, etwa in der Begrifflichkeit von *Wahrheit*, *Aufrichtigkeit* oder *Authentizität*. »Dieses Volk ehrt mich mit den Lippen, ihr

Herz aber hält sich fern von mir«, heisst es bei Mk (7,6b) in Anlehnung an Jes 29,13. Das griechische Wort für Wahrheit, *aletheia,* setzt sich bezeichnenderweise aus dem *alpha privativum* – a – und der Lethe, dem mythologischen Strom des Vergessens beim Eintritt in die Unterwelt, zusammen. Wer daraus trank, verlor jegliche Erinnerung an sein früheres Leben. Aletheia bedeutet demnach Unverborgenheit und bezeichnet das Gegenteil von Verdrängen oder Vergessen.

Und bei der Heilung des Besessenen von Gerasa (Mk 5,1–20; s. 7.1) richtete sich Jesu konfrontative Anrede an den Dämon selbst, mit anderen Worten an die unkontrollierte und damit unbewusste Macht der Neurose oder vielleicht Psychose.

Schliesslich deuten auch die Kreuzesworte Jesu: »Vater, vergib ihnen! Denn sie wissen nicht, was sie tun« (Lk 23, 34), auf die Realität einer unbewussten destruktiven Kraft im Menschen hin.

7.4.3 Konstitutive Elemente der Psychotherapie

7.4.3.1 Subjekt und Welt im Kontext der Angst

Wir haben das Phänomen *Beziehung* bereits im dritten Kapitel unter dem Aspekt des Gelingens einer Psychotherapie betrachtet. Im Folgenden soll die *Beziehung* unter dem dialektischen Aspekt von Subjekt und Welt weiter vertieft werden.

Nach Martin Buber (1878–1965) stiftet »das Grundwort Ich-Du … die Welt der Beziehung«.[373] Das Ich-Es-Wortpaar dagegen ist eine Relation der Sachlichkeit, der Verfügbarkeit, der Analyse, ja, mitunter der Auflösung bis zur Vernichtung.[374]

Damit stehen Subjekt und Welt – sei es Mitmensch oder Natur – in einer ambivalenten, doppeldeutigen Weise einander gegenüber. Zum einen ist ein neutrales oder gar konkurrierendes Verhältnis angesprochen, zum anderen befinden sich Subjekt und Welt in einem lebensnotwendigen, steten Austausch miteinander. Wie die Brennpunkte einer Ellipse sind die beiden Grössen in ihrer Individualität vom Bogen als Sinnbild ihrer Zusammengehörigkeit umschlossen.

Die individuellen Komponenten sind auf Triebebene biologisch gut erforscht. Aus neurowissenschaftlicher Perspektive wurde der gemeinschaftliche Aspekt indes erst in neuerer Zeit unter dem Begriff des *social brain*[375] wahrgenommen. Zwar sind auch hier viele Untersuchungen dazu schon lange bekannt. Zu nennen sind etwa zwei Phänomene, die Konrad Lorenz schon in den Dreissigerjahren des letzten Jahrhunderts beobachtet hatte.[376] Zum einen ist die sehr früh und während eines nur kurzen Zeitfensters stattfindende Prägung, die er bei Graugansküken nach dem Schlüpfen beschrieben hatte, zu nennen; dabei wird zur ersten bewegten Gestalt, die die Jungen zu sehen bekommen – zumeist die Mutter – eine bleibende Bindung aufgebaut. Zum anderen erkannte Lorenz für das Sozialverhalten entscheidende Schlüsselreize, wie den »kunstvolle(n) Werbegesang eines Singvogels«.[377] Für das Konzept des *social brain* spricht auch die evolutiv frühe Entwicklung von zwei unabhängigen olfaktorischen Systemen: einerseits ein Geruchssystem, das für die Nahrungssuche sowie Feindwahrnehmung zuständig ist, und andererseits eines, das auf der Basis von Sexuallockstoffen (Pheromonen) partnerschaftliches und soziales Verhalten regelt.[378]

Darüber hinaus sind in der letzten Dekade noch zwei weitere wichtige Beobachtungen hinzugekommen. Es sind dies die Spiegelneurone als biologische Grundlage für Mitgefühl und Empathie (s. 7.4.1.1) sowie das Neuropeptid Oxytocin. Als Beziehungshormon vermittelt es Vertrauen und verhilft dazu, Berührungsängste zu überwinden.[379] Selbstverständlich vermögen weder die Spiegelneurone noch das Oxytocin die Tiefendimension menschlichen Erlebens zu erfassen und zu erklären. Auch die Vorstellung, man könnte Beziehungsprobleme mit der Gabe von Oxytocin behandeln, zeugt von einer reduktionistischen Sicht, die die anthropologische Dimension ausser Acht lässt.

Den »egoistischen« Trieben wie Hunger oder Durst stehen somit die »altruistischen«, auf zwischenmenschliche Resonanz ausgerichteten Emotionszentren gegenüber. Dadurch wird das Darwin'sche Dogma der *Rivalität* durch das Prinzip der *Solidarität* ergänzt. Evolutionsbiologisch wird dieser Aspekt u.a. in der sog. Altruismus-Egoismus-Debatte thematisiert. Als Beispiel ist der Warnrufer einer Erdmännchenpopulation zu nennen, der durch sein Verhalten einem höheren Risiko ausgesetzt ist als seine Artgenossen.[380] Das Überleben der Gemeinschaft wird höher gewertet als jenes des Einzelnen. Damit ist auch Freuds Versuch als gescheitert zu betrachten, das Phänomen Beziehung nur aus dem triebtheoretischen Modell heraus zu erklären. Daher haben zahlreiche, in der psychoanalytischen Tradition Freuds stehende Autoren versucht, dessen Konzeption zu erweitern. Zu nennen ist etwa die Englische Schule mit ihren Vertretern, namentlich Fairbairn, Winnicott und Bowlby.[381] Ihre theoretischen Bemühungen zielen auf die »Objektbeziehungen«. »Der Grundgedanke dabei ist, dass der Andere … in der psychischen Vorstellung immer schon präsent war.«[382] Besondere Verdienste kommen John Bowlby zu, der Freuds *Triebtheorie* hinterfragte und ihr die sog. *Bindungstheorie* gegenüberstellte. Dank seinen minutiösen Untersuchungen bei Kleinkindern[383] gelang ihm der Nachweis eines angeborenen »Beziehungssystems«, das sich von einer individuellen Selbsterhaltungsorganisation grundlegend unterscheidet. Die Theorie menschlichen Beziehungsverhaltens – auch Attachment-Theorie genannt – besagt, dass Mutter und Kind bereits von Geburt an aufeinander bezogen sind, unabhängig vom triebhaften Aspekt der Nahrungsaufnahme. Eine Schlüsselrolle für diese These spielt v.a. ein berühmtes Experiment von Harlow. Dieser hatte aufgrund einer zufällig gemachten Beobachtung entdeckt, »dass Affenjungen, vor die Wahl zwischen zwei Muttersurrogaten gestellt, sich für ein Modell mit Fell denn für eine Drahtpuppe, die mittels Milchspender orale Bedürfnisse« stillte, entschieden.[384]

Dies führte zur Annahme eines Systems, »das a priori, d.h. vor aller Erfahrung, die *An-* und *Ab*-wesenheit der Mutter erkennt. Demzufolge wird Attachment als … unkonditionierte Reaktion verstanden, bei der das Fehlen der Mutter an sich schon Protest bzw. Distress auslöst. Damit« ist »die Idee, dass orale Gratifikation die« alleinige »Basis für eine Objektbeziehung darstelle, widerlegt«.[385] Der Psychiater Donald Klein kritisiert aus diesem Grunde ebenfalls »die lerntheoretische Interpretation der Trennungsangst beim Kleinkind. Diese Theorie«[386] »postuliert das Erlernen negativer Gefühle (sprich *Angst*) beim Fortgehen bzw. Fehlen der Mutter. Tatsächlich müsse Cannons ›fight-or-flight‹-Konzept durch eine noch frühere Angstantwort ergänzt werden. Die Trennungsangst sei gemäss Klein eine Errungenschaft in der Evolution. Müsste nämlich ein Jungtier, das sich vom Nest entfernt, die Angst durch wiederholte unkonditionale Reize wie Durst oder Hunger erst erlernen, so würde es unter Umständen schon beim ersten Irregehen leichte Beute eines Feindes werden oder sogar dabei verhungern. Die Angst muss also sofort, schon bei der ersten Trennung, im Sinne einer angeborenen Alarmreaktion, durch die das Junge die Elterntiere auf sich aufmerksam macht, einsetzen. Sollten … die Eltern nicht in der Lage sein, auf die Hilferufe zu antworten, so wäre der nächste Schritt … die Ruhigstellung, damit sich das Jungtier nicht unnötig erschöpft und auch diesmal keine Feinde angezogen würden. Klein bietet hier eine phylogenetische Erklärung der von Bowlby beschriebenen Stufen nach Trennung des Kindes von der Mutter: Zunächst Angst und Wut, dann Traurigkeit und Depression.«[387]

Die bisherigen Ausführungen haben gezeigt, dass es – entgegen behavioristischer Doktrin – unmöglich ist, Beziehung und Kommunikation beschreiben und verstehen zu wollen, ohne das Innenleben, namentlich die Welt der Gefühle, einzubeziehen.[388]

Während etwa Freude einen starken motivationalen Charakter hat und in der Regel auf die Aussenwelt gerichtet ist, führt die Trauer dagegen zumeist nach innen. Gewiss gibt es auch stille Freude oder Trauer, die in Zorn umschlagen kann. Doch in der Trauer, die sich von der Welt abschirmt, richtet der Mensch die Aufmerksamkeit vermehrt auf sich selbst, auf sein inneres Erleben. In dem Masse, wie der Weltbezug schwindet, wird der Selbstbezug zu einer lebenswichtigen Quelle identitätsstiftender Emotionen. Weist das Gefühl der Trauer den Weg zum inwendigen Menschen, so verweist die Angst in ganz besonderer Weise auf die *Möglichkeiten* menschlichen Handelns. Denn Angst erscheint immer in doppelter Gestalt: als *hemmende* wie auch als *hilfreiche* Reaktionsform, wobei sich erstere Bedeutung etymologisch vom Urindogermanischen *anghos, anghes* (Enge) ableitet.[389] Es ist also nicht möglich, Angst nur in einer Hinsicht zu reflektieren. Angst engt einerseits ein und steht der Entfaltung von Lebensmöglichkeiten im Wege. Zugleich eignet der Angst aber auch ein positiver Aspekt an, indem »sie vor Gefahren, vor möglichem Scheitern warnt und damit einen Schutzmechanismus auslöst« (Signalangst bei Freud).[390] Diese Dialektik ist darüber hinaus dadurch zu ergänzen, dass jeder Aspekt durch eine sog. semantische Achse konstituiert wird (s. Abb. auf der nächsten Seite). »Darunter versteht man in der Semiotik eine konträr eingerichtete Koordinationsregel. M.a.W.: Eine semantische Achse ist durch zwei polare Grössen, die sich auf denselben Sachverhalt beziehen und die fliessend miteinander verbunden sind, definiert. Als Beispiele lassen sich Gegensätze wie *hell–dunkel* ... oder *eng–weit* ..., die durch beliebige Zwischenstufen verbunden sind, nennen.«[391]

Nehmen wir zur Veranschaulichung den *negativen* Aspekt der Angst. »Dieser Aspekt wird semantisch durch die Bedeutung ›Bedrohung‹ ... charakterisiert und lässt sich ... als fliessende Grösse zwischen zwei Polen ... abbilden. Der eine Pol entspricht der« oben »beschriebenen ... Etymologie des Angstbegriffs (›Enge‹, ›Bedrängnis‹, ›kein Ausweg‹). Er deutet auf einen Zustand hin, in welchem Leben bzw. Existenz in ihrer Ent-

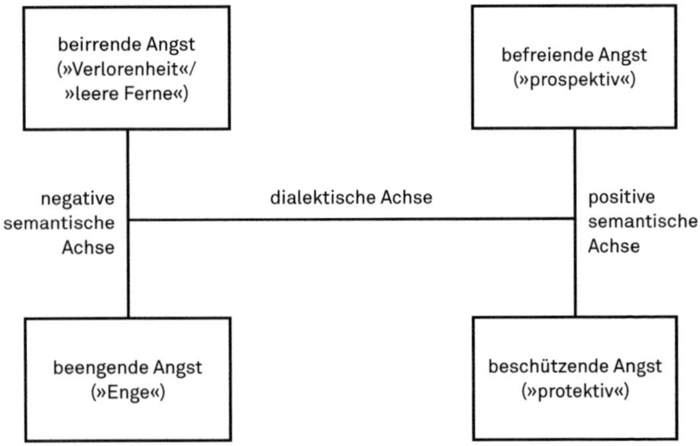

Die vier Grundbedeutungen der Angst (aus: Lansel, Das Doppelgesicht der Angst – eine Untersuchung zur Semantik des Angstbegriffs 240–241).

faltung gehindert, eingeschränkt ..., letztlich verneint werden. Der andere Pol erschliesst sich aus der bedrohlichen Konnotation des Begriffs Weite im Sinne von ›Verlorenheit‹, ›Öde‹, ... ›keine schützende Grenze‹, ... ›kein Weg‹. Analog zu diesen beiden polaren Grössen – sie sollen im Folgenden als *beengende* bzw. *beirrende* Angst bezeichnet werden – sind die psychiatrischen Begriffe Claustro- und Agoraphobie zu nennen.«[392] Entsprechendes gilt für den *positiven* Aspekt der Angst. Da aber Angst nicht nur mögliches Scheitern, sondern auch die Möglichkeit des Gelingens anzeigt, lässt sich komplementär zum negativen Aspekt auch eine positive semantische Achse definieren. Der »›Enge‹ entspricht der positiv konnotierte Pol ›Schutz‹«, der »›Verlorenheit‹ eine positive, belebende und befreiende Dimension«.[393] »Die positive Achse wird somit einerseits durch ein *protektives*, zum anderen durch ein *prospektives* Element konstituiert«; entsprechend wird dabei von *beschützender* bzw. *befreiender* Angst gesprochen.[394] »Als Idealfall sind jene ... Nischen zu nennen, die durch angstfreie Räume eine maximale

Freiheit unter bestmöglichem Schutz« bieten – »wo also nur protektive und prospektive Aspekte spielen. In der Regel wird Angst, wie gesagt, durch eine Mischung positiver und negativer Anteile konstituiert. Wohl jede Situation im Leben impliziert sowohl eine beschützende wie auch beengende Komponente, und jede Freiheit ist kaum denkbar ohne ein Stück Verlassenheit. Ein Übermass an Protektion bedeutet teilweise Einengung, das Gegenteil« Verlust von Geborgenheit – »und beides löst Ängste aus. Damit ist auch die Bewegungsrichtung angezeigt, die die Angst bzw. ihre Bewältigung – gewissermassen übers Kreuz (s. Abbildung links) – nehmen müssen.

Angst in der negativen Konnotation von ›Enge‹ wird« daher »zu einer herausfordernden Grösse, die nach Befreiung drängt. Als Bild: Die Enge muss durchstanden werden, bis wir« gereift – »am anderen Ende des Tunnels befreit aufatmen können. Dadurch wandelt sich die Qualität der beengenden Angst von einem« anfänglich »beklemmenden zu einem atemberaubenden Ereignis. Analog dazu muss die beirrende Angst in einen beschützenden, strukturierenden Rahmen übergeführt werden. Grundsätzlich geht es also darum, die negative Seite der Angst in eine positive ›umzuwandeln‹, womit Angst ›zum Anstoss der Entwicklung adaptiver und integrativer Ich-Funktionen‹[395] wird.«[396]

Hieraus wird ersichtlich, dass Angst ein konstitutives Element jeder Psychotherapie sowie Seelsorge darstellt. Aufgrund ihrer *Zweideutigkeit* stellt Angst eine enorme Herausforderung dar und zwar sowohl für die Therapeutin bzw. Seelsorgerin wie auch für den Klienten und Seelsorgeempfänger. Ein sorgfältiges Abwägen aller Gegebenheiten ist dabei erforderlich; Angst stellt den Menschen vor einer Entscheidung, die er nicht aus »sicherer, reflektierter Distanz« treffen kann.[397] Er muss gewissermassen aus sich selber heraustreten (lateinisch *existere*)[398] und damit den Sprung von der Potenzialität »zur Realität wagen, ohne diesen Übergang zuvor theoretisch ganz klären zu können«.[399] Hier setzt denn auch Kierkegaards Existenzbegriff sowie seine Kritik an Hegel an, die im übernächsten Abschnitt (s. 7. 4. 3. 5) noch erörtert wird.

Wenn indes in der Dialektik von Subjekt und Welt Letztere als geradezu unüberwindbar erlebt wird, was häufig in frühen Entwicklungsphasen im Sinne einer bleibenden Vulnerabilität gesetzt ist, kann der Mensch in bestimmten Gefahrensituationen in eine ins Psychotische reichende Angststarre geraten, die ihn in eine Verfassung der Entfremdung bis hin zur völligen Handlungsunfähigkeit treibt. Gelegentlich berichten Betroffene von Derealisationserlebnissen, d.h. von stark angstbetonten Zuständen, in denen die Welt wie verzerrt wahrgenommen wird. Dieses Erleben wurde vom Maler Edvard Munch im berühmten Bild *Der Schrei* (s. Abbildung rechts) auf äusserst eindrückliche Weise dargestellt.

Nachdem in diesem Kapitel über die biologischen Grundlagen der Dialektik von Subjekt und Welt sowie über das *social brain*[400] reflektiert wurde, sollen nun die Implikationen des Angsterlebens auf Beziehungsebene weiter vertieft werden.

7.4.3.2 Beziehungsangst

In einer Repräsentativumfrage bei rund 500 Personen[401] wurde die Angst vor Verlust eines nahestehenden Menschen mit 84 % am häufigsten angegeben. Sie ist, wie bereits unter 7.4.3.1 angedeutet, von der klassischen Angst vor individueller Beeinträchtigung oder Schädigung – in besagter Umfrage als Angst vor einem Krieg (64 %), vor der Zukunft (59 %) bzw. vor dem Tod (58 %) angegeben – klar abzugrenzen. Eine Angst als vorgegebene Reaktion und Suche nach Zuwendung glaubt Donald Klein bereits im Schreien des Säuglings zu erkennen (s. auch 7. 4. 3. 1).[402] Doch schon Panksep hatte in analoger Weise »ein mit einem Angst-Flucht-System offenbar nicht identisches Verlassenheits-Panik-System, das mit dem charakteristischen Hilferuf des von

Edvard Munch
Der Schrei

Oslo, Munch-Museum
Fotograf: Halvor Bjørngård/Rena Li

der Mutter getrennten Säugerjungen gekoppelt ist« beschrieben.[403] Evolutionsgeschichtlich betrachtet, ist die Entwicklung einer Angst, die den Einzelnen vor Trennung schützt und vice versa die Gemeinschaft vor Verlust des Individuums, sehr plausibel. Die Trennungsangst liesse sich aus dieser Sicht als eine angeborene interpersonale Angst, die das ganze Leben überdauert, deuten. Dies macht sie aus therapeutischen Gründen so zentral. Zum einen könnte sie – da sie nie erlernt wurde – verhaltenstherapeutisch auch nicht gelöscht werden. Sie müsste – das ist ihre existenzielle Bürde – ausgehalten werden. Ihre Bedeutung läge in ihrem beziehungsstiftenden und beziehungserhaltenden Charakter, wodurch auch der Wert der therapeutischen bzw. seelsorgerlichen Bindung unterstrichen würde.

Als bedeutsam erscheint in diesem Kontext auch der transpersonale beziehungsstiftende Aspekt des Alleinseins, welcher den auf sich selbst zurückgeworfenen Menschen in ganz besonderer Weise für spirituelle Erfahrungen empfänglich werden lässt. Damit stossen wir in das Herz der Seelsorge bzw. in ihre eigentliche theologische Mitte vor. Altes und Neues Testament können als eine einzige Bewegung Gottes auf den Menschen zu verstanden werden. So hören wir bereits bei Jesaja die Zusage des Herrn an sein Volk: »Fürchte dich nicht, denn ich habe dich erlöst, ich habe dich bei deinem Namen gerufen, du gehörst zu mir« (Jes 43, 1). Erst aufgrund dieses Zuspruches, der in die Therapie bzw. Seelsorge hineingetragen wird, lässt sich das persönliche Angsterleben des Klienten bzw. Seelsorgeempfängers angemessen angehen.

7.4.3.3 Individuelle Angst

Es gehört zu den wohl grössten Herausforderungen einer Psychotherapie, dass sich die Angst in vielerlei Gestalt manifestieren kann. Sie zeigt immer andere Gesichter und ist daher nur sehr schwer zu fassen. Freud hat hierfür den Begriff des Widerstandes geprägt; er besagt, dass bestimmte Worte und Handlungen eines Klienten in letzter Konsequenz darauf hinauslaufen, die Angst nach Möglichkeit zu umgehen. Das wahre Gesicht der Angst, des wohl zentralsten Affektes in einer Psychotherapie, versucht sich dabei so lange wie möglich verborgen zu halten, indem die eigentlich ängstigende Ursache durch vorgeschobene Argumente verdeckt wird. Es bedarf eines geradezu kriminalistischen Spürsinns, sich als Psychotherapeut durch die zahlreichen Rationalisierungen nicht in die Irre führen zu lassen. Der Klient will einerseits zu des Pudels Kern, zur Ursache seiner Symptome vordringen, und dennoch versucht er – selbstverständlich vorwiegend unbewusst – mit allen Mitteln, dieses Vorhaben zu hintertreiben. Es wohnen gewissermassen zwei Seelen in seiner Brust: Die eine will alles beim Alten belassen, die andere strebt nach Veränderung. Letztere begegnet in Gestalt der Angst vor dem angestrebten *Sprachgewinn*, der »ein Mehr von Beunruhigung« bedeuten kann. Denn »schon in einem einzigen Gespräch kann viel aus der Tiefe zutage treten, Widerständiges und bedrohende Gegenkräfte, Ängste, längst vergessen Traurigkeit und« vielleicht »tief verschütteter Schmerz«.[404] Der hieraus hervorgehende Widerstand kann den Therapeuten bis aufs Äusserste fordern, indem der Klient zwar dezidiert zu verstehen gibt, sein Zustand müsste sich im Verlaufe der bisherigen Therapie doch gebessert haben; gleichzeitig wird der Zusammenhang zwischen den Symptomen und den anstehenden Veränderungen bezüglich Einstellung und Lebensgestaltung nicht anerkannt oder als irrelevant erachtet. Dabei wird die Kritik, die eigentlich der mangelnden Einsicht und Entscheidungsbereitschaft des Klienten gelten sollte, auf den Therapeuten übertragen. Diese Projektion behutsam aufzulösen, ohne den Widerstand zu alimentieren, bedeutet für den Therapeuten eine in höchstem Masse anspruchsvolle Gratwanderung. Hierzu muss der Therapeut die verborgenen seelischen Zusammenhänge erkannt haben, die den Kooperationswillen des Klienten beeinträchtigen.

Neben dieser »larvierten« Angst gilt es noch auf eine weitere wesentliche Erscheinungsform der Angst hinzuweisen. Es handelt es sich um die *Sprachlosigkeit* als Angst vor dem Unvermögen, Wünsche, Erwartungen und Hoffnungen offenzulegen. Daniel Hell spricht in diesem Zusammenhang auch von Scham.[405]

Für die Seelsorge von besonderer Bedeutung ist der Umstand, dass trotz des Zuspruches, sich nicht zu fürchten: »Fürchte dich nicht, glaube nur« (Mk 5. 36b), Angstfreiheit nicht zugesichert wird: »In der Welt habt ihr Angst; aber seid getrost, ich habe die Welt überwunden« (Joh 16,33b). Selbst von Jesus wird erzählt, dass er in Getsemani zu »zittern und zu zagen« begann (Mk 14, 33b) und dass seine Seele »zu Tode betrübt« war (Mk 14, 34).

Schliesslich können sich Angst und Trauer dahingehend verschränken, dass sie zutiefst am Wesen menschlicher Existenz rühren. Bereits Freud hatte sich in seiner Arbeit über *Trauer und Melancholie* gefragt, »warum man erst depressiv werden müsse, um die Wahrheit über sich selbst zu begreifen«.[406] Und Eugen Drewermann fragt weiter: »Kann es nicht sein, dass die Depression, nicht anders als das Erleben der Angst, wesensnotwendig zum Selbstvollzug der menschlichen Existenz gehört und ›krankhafte‹ Züge erst dadurch« sich einstellen, »dass bestimmte Dimensionen in der ›Synthese‹, die es zu bilden gilt, um als Mensch menschlich zu leben, ausgeklammert bleiben?«[407] Ebendieser Punkt bzw. diese Frage wird auch von Daniel Hell in seinem Buch, welches nach dem Sinn depressiven Geschehens fragt, anvisiert.[408]

7.4.3.4 Psychotherapie und Existenz

Bevor wir uns mit dem Kierkegaard'schen Begriff der Existenz beschäftigen (s. 7. 4. 3. 5), erscheint es angezeigt, die Relation zwischen Existenz und Beziehung aus Sicht der alttestamentlichen Anthropologie noch zu reflektieren, welche auch die Religionsphilosophie Martin Bubers grundlegend geprägt hat. Diese geht davon aus, dass die Beziehung als die eigentliche Bedingung für das Individuum und seine Existenz zu betrachten ist: »Der Mensch wird am Du zum Ich«,[409] denn »im Anfang ist die Beziehung«.[410] Die jüdische Tradition scheint besonderen Wert auf diesen Umstand zu legen, so auch der Theologe und Religionswissenschaftler Pinchas Lapide. Er verweist auf die Frage des berühmten Rabbi Löw, der im 16. Jahrhundert in Prag lebte: Warum beginnt die hebräische Bibel nicht mit Aleph, dem ersten Buchstaben des Alphabets, sondern »mit Beth, das den Zahlenwert zwei hat«?[411] Dies gilt auch für das zweite Wort (hebr. *bara*); erst das dritte Wort – Gott – beginnt mit Aleph, das den Zahlenwert eins hat. Dieses könnte ohne Weiteres am Anfang stehen. Die Antwort lautet: »Zwei ist der Schlüssel zur ganzen Schöpfung: Gott schuf die Welt in Paaren. Es beginnt mit Licht und Finsternis, Himmel und Erde, Sonne und Mond, Festland und Meer, Fauna und Flora.«[412] Schliesslich schuf Gott den Menschen als Mann und Frau (Gen 1, 27).

Auf die ausschlaggebende Bedeutung der Beziehung bei der Bildung des Urvertrauens,[413] wofür die Objektbeziehungs- bzw. Bindungstheorie die wissenschaftliche Basis darstellen, sind wir bereits unter 7.4.3.1 zu sprechen gekommen. Die Psychoanalytikerin Margaret Mahler hat besonders auf die Symbiose zwischen Mutter und Kind aufmerksam gemacht, in welcher das Ich des Kindes und der Mutter noch dyadisch verschmolzen sind. Erst im Alter von 4 bis 5 Monaten beginnt nach Mahler – in Analogie zur körperlichen »Ent-*bindung*« – die »psychische Geburt« des Kindes, die bis zum 36. Monat dauern kann und als *»Loslösungs- und Individuationsphase«* bezeichnet wird.[414] Neuere Studien von Daniel Stern sprechen dem Kind schon sehr früh die Fähigkeit zur Steuerung des Sozialkontaktes zu. Dies geschieht über das Blickverhalten, indem der Säugling schon »mit vier Monaten durch Abwenden des Blicks« die Beendigung oder auch Vermeidung des Kontaktes zur Bezugsperson zu vollziehen vermag.[415]

Jüngste Untersuchungen verweisen indes auch auf einen übersteigerten Kompetenzzuspruch, wohl als Antwort auf einen in der Vergangenheit allzu rigiden Erziehungsstil. Arbeiten der deutschen Psychologin Heidi Keller »lassen aufhorchen: Selbstbewusstsein und Selbstbestimmung prägen heute hierzulande die elterliche Vorstellung vom Kind … Sie scheinen schon den Säugling in beinahe jeden Entscheid mit einzubeziehen – und fragen alles Mögliche: ›Ist dir langweilig? Möchtest du lieber alleine sein?‹«[416]

Vielleicht liegt in der Aufwertung des Kindes noch eine tiefe, vergessene Wahrheit verborgen, wie sie etwa im vierten Logion des Thomas-Evangeliums zum Ausdruck kommt: »Jesus sagt: ›Ein alt gewordener Mensch wird nicht zögern, einen Säugling, der gerade sieben Tage alt ist, nach dem Ort des Lebens zu fragen.‹« In diesen Kontext gehört auch Jesu Schelte an seine Jünger: »Lasst die Kinder zu mir kommen … Und er schliesst sie in die Arme und legt ihnen die Hände auf und segnet sie« (Mk 10, 14.16).

Mit diesen Vorbemerkungen wollen wir unsere Aufmerksamkeit der existenzphilosophischen Sicht des Menschen zuwenden.

7.4.3.5 Kierkegaard und die Existenzangst

Der Begriff der Existenz ist die zentrale Kategorie in Kierkegaards (1813–1855) Denken. »Er umfasst eine dynamische Dimension«, die als Prozess »einer eigentlichen Menschwerdung zu« begreifen ist.[417] »Die Existenz oder Bestimmung des Menschen wird« dialektisch gedeutet: »als eine Synthese zwischen Endlichem und Unendlichem. Eine Synthese …, die zunächst immer nur eine Möglichkeit darstellt und unablässig« ihrer »Verwirklichung bedarf … Dabei kann der Mensch« – hier unterscheidet sich Kierkegaard grundlegend von der idealistischen Position Hegels – »nicht … gleichsam von oben und aus sicherer, reflektierter Distanz diese Synthese vollziehen«.[418]

Endliches und Unendliches können nach Kierkegaard ihrerseits in die beiden Begriffspaare *Zeitliches* und *Ewiges* bzw. *Leib* und *Geist* weiter unterteilt werden.[419]

Wenden wir uns zunächst dem zweiten Begriffspaar zu. Gewöhnlich wird in der Tradition Schopenhauers und Nietzsches – aber auch in Einklang mit Freuds »Es« – *Leib* mit triebhaftem Sein gleichgesetzt. *Geist* auf der anderen Seite bezeichnet so viel wie »Ich«, Bewusstheit oder auch die Entscheidungsfunktionen. Wesentlich dabei ist, zumal in Abgrenzung zu Hegel, dass »der Geist ... nicht ›absoluter‹ Geist« ist, »er ist nicht vom Leiblichen abgelöst, sondern er wird von ihm ständig bedrängt«.[421] Für den Theologen Kierkegaard dürfte indes noch eine andere Dialektik mitgespielt haben: jene vom *willigen Geist* und vom müden und *schwachen Fleisch* (Mt 26, 41b). Leib bezieht sich hiermit auf all das, was der Mensch weder lassen noch tun kann, und wird so zum Inbegriff jenes Bereiches, der dem Ich bzw. der bewussten Kontrolle entzogen ist, m.a.W.: das Unbewusste. Freuds Forderung nach Bewusstwerdung entspricht dabei dem Postulat Kierkegaards: In der Phase der »Unschuld« ist der Mensch noch nicht eigentlich Mensch, »erst in dem Augenblick, da er Mensch wird, wird er es auch dadurch, dass er zugleich Tier wird«.[422] Der Mensch wird also erst dann wirklich zum Menschen, wenn auch Triebhaftes bewusst gelebte Realität wird. Wo dies nicht der Fall ist, droht der Trieb ausser Kontrolle zu geraten. Besagte Ebene ist zudem »wesentlich durch den Aspekt der Freiheit, sich für oder gegen eine geltende Norm« (›Über-Ich‹ bei Freud) »zu entscheiden« bzw. »zwischen verschiedenen Möglichkeiten« zu wählen bestimmt.[423]

Die brennende Frage dabei lautet: Können die eigenen Ressourcen dieser Potenzialität gerecht werden? Drohen die Herausforderungen der Realität u.U. zu einer Überforderung zu werden? Darüber lässt sich im Voraus keine Gewissheit erlangen! Zur Freiheit der Entscheidung gehört indessen zwingend auch die Bereitgang. Damit ist der eine Aspekt der Existenzangst angesprochen:

Aufgrund seiner biologischen und biografischen Bedingtheit droht der Mensch an den Anforderungen der Wirklichkeit zu scheitern.[424]

Den anderen Aspekt der Existenzangst offenbart das Begriffspaar *Zeitliches* und *Ewiges*. »Der Begriff Zeitliches bezeichnet den formalen, quantitativen Aspekt der Zeit; Ewiges dagegen bedeutet das sich in dieser Zeitlichkeit manifestierende ›Eigentliche‹, für unsere Existenz Wesentliche, Bestimmende. Im sogenannten Augenblick vollzieht sich eine Synthese zwischen beiden Grössen zur ›eigentlichen Zeit‹, zum ›Zeitpunkt für …‹ Im Augenblick« sieht sich »der Mensch vor eine Entscheidung gestellt und« wird »zum Handeln herausgefordert. Im Augenblick verschränken sich Vergangenheit und noch nicht gelebte Zukunftsperspektiven« zu einem gefüllten Zeitmoment.[425] *Indem der Mensch diesen alles entscheidenden, ›existenziellen‹ Moment zum Handeln – den kairos – versäumen kann, droht er auch hier zu scheitern.*

Dabei »wird das abgründige Gefühl der Angst, die auch als *Existenzangst* bezeichnet wird, erlebt. Die Angst – so lautet aber Kierkegaards versöhnliches Fazit – erzieht das Individuum dazu, in der Vorsehung zu ruhen, oder: ›Wer es … in Wahrheit gelernt, sich zu ängstigen, er wird wie im Tanze schreiten …‹« (Hervorhebung v. Verf.).[426] Gewiss ist mit menschlichem Scheitern nicht das letzte Wort gesprochen; dies entspricht dem Kern der österlichen Botschaft und gehört auch in jedem Seelsorgegespräch gesagt. Gleichwohl darf diese Zuversicht nicht zu einem naiven Fatalismus verleiten. Unüberhörbar ist der existenzielle Appell bereits bei Jesus, etwa im eschatologischen Gleichnis von den zehn Jungfrauen: »Seid also wachsam! Denn ihr wisst weder Tag noch Stunde« (Mt 25,13).[427]

Der *kairos*, dieser gefüllte Augenblick, ist nicht gleichzusetzen mit der Augenblicksversessenheit, die danach trachtet, sich im rauschhaften Zustand von allen biografischen Bezügen loszulösen, anstatt sie zu integrieren. In der Tat wird die persönliche Geschichte auf diese Weise in entfernte Winkel der

Seele verbannt, wo sie – unverarbeitet – immer drängender und zerstörerischer nach dem nächsten Rausch trachtet.

7.4.3.6 Die jüngere Existenzphilosophie

Kierkegaards Existenzverständnis wurde von zahlreichen Denkern, etwa Karl Jaspers, Martin Heidegger, Jean-Paul Sartre und Albert Camus rezipiert und weiter reflektiert.

Ihnen gemeinsam ist die Auffassung, dass »Angst … angesichts der Möglichkeit des Scheiterns, der Nicht-Verwirklichung, in letzter Konsequenz der Negation der Existenz – des Todes – erlebt« wird.[428] Diese existenzielle Grunderfahrung impliziert auf der anderen Seite auch ein »Erwachen«, ein »Innewerden seiner selbst«, wodurch sich der Mensch »offen« hält »für alle Möglichkeiten der Selbstverwirklichung … Der Angst setzen Sartre das ›engagement‹«,[429] Jaspers eine Einstellung, die in »restlosem Dabeisein« enthusiastisch »alles ans Ganze setzt‹«,[430] und Heidegger die »›Entschlossenheit‹ des Selbstwagnisses entgegen«.[431] Heideggers Philosophie zeigt z.T. eine bedeutsame Nähe zur Theologie protestantischer Prägung; etwa wenn es heisst, dass das »Sein selbst« sich dem menschlichen Da-Sein »offenbaren, sich ›entbergen‹ soll«.[432] Unüberhörbar ist Heideggers Einfluss auch auf Rudolf Bultmann, der den existenziellen Aspekt kreativ mit dem Kerygma, der Botschaft von Gottes geschichtlichem Handeln, in Verbindung bringt: »Menschliches Sein ist von dem im objektivierenden Sehen wahrgenommenen Sein der Natur grundsätzlich verschieden. Wir pflegen heute das spezifisch menschliche Sein als *Existenz* zu bezeichnen. Dabei ist ›Existenz‹ nicht als blosses Vorhandensein gemeint …, sondern als die spezifisch menschliche Seinsweise. Der Mensch ist nicht wie ein Naturwesen dem kausalen Zusammenhang des Naturgeschehens eingeordnet, sondern er hat sein Selbst zu übernehmen, ist für sich selbst verantwortlich.

Das bedeutet: das menschliche Leben ist Geschichte; es führt durch Entscheidungen jeweils in eine Zukunft, in der der Mensch sich selbst wählt ... Nun braucht die Entscheidung nicht bewusst gefällt zu werden ... Ja, sie kann als Unentschiedenheit erscheinen, was faktisch die unbewusste Entscheidung für die Vergangenheit ist ... Das bedeutet aber: der Mensch kann eigentlich oder uneigentlich existieren. Eben dieses, *die Möglichkeit, eigentlich oder uneigentlich zu sein*, gehört zur Geschichtlichkeit und d.h. zur menschlichen Wirklichkeit. Ist das eigentlich menschliche Sein die Existenz, in der der Mensch sich selbst zu übernehmen hat, für sich verantwortlich ist, so gehört zur eigentlichen Existenz *die Offenheit für die Zukunft ...*«[433]

Bultmanns Position kann indessen als ausgesprochen subjektivistisch gelesen werden; der Mensch ist dabei in hohem Masse auf sich selbst gestellt und ohne ersichtlichen Bezug auf ein göttliches Gegenüber. Ist die Verbundenheit mit diesem absoluten Grund der Erneuerung indes nicht gegeben, »gerät die menschliche Existenz unausweichlich in ein *Missverhältnis* zu sich selbst: Da sie selber nicht absolut ist, wird sie sich entweder absolut verneinen oder«[434] aber sich absolut vermeinen. »Selbstverachtung und Resignation oder Selbstüberhöhung ... werden ihr Schicksal sein. Eben diese zwei Formen des Missverhältnisses zu sich selbst bestimmte Kierkegaard als Verzweiflung und ersetzte mit diesem Begriff die christliche Theologenvokabel ›Sünde.‹«[435]

Bedeutsam erscheint in diesem Zusammenhang das neutestamentliche Sündenverständnis, wie es uns implizit vorab in den Evangelien und dann systematisiert in der paulinischen Theologie begegnet. Demnach ist die Rückweisung der Gnade, des göttlichen Beziehungsangebotes, gleichbedeutend mit »Sünde«, was nichts anderes heissen kann als die Verweigerung aller Möglichkeiten, die das Leben birgt, und der diesem Leben innewohnenden Kräfte der Erneuerung. Hierzu gehört auch das »lebendige« Lebensgefühl, das aus der Beziehung des Menschen zur Welt, zum Du und zu sich selbst erwächst. Davon spricht der Benediktinermönch Anselm Grün, wenn er schreibt: »Darin besteht die Übung der Meditation, einfach auf das zu achten, was ich gerade tue. Dann merke ich, wie die Achtsamkeit eine spirituelle Kraft ist … Da habe ich das Gefühl, dass ich selber lebe, anstatt gelebt zu werden. Und ich spüre, dass das Leben ein Geheimnis ist, voller Tiefe, voller Lebendigkeit, voller Freude.«[436]

Erst aus der Gnade, aus dem Wunder des Lebens selbst, erwächst das gute Werk. Das Urwissen um die Möglichkeit dieser fundamentalen Kraft der Erneuerung und deren Gesetze dürfte transzendentaler Natur, d.h. vor aller Erfahrung gegeben sein. Dieser erneuernde Grund erweist sich einerseits aus dem Wissen, geliebt und bejaht zu werden, andererseits aus dem eigenen mitfühlenden und respektvollen Umgang mit dem Leben selbst. Mit anderen Worten: Das Grundvertrauen ist der Boden, auf dem dieses ethische Wissen wachsen und sich entfalten kann, zugleich festigt sich dieses Wissen aus der Erfahrung des eigenen aufbauenden Wirkens. Erst hieraus ergibt sich ein ausgewogenes Verhältnis zwischen Welt- und Selbstbezug. Diese Balance zu finden ist daher gewiss »Werk«, aber – und dies zuallererst – gerade Gnade und Geschenk.[437] Pannenberg betont dabei zu Recht, dass das Ur- oder Grundvertrauen »an den primären Bezugspersonen hängt«.[438] Wo diese Verpflichtung indes nicht oder nur ungenügend wahrgenommen wurde, kommt dem Seelsorger bzw. Psychotherapeuten die eminent wichtige Aufgabe zu, stellvertretend diese Rolle einzunehmen.

Eine sehr einseitige Position in dieser Frage vertritt Jean-Paul Sartre (1905–1980) als Vertreter des französischen Existenzialismus. »In betont atheistischer Wendung sieht Sartre den Menschen als einen zur Freiheit verurteilten, der sich in unüberwindbarer Subjektivität den Sinn seiner Existenz selbst setzen muss, ohne sich dabei auf Werte und Ziele seiner Umwelt verlassen zu können.«[439] »Die einzige Möglichkeit einer Sinngebung« bietet sich dabei »im totalen Engagement. Wurde dieses totale Engagement zunächst ohne die inhaltliche Bestimmung einer Richtung gefordert, so ergriff Sartre später, nach … Hinwendung zur Soziologie und politischen Wissenschaft, z.B. Partei für die Sache der Weltfriedensbewegung.«[440] Man muss sich natürlich fragen, ob der Ruf zum bedingungslosen Engagement ohne Transzendenz überhaupt zu denken ist. Denn jeder Ruf bzw. Aufruf zum Engagement setzt eine rufende Instanz voraus, der wir antworten können oder nicht. Durch seine radikalen Gedanken hat Sartre eine ganze Generation von Intellektuellen beeinflusst, zugleich aber auch scharfe Kritik geerntet aufgrund seiner »welterschaffende(n), egoistische(n)« Haltung, wie es der Schweizer Psychiater Medard Boss aus Sicht der Daseinsanalyse – einer psychotherapeutischen Richtung, die im folgenden Abschnitt vorgestellt wird – formulierte.[441]

7.5 Daseinsanalyse

Ludwig Binswanger (1881–1966), der Begründer der Daseinsanalyse, der selber aus einer Psychiaterfamilie stammte, vertrat in den 20er-Jahren eine »›phänomenologische Anthropologie‹ …, die sich auf die Phänomenologie Husserls stützt … Schon damals stand er in kritischer Distanz zur Psychoanalyse, die ihm aus seiner ›Burghölzli‹-Zeit bei Bleuler vertraut war. Dennoch verband ihn zeit seines Lebens eine herzliche Freundschaft mit Freud, die durchaus fachlichen Dissens ertrug … So berichtete Binswanger von einem Besuch bei Freud im Jahre 1927 …, wo Binswanger ihn auf die Bedeutung der ›Geistigkeit‹ aufmerksam machte. Freud betonte, er zweifle nicht, dass der Mensch Geist besitze, aber ihm sei wichtig, auf die Bedeutung der Triebe, der Instinkte aufmerksam zu machen. Religion sei als geistiger Wert fragwürdig, denn sie entstehe aus Hilflosigkeit und Ängsten der Kindheit und Jugend. Er verabschiedete Binswanger an jenem Tag mit leicht ironischem Schmunzeln: ›Ich bedaure, Ihre religiösen Bedürfnisse nicht befriedigen zu können!‹ … Fast zehn Jahre später brachte Freud – beim Danksagen der Wünsche zu seinem 80. Geburtstag – die unterschiedlichen Standpunkte erneut mit« folgendem »Bild zum Ausdruck: ›… Ich habe mich immer nur im Parterre und Souterrain des Gebäudes aufgehalten – Sie behaupten … [man sieht] auch ein oberes Stockwerk, in dem so geistige Gäste wie Religion, Kunst und anderes hausen …‹ Die beiden vertraten also sehr unterschiedliche Erklärungsmodelle psychischer Phänomene: hier Freud mit seinem naturwissenschaftlichen Credo, dort der philosophisch geschulte Binswanger, dem dieses Denken zu kurz griff und der die Psychiatrie auf ein neues Fundament stellen wollte, nämlich auf die Daseinsanalytik von Heideggers *Sein und Zeit* … In Anlehnung an Heideggers Begriff ›Dasein‹ prägte Binswanger für seinen Ansatz den Namen Daseinsanalyse … Er verstand Daseinsanalyse als anderen Zugang zum Menschen, weniger als psychotherapeutische Methode. Der Mensch lebt in seiner ›Eigenwelt‹, verbunden mit den ihm wichtigen Mitmenschen, mit denen er die ›Mitwelt‹ bildet, die ihrerseits der ›Umwelt‹ gegenübersteht. Er wollte dem Individuum in seinem einmaligen ›Dasein‹ gerecht werden, unabhängig davon, ob dieses im psychopathologischen Sinne krank oder gesund sei … Psychotherapie … verstand er im Wesentlichen als philosophisch begründeten mitmenschlichen Zugang der besonderen Art … Heidegger setzte sich später vehement gegen Binswangers Rezeption seiner Philosophie zur Wehr, weil dieser dabei schweren Missverständnissen erlegen sei.«[442] Dafür gründete Heidegger mit Medard Boss »die Zürcher Schule der Daseinsanalyse. Zuvor hatte« sich Boss »eng an Binswangers Verständnis der Daseinsanalytik orientiert, löste sich aber nach dem Zweiten Weltkrieg von diesem, um, unterstützt von Heidegger, die psychotherapeutische Anwendung … dessen Philosophie anzustreben … Boss stand ursprünglich Freud nahe und hatte sich bei diesem einer Psychoanalyse unterzogen«, zog allerdings »den phänomenologisch-daseinsanalytischen Zugang zu neurotischen und psychosomatischen Störungen den Freud'schen« Theorien »vor … Erfolgreiche Behandlung soll für Boss durch Begegnung mit anderen erfolgen.«[443] Hier erkennen wir eine bemerkenswerte Parallele zum von Scharfenberg geforderten offenen und undogmatischen pastoralpsychologischen Gespräch.[444]

Schliesslich soll nach Boss das therapeutische Geschehen nicht primär auf kausalen Erklärungsmodellen beruhen, sondern dem verstehenden und sinnstiftendem Krankheitsverständnis verpflichtet sein.[445] Damit steht die Daseinsanalyse einer anderen therapeutischen Richtung, der Logotherapie, nahe, die im Folgenden näher erläutert werden soll.

7.6 Logotherapie

Als weitere Form von Existenzanalyse, die zugleich als humanistische Psychotherapiemethode anzusprechen ist (s. 7.7), gilt die von Viktor Frankl (1905–1997) begründete Logotherapie, die auch als Antwort auf eine weit verbreitete Sinnkrise in einer vom Zweiten Weltkrieg und dessen Folgen gezeichneten Gesellschaft zu deuten ist.[446] Logotherapie – die Heilung durch Sinn – versteht Frankl als wesentlichen Bestandteil der Psychotherapie. Es war die Krankheits- bzw. Leidensgeschichte eines depressiven Patienten, der nur in den gesunden Phasen am Sinn seines Lebens zweifelte, die Frankl zwischen *seelischem Leiden* und *geistiger Not* unterscheiden liess.[447] So sei es Aufgabe des Arztes, dem Kranken zu einer eigenen »Wert- und Weltanschauung zu verhelfen«,[448] damit das »existenzielle Vakuum« bzw. die – wie er sie auch bezeichnete – »noogene Neurose« überwunden werden könne. Frankls Logotherapie steht damit in diametralem Gegensatz zu Freuds Auffassung, wonach man »›im Moment, da man nach Sinn und Wert des Lebens fragt, … krank‹«[449] sei. Frankl vertritt die unerschütterliche Überzeugung, »dass menschliches Leben immer und unter allen Umständen Sinn habe und dass dieser unendliche Sinn des Daseins auch noch Leiden und Sterben, Not und Tod in sich mit einbegreife«.[450] Das Zeugnis des Überlebenden von Auschwitz relativiert triebtheoretische Ansätze in höchstem Mass: Und wenn »Freud einmal meinte, ›man versuche es, eine Anzahl der allerdifferenziertesten Menschen ... dem Hungern auszusetzen. Mit der Zunahme des gebieterischen Nahrungsbedürfnisses‹« würden dann alle »›Differenzen sich verwischen und an ihrer Statt die ... Äusserungen des einen ungestillten Triebes treten‹ (Gesammelte Werke, Band V, S. 209), so war eigentlich eher das genaue Gegenteil der Fall. In den Konzentrationslagern wurden die Menschen differenzierter. Die Schweine demaskierten sich. Und die Heiligen taten es ebenfalls.«[451] »Für uns«, so das eindrückliche Selbstzeugnis Frankls, »war auch das Leiden eine Aufgabe geworden, deren Sinnhaftigkeit wir uns nicht mehr verschliessen wollten. Für uns hatte das Leiden seinen Leistungscharakter enthüllt – jenen Leistungscharakter, der einen Rilke bewogen hat, auszurufen: ›Wieviel ist aufzuleiden!‹«[452] Man kann Viktor Frankl ohne Übertreibung auch als Genie der Hoffnung oder eben des *Sinnes* bezeichnen, wenn er in einer Analyse der Lagerzeit schreibt: »Aus einer weltanschaulichen Grundeinstellung heraus ... habe ich selber unmittelbar vor dem Einschlafen am ersten Abend in Auschwitz sozusagen von einer Hand in die andere mir das Versprechen abgenommen, nicht ›in den Draht zu laufen‹. Mit diesem lagerüblichen Ausdruck« wurde die »Methode der Selbsttötung« durch »Berühren des mit ... Hochspannung geladenen Stacheldrahts«[453] bezeichnet. Damit gewinnt die Logotherapie durch ihre ethische Ausrichtung wie auch durch den Einbezug der Sinndimension eine menschliche Qualität, die sie sogar über die humanistischen Psychotherapiemethoden, die im nächsten Abschnitt erläutert werden, hinaushebt. Selbstredend und unübersehbar sind zahlreiche Bezüge zur Seelsorge. Im Grunde ist die Logotherapie gar als eine Form der Seelsorge zu bezeichnen bzw. steht dieser wesentlich näher als der Psychotherapie.

7.7 Humanistische Psychotherapiemethoden

Die humanistischen Psychotherapiemethoden entstanden als Reaktion auf die als zu mechanistisch erachteten Konzepte von Psychoanalyse und Behaviorismus der ersten Stunde. Ihr Anspruch nach »Humanität« führte zu neuen Behandlungsmethoden, bei welchen die Aktualisierung bestehender Kompetenzen und die »Zulassung von Emotionen im Hier-und-Jetzt eine wichtige Rolle«[454] spielten. Das analytische Schweigen des Therapeuten wurde einer radikalen Kritik unterzogen, zumal man die Abstinenz, welche in der Psychoanalyse der therapeutischen Projektion und Bearbeitung unbewusster Inhalte dienen sollte, als Hindernis für eine tragende, empathische Beziehung betrachtete. *Entfremdung* und ein vergebliches Harren auf tröstende Worte eines bejahenden Du waren die unumgängliche Folge. »Die humanistische Psychologie hält« dem biologistischen Weltbild »die Sonderstellung des Menschen in der Lebenswelt entgegen, die ... seine Symbol- und Sinnbildungskompetenz« sowie »die Möglichkeit der Selbstreflexion einschliesst. Diese Präferenz des Subjektivismus bringt die humanistische Psychologie bis auf den heutigen Tag der Romantik nahe.«[455] »Das Verständnis menschlichen Verhaltens« wird weniger in der Erschliessung der Vergangenheit wie in der Psychoanalyse oder in der Registrierung externer, reflexhafter Abläufe wie im Behaviorismus »als in der Aktualisierung« und in der »Befähigung zu geistigem Wachstum und Entwicklung« gewonnen.[456]

Zu den humanistischen Psychotherapiemethoden im engeren Sinne gehören die von Carl Rogers begründete Klientenzentrierte Therapie oder Gesprächspsychotherapie sowie die von Friedrich Perls initiierte, theoretisch wenig fassbare, weil intuitiv arbeitende Gestalttherapie.[457]

Der Anstoss, diese neuen »Verfahren unter dem Begriff ›humanistic psychology‹ zusammenzufassen, ging vom New Yorker Psychologen Abraham Maslow (1908–1970) aus … Mit seiner Hinwendung zu Sinnfragen hat er etliche der Psychotherapeuten seiner Generation beeinflusst. In seinem Modell der ›Bedürfnishierarchie‹ sprach er sich für ein Sinnkonzept aus, das über die Befriedigung der … ›deficit needs‹ … hinaus … ›growth needs‹, mit Idealen verbunden, anstrebt.«[458]

Es werden also Grundansprüche und Metabedürfnisse anhand einer Pyramide, die sich aus fünf Ebenen zusammensetzt, unterschieden. Zuunterst stehen die elementaren Bedürfnisse wie Essen, Trinken, Schlaf, Sexualität; zuoberst befindet sich schliesslich »das Bedürfnis nach Selbstverwirklichung (*self-actualization*)«.[459] Maslow formulierte es so: »›The human beeing needs a framework of values, a philosophy of life, a religion or religion surrogate to live by, in about the same sense that he needs sunlight, calcium or love.‹«[460] Darüber hinaus entdeckte Maslow, dass Menschen, die ihr »psychologisches Potenzial« voll ausschöpfen, »von Zeit zu Zeit spirituelle Erfahrungen« machen.[461] Er nannte diese Transzendenzerfahrungen[462] »Gipfelerlebnisse (peak experiences) … Das Schlüsselelement … ist ein Gefühl der Einheit und Verbundenheit mit dem Universum, mit allem und jedem. Man kann sich mühelos vom eigenen Ich trennen und über sich selbst hinauswachsen. Spontaneität und Kreativität steigen an, persönliche und physische Bedürfnisse treten in den Hintergrund. Anstelle von Wunschvorstellungen tritt das eigentliche Wesen der Dinge.«[463]

Hier erkennen wir gewichtige Parallelen zur Seelsorge. Dennoch wird mit dem Aspekt der Selbstverwirklichung die Sinndimension in ihrer Eigentlichkeit nicht ausgeschöpft. Aus theologischer Sicht jedenfalls gehört der zentrale Akt des Verzichtes und der Opferbereitschaft, jenes *sacrificium*, das mit dem Begriff des Kreuzes umschrieben wird, unbedingt zu einem ganzheitlichen Sinnverständnis (s. auch Kapitel 12).

Dass humanistische und existenzielle Ansätze wie Maslows Konzept der Selbstaktualisierung oder Frankls Logotherapie eine wie auch immer geartete spirituelle bzw. Sinndimension erschliessen, kann nicht wirklich überraschen. Dass sich die in ihrem Ursprung mechanistische Verhaltenstherapie spirituellen Fragen zuwenden würde, wie dies in neuerer Zeit der Fall ist, erscheint doch sehr bemerkenswert. Wie lässt sich dieser Wandel erklären? Zur Beantwortung dieser Frage sollen die Ursprünge und die Entwicklung der Verhaltenstherapie kurz nachgezeichnet werden.

7.8 Verhaltenstherapie

Als Ausgangspunkt der Verhaltenstherapie gilt der vom Positivismus beeinflusste Behaviorismus, welcher in England und in Amerika seinen Anfang genommen hatte. Kennzeichnend war die Reduktion seiner »Beschreibungen« allein »auf experimentelle Tatbestände, die sich als Verhalten beobachten« liessen.[464] Die Verwendung von introspektiven Begriffen – zu nennen sind etwa »Empfindung, Bewusstsein, Wille usw.« – wurde »als inexakt« abgelehnt.[465] Der Behaviorist J. Watson urteilte darüber wie folgt: »»Diese Worte besitzen ihren guten Klang, aber ich habe bemerkt, dass ich ohne sie auskommen kann ...; offen gestanden weiss ich nicht, was sie bedeuten.««[466]

Aus dieser Position heraus »entwickelte sich in der Mitte des 20. Jhs. eine Verhaltenslehre, die ... das Seelische als prinzipiell unerforschbare Black-Box behandelte ... Nach dieser Auffassung ist der Mensch ein Organismus, der im wesentlichen durch Umweltbedingungen gelenkt wird.«[467] Dieser Ansatz konnte indessen auf die Dauer nicht befriedigen. Eine erste Antwort ging, wie bereits erwähnt, von den humanistischen Psychotherapieformen aus. Ihr hermeneutischer Ansatz galt der Frage nach dem Verstehen seelischer Äusserungen, unbewussten Motivationen oder nach einer möglichen Bedeutung von Träumen und Fantasien. Diesem Anliegen, sich mit der lebendigen Seite der Seele zu befassen und mit ihr in einen konstruktiven Dialog zu treten, widmete sich in der Folge überraschenderweise die Verhaltenstherapie selbst.

Der Einbezug der Innenperspektive führte in den 60er-Jahren zu einer »Schwerpunktsverschiebung« und zwar »von der Verhaltensforschung hin zu mentalen Wahrnehmungs- und Bewertungsprozessen«.[468] Nach dieser »kognitiven Wende« folgte alsdann die sog. emotionale Wende der Verhaltenstherapie. Christlich und östlich inspirierte Ansätze, die die wertfreie Selbstachtsamkeit sowie die Wahrnehmung des leiblichen Erlebens integrierten, begründeten schliesslich eine »dritte« spirituelle Wende. Ausgehend vom Verfahren des »Mindfulness-Based-Stress-Reduction« (MBSR), das vom amerikanischen Biologen und Mediziner Jon Kabat-Zinn entwickelt wurde,[469] entstand die sog. MBCT (Mindfulness-Based-Cognitive-Therapy).[470] Es erstaunt daher nicht, dass J. Michalat, ein Vertreter der Verhaltenstherapie, seine Ausführungen anlässlich eines Vortrages am Universitätsspital Zürich mit folgendem Zitat von Meister Eckhart einleitete: »Die wichtigste Stunde ist immer die Gegenwart. Die wichtigste Person ist die, die dir gegenübersteht. Das wichtigste Werk ist die Liebe.«[471] Daher gibt auch Daniel Hell zu bedenken: »Das Achtsamsein hebt den Menschen nicht von sich und seiner Umwelt ab, sondern führt ihn zurück in eine tiefe Verbundenheit mit dem Umfassenderen, von dem er ein Teil ist.«[472]

So überwindet eine primär nicht wertende und auf den Augenblick gerichtete Achtsamkeit die Selbst- und Weltentfremdung. Sie dient der Bewältigung jenes Defizits, das den Menschen daran hindert, sich selbst und seine Mitwelt in authentischer Weise wahrzunehmen. Hier berührt die Psychotherapie auch eine Grunddimension der Seelsorge. Man könnte die gewagte These formulieren, dass Psychotherapie, konsequent zu Ende gedacht – seien es Maslows Selbstaktualisierung oder Frankls Logotherapie bis hin zur modernen Verhaltenstherapie –, notwendig bis zur Spiritualität durchdringen muss. Wie auf der Ebene von Grundvertrauen und Sinnfindung wird auch hier die wesenhafte Nähe von Seelsorge und Psychotherapie unterstrichen. Umgekehrt ist den beiden bedeutendsten psychotherapeutischen Richtungen, nämlich der Freud'schen und der Jung'schen Schule, die nachfolgend erörtert werden und die sich gewiss näherstehen als etwa die Logotherapie und der Behaviorismus, eine vergleichbare Annäherung versagt geblieben.[473]

7.9 Sigmund Freud (1856–1939)

Freud hatte unter dem Einfluss Goethes zunächst eine kurze Phase pantheistischer Naturphilosophie durchlaufen, bevor er zu einem radikalen Materialisten wurde, der in der Entwicklung des Lebens »keine Geister, Essenzen oder Entelechien, keine höheren Pläne und letzte Absichten am Werk«[474] mehr sah. Damit bekannte er sich zur Auffassung seines Physiologielehrers E. W. von Brücke. Dieser hatte sich wie weitere Gleichgesinnte, u.a. Hermann Helmholtz (1821–1894) sowie Emil Du Bois-Reymond (1818–1896), von einer vitalistischen Sicht abgewendet. Letzterer schrieb 1842: »›Brücke und ich haben uns verschworen, die Wahrheit geltend zu machen, dass im Organismus keine anderen Kräfte wirksam sind als die gemeinen physikalisch-chemischen; ... oder dass neue Kräfte angenommen werden müssen, welche, von gleicher Dignität mit den physikalisch-chemischen, der Materie inhärent ... sind.‹«[475] Hieraus liess sich die Vorstellung einer Seele ableiten, die nach mechanistischen Prinzipien funktioniert. In diesem Sinn schreibt Freud trocken: »Die Psychoanalyse macht eine Grundvoraussetzung, deren

Diskussion philosophischem Denken vorbehalten bleibt, deren Rechtfertigung in ihren Resultaten liegt. Von dem, was wir unsere Psyche (Seelenleben) nennen, ist uns zweierlei bekannt, erstens das körperliche Organ und Schauplatz desselben, das Gehirn (Nervensystem), andererseits unsere Bewusstseinsakte, die unmittelbar gegeben sind und uns durch keinerlei Beschreibung näher gebracht werden können. Alles dazwischen ist uns unbekannt, eine direkte Beziehung zwischen beiden Endpunkten unseres Wissens ist nicht gegeben ... Unsere beiden Annahmen setzen an diesen Enden oder Anfängen unseres Wissens an. Die erste betrifft die Lokalisation. Wir nehmen an, dass das Seelenleben die Funktion[476] eines Apparates *ist*, dem wir räumliche Ausdehnung und Zusammensetzung aus mehreren Stücken zuschreiben, den wir uns also ähnlich vorstellen wie ein Fernrohr, ein Mikroskop u. dgl.« (Hervorhebung vom Verf.)[477] Freud identifiziert also das »Seelenleben« mit der Funktion eines Apparates, der mechanistisch aufgebaut ist und aus »psychischen Provinzen« besteht, namentlich dem Es (»Triebe«), dem Über-Ich (»elterlicher Einfluss«) und dem Ich, dessen Handlung dann korrekt ist, »wenn sie gleichzeitig den Anforderungen des Es, des Über-Ichs und der Realität genügt, also deren Ansprüche miteinander zu versöhnen weiss«.[478]

Neben dem Bewusstsein, so fährt Freud weiter, das »keine lückenlosen, in sich abgeschlossenen Reihen« bildet, »sind physische oder somatische Begleitvorgänge des Psychischen anzunehmen, denen man eine grössere Vollständigkeit als den psychischen Reihen zugestehen muss ... Es liegt dann natürlich nahe, in der Psychologie den Akzent auf diese somatischen Vorgänge zu legen, in ihnen das eigentlich Psychische anzuerkennen und für die bewussten Vorgänge eine andere Würdigung zu suchen.«[479]

So hat nach Freud »das allgemeine Ungenügen an der gebräuchlichen Auffassung des Psychischen ... zur Folge gehabt, dass ein Begriff des Unbewussten immer dringlicher Aufnahme ins psychologische Denken verlangte ...«[480] Die Nähe des Unbewussten zu somatischen Vorgängen war Freud wohl deshalb wichtig, weil sich ihm dadurch die Möglichkeit eröffnete, »die Psychologie zu einer Naturwissenschaft wie jede andere auszugestalten«.[481] Entscheidend war dafür das geistesgeschichtliche Umfeld, in welchem Freud sich damals befand. So hatte die Weigerung des Idealismus, sich kritisch und sachgemäss den Errungenschaften der Naturwissenschaften zu stellen, in verhängnisvoller Konsequenz dazu geführt, dass der Zeitgeist »über die idealistischen Denkpositionen verächtlich hinwegschritt, dass ein betonter Anti-Idealismus entstand, ein Realismus, der nicht nur die idealistische Philosophie durch eine realistische, sondern die *Philosophie* auf der ganzen Linie durch die *Wissenschaft* ersetzte«.[482] Für den Positivismus, der metaphysische Spekulationen grundsätzlich ablehnte, bestand »die Aufgabe der Philosophie nicht darin, einen einheitlichen Grund allen Seins jenseits der Erfahrungswelt zu konstruieren, sondern darin, das auf Erfahrung beruhende Wissen zu einem einheitlichen System«[483] zusammenzuführen. Diese Auffassung findet etwa ihren Ausdruck in Auguste Comtes »Drei-Stadien-Gesetz«, wonach die Geschichte der Menschheit ein mythologisch-theologisches, dann ein metaphysisches und schliesslich ein positivistisches Stadium durchläuft.

Allerdings sollte sich dieser Übergang nicht abrupt und auch nicht bleibend vollziehen. Zunächst hatte sich in der ersten Hälfte des 19. Jahrhunderts ein *positivistischer Idealismus* entwickelt, welcher von einer inneren seelischen Erfahrung ausging,[484] zugleich »psychische Tatbestände ... exaktester begrifflicher Untersuchung« unterwarf.[485]

Erst im *Positivismus* setzte sich die Wissenschaft vollends gegen die Philosophie durch; allerdings wurde bald klar, dass man auf Letztere nicht wirklich verzichten konnte. So entstand in der zweiten Hälfte des 19. Jahrhunderts das Bedürfnis, naturwissenschaftliche Ergebnisse philosophisch zu durchdringen und zu systematisieren. Als Vertreter dieser *Wissenschaftssyn-*

these gelten Hermann Lotze (1817–1881) und Wilhelm Wundt (1832–1920). Für Ersteren war »das Leben ... keine nur biologische Kategorie« mehr, sondern eine »Leib und Seele übergreifende dynamisch-gestalterische ... Einheit«.[486] Auch Wundts Seelenverständnis ging über die reine Physiologie hinaus.

So wurde der Ausschliesslichkeitsanspruch der Naturwissenschaften relativiert, und die Rede vom menschlichen Geist erschien nicht länger als ein Tabuthema. Damit war die Zeit reif für die von Wilhelm Dilthey (1833–1911) vorgeschlagene Unterscheidung zwischen *erklärenden* Natur- und *verstehenden* Geisteswissenschaften. »Die Auffassung vom Leben als eines geistigen Lebens bzw. als lebendigem Geist ist ... im späten 19. Jahrhundert« auf dem Hintergrund »seiner »Philosophie ... überall erkennbar«.[487] Für Friedrich Nietzsche (1844–1900) war das Leben das »mächtigste Wirklichkeitsprinzip«, allerdings als »Wille zur Macht«, welcher sich das Recht zu neuen Werten nimmt und der zwischen starkem und schwachem Leben unterscheidet.[488] Und Henri Bergson (1859–1941) galt der Intellekt, der Erkenntnisweg der exakten Naturwissenschaften, als begrenzte Grösse, die nicht mehr in der Lage sei, die Biologie und erst recht nicht die Geisteswissenschaften zu erfassen; hierzu bedürfe es der Intuition als »mächtige Vertiefung des Bewusstseins«.[489] Da alles im Leben letztlich zum »Leben« gehört, habe die irrationale »Intuition den Vorrang in der Philosophie«.[490] Aus dieser Perspektive ist Bergson zu einem der Hauptvertreter der Lebensphilosophie zu zählen.

Man muss davon ausgehen, dass Freud, wie der oben erwähnte Brief von Du Bois-Reymond nahelegt, von der Woge eines selbstbewussten, sich aufbäumenden wissenschaftlichen Positivismus »frontal erfasst« wurde. Bei Carl Gustav Jung, der eine Generation jünger als Freud war, hatte sich der Einfluss der Lebensphilosophie bereits bemerkbar gemacht, und auch der wissenschaftskritische Ansatz erschien ihm daher wohl wesentlich vertrauter. Hieraus erwuchs unter anderem ein weiter gefasster Libidobegriff, der Kreativität einschloss und damit über das rein triebtheoretische Modell hinausging, was schliesslich zum Bruch zwischen Freud und Jung führen sollte.

Überaus eindrücklich schildert Jung indes die erste Begegnung mit Freud im Februar 1907, die ebendiesen Unterschied zum Ausdruck bringt, wie folgt: »Wir trafen uns um ein Uhr mittags, und dreizehn Stunden lang sprachen wir sozusagen pausenlos. Freud war der erste wirklich bedeutende Mann, dem ich begegnete. Kein anderer Mensch in meiner damaligen Erfahrung konnte sich mit ihm messen. In seiner Einstellung gab es nichts Triviales ... Und doch blieben meine ersten Eindrücke von ihm unklar ... Was er mir über seine Sexualtheorie sagte, machte mir Eindruck. Trotzdem konnten seine Worte meine Bedenken und Zweifel nicht beheben. Ich brachte sie mehr als einmal vor, aber jedesmal hielt er mir meinen Mangel an Erfahrung entgegen. Freud hatte recht: damals besass ich noch nicht genügend Erfahrung, um meine Einwände zu begründen. Ich sah, dass seine Sexualtheorie ungeheuer bedeutsam für ihn war, im persönlichen wie« auch »im philosophischen Sinne. Das beeindruckte mich, aber ich konnte mir nicht darüber klar werden, inwieweit diese positive Bewertung mit subjektiven Voraussetzungen bei ihm zusammenhing und inwieweit mit beweiskräftigen Erfahrungen. Vor allem schien mir Freuds Einstellung zum Geist in hohem Masse fragwürdig. Wo immer bei einem Menschen oder in einem Kunstwerk der Ausdruck einer Geistigkeit zutage trat, verdächtigte er sie und liess ›verdrängte Sexualität‹ durchblicken. Was sich nicht unmittelbar als Sexualität deuten liess, bezeichnete er als ›Psychosexualität‹. Ich wandte ein, dass seine Hypothese ... zu einem vernichtenden Urteil über die Kultur führe ... Es war unverkennbar, dass die Sexualtheorie Freud in ungewöhnlichem Mass am Herzen lag. Wenn er davon sprach, wurde sein Ton dringlich, fast ängstlich, und von seiner kritischen und skeptischen Art war nichts mehr zu bemerken. Ein seltsam bewegter Ausdruck, dessen Ursache ich mir nicht erklären konnte, belebte dabei sein Gesicht. Das machte mir einen starken Eindruck: die Sexualität bedeutete ihm ein Numinosum ... Ich erinnere mich lebhaft, wie Freud zu mir sagte: ›Mein lieber Jung, versprechen Sie mir, nie die Sexualtheorie aufzugeben. Das ist das Allerwesentlichste. Sehen Sie, wir müssen daraus ein Dogma machen, ein unerschütterliches Bollwerk.‹ Das sagte er mir voll Leidenschaft ... Etwas erstaunt fragte ich ihn: ›Ein Bollwerk – wogegen?‹ Worauf er antwortete: ›gegen die schwarze Schlammflut –‹ hier zögerte er einen Moment, um beizufügen: ›des Okkultismus.‹ ... Es war ein Stoss, der ins Lebensmark unserer Freundschaft traf ... Was Freud unter ›Okkultismus‹ zu verstehen schien, war so ziemlich alles, was Philosophie und Religion ... über die Seele auszusagen wussten.«[491] Tatsächlich soll Freud, wie Jung im Rückblick weiter berichtet, Nietzsche, der zu jener Zeit die Gemüter heftig erregte, nicht gekannt bzw. gelesen haben.[492] Fraglos ist indes Nietzsches Einfluss auf die späteren Werke Freuds *Trauer und Melancholie* sowie *Das Unbehagen in der Kultur* zu erkennen.[493]

Nachdem Jungs Position in Abgrenzung zu Freud dargestellt wurde, sollen weitere Aspekte von Jungs Lehre nachfolgend zur Sprache kommen.

7.10 Carl Gustav Jung (1875–1961)

Jung sieht im Unbewussten mehr als nur einen nach hydraulischen Prinzipien funktionierenden Apparat bzw. Abstellraum verdrängter Erinnerungen. Entsprechend seiner Vorstellung von Libido, die sich nicht nur auf Sexualität reduzieren lässt, erkennt er im Unbewussten auch einen Ort der Kreativität. In dessen tiefsten Tiefen konstituiert sich der sog. Archetypus »als Erlebnis von fundamentaler Bedeutung. Wenn er sich nicht in entsprechende Symbole kleidet« bzw. – so wäre zu ergänzen – diese Symbole nicht erkannt werden, »dann versetzt er das Subjekt in den Zustand der Ergriffenheit«,[494] die in einen hoch kreativen Zustand münden, allerdings auch unabsehbare Folgen zeitigen kann. Zur Frage nach einer realen Existenz der Seele äussert sich Jung wie folgt: »Nachdem das Mittelalter sowohl wie die Antike, ja sogar die ganze Menschheit seit ihren Anfängen von der Überzeugung einer substanziellen Seele ausgegangen war, entstand in der zweiten Hälfte des 19. Jahrhunderts eine Psychologie ›ohne Seele‹. Unter dem Einfluss des wissenschaftlichen Materialismus wurde alles, was nicht mit Augen gesehen und mit Händen getastet werden konnte, zweifelhaft, ja mehr noch, anrüchig, weil metaphysikverdächtig. Als ›wissenschaftlich‹ und damit als überhaupt zulässig galt nur das, was entweder als materiell erkannt oder aus sinnlich wahrnehmbaren Ursachen abgeleitet werden konnte ... Dass die Metaphysik des Geistes ... durch eine Metaphysik der Materie ersetzt wurde, ist, intellektuell genommen, eine reine Gaukelei ... Alle Jenseitigkeit verkehrt sich in Diesseitigkeit, alle Begründung und alle Zwecksetzung, ja alle Sinngebung erfolgt nur noch in empirischen Grenzen ... Es ist geradezu hoffnungslos, diesen irrationalen Umschwung philosophisch behandeln zu wollen. Man mache diesen Versuch besser nicht, denn wenn heutzutage jemand das geistige oder seelische Phänomen aus Drüsenfunktionen ableitet, so kann er der Andacht und Hochachtung seines Publikums ohne weiteres sicher sein; wenn aber jemand den Versuch machen sollte, den Atomzerfall der Gestirnmaterie als eine Emanation des schöpferischen Weltgeistes zu erklären, so würde dasselbe Publikum ihn als geistige Abnormität bedauern. Und doch sind beide Erklärungen gleich logisch, gleich metaphysisch, gleich willkürlich und gleich symbolisch ... Mit dem Zeitgeist ist nicht zu spassen, denn er ist eine Religion, besser gesagt eine Konfession oder ein Credo, dessen Irrationalität gar nichts zu wünschen übrig lässt, das aber zugleich die unangenehme Eigenschaft besitzt, als absoluter Wertmassstab aller Wahrheit gelten zu wollen, und den Anspruch erhebt, alle Vernünftigkeit auf seiner Seite zu haben ...

Der Zeitgeist ist … ein ›penchant‹, eine gefühlsmässige Neigung, die … mit übermächtiger Suggestion auf alle schwächeren Geister wirkt und sie mitreisst … Wie es früher selbstverständliche Voraussetzung war, dass alles, was ist, einstmals aus dem Schöpferwillen eines geistigen Gottes geboren wurde, so hat das 19. Jahrhundert die ebenso selbstverständliche Wahrheit entdeckt, dass alles aus materiellen Ursachen hervorgehe. Heute baut sich nicht die Seelenkraft einen Körper auf, sondern umgekehrt, der Stoff erzeugt aus seinem Chemismus eine Seele. Diese Umkehrung wäre zum Lachen, wenn sie nicht eine der grossen Wahrheiten des Zeitgeistes wäre. Es ist populär, daher anständig, vernünftig, wissenschaftlich und normal so zu denken. Der Geist soll als ein Epiphänomen des Stoffes gedacht werden. Auf diesen Schluss läuft alles hinaus … Der Seele eigene Substanz zu geben ist dem Zeitgeist zuwider, denn das wäre Ketzerei … Der Stoff ist uns aber genauso unbekannt wie der Geist. Über die letzten Dinge wissen wir nichts. Erst mit dieser Einsicht kehren wir in den Gleichgewichtszustand zurück.«[495]

Wohl nimmt hier Jung eine vermittelnde Position ein, doch es ist offensichtlich, dass er sich in seinem Werk vorwiegend mit den antiken und mittelalterlichen und damit geistigen Aspekten der Seele befasst hat. Zu nennen sind einerseits die Archetypenlehre mit ihrem reichen Fundus mythologischer Bilder und andererseits seine umfangreichen Studien zur Alchemie.

Selbstredend, dass es dabei anderer Ausdrucksformen bedarf als bei Freuds mechanistischen Vorstellungen; dem symbolischen Gehalt der Sprache bei Jung steht Freuds konkrete Begrifflichkeit gegenüber. Des Weiteren kontrastiert eine primär kausale Betrachtung bei Freud mit Jungs finalem Verständnis seelischer Prozesse. Ein zentrales Konzept bildet daher bei Jung der *Individuationsprozess*, ein über das ganze Leben anhaltendes Geschehen seelischer Reifung »zur ›Ganzheit‹« hin.[496] »Wegweiser und Meilensteine eines solchen … Individuationsprozesses bilden bestimmte archetypische Symbole«, die sich vornehmlich in den Träumen manifestieren.[497] Wohl spricht auch Freud vom »Sinn« eines Traumes,[498] allerdings im Sinne von Bedeutung bzw. Bewusstwerdung eines unbewussten Sachverhaltes. Eine von einem Seelenzentrum – bei Jung das *Selbst*[499] – ausgehende, gerichtete ganzheitliche Bewegung auf ein bestimmtes Ziel hin kennt die Freud'sche Psychologie dagegen nicht.

Von ganz besonderem Interesse erscheinen in diesem Kontext Jungs Spannungen zu seinem Vater, die in seinen Erinnerungen Erwähnung finden, weil sie – wie bei Freud (s. 7. 9) – einen Generationenkonflikt mit unterschiedlicher Weltsicht erkennen lassen. So vernehmen wir aus Jungs Erinnerungen: »In die Jahre 1892 bis 1894 fiel eine Reihe heftiger Diskussionen mit meinem Vater. Er hatte in Göttingen orientalische Sprache ... studiert und seine Dissertation über eine arabische Version des Hohen Liedes geschrieben ... Danach vergass er seine philologische Begabung. Als Landpfarrer in Laufen am Rheinfall versank er in Gefühlsenthusiasmus und in studentische Erinnerungen, rauchte immer noch die lange Studentenpfeife und war enttäuscht von seiner Ehe. Er tat viel Gutes – zu viel ... Damals hatten seine Reizbarkeit und Unbefriedigtheit zugenommen, und sein Zustand erfüllte mich mit Besorgnis ... Seinen Affektausbrüchen gegenüber verhielt ich mich ... passiv, aber wenn er in zugänglicher Laune zu sein schien, so versuchte ich ... ein Gespräch mit ihm anzuknüpfen, in der Absicht, etwas Näheres über seine inneren Vorgänge ... zu erfahren. Es stand mir nämlich fest, dass ihn etwas Bestimmtes plagte, und ich vermutete, dass dies mit seiner religiösen Weltanschauung zu tun hatte. Aus einer Reihe von Andeutungen war ich überzeugt, dass es Glaubenszweifel waren ... Auf alle meine Fragen erfolgten entweder die mir bekannten leblosen theologischen Antworten oder ein resigniertes Achselzucken, die meinen Widerspruch reizten. Ich konnte nicht verstehen, dass er nicht jede Gelegenheit ergriff, sich mit seiner Situation kämpferisch auseinanderzusetzen ... Es erschien mir fast unvorstellbar, dass er die Gotteserfahrung, die evidenteste aller Erfahrungen, nicht besitzen sollte. Ich wusste wenigstens so viel von Erkenntnistheorie, dass man eine derartige Erkenntnis nicht beweisen kann, aber es war mir ebenso klar, dass sie auch gar keines Beweises bedurfte, so wenig wie die Schönheit eines Sonnenaufganges oder die Angst vor den Möglichkeiten der Nachtwelt ... Diese fruchtlosen Diskussionen verärgerten ihn und mich, und wir zogen uns schliesslich davon zurück ... Die Theologie hatte meinen Vater und mich entfremdet ... offenbar« stand er »unter dem Eindruck, die Psychiater hätten im Gehirn etwas entdeckt, was bewies, dass an der Stelle, wo der Geist sein sollte, ›materia‹ vorhanden war«.[500]

Diese Frage ist bis zum heutigen Tag hochaktuell geblieben. Materialistische Forscher verweisen nach wie vor auf einen ausstehenden Beweis für die Existenz einer Seele. Allerdings wird diese heute nicht mehr mit einer Substanz, sondern mit dem inneren Erleben in Verbindung gebracht. Ein Erleben, zu welchem es mittels Technik keinen Zugang gibt, vielmehr nur über anderes, nämlich mitmenschliches Erleben. Dieses lässt sich – so zumindest die Hypothese – höchstens indirekt, etwa durch bildgebende Verfahren, abbilden. Durch diese Verfahren wurde indessen darüber hinaus der stark unter Rechtfertigungsdruck geratenen Psychotherapie zu grösserer wissenschaftlicher Anerkennung verholfen. Wohl konnte schon zuvor über die Einzelfallanalyse hinaus mittels statistischer Verfahren die psychotherapeutische Wirksamkeit nachgewiesen werden. Dieser Effekt erfuhr durch den Vergleich der Messungen mittels »Neuroimaging« (s. Abbildungen in 7.11) vor Beginn einer Behandlung und nach abgeschlossener Therapie indes eine eindrückliche Bestätigung. Darauf soll im nächsten Kapitel noch näher eingegangen werden.

Abschliessend darf aufgrund meiner über dreissigjährigen therapeutischen Erfahrung festgehalten werden, dass der Jung'sche Zugang aus psychotherapeutisch-spiritueller Sicht von grosser Bedeutung ist, zumal er die Transzendenz grundsätzlich bejaht. Damit steht er einer Realität religiösen Fragens deutlich aufgeschlossener gegenüber als etwa Freuds Ansatz, der diese in den Bereich des Pathologischen, namentlich der Neurose oder des Zwanges verbannt. Der Glaube an eine transzendente Realität muss indes keineswegs mit einem unbewältigten Vaterbild in Verbindung gebracht werden. Nach Erikson kann Religion ganz im Gegenteil »der rituellen Wiederherstellung eines gefährdeten Vertrauensgefühls in der Form des Glaubens« dienen.[501] Daher müssen etwa religiöse Rituale keine Abwehr verdrängter sexueller Impulse darstellen. Sie können vielmehr als Sinnbilder des zyklischen Weltenlaufes sowie des Vertrauens in die stete Erneuerung des Lebens gedeutet werden.[502]

Bevor wir uns den spirituellen Aspekten der Psychotherapie zuwenden (s. 7.12), soll, wie oben bereits angedeutet, ein Aspekt der neueren Psychotherapieforschung noch kurz zur Sprache kommen.

7.11 Zur Wirksamkeit von Psychotherapie

Eric Kandel, aus dessen Standardwerk die Abbildung auf der rechten Seite stammt, hat in jüngster Zeit wesentlich zum Brückenschlag zwischen materieller und mentaler Welt beigetragen. Zunächst der Psychoanalyse zugetan, hat er sich, ohne je sein Interesse für ihre Anliegen auf- bzw. preiszugeben, in einer spektakulären Kehrtwende der Neurobiologie zugewandt. Durch die Erforschung der molekularen Mechanismen von Lernen und Gedächtnis entdeckte er einen »link« zur Psychotherapie. Dabei äussert er die Überzeugung, »dass alle geistigen Prozesse, von den gewöhnlichsten bis zu den erhabensten, aus dem Gehirn hervorgehen«.[504] Gleichwohl sieht er sowohl Psychologie wie auch Psychiatrie in der Rolle von »Mutterdisziplinen«, denen im Sinne einer kreativen und erweiternden Herausforderung die Neurobiologie als »Gegendisziplin« mit »engerem Geltungsbereich« gegenübersteht.[505] »Die nüchternen

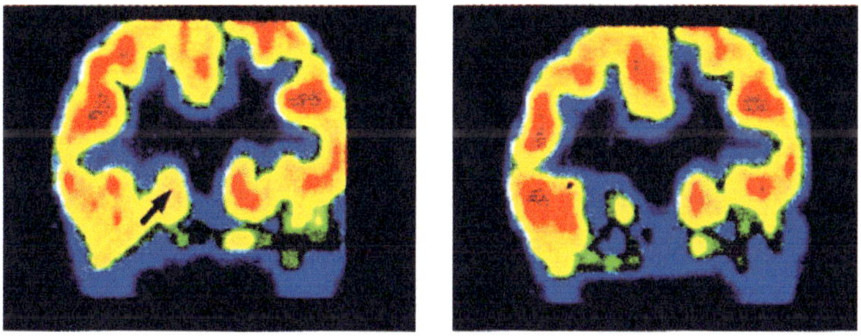

Bei unbehandelten Zwangserkrankungen lässt sich oft eine erhöhte Aktivität im Nucleus caudatus (Pfeil links) nachweisen. Diese Struktur gehört zum System der Basalganglien – ein Komplex, das alle im Laufe des Lebens »mehrfach erfolgreich ausgeführten Handlungsabläufe« speichert – und steht in Verbindung mit den affektiven Zentren des limbischen Systems. Diese haben einen Einfluss auf die repetitive Ausführung von Tätigkeiten. Nach Abschluss einer kognitiv ausgerichteten Psychotherapie nimmt die Aktivität im besagten Nucleus caudatus deutlich ab, was an der Verminderung der gelben und Zunahme der blauen Färbung ersichtlich ist.

(Aus: Kandel, Disorders of Mood: Depression, Mania, and Anxiety Disorders 1224)

Aussagen der Neurobiologie« hätten dabei »eine deutlich geringere existenzielle Bedeutung als die einfühlsamen Aussagen der Psychiatrie, obwohl sie wissenschaftlich befriedigender« seien[506] – ein gewiss bemerkenswertes Statement eines naturwissenschaftlichen Nobelpreisträgers!

Abschliessend soll noch auf ein weiteres faszinierendes Phänomen, welches das spannende Zusammenspiel zwischen Leib und Seele auf besondere Art beleuchtet, hingewiesen werden: der *Placeboeffekt*. Die folgenden Zitate zu diesem Thema entstammen, wenn nicht anders vermerkt, dem vorzüglichen Artikel von Sibylle Wehner-v. Segesser.[507]

»Scheinmedikamente ohne pharmakologischen Wirkstoff, sogenannte Placebos, und andere medizinische Scheinbehandlungen können Schmerzen, psychische und physische Störungen ... mildern oder gar zum Verschwinden bringen; das ist heute unbestritten. Ob ein solcher Placeboeffekt eintritt und wie deutlich er ausfällt, hängt allerdings von den Erwartungen ab, die ein Patient an eine Behandlung knüpft. Die Grundvoraussetzung dafür ist, dass der Behandelte weiss, welche Wirkungen die angebliche Therapie entfalten soll. Zusätzlich wird seine Erwartungshaltung durch die äussere Form der Behandlung beeinflusst: Zum Beispiel wirken farbige Placebopillen ... besser als weisse, aber weniger gut als Kapseln oder Zäpfchen. Die stärkste Wirkung entfalten freilich Spritzen oder technisch geprägte Massnahmen – ganz besonders dann, wenn diese Behandlungen von einer vertrauenswürdigen Fachperson mit einem gewissen Zeremoniell ausgeführt werden.« Hier wird man an die kunstvollen Zeremonien bei frühgeschichtlichen Gemeinschaften und Naturvölkern erinnert (s. 7.1).

Zwei Ebenen sind also beim Placeboeffekt zu unterscheiden: einerseits diejenige der Person und andererseits jene des vom Arzt vermittelten *Gegenstandes*. Dieses wird vom Heilenden durch einen suggestiven Akt »magisch« aufgeladen und addiert sich im Falle eines Verum-Präparates zum pharmakologischen Effekt. Besonders das Wort, das vom Sprechenden ausgeht, ist sowohl dem Inhalt wie auch der Art, wie es vorgetragen wird, nach mächtiger Heilungsträger. Michael Balint geht so weit, von der »Droge ›Arzt‹« zu sprechen.[508] Wiederholt »wurde der Placeboeffekt von Ärzten wie Forschern ... als reine Einbildung abgetan. Das Interesse der Neurobiologen erregte er erst, als sich ... zu zeigen begann, dass Scheinbehandlungen zu spezifischen Veränderungen im Gehirn führen.« Heute kann es »als erwiesen gelten, dass Scheinbehandlungen von Schmerzen ähnliche Veränderungen im Aktivitätsmuster des Gehirns auslösen, wie sie bei echten Behandlungen mit opioidhaltigen Schmerzmitteln« beobachtet werden können. Umgekehrt kann der Hinweis auf bestimmte Nebenwirkungen dazu führen, dass der Patient eine Behandlung vorzeitig abbricht. Hieraus kann sich das ethische Dilemma ergeben, wie umfassend ein Arzt seine Informationspflicht wahrzunehmen hat.

Placebos scheinen »die Schmerzwahrnehmung über ... Mechanismen zu beeinflussen, die teils bewusst, teils aber auch unbewusst ablaufen«. Die Erwartung einer Schmerzlinderung wird sich dabei mit früheren, der Erinnerung nur zum Teil zugänglichen Erfahrungen, welche diese Erwartungshaltung massgeblich beeinflussen können, vermengen.

»Schliesslich bestätigen die Forschungsergebnisse zum Placeboeffekt einmal mehr, welche überragende Bedeutung dem psychosozialen Kontext einer medizinischen Massnahme zukommt. Neben den persönlichen Erfahrungen und der momentanen Stimmungslage des Patienten bestimmen vor allem« Zeremonien »und Deutungen, die dem Patienten von aussen zugespielt werden, ob und wie ein Placeboeffekt zum Tragen kommt. Waren es einst Schamanen und Geistheiler, die solche« Zeichen »vermittelten, fällt diese Rolle heute den Ärzten zu. Natürlich kann es in der modernen Medizin nicht darum gehen, Medikamente durch Placebos zu ersetzen. Doch haben es die Ärzte in der Hand, durch ihr Verhalten und ihre verbalen Äusserungen gewissermassen sich selbst als Placebos einzubringen und auf diese Weise die Effizienz mancher Therapien zu verbessern.«

Der Arzt und Physiologe Johann Caspar Rüegg, der sich intensiv mit der Neurobiologie psychosomatischer Erkrankungen beschäftigt hat, hält fest: »Heilung durch das gesprochene Wort ist ein therapeutischer Ansatz, der sich schon bei Sokrates und Platon, aber auch in den Evangelien findet ..., und einer christlich-religiösen Auffassung gemäss ist das Gebet – die Fürbitte – vielleicht die wirkungsvollste Form des heilenden Gesprächs überhaupt. Worte können krank machen – kränken –, aber auch zur Genesung beitragen; und wir alle wissen, wie dankbar jeder Kranke es aufnimmt, wenn wir ihm gute Besserung wünschen. Gewiss ist deshalb das gut geführte und mit Empathie verbundene, trostspendende ärztliche Gespräch auch heute noch ein wesentliches Element der ärztlichen Kunst ... Verliert der Kranke erst einmal die Zuversicht und den Glauben an Genesung, so wird er hilflos und depressiv – bekanntermassen mit verheerenden gesundheitlichen Folgen, nicht zuletzt auch für die körpereigenen Abwehrkräfte, die ja vom Zustand der Psyche abhängen.«[509]

Damit sind zentrale Begriffe und Konzepte angesprochen, die sowohl im Blick auf die Seelsorge wie auch auf die Psychotherapie von wesentlicher Bedeutung sind. Sie sollen unter der umfassenden Überschrift der spirituellen Psychotherapie im Folgenden weiter erörtert werden.

7.12 Spirituelle Psychotherapie

7.12.1 Allgemeines

Vergeblich sucht man in den Lehrbüchern der klinischen Psychologie und Psychopathologie Begriffe wie Glaube, Geborgenheit, Gelassenheit, Vertrauen oder Sinn.[510] Dies liegt vornehmlich darin begründet, dass der Schwerpunkt dieser Disziplinen in der Beschreibung und Behandlung *krank machender* Phänomene liegt.

Erst allmählich erwuchs innerhalb der humanistischen Psychologie (s. 7.7) die Einsicht, dass der alleinige Blick auf die Pathologie nicht ausreichte, die seelische Gesundheit zu verstehen und zu fördern. Dies hatte zur Folge, dass die *positive Psychologie* als neue Disziplin, welche sich mit Fragen der *Salutogenese* befasste, begründet wurde. Mittels wissenschaftlicher Methoden sollten Qualitäten wie positives Denken, Glück, Humor oder Weisheit erfasst und im Blick auf ihren gesundheitsfördernden Effekt grundlegend erforscht werden. Darüber wird im achten Kapitel noch ausführlich die Rede sein.

Sehr problematisch erscheint indes, Bergriffe wie Transzendenz oder Mystik einer vergleichbaren objektiven Erfassung zu unterziehen, denn sie rühren an eine personale Dimension, deren singuläres, elementares Erleben sich kaum in ein quantitatives Raster einfügen und daher auch nicht hinreichend vergleichen lässt. Die Operationalisierung innenperspektivischer

»Items« stösst daher aufgrund der Tiefendimension spiritueller Erfahrung an methodische Grenzen. Es erscheint aus diesem Grund sinnvoll, zwischen positiver Psychologie einerseits und Spiritualität auf der anderen Seite zu unterscheiden, selbst wenn die Trennlinie wohl nicht immer scharf gezogen werden kann. Ein wie immer geartetes Einheitserleben kann ja ohnehin nur in Form einer Bildersprache vermittelt werden. Da aber jeder Metapher eine semantische Unschärfe innewohnt, die sich nie restlos auflösen lässt, wird jede Operationalisierung grundsätzlich relativiert. Zwar ist dieser Kontingenzbetrag, der eine Interpretationsleistung erfordert, bei jeder subjektiven Äusserung gegeben, doch nicht im selben Masse wie bei der spirituellen oder transzendenten Erfahrung!

Es darf vermutet werden, dass das neuerdings erwachte Interesse für spirituelle Fragen im Rahmen der psychotherapeutischen und psychologischen Forschung als Reaktion auf einen tief empfundenen Mangel im bisherigen Diskurs sowie in der praktischen therapeutischen Arbeit der Vergangenheit begründet liegt.

7.12.2 Begriffsbestimmungen

So vertraut uns der Begriff *Spiritualität* erscheinen mag, so schwierig gestaltet sich eine klare begriffliche Bestimmung. Zahlreiche Befragungen, besonders aus dem angelsächsischen Raum, vermochten jedenfalls keine einheitliche Bedeutung von Spiritualität zu definieren.[511] Aus religionspsychologischer Sicht lassen sich indessen in Anlehnung an Helminiak folgende Aspekte differenzieren: Einerseits die Fähigkeit, über sich selbst hinauszuwachsen und in Beziehung mit einer transzendenten Wirklichkeit zu treten; andererseits »der Umgang mit der eigenen Endlichkeit«.[512]

In diesen Kontext gehören auch zwei Erhebungen aus den Jahren 1989 und 1999.[513] Von zentraler Bedeutung war dabei die

Erkenntnis, dass »Religion durchaus lebendig war. Allerdings hatte sie … einen erheblichen Orts- und Gestaltwandel vollzogen: von der Institution (Kirche) zum Individuum, von kollektiven zu persönlichen Verbindlichkeiten.«[514] Es wird daher vorgeschlagen, »die nur begrenzt deutungskräftigen Schlagwörter ›Säkularisierung‹, ›Individualisierung‹ und ›Privatisierung‹ durch das Konzept der ›Dualisierung der Religion‹ zu ersetzen. Religion stehe in der spätmodernen Gesellschaft in einem Spannungsfeld, das durch zwei Pole … charakterisiert sei: zum einen die … ›institutionelle Religion‹; zum anderen … ›universal‹ genannte« Religiosität,[515] die »mit der Existenz einer höheren Macht« rechnet; sie »ordnet den Tod einem Kreislauf von Werden und Vergehen ein … Solche Überzeugungen tragen« dabei »wesentlich zum emotionalen Gleichgewicht und zur weltanschaulichen Orientierung der Menschen bei, werden von ihnen aber als ihre Privatangelegenheit betrachtet«.[516] In der psychologischen Forschung unterscheidet man sinngemäss auch zwischen einer *extrinsischen* und *intrinsischen* Religiosität. Erstere wird im Rahmen einer Glaubensgemeinschaft gepflegt. Durch bestimmte Lehrinhalte, die von ihren Mitgliedern geteilt und verbreitet werden, denen auch ein bestimmtes Gottesbild zugrunde liegt, erfährt der Einzelne ein Gefühl von Vertrautheit und Verbundenheit. Demgegenüber wird intrinsische Religiosität mit einem persönlichen Glauben assoziiert. Wichtig ist die Toleranz gegenüber anderen Glaubensrichtungen sowie die Freiheit der Gesinnung gegenüber vorgeschriebenen Normen und Dogmen.

Es wäre gewiss verfehlt, extrinsische und intrinsischen Religiosität gegeneinander auszuspielen, zumal sich bei beiden Formen Fehlentwicklungen und Auswüchse manifestieren können. Unter dem Schlagwort eines institutionalisierten oder orthodoxen Glaubens wird nicht selten eine Glaubenshaltung insinuiert, die unkritisch dogmatische Inhalte und Formeln vertrete und die nicht in der Lage sei, zu einem individuellen und authentischen Glaubensverständnis zu gelangen. Des Weiteren wird kritisiert, dass sich Religiosität oftmals in Äusserlichkeiten und sinnentleerten Riten und Formeln erschöpfe bzw. Abhängigkeiten Vorschub leiste. Doch auch eine betont überindividualisierte Form von intrinsischer Religiosität, die nicht mehr die Gemeinschaft und deren Bedürfnisse sieht, sondern nur auf eine egozentrische Selbstverwirklichung hinausläuft, kann als gleichermassen problematisch betrachtet werden. Aus therapeutischer bzw. seelsorgerlicher Sicht dürfte am ehesten eine Balance zwischen persönlicher Überzeugung und institutioneller Ausrichtung anzustreben sein, die auf diese Weise eine angemessene und ausgewogene Glaubensgestaltung ermöglicht.

Die heutige Tendenz zur Individualisierung muss wohl als Reaktion auf eine jahrhundertealte Tradition religiöser Bevormundung gedeutet werden. Vielleicht hat die aktuelle Skepsis gegenüber extrinsischer Religiosität mit einem Phänomen zu tun, das Abraham Maslow, der Mitbegründer salutogenetischer Forschung sowie der humanistischen Psychologie (s. 7.7), genauer untersucht hat. »Anders als viele seiner Kollegen« begann er sich »mehr für die guten als für die schlechten Seiten unserer Psyche« zu interessieren »und richtete sein Augenmerk lieber auf das menschliche Potenzial anstatt auf Psychopathologie und seelische Erkrankungen. Dafür untersuchte er Personen, von denen er annahm, dass sie ihr psychologisches Potenzial voll ausschöpfen, und nannte sie ›Selbstverwirklicher.‹«[517] Seine Auswahlkriterien waren sehr streng; nur Persönlichkeiten wie Thomas Jefferson, Eleanor Roosevelt oder Albert Schweitzer konnten seinen Kriterien genügen.[518] Bei der Untersuchung solcher »Selbstverwirklicher« entdeckte Maslow, dass sie alle »von Zeit zu Zeit spirituelle Erfahrungen« machten.[519] Auch wenn er diesen Erfahrungen einen neuen Namen gab: »Gipfelerlebnisse« (*peak experiences*) – »sie ähneln stets den spirituellen Erfahrungen, über die sowohl« Vertreter »der westlichen Religion als auch Meditierende aus dem Fernen Osten berichten ... Das

Schlüsselelement … ist ein Gefühl der Einheit und Verbundenheit mit dem Universum, mit allem und jedem.«[520]

Aus dem Gesagten erschliesst sich eine bedenkenswerte Erklärung für den gegenwärtigen »Gestaltwandel« der Religion, indem extrinsische Religiosität in einem umgekehrt proportionalen Verhältnis zum Mass an Selbstverwirklichung zu stehen scheint.[521] Gemäss einer Studie erzielten »Studenten, die an einer konfessionellen Hochschule studiert hatten, niedrigere Werte als Absolventen von nicht-religiösen Schulen. Bei anderen Befragungen zeigte sich, dass Personen mit einem hohen Rang auf der Skala der Selbstverwirklichung zwar seltener zur Kirche gingen, aber dafür mehr mystische Erfahrungen hatten als solche, die geringere Werte erzielten. Katholische Priester erreichten« weniger Punkte »als Laien, Meditierende allerdings kamen auf höhere Werte als Leute, die nicht meditierten«.[522] Auch ohne entsprechende Resultate zu kennen, dürften viele Menschen intuitiv um diese Zusammenhänge wissen, zumal die Vorbildfunktion der Kirche innerhalb der Gesellschaft heute stark infrage gestellt wird. Darüber hinaus plädieren viele Wissenschaftler dafür, intrinsische Religiosität und »Spiritualität als sich überlappende Konstrukte aufzufassen. Das entspricht auch der Selbsteinschätzung vieler Menschen. In einer Befragung aus dem Jahre 2006 bezeichnete sich jeder Fünfte (22 Prozent) als weder spirituell noch religiös. Gut ein Drittel (36 Prozent) definierte sich ausschliesslich als spirituell und gut ein weiteres Viertel (26 Prozent) gab an, religiös *und* spirituell zugleich zu sein. Die verbleibenden 16 Prozent verstanden sich ausschliesslich als religiös.«[523]

Damit wird aber die Korrelation zwischen orthodoxer Religiosität und geringerem Mass an Selbstverwirklichung doch relativiert. Ein schönes Beispiel bietet der grosse »Selbstverwirklicher« Albert Schweitzer, der neben seinem immensen literarischen, philosophischen, theologischen, musikalischen und medizinischen Lebenswerk in seinen jungen Jahren als

Pfarrer an der Strassburger Kirchgemeinde St. Nikolaj tätig war. Später feierte er in Lambarene regelmässig traditionelle Gottesdienste, wobei er seinen Dienst an den Kranken durchaus auch als kirchlichen Dienst verstand.

Zusammenfassend lässt sich sagen, dass das Phänomen Spiritualität ein breites Bedeutungsspektrum aufweist mit starker individueller Ausprägung, weshalb es sich nicht einfach und eindeutig bestimmen lässt. Als Sammelbezeichnung umfasst Spiritualität sowohl Elemente der intrinsischen wie auch – zwar weniger ausgeprägt – der extrinsischen Religiosität sowie der Positiven Psychologie (s. Kap. 8) und des transpersonalen bzw. transzendenten Erfahrungsbereiches.

7.12.3 Geschichte

Erstaunlicherweise kann die Religionspsychologie auf eine reichhaltige Tradition zurückblicken; zu nennen sind etwa die 1902 erschienenen »Gifford-Vorlesungen« von William James, dem überaus einflussreichen »Vater« der amerikanischen Psychologie.[524] »Zusammenfassend« heisst es in der zwanzigsten »Vorlesung: Die charakteristischen Befunde des religiösen Lebens schliessen folgende Überzeugungen ein:

1. dass die sichtbare Welt Teil eines mehr geistigen Universums ist, aus dem sie ihre eigentliche Bedeutung gewinnt;
2. dass die Vereinigung mit diesem höheren Universum … unsere wahre Bestimmung ist;
3. dass das Gebet bzw. die innere Gemeinschaft mit diesem Geist des Universums … ein Prozess ist, in dem etwas Wirkliches geschieht, durch den spirituelle Energie in die Erscheinungswelt einfliesst und dort psychologische oder materielle Wirkungen hervorbringt.«[525]

Im deutschsprachigen Raum ist es vor allem Wilhelm Wundt zu verdanken, dass religiöse Fragen Gegenstand psychologischer Forschung wurden. Allerdings geschah dies aus einer ethnologisch-soziologischen Sicht, die »Mythos und Sitte verschiedener Völker« untersuchte.[526] Wir sind Wundt bereits im Kontext der »Wissenschaftssynthese« begegnet, dem Versuch also, die Philosophie weder im Sinne Hegels als Ziel und Ende der Wissenschaft zu deuten noch sie im positivistischen Sinn abzuwerten oder zu negieren (s. 7.9). Die Philosophie sollte vielmehr im Dienste eines inhaltlichen und methodologischen Fortschreitens der Wissenschaft stehen.[527] Wundt, der als »eigentliche(r) Begründer der experimentellen Psychologie«[528] gilt, war »davon überzeugt, dass ein ... Experiment ›nur das momentane Erleben ... erfasst ..., nicht jedoch die Kontinuität und Einheit psychischen Lebens‹ ..., deren Einbeziehung er für das Verständnis der Religiosität für unabdingbar hielt; denn wenn es um ›das Höhere im Menschen‹ gehe, versage« – so Wundt – jegliche »experimentelle Methode«.[529]

Als weitere frühe Richtung der Religionspsychologie ist die »Dorpater Schule« zu nennen. Dabei wurde auf der Basis experimenteller sowie denkpsychologischer Methoden mit Assoziationen gearbeitet, weshalb ihre empirische und deutungsfreie Ausrichtung heute geradezu modern anmutet.[530] Alsdann verdient auch die »phänomenologisch-geisteswissenschaftliche Psychologie« Erwähnung: »Forscher wie Scheler, Spranger oder Lersch wollten« in den ersten Jahrzehnten des 20. Jahrhunderts »mit Hilfe qualitativer Forschung die Person selber zu Wort kommen lassen. Im Gegensatz zum naturwissenschaftlich orientierten Experiment stellten sie die Einzigartigkeit des Individuums in den Mittelpunkt, das nicht kausal erklärt, sondern nur mitfühlend verstanden werden könne.«[531] In diesen Kontext sind auch Pierre Janets Experimentalpsychologie sowie sein Interesse für moralisches und religiöses Verhalten zu nennen.[532]

Generell ist festzuhalten, dass sich die Psychologie »von Beginn an ... intensiv mit dem Phänomen menschlicher Religiosität« befasst hat;[533] dabei sind die Forschungsschwerpunkte in Deutschland und in Amerika anzusiedeln. Einen Rückschlag bis hin zum fast vollständigen Erliegen erfuhr indes die europäische religionspsychologische Forschung durch den Zweiten Weltkrieg; eine bremsende Wirkung hatte in den USA andererseits der Behaviorismus, der aber über die kognitive und emotionale Wende die spirituelle Forschung selber wiederbeleben sollte (s. 7. 8).[534]

Zusammenfassend lässt sich also sagen, dass die wissenschaftliche psychologische Erforschung der Religion auf eine gut hundertjährige Geschichte, die durchaus auch den ganzen Menschen im Auge hatte, zurückblicken kann.

Parallel hierzu haben sich selbstredend auch die Pioniere der Tiefenpsychologie mit religiösen Themen beschäftigt, allerdings mehr aus einer persönlich geprägten Perspektive, was zum Teil sehr unterschiedliche Konzeptionen zur Folge hatte.

Zu nennen wären etwa Freuds Atheismus oder Janets Agnostizismus. Carl Gustav Jung steht einerseits in der Auseinandersetzung mit der protestantischen (väterlichen) Theologie, sieht andererseits in den Archetypen das Bindeglied zwischen dem individuellen Unbewussten und der Transzendenz. Viktor Frankl lässt in seinen Schriften ein jüdisch geprägtes Gottesverständnis erkennen und für Maslow, um einen letzten wichtigen Namen zu nennen, bedeutet Religion ein unabdingbares Metabedürfnis.

7.12.4 Die Gründerväter der Psychologie und ihre religiöse Einstellung

Stellvertretend seien hier Freuds, Adlers und Jungs religiöses Verständnis kursorisch nachgezeichnet.

Sigmund Freuds kritische Einstellung sind wir im Laufe dieser Arbeit schon verschiedentlich begegnet. Seine Kritik ist als Reaktion auf ein regressiv-infantiles Glaubensverständnis zu deuten, das dem Menschen als »krankhafte« Über-Ich-Funktion seinen berechtigten Anspruch auf Autonomie abspricht. Allerdings wurde wohl zu Recht auch auf Freuds »Unfähigkeit hingewiesen, Neugierde und Verständnis für eine aussergewöhnliche, ›mystische‹ Erfahrung zu entwickeln, diese von einer konventionellen, institutionell geprägten Religiosität zu unterscheiden und die religiöse Dimension als etwas Eigenständiges anzuerkennen«.[535]

»Während also die klassische Psychoanalyse der Religion« kaum etwas »abgewinnen konnte, kamen einige prominente Schüler Freuds bald zu anderen Schlüssen ... Adler war der Überzeugung, die Regungen der menschlichen Seele seien ohne« den Einbezug »einer transzendent-religiösen Dimension gar nicht vollständig zu verstehen, weil jedes Individuum ... in eine soziale und kosmische Welt eingebunden sei«.[536] Wenn Adler etwa von einem richtunggebenden »Ziel der Vollendung«,[537] von »letzte(r) Erfüllung«[538] oder körperlicher und seelischer Entwicklung auf eine »äusserste Zukunft«[539] hin spricht, so heisst das für ihn, dass »die beste Vorstellung, die man bisher von dieser idealen Erhebung der Menschheit gewonnen hat, ... der Gottesbegriff« ist.[540] Dabei ist es »gar keine Frage, dass der Gottesbegriff eigentlich jene Bewegung nach Vollkommenheit in sich schliesst als ein Ziel, und dass er dem dunklen Sehnen des Menschen, Vollkommenheit zu erreichen, ... am besten entspricht«.[541] Und Vollkommenheit als »letzte Erfüllung der Evolution« ist gleichbedeutend mit der idealen Gemeinschaft aller Menschen.[542] Adler räumt allerdings ein: »Natürlich wird man fragen, woher ich das weiss. Sicher nicht aus der unmittelbaren Erfahrung, und ich muss ... zugeben, dass diejenigen recht haben, die in der Individualpsychologie ein Stück Metaphysik finden ...«, denn »jede neue Idee liegt jenseits der unmittelbaren Erfahrung. Unmittelbare Erfahrungen ergeben niemals etwas Neues, sondern erst die ... Idee, die« sie »verbindet. Sie können es spekulativ nennen oder transzendental, es gibt keine Wissenschaft, die nicht in die Metaphysik münden müsste. Ich sehe keinen Grund, sich vor der Metaphysik zu fürchten, sie hat das Leben der Menschen und ihre Entwicklung im stärksten Grad beeinflusst.«[543]

Um Adler ganz zu verstehen, darf man auch dunklere Aspekte seiner Lehre nicht ausblenden, etwa folgende Frage: »Was geschah mit jenen Menschen, die nichts zum Wohle der Allgemeinheit beigetragen haben? Die Antwort lautet: sie sind bis auf den letzten Rest verschwunden. Nichts ist übrig von ihnen, sie sind … ausgelöscht. Die Erde hat sie verschlungen. Es ging mit ihnen wie mit ausgestorbenen Tierspezies, die keine Harmonie mit den kosmischen Gegebenheiten finden konnten. Da liegt doch eigentlich eine heimliche Gesetzmässigkeit vor, als ob der fragende Kosmos befehlen würde: Fort mit euch! Ihr habt den Sinn des Lebens nicht erfasst. Ihr könnt nicht in die Zukunft reichen. Keine Frage, dass dies ein grausames Gesetz ist.«[544]

Hier erkennt man eine inhaltliche Nähe zu den apokalyptischen Reden in Matthäus 25. Sie lassen sich in einem präsentisch-eschatologischen Rahmen als existenzielle Appelle zur Wachsamkeit, den entscheidenden Moment nicht zu versäumen, deuten. Im sogenannten »Augenblick« – das Neue Testament spricht auch vom *kairos* – verdichten sich gelebte Erfahrung sowie noch ungelebte Möglichkeiten dergestalt, dass sie den Menschen unweigerlich zu verantwortlichem Handeln herausfordern. Ein Lippenbekenntnis wird, wie das Gleichnis vom Weltgericht ansagen will (Mt 25, 31–46), nicht genügen – entscheidend sind die Taten der Liebe![545]

Carl Gustav Jung, der sich von Freuds Ansatz abgesetzt hatte, ist schon mehrfach zur Sprache gekommen. Jung wird heute in vielem, vor allem im Persönlichen, kritisiert, wie dies etwa in der nicht so schmeichelhaften Biografie von Deidre Bair der Fall ist.[546] Allerdings gerät dieses Buch in Anbetracht der enormen Fülle an Details in Verdacht, nicht in allen Punkten auf einwandfreies Quellenmaterial zurückgegriffen zu haben.[547] Unbestreitbar bleibt gleichwohl Jungs ausserordentlicher Beitrag zur Erforschung religiöser Symbolik und zu Fragen von Mystik und Spiritualität.

7.12.5 Genetische und neurobiologische Aspekte der Spiritualität

Aufgrund von Zwillingsstudien lässt Spiritualität in hohem Masse eine erbliche Komponente erkennen; »das Mass des genetischen Einflusses ist ähnlich hoch wie bei vielen anderen Persönlichkeitscharakteristika und sogar stärker als bei einigen physischen Merkmalen«.[548] Doch auch die Religiosität zeigt eine genetische Beteiligung; diese ist allerdings deutlich geringer als bei der »Spiritualität. Anders als Spiritualität wird Religiosität zum grössten Teil nicht durch Gene, sondern durch ›Meme‹ übertragen. Darunter versteht man sich ... reproduzierende kulturelle Einheiten, Überzeugungen und Vorstellungen, die« etwa durch eine religiöse Gemeinschaft »von einer Generation auf die nächste weitergegeben« werden.[549]

Diese verschiedenen Veranlagungen dürften die unterschiedlichen Bedürfnisse nach intrinsischer bzw. extrinsischer Religiosität plausibel erklären. Denn während dem einen die Berührung durch das »Göttliche« im eigenen Selbst zu genügen scheint, bedarf die andere der gemeinschaftlichen und rituellen Begegnung in einem dafür vorgesehenen institutionellen Rahmen. Aus dieser Perspektive sind extrinsische und intrinsische Religiosität nicht als konkurrierende, sondern vielmehr als komplementäre Grössen zu betrachten. Möglicherweise – dies sei hier als Hypothese formuliert – könnte die intrinsische Form v.a. in der ersten Lebenshälfte aufgrund ihres Dranges nach Individualität und Selbstverwirklichung bedeutsam sein. Die extrinsische Form dagegen wäre als die besonders auf Kontinuität, Stabilität und Nüchternheit bedachte Form der zweiten Lebenshälfte zu betrachten. Diese These wird durch die epigenetische Forschung gestützt. Demnach können Umwelteinflüsse bzw. kulturelle Faktoren über Einwirkung auf die genetische Ausstattung einen Wandel von der intrinsischen zur extrinsischen Veranlagung hervorrufen,[550] was zu neuen religiösen Ausdrucksformen führen würde.

So lässt sich etwa bei Martin Buber eine Abkehr von »seiner früheren Begeisterung für die Einheits-Mystik … hin zu« einer personalen, auch als dialogisch bezeichneten Gottesbeziehung erkennen.[551] Er ging sogar so weit, dass er »die Neuauflage der früher von ihm herausgegebenen Textsammlung ›Ekstatische Konfessionen‹« untersagte.[552]

Diese Befunde berühren die theologisch relevante Frage nach einem »religiösen Apriori«.[553] Gewiss bilden die genetischen und epigenetischen Vorgaben eine notwendige Bedingung für die Möglichkeit spiritueller bzw. religiöser Erfahrung. Doch dürfte Religiosität ebenso sehr von geistig-anthropologischen Voraussetzungen abhängen und damit in der individuellen Freiheit und Kreativität jedes Einzelnen begründet sein. Selbstredend, dass sich diese Frage wissenschaftlich wohl nie abschliessend und nur in der Perspektive des Glaubens beantworten lässt. Wir werden bei der Analyse der Position des Atheisten Richard Dawkins nochmals darauf zu sprechen kommen (s.u.).

Zur Erörterung der Biologie spiritueller Erfahrungen gehört auch die Untersuchung des Gehirns mittels bildgebender Verfahren (vgl. 7.11), dem »Neuroimaging« (v.a. PET und fMRT).[554] Unter Berücksichtigung der gebotenen erkenntniskritischen Vorbehalte kann die Neurotheologie durchaus zum Verständnis spirituell-religiöser Phänomene beitragen.[555] Allerdings gilt es zu beachten, dass je nach Untersuchungsanordnung unterschiedliche Hirnareale aktiviert werden, was einerseits auf die Begrenztheit der jeweiligen Untersuchungsmethoden verweist und andererseits auf die Komplexität spirituell-religiöser Phämomene. Der Begriff Neurotheologie dürfte übrigens auf James B. Ashbrook zurückgehen, der »einen Beitrag für das amerikanische Wissenschaftsjournal ›Zygon‹ mit ›Neurotheology‹ überschrieben« hatte.[556]

Doch welche Hirnregionen sind bei spirituellen Erlebnissen involviert? In einer Studie[557] mit 6 Mitgliedern einer fundamentalistischen Freien Evangelischen Gemeinde und 6 nichtreligiösen Probanden, die Vers 1 von Psalm 23 sowie einen bekannten Kinderreim rezitierten, ergaben sich deutlich differierende Ergebnisse zwischen den beiden Gruppen. Überraschenderweise zeigten die Nichtreligiösen im Gegensatz zu den anderen Versuchspersonen eine emotionale Reaktion auf den Reim. Die Religiösen dagegen aktivierten beim Lesen des Psalmverses frontale und parietale Hirnareale, die u.a. für Handlungsplanung, Kognition sowie Wiedererinnerung zuständig sind. Die Autoren kommentieren die Resultate wie folgt: »The commonsense view of religious experience is that it is a preconceptual affective event ... Work in the philosophy of mind and psychology of religion have challenged this view, suggesting that religious experience may be a cognitive attributional phenomenon.«[558] Tatsächlich hätte man bei der frommen Gruppe eine Aktivität im limbischen System, jener Region, welche mit Emotionalität korreliert, erwartet. Es ist gewiss mehr als erstaunlich, dass die Religiösen bei der Lektüre des von vielen wohl am Tröstlichsten empfundenen Psalmes des Alten Testaments gefühlsmässig weniger ausgeprägt reagierten als die Nichtreligiösen auf das Lesen eines Kinderreimes. Man kann sich fragen, wie repräsentativ eine so kleine Stichprobe zu werten ist, die darüber hinaus nur aus freikirchlichen Mitgliedern bestand! Es mag zudem erstaunen, dass die Studie gar nicht zwischen intrinsischer und extrinsischer Religiosität differenziert. Klug wird indes bemerkt, dass »religious attributions are made in ... ambiguous situations, when a person does not know what to exptect or what to do, yet actively ... seeks a solution ... which subsequently serves to reactivate the religious schema in the presence of salient religious cues«.[559] Die religiöse Erfahrung besteht in diesem Experiment demnach nicht im Trost der Psalmworte, weil sie nicht in einer Situation der Not gesprochen wurden. Sie dürften vielmehr an vergangene und bewältigte Krisen erinnert haben, was die Aktivierung der oben genannten kognitiven und mnestischen Hirnareale erklären würde. Die Studie zeigt, wie komplex und auch vielschichtig die Erfassung und Deutung religiöser Phänomene sein kann.

Des Weiteren konnte in bemerkenswerten und viel zitierten Experimenten gezeigt werden, dass sowohl bei meditierenden buddhistischen Mönchen wie auch bei betenden Franziskanernonnen im Zustand der Versenkung sich die Aktivität im hinteren Scheitellappen drastisch verringerte.[560] Im Parietal- oder Scheitellappen liegen sensorische Areale der Hirnrinde, die über die taktile Wahrnehmung der Haut die Grenze des Körpers gegenüber der Aussenwelt repräsentieren. Der ständige Datenfluss in diesem kortikalen Orientierungsareal, der in der Körperperipherie generiert wird, ermöglicht die Aufrechterhaltung der Grenzen zwischen innen und aussen und damit die Unterscheidung zwischen Subjekt und Welt, zwischen Ich und Nicht-Ich. Die reduzierte neuronale Aktivität korreliert daher mit dem Gefühl der »Entgrenzung« sowie dem Empfinden der Vereinigung mit dem »All-Einen«.

Der »Star« der »spirituellen« Hirnareale – erneut sei auf die sprachliche Unzulänglichkeit hingewiesen, adäquat über Spiritualität zu sprechen, daher der leicht ironisierte Unterton – ist indes der *Schläfen-* oder *Temporallappen*. Von besonderer Bedeutung erscheint eine neurologische Erkrankung, die sich fokal als sogenannte Schläfenlappenepilepsie manifestiert und die oft mit spirituellen Erfahrungen in Verbindung gebracht wird. Bereits in den 70er-Jahren hatte man erkannt, dass bei Anfällen im Schläfenlappenbereich religiöse Inhalte bedeutsam waren. Im Inneren des Gehirns, unter dem Schläfenlappen und von diesem anatomisch nicht klar abgegrenzt, befindet sich der Hippocampus, eine Formation, die zum limbischen System gehört. Wie die

Etymologie (von lat. *limbus*, Saum) andeutet, gilt diese Struktur als evolutionäre Übergangsstufe zwischen dem entwicklungsgeschichtlich älteren Hirnstamm und dem evolutiv jüngeren Cortex (Hirnrinde). Das limbische System wird mit Gefühlen in Verbindung gebracht und vermittelt – vereinfacht formuliert – zwischen den triebhaften Anteilen des Hirnstammes und den kognitiven Funktionen der Hirnrinde. Auf den Begriff des triunen Gehirns, der in diesem Zusammenhang auch verwendet wird, sind wir unter 5.1 bereits zu sprechen gekommen.

Der Hippocampus spielt eine zentrale Rolle bei der Gedächtnisbildung, indem neu eintretende Informationen mit vergangenen Erfahrungen abgeglichen werden. Die Amygdala, eine weitere wichtige Struktur des limbischen Systems, sorgt dabei für die emotionale Bewertung dieser neuen Erfahrungen. Sie werden mit einem »Gefühlslabel« versehen, der dafür sorgt, »dass besonders Bedeutendes« nicht umgehend vergessen wird.[561] Der Hippocampus ist indessen nur der Türhüter für diese Engramme, die letztlich nicht dort, sondern vor allem in den kortikalen Arealen gespeichert werden. Die Aufgabe des Hippocampus besteht darin, im Zusammenspiel mit der Amygdala zwischen einer immensen Flut von Daten, die über die Sinnesorgane dem Gehirn zugespielt werden, für das Individuum relevante Informationen herauszufiltern.

Auch wenn in den entsprechenden Lehrbüchern der Neurobiologie dieser Prozess oftmals als rein autonomes Geschehen dargestellt wird und damit Hippocampus und Amygdala quasi als unsichtbare Subjekte ins Spiel gebracht werden, so dürfte die bewusste Einstellung des Individuums bei diesem Prozess nicht unwesentlich mitbeteiligt sein. Eine andere Sicht käme einem deterministischen Menschenbild gleich, was nach Abwägen der entsprechenden Erstperson-perspektivischen Argumente kaum hinreichend plausibel erscheint (s. Anhang II). Nachdem nun in den Achtzigerjahren dem kanadischen Hirnforscher Michael Persinger gelungen war, mittels transkranieller magnetischer Stimulation des Schläfenlappens bei Gesunden spirituelle Erfahrungen hervorzurufen, begann der Neurologe Vilayanur Ramachandran in der Folge, sich detaillierter diesen Fragestellungen zuzuwenden. Persinger hatte nämlich – so die Einschätzung des Religionspädagogen A. Bucher – in reduktionistischer Weise postuliert, spirituelle Erfahrungen seien als Gehirnartefakte der Aktivität des Schläfenlappens zuzuordnen.[562]

Aufgrund der Funktion des limbischen Systems und der Tatsache, dass der Hippocampus die für epileptische Anfälle empfindlichste zerebrale Struktur ist,[563] war es für Ramachandran indes nicht erstaunlich, dass bei Temporallapenanfällen die »auffälligsten Symptome emotionaler Natur« waren.[564] So berichteten Betroffene, »ihre Gefühle stünden ›in Flammen‹, und« schilderten »eine Palette von höchster Ekstase bis« hin »zu tiefster Verzweiflung ... Doch am bemerkenswertesten« waren »die Patienten, die tief bewegende spirituelle Erlebnisse« hatten, »unter anderem das Gefühl einer göttlichen Gegenwart«.[565] Für sie war »alles mit kosmischer Bedeutung gefüllt«, indem sie zum Beispiel sagten: »›Jetzt weiss ich, was das alles soll. Das ist der Augenblick, auf den ich mein ganzes Leben gewartet habe. Plötzlich ergibt alles einen Sinn.‹ Oder: ›Endlich habe ich Einblick in das wahre Wesen des Kosmos.‹«[566] Ramachandran, der die »Geschichte der Wissenschaft« auch schon als »eine Lektion in Bescheidenheit«[567] bezeichnet hat, bemerkt dabei nicht ohne Genugtuung und mit einer gewissen Ironie, »dass dieses Gefühl der Erleuchtung, diese absolute Überzeugung, der letzten Wahrheit teilhaftig zu sein, in den limbischen Strukturen entspringt, die mit dem Gefühl befasst sind, und nicht in den denkenden, vernünftigen Teilen des Gehirns«.[568]

An dieser Stelle ist vor einem zweifachen Reduktionismus zu warnen. Auf den einen, szientistischen, ist in dieser Arbeit bereits hingewiesen worden: die Qualität persönlichen Erlebens ist nicht mit der von aussen registrierbaren Hirnaktivität gleichzusetzen; man kann höchstens von einer Korrelation sprechen.

Zum anderen ist »das Gehirn ... so hochgradig vernetzt, dass es kaum sinnvoll erscheint«, unterschiedliche »Formen spirituеller Praktiken ausschliesslich der Aktivität bestimmter Hirnareale zuzuschreiben«.[569] Mit fortschreitender Verfeinerung der bildgebenden Verfahren werden immer höher auflösende Aufnahmen und damit immer differenziertere Kartierungen möglich sein, welche die gängigen Interpretationsmuster sehr wahrscheinlich als grobe Vereinfachungen relativieren werden. Simplifizierende Deutungsmuster werden wohl einer integraleren Sicht weichen müssen.

Naturgemäss wird sich indes dieser innenperspektivische Erfahrungswert wohl nie aus der wissenschaftlichen Drittperson-Perspektive ausweisen lassen. Gleichwohl gibt es keinen hinreichend plausiblen Grund, diese dem Auge verborgene innere Erfahrung gegenüber der äusseren Realität Gleichwertigkeit abzusprechen.

Unter diesem Vorbehalt lässt sich tentativ eine Korrelation zwischen den weiter oben beschriebenen spirituellen Manifestationen im Rahmen der gesteigerten Schläfenlappenaktivität und der intrinsischen Form von Religiosität annehmen.

Charakteristisch für dieses ausserordentliche emotionale Erleben ist die Tatsache, dass es sich begrifflich nicht wirklich fassen lässt. Wie sollte man denn das Erleben des »All-Einen« vernünftig in Worte kleiden? Allein über den Reichtum der Bildersprache schiene eher eine Annäherung an das »Unsagbare« und »Unfassbare« gelingen zu wollen – abgesehen davon, dass der Begriff des »All-Einen« selbst eine Metapher darstellt.[570] So haben die Mystiker eine eigene Metaphorik kreiert und etwa – wie Meister Eckhart – vom »Seelenfünklein« oder vom »Brand« gesprochen, ein Zustand, in welchem die Trennung zwischen Mensch und Gott als aufgehoben erlebt wird.[571] Als Ausgangspunkt dieser Erfahrung ist wohl der ausserordentliche Charakter jenes Erlebens zu betrachten: ein Zustand der Ergriffenheit, der über die »Niederungen« der Alltagserfahrung hinausweist.

Angesprochen sind u.a. jene Transzendenzerfahrungen,[572] die Maslow wohl als Gipfelerlebnisse (*peak experiences*) bezeichnete, und deren »Schlüsselelement ... ein Gefühl der Einheit und Verbundenheit mit dem Universum, mit allem und jedem« ist und in welchem man »sich mühelos vom eigenen Ich trennen und über sich selbst hinauswachsen« kann.[573] »Anstelle von Wunschvorstellungen tritt« dabei »das eigentliche Wesen der Dinge«.[574]

Ähnliche Einheitserfahrungen werden allerdings nicht nur von gläubigen Menschen oder Mystikern, sondern auch von »Atheisten« beschrieben. So berichtet etwa Richard Dawkins sehr kunstvoll über folgende Begebenheit: »Der Junge lag auf dem Bauch, das Kinn auf die Hände gestützt. Plötzlich überwältigte ihn eine eindringliche Wahrnehmung: verworrene Halme und Wurzeln, ein Wald im Kleinformat, eine Wunderwelt der Ameisen und Käfer, ja sogar – auch wenn er die Einzelheiten zu jener Zeit nicht kannte – der Milliarden Bodenbakterien, die lautlos und unsichtbar die Ökonomie dieses Mikrokosmos in Gang hielten. Der Miniaturwald der Wiese schien anzuschwellen, eins zu werden mit dem Universum und dem verzückten Geist des Jungen, der darüber nachdachte. Er deutete sein Erlebnis unter religiösen Gesichtspunkten, und das führte ihn schliesslich zum Priesterberuf ... Zu einem anderen Zeitpunkt und an einem anderen Ort hätte auch ich dieser Junge sein können; ich hätte unter dem Sternenhimmel gestanden, berauscht von Orion, Cassiopeia und Grossem Wagen, die Augen voller Tränen über die unhörbare Musik der Milchstrasse, den Kopf schwer von nächtlichen Düften ... in einem afrikanischen Garten. Warum die gleichen Empfindungen meinen Kaplan in die eine Richtung führten und mich in die andere – diese Frage ist nicht leicht zu beantworten. Eine geradezu mystische Reaktion auf Natur und Universum ist unter Naturwissenschaftlern und Rationalisten weit verbreitet. Sie hat nichts mit einem Glauben an Übernatürliches zu tun ...«[575] Religion sei für dieses »›Schwärmen über die Natur und das Universum‹«, wie der Schriftsteller Carl Sagan sagte, nicht das richtige Wort.[576]

In der Tat sind derartige Einheitserfahrungen noch kein Ausweis für Transzendenz. Denn die Ausserordentlichkeit des Erlebens verweist nur auf die Rarität solcher Ereignisse und bedeutet noch nicht, dass deren Quelle ausserhalb der Naturgesetzlichkeit liegen müsse. Dieser *rationalen* Argumentation steht aber das für viele unhinterfragbare *Gefühl* entgegen, doch von einer übernatürlichen, »göttlichen« Kraft berührt, ja, geradezu angesprochen worden zu sein. Merkwürdigerweise bedeutet der »Standpunkt, dass alles ›durch Gesetze hervorgebracht wird, welche fort und fort um uns wirken‹«,[577] den argumentativen Endpunkt vieler atheistischer Denker. Den Ursprung dieser Gesetze zu hinterfragen sei eine illegitime Frage, die den Rahmen der Wissenschaftlichkeit sprenge. Diese Illegitimität ist aber zwingend zu hinterfragen, da sie von einem zensurierend reduktionistischen Wissenschaftsverständnis zeugt.

Aus wissenschaftlicher Perspektive fordern die beiden Hauptsätze der Thermodynamik eine Antwort geradezu heraus. Denn der erste Hauptsatz besagt, dass Energie (und damit auch Masse) weder aus dem Nichts entstehen noch verschwinden kann. Dies hiesse, streng naturwissenschaftlich gedacht, dass das Universum schon immer bestanden haben muss. Diese Annahme widerspricht aber dem zweiten thermodynamischen Hauptsatz, wonach es nach einer (wenn auch sehr langen Zeit) zu einem Ausgleich aller Temperaturgradienten kommen muss. Dieser Gleichgewichtszustand hätte aber bei einem unendlich lange bestehenden Universum bereits eintreten müssen. Ein Leben, wie wir es jetzt auf der Erde haben, wäre daher gar nicht möglich.

An dieser Stelle drängen sich indessen psychologische Fragen auf. Was für verborgene Motive könnten zu dieser Weigerung, die »natürlichste« aller Fragen nach dem Ursprung alles Seienden, nämlich nach dem eigentlichen *Sein*, zu stellen, geführt haben? Gewiss wäre die zentrale Stellung, die sich der Mensch im Kosmos zugewiesen hat, infrage gestellt.

Die Frage nach dem Ursprung des Seins zu stellen hiesse immer auch, das Verhältnis zu diesem Sein zu bestimmen, was nichts anderes bedeuten würde, als die eigene Autonomie in Verbindung mit dem Grund alles Seienden zu leben. Dies nicht zu tun hiesse auf der anderen Seite, sich eine Selbster-mächtigung zuzusprechen, die von ethischer Verantwortung entbinden würde. In der Tat riet etwa der englische Philosoph Francis Bacon (1561–1626), der als Begründer der experimentalwissenschaftlichen Methode gilt, jungen Forschern, die Natur sklavisch zu beherrschen. Ver-*antwort*-lich zu sein würde dagegen bedeuten, *hinhörend* zu leben und empfindend zu sein. Vermöchte die Psychotherapie aus wissenschaftlich-utilitaristischerer Sicht eine solche sachliche Herangehensweise an ihren Forschungsgegenstand noch zu rechtfertigen, so würde die Seelsorge durch das *etsi deus non daretur* einen Verrat an ihren deontologischen Wurzeln, mit anderen Worten – wie im dritten Kapitel bereits angedeutet wurde und im elften Kapitel noch ausführlich zur Sprache kommen wird – an ihrer Radikalität und ihrem eigentlichen Spezifikum begehen.

In dieser *re-ligio* oder Rückbindung ereignet sich auch ein besonderes Gefühl, das die oben beschriebene Ergriffenheit der Einheitserfahrung begleitet: das Gefühl der *Erhabenheit*. Der religiöse Mensch erlebt eine verehrungswürdige und überlegene schöpferische Macht, die sich ihm zuwendet und damit seine Grundperspektive radikal mitbestimmt. Diese umfasst sowohl das Leben in seiner Fülle wie auch die Unausweichlichkeit des Sterbens, was als Teil eines umfassenderen Ganzen erlebt wird.

Der Einbruch einer anderen als der gewöhnlichen Alltagserfahrung kommt, wie oben ausgeführt, aus naturwissenschaftlicher Sicht nicht als Ausweis für eine Transzendenz in Betracht. Zugleich wäre auch die Frage nach dem »›Ort‹, an dem der ›Einbruch der Transzendenz‹ in die Person erfolgt«,[578] falsch gestellt.

Besagten »Ort« im Schläfenlappen als »Gottesmodul« lokalisieren zu wollen, entspricht im Grunde einem mythologischen Weltbild. Wenn man überdies bedenkt, dass sich in den anfallsfreien Intervallen die Persönlichkeit gewisser Epileptiker ins Pedantische und Egozentrische verändert, so verwischen sich die Grenzen zwischen »transzendenter« und Alltagserfahrung. »Die Anmassung der Rechtgläubigkeit«, die Ramachandran bei einem Patienten mit Schläfenlappenepilepsie beobachtete, hatte »aber nichts von der Demut des tiefreligiösen Menschen«.[579] Darüber hinaus ist es »sehr wahrscheinlich, dass Persönlichkeitsmerkmale wie Religiosität und Hypergrafie (die Tendenz, minutiöse Tagebücher zu führen, Anm. d. Verf.) bei Epileptikern ein Alles-oder-nichts-Phänomen sind und nur bei einer Minderheit von Patienten auftreten«.[580]

Auch Ramachandran betont, dass nicht jeder Patient, der unter einer Temporallappenepilepsie leidet, religiös wird.[581] Und in welche Richtung und ob überhaupt sich seine Persönlichkeit verändern wird – sei es ein zwanghafter Hang zum Schreiben oder zu philosophischen Gesprächen – lasse sich nicht voraussagen.[582] Schliesslich kann die Gipfelerfahrung auch im Rahmen einer psychiatrischen Erkrankung auftreten, etwa einer Manie, die nicht immer nur in einem pathologischen Kontext zu sehen ist, vielmehr auch Ausdruck höchsten künstlerischen Schaffens sein kann. Wie vielgestaltig diese Frage ist, zeigt das Beispiel des russischen Schriftstellers Fjodor M. Dostojewski, der ebenfalls unter einer Epilepsie litt. Wer wollte diesem tiefsinnigen Schreibgenie gar eine Hypergrafie als pathologisches Merkmal unterstellen?

Dass in den Schläfenlappen die sogenannte Hörrinde, das höchste akustische Integrationszentrum, angesiedelt ist, wo Auditionen generiert werden können, wirft weitere Fragen auf. Ist auch hier von einer verminderten Filterfunktion im limbischen System, wie dies bei einem epileptischen Anfall der Fall ist, auszugehen, wo die Selbstzensur dieser Struktur bei einem neuronalen epileptischen »Gewitter« überrannt wird? Würde hierbei ein breites Spektrum an Kreativität erwachsen, das im besten Fall neue Sinn- und Bedeutungszusammenhänge erschliessen könnte?

Wenn aber die Grenzen zwischen Genialität und Normalität, zwischen Gesund und Krank bzw. transzendenter und immanenter Erfahrung sich derart durchdringen, so liesse sich der »Ort der Gotteserfahrung« am ehesten als *actualitas* beschreiben, die sich überall ereignen kann, die sich aber im mystischen Erleben in *ganz besonderer Weise* manifestieren würde, genauso wie etwa im existenziell erfahrenen sinnstiftenden Leiden. Hier ist eine *conditio humana* angesprochen, die sich gewiss auch in Rudolf Ottos Erfahrung des Heiligen als *fascinosum et tremendum* widerspiegelt.[583] Mit anderen Worten: Der Schatten lässt sich schlicht nicht von Licht wegdenken. Hören wir uns hierzu die folgende eindringliche Schilderung im Roman von Fjodor M. Dostojewski *Der Idiot* an, die ohne Zweifel als Ausdruck eigener autobiografischer Erfahrung zu deuten ist und in der alle bislang diskutierten Aspekte zum Thema auf geniale Weise verwoben sind:[584]

Der Fürst »dachte jetzt daran, dass es in einem epileptischen Zustand einen Moment gab, der dem Anfall fast unmittelbar voranging ..., da es inmitten der Traurigkeit, des seelischen Dunkels und der Depression in seinem Gehirn für Augenblicke gleichsam aufflammte und alle seine Lebenskräfte sich plötzlich mit einem ausserordentlichen Ruck anspannten. Das Empfinden des Lebens und das Selbstbewusstsein verzehnfachten sich fast in diesen Augenblicken, die nur die Dauer eines Blitzes hatten. Verstand und Herz wurden von einem ungewöhnlichen Licht durchdrungen, alle seine Zweifel und alle seine Unruhe schienen sich auf einmal zu besänftigen und in eine höhere Ruhe aufzulösen, die von einer hellen harmonischen Freude und Hoffnung und von der Vernunft und der Erkenntnis der Endursachen erfüllt war. Diese lichten Momente waren aber nur die Vorahnung jener endgültigen Sekunde (es dauerte nie mehr als eine Sekunde), mit welcher der Anfall selbst begann. Diese Sekunde war natürlich unerträglich. Wenn er später, wieder in gesundem Zustande, über diesen Augenblick nachdachte, sagte er sich oft, dass dieses ganze blitzartige Aufleuchten des höheren Selbstgefühls und Selbstbewusstseins und folglich auch ›des höheren Seins‹ nichts anderes als Krankheit, als Aufhören des normalen Zustandes sei; in diesem Falle könnte das aber gar nicht ein höheres Sein genannt werden, sondern müsste im Gegenteil zu den niedrigsten Momenten des Lebens gezählt werden. Und doch gelangte er endlich zu folgendem Schluss: ›Was folgt denn daraus, dass es eine Krankheit ist?‹ fragte er sich, ›wen geht es etwas an, dass diese Spannung anomal ist, wenn das Resultat selbst, wenn der Augenblick dieser Empfindung, im gesunden Zustand betrachtet und ins Gedächtnis zurückgerufen, sich als im höchsten Grade harmonisch und schön erweist und ein bis dahin nie gekanntes Gefühl der Fülle, des Gleichmasses, der Versöhnung und des begeisterten, an ein Gebet erinnernden Aufgehens in die höchste Synthese des Lebens ergibt?‹«[585] Kann sich die Erfahrung der Transzendenz – so fragt Dostojewski – selbst in der Krankheit manifestieren? Oder – so jedenfalls wäre theologisch weiterzufragen – liegt sie aus christlicher Sicht geradezu darin begründet, und ist Gott im und am Kreuz, ja, letztlich nur durch das Kreuz in diesem aussergewöhnlichen Masse erfahrbar? Hören wir weiter, was Dostojewski im Dialog zwischen dem Fürsten und Rogoshin uns heute noch dazu zu sagen hat:

»›Wie?‹, sagte der Fürst, stehen bleibend ›… Und warum hast du mich gefragt, ob ich an Gott glaube?‹

›Das war nur so. Ich wollte dich das schon früher fragen. Viele glauben jetzt ja nicht. Ist es wahr, … mir hat einmal ein Betrunkener gesagt, dass es bei uns in Russland am meisten Menschen gibt, die nicht an Gott glauben? ›Wir tun es darum‹, hat er gemeint, ›weil wir den andern voraus sind‹ …

Rogoshin lächelte ironisch; als er seine Frage gestellt hatte, öffnete er plötzlich die Tür und wartete, die Klinke in der Hand, dass der Fürst ging ...

Der Fürst stieg eine Stufe hinab und wandte sich um.

›Was aber den Glauben betrifft‹, begann er lächelnd (da er Rogoshin offenbar nicht so verlassen wollte) und sich wie bei einer Erinnerung belebend, ›was den Glauben betrifft, so habe ich vorige Woche ... verschiedene, darauf bezügliche Erlebnisse gehabt. Ich bin eines Morgens auf einer neuen Eisenbahnlinie gefahren und habe vier Stunden lang mit einem gewissen S. im Wagen gesprochen, den ich unterwegs kennengelernt habe. Ich hatte schon vorher viel von ihm gehört und unter anderem auch, dass er ein Atheist sei. Er ist tatsächlich ein sehr gelehrter Mensch ... Er ist ausserdem überaus wohlerzogen und hat mit mir wie mit jemand gesprochen, der mit ihm in Bezug auf Kenntnisse und Weltanschauung ganz auf der gleichen Stufe steht. Er glaubt nicht an Gott. Mir ist nur das eine aufgefallen, dass er die ganze Zeit von etwas anderem zu sprechen schien, und zwar ist es mir darum so aufgefallen, weil ich auch früher bei den Begegnungen mit Ungläubigen und beim Lesen solcher Bücher immer den Eindruck hatte, dass sie von etwas ganz anderem sprechen und schreiben, wenn es auch den Anschein hat, als handelte es sich doch darum ...

Höre ..., du hast mich vorhin gefragt; hier ist meine Antwort: Das Wesen des religiösen Gefühls lässt sich durch kein Philosophieren ... und durch keinen Atheismus erklären.

Es ist etwas anderes und wird ewig etwas anderes sein; es ist darin etwas enthalten, an dem die Atheisten immer vorbeigleiten müssen, und darum werden sie auch immer von etwas gar nicht Dazugehörigem sprechen ... Doch genug davon ...! Leb wohl, auf Wiedersehen! Gott sei mit dir!‹«[586]

Man kann Dostojewski dahingehend deuten, dass das Wesen der Religion sehr wohl in einem philosophischen Sinne, d.h. begrifflich-abstrakt zu erfassen ist. Man kann ohne Weiteres über Gott philosophieren, indem man von einem unendlichen, allweisen, allliebenden und allwissenden Wesen spricht. Was Dostojewski wohl meint, ist das Wesen des religiösen Gefühls, das sich rein rational nicht erfassen lässt. Angesprochen ist die *Gewissheit* eines fundamentalen Getragenseins, die darum über ein reines Wissen hinausreicht. Auch Friedrich Schleiermacher hat mit dem Gefühl der *schlechthinnigen Abhängigkeit* dieselbe Erfahrung angesprochen, wenn er etwa schreibt: »Das Gemeinsame aller noch so verschiedenen Äusserungen der Frömmigkeit, wodurch diese sich zugleich von allen anderen Gefühlen unterscheiden, ... ist dieses, dass wir uns unserer selbst als *schlechthinnig abhängig*, oder, was dasselbe sagen will, als *in Beziehung mit Gott* bewusst sind« (Hervorh. v. Verf.).[587]

In diesem Zusammenhang sei erneut (s. 7.4.3.4) auf die Tradition jüdisch-christlicher Begegnungsmystik, wie sie von Martin Buber vertreten wurde, hingewiesen.[588] Wohl kann die Erfahrung von Angst und von bedrohter Existenz auf Vernunftbasis zu einer kognitiven Welterklärung führen; das Vertrauen indes, von einer höheren Macht getragen sowie der Glaube, in einem grösseren Ganzen aufgehoben zu sein, lässt sich rational letztlich nicht begründen. Gebet, Fürbitte, ja selbst nur gute Gedanken jemandem zukommen zu lassen, liegen ganz im Sinne Dostojewskis ausserhalb der aufgeklärten Vernunft.

Auf das Verhältnis von Seelsorge und Psychotherapie übertragen, ergibt sich aus dem Gesagten, dass die Psychotherapie durchaus atheistisch sein kann (jedoch nicht muss!); sie braucht jedenfalls keinen Gott, um sich zu legitimieren, auch wenn bei gewissen Psychotherapieformen, wie etwa in Frankls Logotherapie, die Sinn- und Gottesfrage zentral ist. Für die Seelsorge dagegen bildet der Gottesglaube eine *conditio sine qua non*. Der Glaube ist tragender Grund, Bestimmung und eigentliches Proprium der Seelsorge. Denn aus dem Glauben nähren sich die Radikalität der Seelsorge sowie die letzte Sinnfrage, wie in Kapitel 11 und 12 noch eingehend zu erörtern ist.

In seiner umfassenden Analyse der Spiritualität überschreibt Utsch einen Abschnitt mit »Religion – Kür oder Pflicht?«[589] Man könnte folgende Bilder daran anknüpfen: Die Reflexion über die Religion erinnert an die »dogmatische Pflicht« des Eiskunstläufers auf starrer, eisiger Unterlage. Die »kunstvolle Kür« mystischer Erfahrung dagegen gleicht einem Eintauchen in eine lebendige Unterwasserwelt mit einem schier unerschöpflichen Reichtum an Formen und Farben. Zwar unterscheiden sich beide Zugänge grundlegend, was das Ergebnis der Reflexion bzw. die Erlebensdimension betrifft. Und doch benützen beide Teile – sowohl der dogmatisch verfahrende Theologe wie auch der spirituell empfindende Mensch – dasselbe Medium Wasser. Reflexion und Ritus, Religion und Religiosität: Sie alle können als komplementäre Aspekte einer grösseren und umfassenden Einheit betrachtet werden. Gleichsam im Zentrum dieses breiten Spektrums liegt die unmittelbare und ganz alltägliche religiöse Erfahrung. Diese »Normalität« gleicht – um obiges Bild vom Wasser wiederaufzunehmen – der Fahrt einer Barke über den »Strom des Lebens«. Kein Höhenrausch ist dabei erfahrbar, gleichwohl das feine Rauschen des Wassers und Wehen des Fahrtwindes, kein eigentliches Tiefenerleben stellt sich ein, dafür erschliesst sich von Zeit zu Zeit dem Betrachter eine wunderbare Unterwasserwelt. Entscheidend ist das Gefühl von Getragensein, von Bewegung und Lebendigkeit noch weit vor allem Ausserordentlichen, Übersinnlichen oder Spektakulären, das sich aber selbstverständlich als Zeichen besonderen religiösen Erlebens immer wieder einmal einstellen und auch mit grosser Dankbarkeit empfangen werden kann.

Bemerkenswert erscheint in diesem Zusammenhang auch, dass Paulus dem ekstatischen Rausch die unmittelbare und wichtigere Erfahrung der zwischenmenschlichen Liebe gegenüberstellt (1. Kor 13, 8). Auch Mahatma Gandhi »beschäftigte sich viel mit Gott, aber er hatte nie ein mystisches Erlebnis, nie hörte er Stimmen oder hatte eine Vision« – Gandhis *Vision* war

»Selbstlosigkeit aus Liebe«; seine *Mystik* waren die Augenblicke mitmenschlichen Einsseins in der Liebe.[590]

Auch wenn der Gottesglaube eine Trennlinie zwischen der Seelsorge und gewissen Psychotherapieformen bilden kann, so berühren sich hinwiederum auf der Ebene spirituellen Erlebens sowohl die Seelsorge wie auch etwa Maslows humanistische Form der Psychotherapie (s. 7.7) mit seinem Konzept der Selbstverwirklichung (*self-actualization*) wie auch der Gipfelerfahrungen (*peak experiences*) in hohem Masse.[591]

8 Positive Psychologie

Anknüpfend an die bisherigen Ausführungen soll hier das Konzept der »Positiven Psychologie« vorgestellt werden. Es handelt sich um eine relativ junge psychologische Richtung. Sie orientiert sich nicht wie die traditionelle klinische Psychologie an den krankhaften psychischen Phänomenen. Vielmehr sollen die positiven, entwickelbaren Seiten unserer Seele, ihre Ressourcen und Stärken in den Blick genommen und nach Möglichkeit gefördert werden. Dass sich Psychologie, Psychotherapie und Psychiatrie zunächst der leidenden kranken Psyche zuwandten, erscheint durchaus plausibel. Für die Seele, die eine erste Heilung erfahren durfte, stellte sich indes die Frage nach den Ursachen ihrer Erkrankung und wie diese zu beeinflussen seien. Die Untersuchung eines protektiven psychischen Profils wurde bald als drängendes Problem erkannt und Gegenstand einer eigenen Forschungsrichtung, nämlich der Positiven Psychologie.

Zwar gilt Martin Seligman als ihr Begründer, doch Jahrzehnte vor ihm »formulierte« bereits Abraham Maslow, wie wir verschiedentlich schon gesehen haben, »die zentrale Botschaft dieses Programms: ›Die Wissenschaft der Psychologie war in negativer Hinsicht viel erfolgreicher als in positiver. Sie hat uns viel über die Defizite, Krankheiten und Sünden der Menschen enthüllt, aber wenig über seine Möglichkeiten, seine Tugenden, seine erreichbaren Ziele oder seine psychische Gesundheit ... Wir müssen herausfinden, was Psychologie sein könnte, wenn sie sich selbst von den lähmenden Auswirkungen der beschränkten, pessimistischen und dürftigen Beschäftigung mit der menschlichen Natur befreien würde.‹«[592]

Maslow, der stark von Alfred Adler beeinflusst war, stellte auch eine Hierarchie angeborener Bedürfnisse auf, die er in Form einer Pyramide darstellte (s. 7.7). »Sie besteht, von unten nach oben, aus fünf Ebenen. Die Basis bilden die unabweisbaren, das Überleben sichernden körperlichen Bedürfnisse:

Nahrung, Wasser und Luft, ein Dach über dem Kopf, die Befriedigung der sexuellen Triebe. Sind diese ... angemessen befriedigt und ist das Grundvertrauen gelegt, sie stets angemessen befriedigen zu können, so treten sie im Bewusstsein des Individuums zurück. In den Vordergrund rückt ein neues Bedürfnisensemble: das Streben nach Sicherheit und Geborgenheit, körperlicher Unversehrtheit, Stabilität und Angstfreiheit. Dann folgt die Ebene, auf der die soziale Akzeptanz des Individuums durch seine Umwelt höchste Bedeutung erlangt. Hier geht es um ein Netz liebevoller zwischenmenschlicher Beziehungen, um Zuneigung, Zugehörigkeit zu einer Gemeinschaft und um deren Zusammenhalt. Im Anschluss daran wird der Wunsch nach Herausbildung eines stabilen Selbstwertgefühls mächtig. Respekt und Wertschätzung durch andere rücken in den Vordergrund. Wobei der Respekt, den man sich tatsächlich verdient hat, das Gefühl der Selbstachtung am sichersten stabilisiert. Das Bedürfnis nach Schönheit und das Interesse an Wissen und Erkenntnis kommen ins Spiel. An der Spitze der Pyramide steht« schliesslich »das Bedürfnis nach Selbstverwirklichung ... Es wird zu einer wesentlichen Triebkraft von Fühlen, Denken und Handeln und kann sogar alle anderen Bedürfnisse zurücktreten lassen. Es bezieht sich auf das zutiefst humane Streben nach einem erfüllten Leben. Mit Nietzsches Lebenskunstmotto ›Werde, der du bist‹ umreisst Maslow die Bedeutung des neuen Begriffs. Selbstverwirklicher seien Menschen, die sich und ihre Umwelt mit allen Schwächen und Stärken präzise wahrnehmen und grundlegend akzeptierten. Sie verfügten über innere Autonomie und ein stabiles Gemeinschaftsgefühl, über eine grosse Offenheit und die Fähigkeit, die Fülle des Lebens wahrzunehmen und zu geniessen. Das Streben nach Exzellenz, nach Gipfelerfahrungen und dem Erlebnis der Einheit mit Natur und Kosmos seien wesentliche Elemente von Selbstverwirklichung.«[593]

Gewiss handelt es sich hier um ein idealtypisches Konzept. Damit die einzelnen Stufen durchlaufen werden können, braucht es selbstredend auch die notwendigen äusseren Voraussetzungen. Darüber hinaus – so gibt Maslow weiter zu bedenken – »müssen« wir »zur Kenntnis nehmen, dass es viele Menschen gibt, die das Schlechtere an Stelle des Besseren wählen, dass Wachstum oft ein schmerzlicher Prozess ist und aus diesem Grund gemieden werden kann, dass wir auch vor unseren besten Möglichkeiten Angst haben ... und dass wir alle im Verhältnis zur Wahrheit, Schönheit, Tugend eine tiefe Ambivalenz an den Tag legen, indem wir sie zugleich lieben und fürchten«.[594]

Eine Relativierung erfährt dieses Konzept indes durch das, was Viktor Frankl einmal in der Auseinandersetzung mit Freuds Theorie in Bezug auf die Schrecken der Konzentrationslager auf eindrückliche Weise festgehalten hat (s. auch 7.6). Demnach liessen die ungestillten Bedürfnisse, wie etwa das furchtbare Hungern, nicht alle, wie Freud dachte, zu »Bestien« mutieren. Ganz im Gegenteil: Es gab Menschen, die sich als »Heilige« hervortaten. Es war auch nicht immer so, dass, wie es Brecht formulierte, erst das Fressen und dann die Moral komme. »Letzten Endes« – so das Fazit von Viktor Frankl – »wird menschliches Verhalten jedenfalls nicht von Bedingungen diktiert, die« der Mensch »*antrifft*, sondern von einer Entscheidung, die er *trifft*« (Hervorh. v. Verf.).[595]

Schliesslich suggerieren auch die Untersuchungen von Bowlby (s. 7.4.3.1), dass der Aspekt der Beziehung primärer Natur ist und Vorrang gegenüber dem Selbsterhaltungsprinzip des Säuglings hat. Dies wird durch das berühmte Experiment von Harlow, das unter 7.4.3.1 bereits erläutert wurde, unterstrichen. Wie so manche bahnbrechende Entdeckung, wurde diese Erkenntnis zufällig gewonnen: um die Tiere vor Lichteinfall zu schützen, hatte Harlow Tücher um die Gitter angebracht, an denen sich die Tiere wie am Pelz einer Mutter festklammerten. Dabei zogen sie dieses wärmende Muttersurrogat einer »Drahtpuppe, die mittels Milchspender orale Bedürfnisse« stillte, vor.[596]

Schliesslich gehört aus theologischer Sicht noch eine Sinndimension an die Spitze der Maslow'schen Pyramide, welche nicht nur das Element der Selbstverwirklichung, sondern auch den Aspekt des Verzichtes, des Leidens, ja der Selbstverleugnung – mit anderen Worten des Kreuzes – umschliesst.

Gleichwohl ist die Geistesverwandtschaft zwischen Maslow und Frankl unübersehbar, und so erstaunt es nicht, dass sie sich mit weiteren Gleichgesinnten, wie etwa Carl Rogers oder Rollo May zusammentaten, um die »Gesellschaft für Humanistische Psychologie« zu gründen.[597] Ihr Hauptprogramm lässt sich aus dem Vorwort zu Abraham Maslows Opus magnum, *Motivation und Persönlichkeit*,[598] deutlich entnehmen: »Hätte ich die These dieses Buches in einem einzigen Satz zusammenfassen müssen, hätte ich gesagt, dass *zusätzlich* zu dem, was die Psychologien jener Zeit über die menschliche Natur zu verkünden hatten, der Mensch auch eine höhere Natur besässe und dass diese instinktoid wäre, das heisst, Teil seines Wesens, und hätte das zutiefst ganzheitliche Wesen der menschlichen Natur betont, im Gegensatz zu dem analytisch-sezierenden ... Verfahren des Behaviorismus und der Freud'schen Psychoanalyse. Oder um es anders auszudrücken, ich akzeptiere sicherlich die verfügbaren Daten der experimentellen Psychologie und Psychoanalyse und baue auf ihnen auf ... Viele Mitglieder dieser Gemeinschaft verkünden« indes »eine Anschauung, die von tiefer Verzweiflung und von einem Zynismus charakterisiert wird ... Im Endeffekt leugnen sie die Möglichkeiten, die menschliche Natur und Gesellschaft zu bessern oder innere menschliche Werte zu entdecken oder lebensliebend im Allgemeinen zu sein ... Die humanistischen Psychologen widersprechen dieser Subkultur der Verzweiflung ...«[599]

Es ist bemerkenswert, dass sowohl Maslow wie auch später Seligman durch Erlebnisse mit Kindern massgeblich beeinflusst worden sind. So fragte Maslow, was denn angesichts des »gelangweilten, lethargischen Verhalten(s) von Schulkindern« mit der intensiven »Neugierde der meisten Babys und Kleinkinder« geschehen war.[600] Seligman seinerseits wurde von seiner fünfjährigen Tochter, die er angebrüllt hatte, zurechtgewiesen; er sah sich gezwungen, sich neu auf seine positiven Kräfte zu besinnen, um unliebsame Impulse zu kontrollieren.[601]

Mit diesen einleitenden Worten wollen wir uns im Folgenden den Fragen nach Ausrichtung und Themen der Positiven Psychologie zuwenden.

8.1 Ziele der Positiven Psychologie

Auhagen definiert das Ziel der Positiven Psychologie dahingehend, »Menschen zu einem produktiven und erfüllten Leben zu verhelfen«.[602] Als zentrale Elemente der Positiven Psychologie sind die Begriffe der »Stärken« und der »Ressourcen« zu nennen. Obwohl sie sich bis zu einem gewissen Grade überschneiden, können sie wie folgt definiert werden: Ressourcen bezeichnen eher den dynamischen Aspekt der Entwicklung, während »menschliche Stärken« mehr inhaltlich bestimmt sind. Martin Seligman definiert Letztere etwas vage »als ›positive menschliche Merkmale‹«.[603]

»Autoren der Positiven Psychologie fassen darunter:

1. sogenannte Tugenden, also Konzepte mit einer starken ethischen Komponente wie Verzeihen, mitmenschliche Güte, Mitgefühl, Solidarität, Demut, Empathie und Altruismus;
2. stabile und prozessorientierte Eigenschaften, die mit einer positiven Bemeisterung des Lebens verbunden werden, wie positives Denken, Hoffnung, Humor, das Erleben von Sinnhaftigkeit im Leben, Beharrlichkeit und Wachstum;
3. Fähigkeiten, die das Leben zu erleichtern scheinen, etwa kommunikative Fertigkeiten, Kreativität oder Intelligenz.«[604]

Charakteristisch für die erste Gruppe ist die soziale Ausrichtung, die traditionellen christlichen Werten der Hingabe und Selbstlosigkeit – man kann durchaus von Nächstenliebe sprechen – sehr nahe kommt. In der zweiten Gruppe sind Charaktereigenschaften wie etwa Wille, Mut und Ausdauer angesprochen, die primär im lebenspraktischen Bereich angesiedelt sind und auch im Zentrum antiker populärphilosophischer Reflexion angesiedelt sind (z.B. *per aspera ad astra*). Schliesslich können Fähigkeiten wie Kreativität und Intelligenz zu den Talenten oder Gaben gezählt werden, die es in aufbauendem Sinn zu investieren gilt. Diese nicht brachliegen zu lassen (Mt 25,14–30) bzw. unter den Scheffel zu stellen (Mt 5,15), sondern zu entwickeln und zu entfalten, darf als zentrales christliches Postulat betrachtet werden.

Unübersehbar ist dabei die Nähe der Positiven Psychologie zu den vier antiken Kardinaltugenden (Besonnenheit, Tapferkeit, Weisheit und Gerechtigkeit) und den drei theologischen mittelalterlichen »Tugenden« (Glaube, Liebe, Hoffnung) (s. auch Kapitel 4).

Zuvor sollen indes menschliche Stärken bzw. Ressourcen aus Sicht der Positiven Psychologie genauer untersucht werden.

8.2 Themen der Positiven Psychologie

Erste Systematisierungsversuche finden sich etwa im Handbuch der Positiven Psychologie von Lopez und Snyder.[605] Nachstehend folgen wir im Wesentlichen einer Darstellung und Reihenfolge von Auhagen.[606]

8.2.1 Positives Denken

»In der wissenschaftlichen Psychologie wurden positive Haltungen lange Zeit nur dann als adaptiv erachtet, wenn sie noch realistisch waren.«[607] Doch selbst problematische (s.u.), illusionäre Erwartungen können »bei der Bewältigung schwieriger Situationen« hilfreich sein.[608] Generell lässt sich sagen, »dass positive Haltungen wie Optimismus, die Wahrnehmung der persönlichen Kontrolle und die Fähigkeit, einen Sinn in den Lebensereignissen zu finden, wichtige Ressourcen im Hinblick auf physisches und psychisches Wohlbefinden darstellen. Neurobiologische Untersuchungen haben in der neuesten Zeit diese Resultate durchaus bestätigt.[609]

Positives Denken wird im wissenschaftlichen Kontext mit folgenden subjektiven Phänomenen in Verbindung gebracht: *Optimismus, Kontrollüberzeugungen* und *Selbstwirksamkeitserwartung*.[610]

Die drei Begriffe überschneiden sich in ihrer Bedeutung, lassen sich aber bis zu einem gewissen Grad wie folgt gegeneinander abgrenzen.

Optimismus ist die allgemeinste Form positiven Denkens und »kann als habituelle Tendenz verstanden werden, die Dinge zuversichtlich zu sehen und selbst in schwierigen Situationen positive Ergebnisse zu erwarten«.[611]

Konkreter ist der Begriff der *Kontrollüberzeugung*. So versteht man darunter u.a. die allgemeine Gewissheit, auf das eigene Schicksal einwirken zu können.[612]

Der verwandte Begriff *Selbstwirksamkeitserwartung* beinhaltet »die Überzeugung, wirksam Einfluss auf ein Geschehen nehmen zu können und so das zu erreichen, was man erreichen möchte«.[613]

Die Auswirkungen positiven Denkens sind offenkundig: so konnten »in mehreren Studien … Zusammenhänge zwischen Optimismus und physischer sowie psychischer Gesundheit nachgewiesen werden. Eine optimistische Haltung hilft beispielsweise bei der Genesung: Weniger Schmerzempfinden nach einer Operation stand in direktem Zusammenhang mit besseren, positiven Erwartungen … Eindrucksvoll konnte auch« der Nachweis erbracht werden, dass »Optimismus hinsichtlich Depressionen bei älteren Männern ein protektiver Faktor ist ... Weiterhin zeigte sich, dass mit stärker ausgeprägtem Optimismus das Risiko sinkt, einen Herzinfarkt zu erleiden, und die Chance auf schnelle Genesung nach medizinischen Eingriffen steigt ... Insgesamt scheinen sich Optimisten« auch »dadurch auszuzeichnen, dass sie sich aktiv mit Problemen auseinandersetzen«.[614] Denn die Erwartung eines positiven Ausganges bildet die Voraussetzung für aktives Handeln im Blick auf ein gelungenes Geschehen. Vergleichbare Resultate ergeben sich auch aus medizinsoziologischen Studien, die vorwiegend in den USA durchgeführt wurden.[615] Darüber hinaus kann auch »ein religiöser Glaube die Gesundheit positiv beeinflussen ... Das heisst: Wer glaubt ... verfügt über mehr Bewältigungsstrategien und geniesst eine höhere Lebenszufriedenheit, ja sogar eine höhere Lebenserwartung.«[616] Auf der »Stress-Bewältigungstheorie von Aaron Lazarus« aufbauend, hat K. Pergament »in umfangreichen Studien die Rolle der Religiosität in der Krankheitsbewältigung erforscht«.[617] Dabei wurde die Bedeutung der Religion sehr differenziert untersucht. »Im Hinblick auf gesundheitsförderliche Effekte kam Pergament ... zu dem Schluss, dass Gläubige, die in der Furcht leben, für ihre Sünden von einem strengen Gott bestraft zu werden, und die diese Strenge auch in ihrer Glaubensgemeinschaft als ›emotionales Klima‹ erleben, stärker zu Depressionen, Ängsten und psychosomatischen Störungen neigen als Nichtreligiöse. Umgekehrt fördert der Glaube an einen freundlichen Gott, der menschliche Schwächen nachsichtig beurteilt, in Verbindung mit emotionaler Geborgenheit in einer Glaubensgemeinschaft das psychische und physische Wohlbefinden deutlich.«[618]

Glaube ist kein einheitliches Phänomen – er kann sogar gegensätzliche Standpunkte umfassen, welche sich im ersten Fall unter dem Aspekt eines *fundamentalistischen* und im anderen Fall eines *fideistischen* Glaubensverständnisses bestimmen lassen. Aus psychologischer Sicht ist daher der Glaube als Über-Ich-Funktion, dem ein strafendes Eltern- und Gottesbild zugrunde liegt, vom Glauben, der in einer von Freiheit und tiefem Vertrauen geprägten dialogischen Gottesbeziehung wurzelt, grundlegend zu unterscheiden. In welcher Relation sind fideistischer Glaube und positives Denken zu sehen? Für ein vertieftes Verständnis dieser Frage ist es hilfreich, das salutogenetische Konzept von Aaron Antonowsky[619] zu erläutern. Wie war es nur möglich, so fragte er sich, dass Menschen den absoluten Horror eines Konzentrationslagers überleben und danach ein weitgehend normales Leben führen konnten? Welche protektiven Faktoren waren dafür verantwortlich? Dabei stiess er auf das zentrale Konzept des SOC oder *sense of coherence*. Es bezeichnet das Gefühl bzw. das Empfinden der Deutbarkeit und Vorhersagbarkeit von Ereignissen, wodurch sich selbst eine aus den Fugen geratene Welt weitgehend kohärent erklären und damit auch besser beeinflussen und so eher bewältigen lässt. Darüber hinaus vermag, wie Frankl gezeigt hat (vgl. 7.6), auch der Einbezug der Sinndimension der Resignation wirksam entgegenzuwirken. Ein Überleben im Konzentrationslager oder unter anderen vergleichbaren widrigen Gegebenheiten erscheint ohne diese kausale und finale Deutungsperspektive kaum vorstellbar oder auf jeden Fall äusserst schwierig.

Salutogenese kann daher auch als positives Denken »par excellence« bezeichnet werden. Sowohl der Salutogenese wie auch dem positiven Denken sind indes Grenzen gesetzt, insofern diese immanent auf die Entfaltung von Lebensmöglichkeiten gerichtet sind. Denn positives Denken soll – wie schon erwähnt – »Menschen zu einem produktiven und erfüllten Leben … verhelfen«.[620] Doch *in conspectu mortis* vermag dieser Ansatz nicht mehr zu genügen. Zahlreiche Zeugnisse solcher Grenzsituationen wurden von Pergament dokumentiert, so etwa die Reaktion eines Passagiers unmittelbar nach einer Explosion in einem Flugzeug, das durch eine Bruchlandung dem »Schlimmsten« noch entgehen konnte: »After the flight attendant explained emergency landing procedures, we were left with our thoughts. That's when I began praying. I closed my eyes and thought, ›Dear Lord, I pray that you'll guide the pilot's hands.‹ I also thought that if God wanted to take my life, that it was O.K. with me. I was full of peace. Here I was sitting on the edge of eternity. I wasn't facing the end of my life.«[621]

Die Hoffnung des Glaubens transzendiert mit anderen Worten das positive Denken. Wie fundamental die Hoffnung des positiven Denkens und des Glaubens sich unterscheiden können, entnehmen wir folgender Schilderung von Viktor Frankl (s. 7.6): »Fragen wir ..., wie ein Verhaltenstherapeut Fällen von menschlicher Tragik wie dem bevorstehenden eigenen Tode oder dem Tode eines anderen gegenübertritt. Einer der ... Vertreter der lerntheoretisch begründeten Verhaltensmodifikation«, J. Wolpe, »lässt es uns wissen: In solchen Fällen ›sollte der Patient ... Anrufe besorgen, ... das Gras mähen oder Geschirr waschen, und diese Betätigungen sollten vom Therapeuten gelobt oder anderweitig belohnt werden!«[622]

Es ist gewiss kein Widerspruch, gläubig und Optimist zu sein. Gewöhnlich dürften die meisten »Gläubigen« zunächst Optimisten sein, d.h., sie hoffen auf einen positiven Ausgang und ein gutes Gelingen im Kontext alltäglicher Anforderungen. Erst in extremen Situationen, wo das Leben auf dem Spiel steht, wo der »profane« Optimismus bzw. die diesseitige Hoffnung nicht mehr hinreichend tragen, tritt der personale Aspekt des Glaubens in den Vordergrund, der im Gebet von Getsemani wohl seinen stärksten Ausdruck findet: »Abba, Vater, alles ist dir möglich« (Mk 14, 36a). Hier erkennen wir einen Mehrwert der Seelsorge gegenüber der Psychotherapie (s. Kap. 11).

8.2.2 Gelassenheit

So sehr Gelassenheit ein erstrebenswerter und von vielen erhoffter Zustand ist, so wenig ist das Phänomen Gegenstand psychologischer Forschung.

Der Begriff Gelassenheit (mhd. *gelazenheit*) soll vom Mystiker Meister Eckhart (um 1260 bis 1328) zuerst in die deutsche Sprache eingeführt worden sein.[623] Das mittelhochdeutsche Adjektiv *gelazen* »bedeutete in der Sprache der Mystiker ›gottergeben‹ … ruhig‹ (im Gemüt)«.[624] Gewiss ist Gelassenheit auch eine Folge von Optimismus sowie der Überzeugung, wirksam Einfluss auf ein Geschehen oder sein Schicksal nehmen zu können. Je grösser das Ausmass eigener Gestaltung, desto geringer ist selbstredend die Angst vor Versagen oder einem negativen Ausgang. Denn »Stress ist gewissermassen ein Antipode der Gelassenheit«.[625] Doch Gelassenheit ist mehr als nur das Ergebnis des Glaubens an die eigenen Stärken und Ressourcen. Gelassenheit gründet zunächst auf lebensgeschichtlich erworbenem Urvertrauen – selbstverständlich auch in Relation zur Veranlagung – und bewirkt »Bindungssicherheit«.[626] »Die Fähigkeit, vertrauen und hoffen zu können, entsteht durch eine hinreichend häufige Wiederholung hinreichend guter und hinreichend zuverlässiger Erfahrungen.«[627] »Sicher gebundene Kinder sind mit hoher Wahrscheinlichkeit in der Lage, sowohl gute soziale Beziehungen zu entwickeln als auch gute schulische Leistungen zu erbringen.«[628] »Auf der Basis der Erfahrung, dass es ›grundsätzlich funktioniert‹, wächst das Kind« mit der Zeit »zunehmend auch an den Herausforderungen«.[629]

»Psychotherapie kann« indes »erforderlich sein, wenn im Lebensverlauf nicht genügend, nicht genügend vielfältige und nicht genügend effektive Bewältigungsmechanismen gelernt werden konnten.«[630] Die Angst bzw. die belastenden Emotionen, die sich durch Reaktivierung traumatischer Erinnerungen unweigerlich einstellen, bilden die grosse Hürde im Blick auf eine erfolgreiche Psychotherapie. Entscheidend ist dabei, »dass therapiespezifische Techniken letztendlich nur dann zum Tragen kommen können, wenn die therapeutische Beziehung auf ... Akzeptanz basiert, d.h. eine vertrauensvolle therapeutische Beziehung etabliert werden kann«.[631]

Gewiss spielen neben den biologisch-genetischen Gegebenheiten und positiven biografischen Erfahrungen auch individuell-charakterliche Aspekte eine wichtige Rolle. Selbstwahrnehmung, Selbstreflexion sowie Selbstkritik erscheinen als massgebliche Eigenschaften, den eigenen Charakter zu schulen und Gelassenheit zu entwickeln. Angesprochen ist damit die »Bindungssicherheit« zur eigenen Person, die etwa durch die Schulung des eigenen Selbst im Sinne Sokrates' zu erlangen wäre. Die Bibel spricht dabei auch vom Herz des Menschen (vgl. hierzu den alttestamentlichen Begriff *leb* [s. 5.2]). In der seelsorgerlichen Praxis ist die *Autopoimenik* indes immer als Zwiegespräch mit Gott gedacht. Aus religiöser Perspektive kann sich nämlich erst im trostspendenden Dialog mit dem »»grosse(n) Gegenüber«[632] (Thurneysen) Gelassenheit entwickeln. Denn sowohl Kompetenz wie auch menschliche Qualitäten eines jedes Psychotherapeuten stossen an Grenzen. Auch im besten Fall vermögen sie kein absolutes Vertrauen zu vermitteln. Hier erschliesst sich die tiefere Bedeutung der Gelassenheit, nämlich der mystischen *Gelazenheit*, in welcher Meister Eckhart »die Sehnsucht des Menschen, nicht nur des mittelalterlichen Menschen, nach einem Geborgensein im Urgrund des Lebens« aufgreift, dem letzten »Aufgehobensein in Gott«.[633]

Selbstredend, dass die angesprochene tiefere Bedeutung über den gängigen semantischen Rahmen von »Gelassenheit« hinausreicht. Damit ist ein weiterer verwandter Begriff angesprochen – sowohl der Positiven Psychologie wie auch des christlichen Glaubens und damit der Seelsorge: *Geborgenheit*.

8.2.3 Geborgenheit

Transkulturelle Untersuchungen deuten auf zwei konstant auftretende komplementäre Hauptmerkmale der Geborgenheit hin.[634] So sagen Indonesier etwa »›Rasa tentram‹ und meinen damit ein Gefühl bzw. eine Empfindung von Ruhe, Friedlichkeit« sowie »Sicherheit«; »von ›Perlindungan‹ sprechen sie, wenn sie die Geborgenheit des Obdachs, des Asyls oder Schutzraums meinen«.[635] In Thailand unterscheidet man ebenfalls zwischen der immateriellen Bedeutung »›warm ums Herz‹« und dem Aspekt materieller Sicherheit. Diese beiden Elemente lassen sich auch in Deutschland nachweisen.[637]

Bemerkenswert ist indessen, wie unterschiedlich die beiden Merkmale interindividuell bewertet werden. Während die einen Sicherheit v.a. in zwischenmenschlichen emotionalen Bindungen suchen, bauen andere ihre Sicherheit vorwiegend auf materiellen Werten auf. Dabei können Surrogate wie Geld oder Macht menschliche Wärme, Zuneigung sowie das Gefühl von Zugehörigkeit verdrängen. Andererseits kann die Regression in eine infantile emotionale Abhängigkeit auch daran hindern, sich eine materielle Basis zu schaffen und eine tragende Existenz aufzubauen. Diese beiden Aspekte bestimmen die psychotherapeutische Arbeit in hohem Masse.

»Sich geborgen zu fühlen und geborgen zu sein ist die wohl umfassendste und nachhaltig … wirksame Entwicklungsdeterminante vor allem in der frühen Persönlichkeitsentwicklung. Fehlt ein kontinuierliches Geborgenheitserleben in der frühen Kindheit, in der Kindheit, der Jugend oder im Erwachsenenleben, steigt die Gefahr der Beeinträchtigung durch Ungeborgenheit … Die Entwicklungschancen sind dann weniger gut, die sozialen Kontakte eingeschränkt, Pessimismus, Skepsis, Misstrauen und Ängstlichkeit prägen die Lebenseinstellung.«[638] Angst und Depression gelten als psychiatrische Manifestationen der Ungeborgenheit.[639] Entscheidend im Blick auf einen therapeutischen Erfolg ist auch hier, dass – wie unter 8.2.2 bereits erwähnt – eine vertrauensvolle Beziehung zum Psychotherapeuten oder zum Seelsorger etabliert werden kann.

Heilende Wirkung ist im Blick auf die Seelsorge besonders von den Bildern und der Poesie vieler Psalmen zu erwarten, wie etwa Psalm 23: »Der Herr ist mein Hirte, mir mangelt nichts, er weidet mich auf grünen Auen. Zur Ruhe am Wasser führt er mich, neues Leben gibt er mir« (Vv. 1a–3a). Oder Psalm 91: »Meine Zuflucht und meine Burg, mein Gott, auf den ich vertraue … Mit seinen Schwingen bedeckt er dich, und unter seinen Flügeln findest du Zuflucht … Du musst dich nicht fürchten vor dem Schrecken der Nacht …« (Vv. 2a–5a). Eine besondere Ausstrahlung geht auch von den Metaphern des Lichtes, des Zuspruches und des Trostes beim Propheten Jesaja aus. Diese sind aber nicht einfach gottgegeben, sondern explizit an Engagement und soziale Gerechtigkeit gebunden: »Ist dies nicht ein Fasten, wie ich es will: Ungerechte Fesseln öffnen, die Stricke der Jochstange lösen und Misshandelte freilassen und dass ihr jedes Joch zerbrecht? Bedeutet es nicht, dem Hungrigen dein Brot zu brechen und dass du Arme, Obdachlose ins Haus bringst? Wenn du einen Nackten siehst, dann bedeck ihn, und deinen Brüdern sollst du dich nicht entziehen! Dann wird dein Licht hervorbrechen wie das Morgenrot« (Jes 58, 6–8a).

Schliesslich ist Geborgenheit auch ein innerseelischer Zustand. In sich selber ruhen, in Harmonie mit seinen erfüll- und nicht erfüllbaren Wünschen und Erwartungen zu leben ist ebenfalls ein wesentlicher Aspekt des Geborgenseins.

Dass Gottes Anrede den Menschen aus vertrauten Verhältnissen in ein neues, unbekanntes »Land« (s. Gen 12, 1–3) herausrufen will – m.a.W. der Aspekt der Entwicklung und Veränderung, welcher vermeintliche Sicherheit hinter sich lassen muss – ist ein weiteres Thema, das von entscheidender existenzieller Bedeutung ist. Das Spannungsfeld zwischen Geborgenheit und steter Bereitschaft, sich für Neues offenzuhalten, bestimmt wesentlich sowohl die seelsorgerliche wie auch psychotherapeutische Arbeit. Schliesslich kann jeder Hort der Geborgenheit zum Ort der Verlorenheit mutieren und bedarf daher der dauernden Erneuerung – ein Prinzip, das selbstredend ebenfalls sowohl für die Seelsorge wie auch für die Psychotherapie gilt.

Eine weitere, fundamentale Eigenschaft, die sowohl mit der Gelassenheit wie auch mit der Geborgenheit eng verbunden ist, bildet das *Vertrauen*; sie soll nachfolgend ausführlich thematisiert werden.

8.2.4 Vertrauen

»Vertrauen« gilt als »ein zentrales Charakteristikum menschlichen Lebens«, denn »ganz ohne Vertrauen ist soziales Miteinander nicht vorstellbar ... Untersuchungen zeigen ..., dass erlebtes Vertrauen die eigene Handlungsplanung« vereinfacht und »die zwischenmenschliche Kommunikation« verbessert.[640] Niklas »Luhmann spricht in seiner soziologisch-funktionalen Analyse des Vertrauens von einem Mechanismus zur Komplexitätsreduktion ...: Vertrauen reduziert die Vielzahl potenziell denkbarer Handlungsausgänge bzw. -alternativen auf einige wenige«, wodurch »das Individuum bzw. ein soziales System überhaupt erst handlungsfähig« werden.[641]

Vertrauen ist zunächst als »lebensbereichsspezifisch« zu betrachten, »d.h., erlebtes Vertrauen kann in einem Lebensbereich sehr stark und in einem anderen sehr schwach ausgeprägt sein«.[642] Auf der anderen Seite gibt es ein generelles Lebensvertrauen, welches weniger auf eine bestimmte Gegebenheit bezogen ist, als auf das Leben im Allgemeinen. Dieses umfassendere Vertrauen ist – wie bereits angedeutet – in der Nähe der Begriffe Gelassenheit und Geborgenheit anzusiedeln.

Mehr als die besagten verwandten Begriffe kann Vertrauen in eine rationale und irrationale Komponente unterteilt werden. Dabei kann die kognitive Analyse und Bewertung vom emotional-intuitiven ersten Eindruck zum Teil erheblich differieren. Gemäss dem affektlogischen Prinzip sind sie gleichwohl als komplementäre Aspekte eines einheitlichen Erlebens aufzufassen (vgl. 5. 1).[643]

Die Vertrauensbildung ist – gemäss Neidhardt – ein Prozess der »›kleinen Schritte‹«.[644] Einem verantwortbaren Vertrauensvorschuss hat ein entsprechender Vertrauenserweis zu folgen. Letzte Gewissheit lässt sich dabei nie erlangen. Der zeitliche Aspekt ist indes von grosser Bedeutung.[645] Vertrauen kann nur in einem Wechselspiel von Geben und Empfangen aufgebaut werden, ohne kalkulierbare Vorgaben, auch wenn das eingegangene Risiko in der Regel dem erwarteten Gewinn entspricht. Darüber hinaus ist es eine Frage des Temperamentes und des Mutes, wie forsch bzw. vorsichtig man sich einem Menschen oder einer Aufgabe annähert. Selbstverständlich spielen auch kulturelle Unterschiede sowie frühere Erfahrungen eine wichtige Rolle.

Die *fides qua creditur* und die *fides quae creditur* sind Ausdruck dieses dialektischen Geschehens. Vertrauensvorschuss und Vertrauenserweis bedingen einander gegenseitig. Ersterer ist aber ganz entscheidend ein interpersonales Geschehen. Denn die Annahme eines Wortes oder einer Botschaft ist immer abhängig vom Menschen, der sie spricht. Darum kann man nicht nur *an das* glauben, *was* jemand sagt, sondern auch *an den Menschen, der* etwas sagt, was nichts anderes heisst, als dass man *ihm* vertraut. Diese Unterscheidung wird im Neuen Testament nicht klar vorgenommen: denn an das Evangelium glauben kann auch heissen, dem Verkünder dieser Botschaft zu glauben, mit anderen Worten, ihm sein ganzes Vertrauen auszusprechen. Daher bezeichnet im Neuen Testament *pistis* einerseits den Akt der Annahme eines Glaubensinhaltes, andererseits auch die notwendige Voraussetzung dazu, nämlich das Vertrauen.[646] Zweifellos geschieht dies auch im Lichte des »in der alttestamentlich-jüdischen Tradition lebendige(n) ...

Gottesverhältnis(ses)«.[647] Daher ist Vertrauen nie nur Geschenk, »geweckt und getragen durch sein Gegenüber«,[648] sondern auch Wagnis und damit aktives Geschehen zugleich. Dieses reziproke Verhältnis ist selbstredend von elementarer Bedeutung sowohl für die Seelsorge wie auch für die Psychotherapie.

Doch wie lässt sich angesichts der Unbilden dieser Welt und die eigene Vergänglichkeit vor Augen überhaupt noch vertrauen? Diese Frage stellt eine grosse, vielleicht die grösste Herausforderung für jeden Seelsorger und Psychotherapeuten dar. Ein Vertrauen, das die Möglichkeit des Scheiterns konsequent ausblendet und sich eine heile Welt, die keine Zweideutigkeiten und Zweifel zulässt, schafft, erscheint erfahrungsgemäss problematisch. Wir stehen hier vor der Theodizeefrage, die Theologen und Philosophen zu allen Zeiten immer wieder beschäftigt hat. Sie wurde von Georg Büchner mit schneidender Schärfe formuliert: »Man kann das Böse leugnen, aber nicht den Schmerz; nur der Verstand kann Gott beweisen, das Gefühl empört sich dagegen ... warum leide ich? Das ist der Fels des Atheismus. Das leiseste Zucken des Schmerzes und rege es sich nur in einem Atom, macht einen Riss in der Schöpfung von oben bis unten.«[649] Nicht zufällig siedelt Büchner das Drama in der Zeit der Französischen Revolution mit ihrem schier endlosen Blutvergiessen an. Dieser Bruch bzw. Riss durch die Schöpfung, die Zerstörung ihrer guten Ordnung lassen sich aus therapeutischer oder seelsorgerlicher Sicht nur dadurch erklären, dass sie über die Sinnfrage beantwortet werden: Es ist das sinnlose Leiden, an dem der Mensch irrewird und ihn nicht mehr glauben und vertrauen lässt. Es ist mehr als bemerkenswert, dass demselben Georg Büchner nach einem mehr als nur kurzen Leben – er starb 24-jährig in Zürich auf dem Totenbett folgende Worte zugesprochen werden: »Wir haben der Schmerzen nicht zu viel, wir haben ihrer zu wenig, denn durch den Schmerz gehen wir zu Gott ein!«[650]

Dieses Bekenntnis sowie die unerhörte Aussage von Viktor Frankl, wonach »menschliches Leben immer und unter allen

Umständen Sinn habe und dass dieser unendliche Sinn des Daseins auch noch Leiden und Sterben, Not und Tod in sich mit einbegreife«,[651] sollen im nächsten Abschnitt noch weiter reflektiert werden.

8.2.5 *Sinn*

Auch hier bestätigt sich, was bislang wiederholt zum Ausdruck gekommen ist: Die Begriffe der Positiven Psychologie lassen sich nicht scharf voneinander abgrenzen. So sind sowohl Vertrauen wie auch Selbstvertrauen immer auch Ergebnis von Sinnerfahrungen, die uns ihrerseits als elementares Erleben seelischer Ganzheit, Verlässlichkeit menschlicher Bindungen sowie geregelter Weltordnung erscheinen.[652]

Zunächst gilt es aus psychotherapeutischer bzw. seelsorgerlicher Sicht zwischen zwei Grundbedeutungen des Begriffes *Sinn* zu unterscheiden. Zum einen *immanent* in der Bedeutung von *Funktion*, etwa wenn vom Sinn eines Traumes oder einer Fehlleistung die Rede ist. Zum anderen kann vom *transzendenten* Sinn die Rede sein, auf den Wittgenstein in einer Kernaussage seiner Tractatusphilosophie Bezug nimmt, wenn er sagt: »Der Sinn der Welt muss ausserhalb ihrer liegen.«[653] Interessant ist in diesem Zusammenhang auch die Etymologie: »Schon in althochdeutscher Zeit« wurde der Begriff Sinn »auf Verstand und Wahrnehmung bezogen. Auf eine ältere Bedeutung weist ... ›sinnen‹ ..., das ... ›streben, begehren‹ bedeutet ... Die gesamte germ. Wortgruppe beruht auf der indogermanischen Wurzel sent- ›gehen, reisen, fahren‹, deren ursprüngliche Bedeutung wohl ›eine Richtung nehmen ...‹ war.«[654]

Hier fügt sich sehr schön die religionswissenschaftliche Betrachtung von Daniel Hell an: »Nach ... Studien z.B. von Mircea Eliade wirkt sich religiöses Erleben schon in archaischen Kulturen dahingehend aus, dass das vorher ungerichtete Zeit- und

Raumerleben der Menschen eine sinnstiftende Ausrichtung und eine strukturierte Ordnung bekommt. Wenn heute noch in Asien heilige Gegenstände (wie Steine und Pfähle) zum Schmücken von Häusern und Wohnungen verwendet werden, so liegt der Sinn darin, mit diesen Symbolen den physikalisch ungegliederten Raum zu zentrieren und den Bewohnern ein Gefühl der Verwurzelung« und Orientierung »zu geben«.[655]

Hieraus leitet sich ein charakteristischer Aspekt der Sinnerfahrung ab: der Aspekt der Struktur, des Weges und der Entwicklung auf ein Ziel hin. Man könnte diesen Aspekt auch als den *kognitiven* Sinnanteil bezeichnen, der gelegentlich mit einem Puzzlespiel verglichen wird.[656] Dabei übertrifft das Gesamtbild in seiner Aussagekraft die Summe der Einzelteile. Hier ist das Prinzip des Holismus angesprochen. Das Ganze ergibt einen Zustand höherer Ordnung, der eine neue Sinndimension erschliesst. Der Chemiker Ilja Prigogine spricht in diesem Zusammenhang von »dissipativen Strukturen«. Diese sind dadurch charakterisiert, dass die Zufuhr von Energie in ein System zu einem Zustand geringerer Entropie und damit höherer Ordnung führt.[657] Auf *emotionaler* Ebene entspricht diesem kognitiven Strukturprinzip ein Gefühl der Zusammengehörigkeit bzw. des Zusammengefügtseins. Dieser »Aha-Effekt« des »Zusammenpassens« wurde von Antonovsky auch als *sense of coherence* (SOC) bezeichnet (s. 7.2.1). Er fasst dieses Konzept wie folgt zusammen: »Das allen generalisierten Widerstandsressourcen Gemeinsame – so mein Ansatz – ist, dass sie es leichter machen, den zahllosen Stressoren, von denen wir fortwährend bombardiert werden, einen Sinn zu geben. Dadurch, dass sie einen ... mit ... sinnhaften Erfahrungen versorgen, schaffen sie mit der Zeit ein starkes Kohärenzgefühl.«[658] Damit entsteht »ein durchdringendes, andauerndes« und stetig wachsendes »Gefühl des Vertrauens«, nicht nur, »dass die eigene interne und externe Umwelt voraussagbar« und gestaltbar ist, sondern auch, dass alle Stressoren letztlich sinnhaft verarbeitet werden können.[659] »Zwischen Sinn und seelischer Gesundheit gibt es deutliche Zusammenhänge: Personen, die häufiger Sinn erleben, sind eher seelisch gesund …, lebenszufriedener« und »emotional stabiler«.[660] Umgekehrt geht »der langfristige Mangel oder das Fehlen von Sinnerfüllung in … wichtigen Bereichen bei manchen Menschen mit seelischer Beeinträchtigung und Depressivität« einher.[661]

Aus dieser Perspektive bietet sich eine weitere Sinnmetapher an: das *Mosaik*. Im Unterschied zum Puzzle (s.o.) gewährt es mehr Freiheit bei der Gestaltung des Lebensskriptentwurfes. Nicht nur im sinnstiftenden Gesamtbild, sondern auch bei der Wahl der Farben und Schattierungen drückt sich eine grössere Kreativität aus. Dabei finden im Laufe der Bildgestaltung dunkle Elemente, die sich lange nicht integrieren liessen, etwa leidvolle Erfahrungen, auf einmal ihren angemessenen Platz. Dasselbe Bild liegt sinngemäss auch Mk 12, 10 zugrunde, das auf Psalm 118, 22 zurückgeht: »Der Stein, den die Bauleute verworfen haben, der ist zum Eckstein geworden, vom Herrn her ist er dies geworden, und wunderbar ist er in unseren Augen.«

Daher wird immer wieder diskutiert, ob die Sinnfrage religiöser Natur sei. Paul Tillich meinte hierzu: »›Religiös sein heisst, leidenschaftlich die Frage nach dem Sinn unserer Existenz zu stellen.‹«[662] Im selben Sinn äusserte sich auch Ludwig Wittgenstein: »›An Gott glauben heisst sehen, dass das Leben einen Sinn hat.‹«[663] Und für Albert Einstein bedeutete religiös sein, »die Frage nach dem Sinn des Lebens stellen«.[664]

Dass der Auschwitzüberlebende und Literaturnobelpreisträger Imre Kertész »in dem ihm beschiedenen Leben keine Schicksalshaftigkeit, sondern eine seltsame Prüfung erblickt«, rückt ihn ganz in die Nähe seines Leidensgenossen Viktor Frankl (s. 7.6). Wenn Kertész von einem »›unberührbaren‹« Kern und »innersten Geheimnis« spricht und »das Grauen … den höchsten Beweis«[665] für die Existenz Gottes ansieht, weil in der entsetzlichen Not die Idee des Guten ungeahnte Konturen erlangt, so mag dies befremdend oder gar erschreckend wirken. Ebenso folgendes Zeugnis Frankls: »Für uns war auch das Leiden eine Aufgabe geworden, deren Sinnhaftigkeit wir uns nicht mehr verschliessen wollten. Für uns hatte das Leiden seinen Leistungscharakter enthüllt – jenen Leistungscharakter, der einen Rilke bewogen hat, auszurufen: ›Wieviel ist aufzuleiden!‹ Wie man von ›aufarbeiten‹ spricht, so spricht Rilke von ›aufleiden.‹«[666] *Aufleiden* – ein Begriff, den man weder aus der Psychologie noch Psychotherapie kennt. Viel eher findet er in der Theologie des Kreuzes eine Entsprechung. Der Gedanke der Läuterung, des stellvertretenden Leidens und Todes waren schon immer religiöse Grundthemen, die Philosophie und Psychologie gerne ausklammerten. Das stoische *uk efemin* (»was uns nicht angeht«) setzte diesbezüglich klare Grenzen. Allerdings gehörte die weisheitliche Grunderfahrung, dass es kein Glück ohne Leid geben kann, seit je zur Philosophie: *per aspera ad astra*! Auch wenn der letzte Sinn des Seins immer als Glaubensfrage zu stellen sein wird,[667] so werden Glück und Leid in ihrer Sinnhaftigkeit aus einer immanenten Perspektive auch in der Positiven Psychologie neuerdings vermehrt bedacht, wie im Folgenden zu erläutern ist.

8.2.6 Glück

Gerade die oben genannten existenziellen Grundgegebenheiten stellen das Glück als höchstes Ziel infrage. Wohl als Folge einschnürender gesellschaftlicher Forderungen setzte mit und nach den 68er-Jahren eine Periode grosszügigster Selbstverwirklichung ein. Ihr galt das Streben nach Glück als eigentliche Richtschnur im Leben; ihr wurden die Aspekte der Hingabe, des Verzichtes und der Gemeinschaft im Blick auf einen unbegrenzten Entfaltungsanspruch weitgehend untergeordnet.

Ganz in dieses Glücksdenken gehört etwa auch die Vermarktung des Stimmungsaufhellers *Prozac* als »*happy pill*«. 2002 erschien bereits die zweite Auflage von Stefan Kleins Buch *Die*

Glücksformel oder wie die guten Gefühle entstehen. Im selben Jahr veröffentlichte M. Seligman den Bestseller *Authentic Happiness* – ein Titel, der aus einem unliebsamen Kompromiss mit dem Verleger hervorgegangen war und von welchem sich Seligman später distanzierte, weil er zu sehr nur den Aspekt der guten Stimmung betonte.[668] Glück (*happiness*) konstituiere sich demnach aus folgenden drei Elementen: »positive Emotionen, Selbstverwirklichung und Bedeutung im Leben (›meaning‹). Bei der Selbstverwirklichung – so Seligman – geht es darum, seine eigenen Stärken zu erkennen und sie in einer Tätigkeit anzuwenden, in der man völlig aufgehen kann. Mit Bedeutung ist gemeint, seine Stärken und Tugenden zugunsten eines höheren Ziels … einzusetzen … In seiner neuen Theorie, die Seligman … die Theorie des Wohlbefindens nennt, gibt es« als Korrektiv noch zwei weitere Elemente: gute Beziehungen und Leistungsorientierung.[669] In seinem letzten Buch, das die Überschrift *Flourish* trägt, hat Seligman noch eine weitere Akzentverschiebung vorgenommen. Mit dem Bild des Blühens wird der Aspekt der Entwicklung hervorgehoben, welches Wachstum und Veränderung voraussetzt. Allerdings gehören bekanntlich auch Krisen dazu, zumal auf ein Blühen das Verblühen ebenso wie auf den Verlust die Trauer folgt. Damit versucht Seligman wohl der Glücksfalle,[670] dem Wunsch nach dem ewigen Glück zu entgehen; ein Ideal, das der Realität des Lebens mit Phasen des Leides, des Verzichtes und der für die persönliche Reife nötigen Fähigkeit, Bedürfnisse aufzuschieben, nicht entspricht. Andauerndes Glück kann im Grunde nur als erstrebenswertes Ideal betrachtet werden, denn in einem absoluten Sinn stellt Glück kein realistisches Prinzip dar. Wird womöglich der Titel von einem allfälligen neuen Buch Seligmans *Reifung* lauten?[671]

Eine mit dem Glück zwar verwandte, aber doch nicht gleichzusetzende Grösse stellt indes der Humor dar, wie im Folgenden ausgeführt werden soll.

8.2.7 Humor

Während dem Glück primär eine gefühlsmässige Qualität zugrunde liegt, ist Humor eher Ausdruck einer Lebenshaltung bzw. -einstellung.

Neben Witz und Heiterkeit gehören auch das Schmunzeln sowie das Lächeln und natürlich das Lachen zum breiten Spektrum des Humors. Als höchste und wohl reifste Form dürfte das Lachen über sich selbst zu zählen sein.

Doch im Allgemeinen versteht man unter Humor in seiner gesunden Form die Heiterkeit, das heitere Gemüt bzw. die Fähigkeit, mit Humor Unbilden im Leben in einer Art und Weise zu begegnen, die Hoffnung, Lebensfreude und Optimismus lebendig erhalten.

Wollte man Humor aus einer philosophischen Perspektive definieren, so böte sich die Unterweisung des Rabbi Bunam an seine Schüler an: »›Jeder von euch muss zwei Taschen haben, nach Bedarf in die eine oder andere greifen zu können: in der rechten liegt das Wort: ›Um meinetwillen ist die Welt erschaffen worden‹, und in der linken: ›Ich bin Erde und Asche.‹«[672] Im Gegensatz zum Glück weiss der Humor um den absoluten Wert und gleichzeitig um die Relativität und Vergänglichkeit alles Seienden. Humor haben heisst, in diesem Spannungsfeld zu leben, stets offen für das Gute zu bleiben, ohne mit dem Negativen zu hadern. Oder mit den Worten Samuel Becketts: »En face le pire jusqu'à ce qu'il fasse rire« (Man hat so lange das Schlimmste vor sich, bis es einen zum Lachen bringt).[673]

Aus psychoanalytischer Sicht stellt Humor die reifste Form der Abwehrmechanismen,[674] d.h. des Umganges mit unangenehmen Empfindungen und Erfahrungen, dar. Im Gegensatz zu den unreiferen Formen der Abwehr, wie etwa Verleugnen oder Verdrängen, bedeutet Humor eine bewusste, abgeklärte Umgangsweise mit der Realität.

Lachen reduziert seelische Spannungen, indem es die Konzentration der Stresshormone Adrenalin und Kortisol vermindert.[675] Weiter stärkt Heiterkeit über eine Aktivierung des Immunsystems auch die Infektabwehr.[676] »Mehrere Studien belegen, dass sich Humor und Hoffnung positiv auf die Bewältigung kritischer Lebensereignisse auswirken ... Lachen« aktiviert »den gleichen Hirnbereich (Nucleus accumbens) ... wie Kokain«, selbstverständlich ohne Schaden für die Gesundheit.[677] Schliesslich kann Humor über eine Ausschüttung von Endorphinen zu einer Dämpfung der Schmerzempfindung führen. Humor ist nicht nur ansteckend, dessen positive Effekte lassen sich hormonell sogar über die Muttermilch auf den Säugling übertragen.[678]

Humor ist daher ein unverzichtbarer Bestandteil jeder Psychotherapie und Seelsorge! Es ist gewiss auffällig, dass man im Neuen Testament kaum Hinweise für Humor findet. Die Frage, ob Jesus gelacht habe, hat Laien wie auch Theologen wohl zu allen Zeiten beschäftigt. In Umberto Ecos Roman *Der Name der Rose* antwortet William auf Adsons Frage, warum in den Evangelien nirgends berichtet werde, dass Jesus gelacht hat: »Ich glaube, dass Christus nie gelacht hat, weil er in seiner Allwissenheit sicher schon wusste, was wir Christen alles anstellen würden ...«[679] In der dritten Seligpreisung bei Lk 6,21 wird den Weinenden zugesprochen, dass sie lachen werden. Im entsprechenden Makarismus bei Mt, das an Jes 61,2f angeglichen ist, ist von Trauernden, die getröstet werden, nicht von Lachenden die Rede. Dies könnte auf eine Hemmung hinweisen, ein allfälliges Lachen Jesu tradiert zu haben. In Lk 6,25b ist Lachen gar negativ konnotiert: »Wehe euch, die ihr jetzt lacht – ihr werdet trauern und weinen.«

8.2.8 Verzeihen

Gewiss gehört das Wort Vergebung nicht zum gängigen Vokabular psychiatrischer Lehrbücher. »Von der psychologischen Forschung wurde das Konzept des Verzeihens« in der Tat kaum beachtet, weshalb in Bezug auf »das wissenschaftliche Verständnis« noch grosser Klärungsbedarf besteht.[680] Bislang wurde das Verzeihen traditionell dem religiösen Bereich zugeordnet und aus einer hermeneutischen Perspektive gedeutet.

Gemäss psychoanalytischem Verständnis kann – ganz im Gegenteil zur ursprünglichen Bedeutung des Begriffes – Verzeihen als neurotischer Widerstand gedeutet werden, durch den aggressive Impulse der Rache oder des Grolles unter moralischem »Vorwand« abgewehrt werden sollen. Hinter dem Akt des Verzeihens stünde also eine uneingestandene Feindseligkeit gegenüber dem Akteur der zumindest subjektiv empfundenen Ungerechtigkeit. Tatsächlich steht die Vergebung *à froid* im Verdacht, der Aggressionshemmung bzw. einem idealen Wunschdenken zu dienen. Damit würde man der Realität menschlichen Empfindens nicht wirklich gerecht werden, denn unangenehme Gefühle lassen sich nicht so einfach wegwünschen oder wegdenken. Am Anfang eines realistischen Umganges mit erlittenem Unrecht steht daher zunächst die »Fähigkeit zum Perspektivenwechsel«.[681] Es geht darum, sich in die Lage des Leidverursachers hineinzuversetzen, d.h. seine Motive und seine damalige Situation verständlich erscheinen zu lassen. Wurde das Unrecht vielleicht gar unabsichtlich herbeigeführt? Der Versuch eines mitfühlenden Verstehens muss die parallel dabei auftretenden Emotionen, seien sie positiv oder negativ, genau im Auge behalten. Dieser empathische Prozess darf nicht schon voreilig zu einer Exkulpierung führen. Das Verstehen der Hintergründe eines »Täters« und seiner belasteten Vorgeschichte sowie die Einsicht in menschliche Schwächen und Unvollkommenheiten vermögen indes den Prozess des Verzeihens entscheidend zu beeinflussen.[682] Dabei korreliert das Mass an Empathie mit der jeweiligen Fähigkeit zu vergeben.[683] Wo aber diese Voraussetzungen nicht gegeben sind, können sich Rache und Hass zu einer selbstschädigenden Spirale, die einen Menschen gedanklich und gefühlsmässig völlig gefangen nimmt, hochschaukeln. Jedenfalls zeigt die Forschung auf diesem Gebiet,[684] dass »Personen, die Verzeihen als eine Copingstrategie nach interpersonalen Verletzungen einsetzen, ... lebenszufriedener« sind und »weniger depressive Symptome« zeigen.[685] »Nichtverzeihen kann Schuld- und Schamgefühle sowie tiefes Bedauern verursachen, welche ... einen negativen Einfluss auf das psychische Wohlbefinden des Betroffenen ausüben ... Rachegelüste und der Wunsch nach Vergeltung hängen« demzufolge »mit negativen Affekten und Neurotizismus« zusammen.[686]

So essenziell dieser empathische Prozess für Reduktion und Regulation negativer Emotionen auch sein mag, er kann eines nicht ersetzen: die Reue und Einsicht des »Täters« als Voraussetzung für authentisches Verzeihen erlittenen Unrechtes und für die Wiederherstellung einer getrübten oder gar beschädigten Beziehung. Man kann der Person, welcher Leid zugefügt wurde, nicht alles aufbürden. Eine Gegenleistung ist aus psychologischer Sicht unabdingbar – hieraus versteht sich auch die Warnung vor einem voreiligen Verzeihen, das so tut, als sei mit der empathischen Leistung »des Geschädigten« alles bereits in Ordnung. Darüber hinaus bleibt zu bedenken, dass das Ausmass einer Kränkung sehr häufig eine Folge vorangegangener Verletzungen ist – dass also jede Geschichte ihre Vorgeschichte hat. Es stellt sich darüber hinaus die Frage, inwieweit der »Geschädigte« eine »Verantwortung« für das Geschehene mitträgt. Dies setzt aber voraus, dass er vom Modus der Anklage in denjenigen der Introspektion wechseln kann. Diese Aspekte sind sowohl aus psychotherapeutischer wie auch seelsorgerlicher Sicht ganz entscheidend und bedürfen einer eingehenden Bearbeitung.

Des Weiteren ist zu bedenken: So zentral und wesentlich diese Erkenntnisse der Positiven Psychologie und Psychotherapie auch sein mögen – das Phänomen der Vergebung ist in seiner eigentlichen Tiefe damit immer noch nicht erfasst. Die theologische Tragweite, die in ihrer Radikalität eine neue Dimension eröffnet, wird uns indessen später noch beschäftigen müssen (s. 11. 3).

Schliesslich besteht ohne eine wie auch immer geartete Form der Wiedergutmachung die Gefahr, dass Verletzungen nicht wirklich überwunden werden, auch wenn die echt empfundene Reue eines »Täters« einen wesentlichen Beitrag dazu leisten kann.

Zusammengefasst kann man festhalten, dass Vergebung kein triviales Geschehen, sondern ein schwieriger und komplexer Prozess ist, der uns nur allzu oft die engen menschlichen, allzu menschlichen Grenzen aufzeigt.

In den Kontext der Vergebung gehören noch weitere »moralische« Tugenden, deren »konstruktives Potenzial« inzwischen gut untersucht ist.[687] »So fördern ›moralische‹ Charaktereigenschaften wie Demut oder Bescheidenheit das gesundheitliche Wohlbefinden«; darüber hinaus konnte »die psychosomatische Herzforschung … zeigen, dass Ärger, Wut und Bitterkeit dem Herzen gefährlich werden können, während die Fähigkeit zu vergeben zu den wichtigsten Schutzfaktoren gezählt werden muss«.[688]

Neuerdings wird sogar eine posttraumatische Verbitterungsstörung, die durch Empfindungen der Wut und Enttäuschung charakterisiert ist, diagnostiziert. Sie wird auf einen Mangel bestimmter Ressourcen, die man auch unter dem Begriff der »Weisheitskompetenz« subsumiert, zurückgeführt; diese soll Betroffene befähigen, erlittenes Unrecht und Kränkungen besser zu bewältigen.[690]

Wir wollen uns daher im Folgenden dem Phänomen Weisheit zuwenden und damit zugleich die Themen der Positiven Psychologie abschliessen.

8.2.9 *Weisheit*

So klar der Begriff erscheinen mag, so schwierig gestaltet sich dessen Bestimmung. Gewöhnlich gilt Weisheit als Privileg des Alters und stellt in diesem Sinne die Summe der Lebenserfahrung eines Menschen dar. Dabei klingt beim Begriff »Summe« neben der Bedeutung von Gesamtheit auch diejenige von Höhepunkt (lat. *summa*) an.

Die neuere Forschung weist indes darauf hin, dass dies nur bedingt der Fall ist.

»Während« nämlich »kristalline Anteile – so der Überbegriff für Faktenwissen ... praktische Kenntnisse ... und autobiografische Erinnerungen – bei Gesunden bis ins hohe Alter stetig anwachsen, schwindet die fluide Intelligenz. Das Denken verlangsamt sich, das Hin- und Herwechseln zwischen verschiedenen Aufgaben fällt schwerer, auch die Zahl der Assoziationen und kreativen Einfälle sinkt ... Die nachlassende ›kognitive Flüssigkeit‹ beeinflusst die Art, wie Ältere Probleme angehen: sie setzen vermehrt auf einfache Faustregeln und Standardstrategien.«[691]

Generell kann Weisheit in Form von zehn Weisheitskompetenzen operationalisiert werden.[692]

1. *Fakten- und Problemlösungswissen*
   - intuitives Wissen über menschliche Beweggründe, welches primär auf Erfahrung gründet und das mit der Fähigkeit zur Selbstwahrnehmung (s. Pkt. 5) und Empathie (s. Pkt. 7) verbunden ist.
   - konkretes Wissen über den Aufbau und das Funktionieren sozialer Strukturen und Institutionen (z.B. Umgang mit Behörden usw.).
   - Anwendung dieses Wissens etwa im Blick auf Strategien zur Lösung anstehender Probleme bzw. Konflikte.

2. *Kontextualismus*
   – Fähigkeit, innere und äussere Relationen zwischen verschiedenen Bereichen und Situationen im Leben herzustellen, u.a. mit dem Ziel, bekannte Lösungsstrategien durch Analogieschlüsse auf neuartige Situationen zu übertragen.
3. *Werterelativismus*
   – dieser etwas irreführende Begriff bezeichnet die Relativierung der eigenen Position sowie das Verständnis und den Einbezug fremder Wertvorstellungen bei der Urteilsbildung.
4. *Ungewissheitstoleranz*
   – ermöglicht, trotz Unsicherheit und Ungewissheit Entscheidungen zu fällen und Handlungen auszuführen.
5. *Emotionswahrnehmung*
   – bezeichnet die Fähigkeit, eigene Emotionen wahrzunehmen und zu beurteilen, inwieweit diese der jeweiligen Situation angemessen sind.
6. *Serenität*
   – diese Kompetenz ist an die oben genannte gebunden. Sie garantiert bei adäquater Emotionskontrolle aufgrund eines angemessenen Verhaltens seelische Ausgeglichenheit und geistiges Wohlbefinden.
7. *Empathie*
   – als zentrale oder Kardinalkompetenz zu werten, weil an ihr wie an einer Angel (lat. *cardo*) alle anderen Kompetenzen gewissermassen »hängen«. Empathie spiegelt das affektlogische Prinzip wider und lässt sich auch als mitfühlendes Verstehen bzw. als verstehendes Mitfühlen bezeichnen (s. 10. 1).
8. *Nachhaltigkeit*
   – ist Ausdruck einer Einstellung bzw. eines Verhaltens, das kurzfristige Interessen zugunsten eines langfristigen und anhaltenden Erfolges zurückzustellen vermag (gemäss

dem Sprichwort: »Wer Geduld hat und kann warten, dem wachsen Rosen in den Garten«).

9. *Perspektivenwechsel*
   - bezeichnet die Fähigkeit, von der eigenen Position abzurücken und eine andere Sicht zuzulassen bzw. einzunehmen.
10. *Selbstdistanz*
   - bedeutet, von sich selbst, von seinen Wünschen, Bedürfnissen und Zielen Abstand zu nehmen und diese zugunsten eines höheren Zieles zurückzustellen.

Nach: Baumann/Linden, Weisheitstherapie 42–46[693]

Zur Weisheit gehört indessen auch »eine besondere Art, das Erlebte zuzuordnen und zu deuten. Hier kommen Persönlichkeitsfaktoren wie Offenheit, Intelligenz, Humor und vieles mehr zum Tragen.«[694] Nicht beeinträchtigt durch den Verlust an fluider Intelligenz scheint indes die »allgemeine Fähigkeit, grössere Sinnzusammenhänge zu erkennen und Lebensereignisse in einen Kontext zu stellen«.[695] Gerade im Alter dürfte diese Stärke von entscheidender Bedeutung zu sein, da es dannzumal schwieriger ist, neue essenzielle Erfahrungen zu sammeln. Das Gesamtbild unseres Lebens setzt sich im Wesentlichen aus den bereits bestehenden Elementen zusammen. Darum besteht eine zentrale Aufgabe der Psychotherapie und Seelsorge darin, dem alternden Menschen zu helfen, versöhnt die Gesamtgestaltung seines persönlichen biografischen Gemäldes in Angriff zu nehmen. Dass die Einstellung zum Leben im Alter in der Regel eine andere ist als in der Jugend, will unbedingt beachtet sein. Während sich der junge Mensch dem Leben zuwendet, wird man sich am Lebensabend im Loslassen üben müssen. Dadurch wird manches, besonders die Bedeutung materieller Güter, relativiert. Allerdings: Alter ist noch keine Garantie für Weisheit – auch kleinliches, ängstliches und geiziges Verhalten lassen sich immer wieder beobachten. Mit den Jahren scheinen sich sowohl positive wie auch negative Eigenschaften zu akzentuieren. Damit birgt das Alter die Chance, Tugenden zu kultivieren, wie auch die Gefahr, Untugenden zu verstärken.

8.3 Kerntugenden (*core virtues*)[696]

Der bereits erwähnte Martin Seligman und der Psychologe Christopher Peterson haben den Versuch unternommen, die Vielzahl von Tugenden in verschiedenen kulturellen Kontexten systematisch zu sichten und zu klassifizieren. Als entscheidendes Kriterium erwies sich die Frage nach Werten, die sich als konstant erweisen und daher als universal zu betrachten sind. Die auf der Basis von zehn vorgegebenen Kriterien ausgewählten Werte wurden aufgrund ihrer inneren Verwandtschaft zu insgesamt sechs übergeordneten Grössen bestimmt. Diese sog. *core virtues* (Kerntugenden), wie sie von den beiden Autoren auch genannt werden, sollen im Folgenden einzeln zur Sprache kommen, wobei in den Überschriften die englischen Begriffe verwendet werden. Die Werte zeigen übrigens eine erstaunliche Nähe zu den antiken bzw. mittelalterlichen Tugenden, die unter 9. 1 noch zu erörtern sind.

1. *Courage*
   In Anlehnung an den Philosophen D. Putnam werden innere und äussere Aspekte unterschieden. Hieraus ergeben sich drei verschiedene Arten von Mut, nämlich physischer, psychologischer und moralischer Mut. Zum Ersten ist die mutige Handlung zu nennen, die Angst überwindet und dabei die eigene physische Schädigung, mitunter sogar den Tod, in Kauf nimmt. Die zweite Mutform bildet die Einstellung, die Defätismus, Resignation und Gleichgültigkeit überwindet. Als weitere Form ist die Bewahrung der ethischen Integrität

angesprochen, die u.U. den Verlust von Prestige, Freunden oder Arbeitsstelle riskiert. Schliesslich wäre aus existenzieller Sicht auch noch das, was der Theologe Paul Tillich als »Mut zum Sein«[697] bezeichnete, zu ergänzen.

2. *Justice*
Der Gerechtigkeit liegt der Gedanke der Gleichheit der Würde aller Menschen, unabhängig von Alter, Geschlecht, Status, Hautfarbe oder religiösem Glauben zugrunde. Aus dieser Idee ergibt sich die Forderung nach einer gerechten Zuteilung materieller oder geistiger Güter und zwar in Abhängigkeit von den jeweiligen Bedürfnissen wie aber auch Verdiensten. Das Prinzip der Gerechtigkeit kann also *nicht* bedeuten, dass allen Menschen das Gleiche zugeteilt werde.[698] Es wäre gleichermassen fatal, bei unterschiedlichen Diagnosen die gleiche Therapie anzuwenden. Hier kommt auch John Rawls Konzeption der Gerechtigkeit im Sinne von *fairness* ins Spiel.[699]

3. *Humanity*
Peterson und Seligman bestimmen den Humanitätsbegriff zunächst in Abgrenzung zum Gerechtigkeitsbegriff: »whereas the virtue of justice lies in impartiatility, the virtue of humanity relies on doing more than what is only fair – showing generosity even when an equitable exchange would suffice, kindness even if it cannot (or will not) be returned, and understanding even when punishment is due.«[700] Die Theologie spricht in diesem Kontext auch von der »höheren Gerechtigkeit«;[701] aus seelsorgerlicher Sicht ist das Proprium der Seelsorge angesprochen (s. Kap. 11).

Für gewisse Evolutionstheoretiker dient Liebe indessen allein dazu, die eigenen Gene innerhalb der Nachkommenschaft weiterzuvererben. Dies mag für die Spinnenmutter, die sich als sichere Nahrung für ihre Jungen hingibt, wohl stimmen; doch die Hingabe, das selbstlose Opfer (*sacrifici-*

um) für eine Gemeinschaft oder auch eine Idee, ohne einen sicheren Gewinn daraus erwarten zu dürfen, ist viel schwieriger zu begründen und darf durchaus als freie Liebestat gedeutet werden.

4. *Temperance*
Eine Tugend, die eng mit der Humanität in Verbindung gebracht wird bzw. aus dieser hervorgeht, ist die Fähigkeit, Mass zu halten. Sie setzt Selbstverzicht voraus, einerseits zum Wohle der Gemeinschaft und andererseits im eigenen Interesse. Menschen, die darüber verfügen, sind glücklicher, produktiver und auch erfolgreicher.[702] Diese Tugend gilt als besonders schwierig, weil sie zunächst mit Unlust verbunden ist und keinen unmittelbaren Nutzen hervorbringt. All fällige negative Auswirkungen von Ausschweifung und Kontrollverlust können sich nämlich erst mittel- bis langfristig bemerkbar machen, weshalb diese Tugend ganz nahe bei der Weisheit (s.u. und 8.2.9) anzusiedeln ist. Besonders anspruchsvoll erscheint die Fähigkeit, Mass zu halten, insbesondere deshalb, weil sie eine stete Balance auf einem schmalen Grat zwischen Exzess auf der einen und Askese auf der anderen Seite bedeutet.

5. *Transcendence*
Das lateinische Wort *transcendere* bedeutet so viel wie überschreiten. Das Transzendente lässt sich zunächst als das Grenz-Überschreitende bezeichnen. Transzendent ist das, was über die Erfahrung hinausgeht, genauer, die äussere, messbare Erfahrung. Gemeint ist also, was »kein Auge je gesehen und kein Ohr je gehört hat« und – modern – was kein Instrument je gemessen hat. Versteht man dagegen Transzendenz als das, was über alle – auch die innere – Erfahrung hinausreicht, so ist Transzendenz unerfahrbar und daher nur über negative Kategorien zu bestimmen.

In der analytischen Philosophie ist in diesem Zusammenhang vom Unaussprechlichen[703] die Rede, von dem, was jenseits des Sprachvermögens liegt. Darüber, wie dieses Unaussprechliche zu interpretieren sei, gibt folgende *Tractatus*-Stelle Auskunft: »Es gibt allerdings Unaussprechliches. Dies zeigt sich, es ist das Mystische.«[704] Diese Aussage des »beinharten« Sprachanalytikers Ludwig Wittgenstein deutet bereits an, was aus seinen *Geheimen Tagebüchern* deutlich offenbar wird, dass er nämlich ein tief religiöser Mensch war.[705]

Dass sich das Mystische mir erschliesst, ohne dass ich darüber reden kann, wird durch die Unterscheidung zwischen *sagen* und *zeigen*, die auch von grosser theologischer Tragweite ist, zum Ausdruck gebracht. Damit befreit uns der Milliardärssohn, der sein ganzes Vermögen verschenkt hatte, um freier philosophieren zu können, von den Fesseln des logischen Positivismus. Jenseits des Sagbaren ist nicht das Nichts, sondern liegt die Dimension der sprachlosen Ergriffenheit bzw. des mystischen Erlebens, was aus seelsorgerlicher und psychotherapeutischer Sicht von entscheidender Bedeutung ist.[706]

Auch in der Zen-Philosophie beginnt das Eigentliche erst dort, wo das Reden aufhört, mit dem Schweigen also. »Wer weiss, spricht nicht, wer spricht, weiss nicht«[707] – gemeint ist natürlich das Wissen um die Tiefen menschlichen Seins und Erlebens. Diese Tiefen werden in der religiösen Tradition weniger über Begriffe denn über Bilder vermittelt – Bilder, die bewegen und berühren, Bilder, die ansprechen, die aufrütteln und existenziell infrage stellen, die aber auch befreien und erlösen wollen. Selbstredend, dass auch hier wesentliche Aspekte sowohl für die Seelsorge wie auch für die Psychotherapie angesprochen sind.

Peterson und Seligman definieren ihrerseits Transzendenz wie folgt: »the connection to something higher – the belief that there is meaning or purpose larger than ourselves.

Transcendence, in other words, is the opposite of nihilism, the contention that life has no meaning.«[708] Damit wird die Verbindung zwischen der Transzendenz und der Sinndimension geschaffen und dabei auf Viktor Frankl (vgl. 7.6) rekurriert: »Der Mensch ist immer schon ausgerichtet und hingeordnet auf etwas, das nicht wieder er selbst ist, sei es eben ein Sinn, den er erfüllt, oder anderes menschliches Sein, dem er begegnet.«[709]

Weiter hören wir bei Frankl: »So oder so: Menschsein weist immer schon über sich selbst hinaus, und die Transzendenz ihrer selbst ist die Essenz menschlicher Existenz.«[710] Gewiss geht aber »die Tür zum Glück«[711] – ein Ausdruck, den Frankl in Anlehnung an Kierkegaard verwendet – nicht nur nach aussen hin auf, sondern auch nach innen, über das Ich-Bewusstsein hinaus, in die Tiefe, zum eigentlichen Selbst.

Ausgehend von Maslows Begriff der Selbstverwirklichung schliessen Peterson und Seligman überraschenderweise sowohl die Religiosität wie auch die Spiritualität aus der Transzendenz aus. Dies ist umso überraschender, als schon Maslow entdeckt hatte, dass sogenannte Selbstverwirklicher, also Menschen, die ihr »psychologisches Potenzial« voll ausschöpfen, »von Zeit zu Zeit spirituelle Erfahrungen« machen (s. 7.7).[712] »We believe« – so Peterson und Seligman – »that what is transcendent does need to be sacred but does not need to be divine. Thus, transcendence can be something or someone earthly that inspires awe (Ehrfurcht, Anm. v. Verf.), hope, or even gratitude ... Transcendence, in other words, is that which reminds us of how tiny we are but that simultaneously lifts us out of a sense of complete insignificance.«[713] Man mag allerdings einwenden, dass Dankbarkeit und Ehrfurcht sich auf eine Grösse beziehen, welcher wir Dankbarkeit schulden oder der wir mit Ehrfurcht begegnen. Vielleicht lässt sich das Dilemma dahingehend auflösen, dass – um einen anderen Begriff zu verwenden – das *Staunen* sich sowohl auf das Wunder der Natur wie auch auf die Naturwunder beziehen kann – was ja nicht dasselbe ist. Peterson und Seligman propagieren eine immanente Transzendenz, ein Überschreiten irdischer Grenzen ohne Annahme eines Seins hinter allem Seienden. Indes: Ist Ehrfurcht vor dem Universum ohne Einbezug eines Schöpfers überhaupt möglich? Vielleicht schafft Albert Einstein den Brückenschlag wenn er schreibt: »Mystisches Erleben ist die schönste und tiefgreifendste religiöse Erfahrung, die wir machen können. Diese Mystik ist die grundlegende Macht wahrer Wissenschaft. Wenn es so etwas wie Gott gibt, dann ist es ein subtiles Wesen, nicht das Bild des Mannes, das so viele Menschen verinnerlicht haben. Meine Religion besteht im Wesentlichen aus einer demütigen Bewunderung für dieses grenzenlos überlegene Wesen, das sich in den kleinen Details offenbart, die wir mit unserem kläglich schwachen Verstand erkennen können.«[714] Ohne beides gleichzusetzen, durchdringen sich bei Einstein Schöpfer und Schöpfung im Sinne einer *unio mystica* zu einer grossen Einheit.

6. *Wisdom*

Weisheit stellt nach Peterson und Seligman eine über die numerische Summe gelesener Bücher und gesammelter Fakten hinausreichende qualitative Grösse dar.[715] Es handelt sich um ein »Wissen« über das Leben in seiner Gesamtheit und nicht nur über einzelne Teilgebiete. Entscheidend ist die Integration dieses Wissens zu einer Gesamtschau materieller wie auch ideeller Werte und zwar sowohl in einem intra- wie auch interpersonalen Sinne.[716] Die Balance zwischen partikulären und ganzheitlichen, individuellen und sozialen Anforderungen – m.a.W. das richtige Mass (*Temperance*, s.o., Pkt. 4.) – zu finden stellt ein wesentliches Element der Weisheit dar. Angesprochen ist eine Kerntugend mit ethischer Ausrichtung, die nach Peterson und Seligman hart erkämpft werden muss. Indem sie jeden Menschen in seiner ganzen Existenzialität herausfordert, ist sie auch in der Seelsorge und Psychotherapie von ausschlaggebender Bedeutung.[717]

8.4 Zusammenfassung und Ausblick

Im Sinn einer Gesamtschau ist es gewiss lohnend, Robert Cloningers Spiritualitätskonzept abschliessend noch genauer zu betrachten. Als forschender Psychologe stand er vor der Frage, wie Spiritualität zu bestimmen sei. Hierzu formulierte er drei zentrale Aspekte, die weiter unten genauer ausgeführt werden. Sie sind durch ein gemeinsames Merkmal verbunden, welches den »Kern der Spiritualität« bildet:[718] die *Selbsttranszendenz*. »Selbsttranszendente Menschen neigen dazu, alles«, auch »sich selbst ... als Teil einer grossen Einheit zu betrachten. Sie haben ein starkes Gefühl von ›Einssein‹ – sie empfinden eine Verbindung zwischen Menschen, Orten und Dingen. Der Standpunkt von Menschen ohne Selbsttranszendenz ist eher selbstbezogen. Sie konzentrieren sich mehr auf die Unterschiede und Widersprüche zwischen Menschen, Orten und Dingen als auf Ähnlichkeiten und Beziehungen.«[719] Dieses »Gefühl der Einheit und Verbundenheit mit dem Universum, mit allem und jedem« gilt auch als »Schlüsselelement« der Maslow'schen »Gipfelerfahrungen«, die charakteristisch sind für alle Selbstverwirklicher (s. 7. 7) – sensible und spontane Menschen mit hohen Ansprüchen an sich selbst, die »ihr psychologisches Potenzial voll« ausschöpfen.[720]

»Cloninger« seinerseits »entwickelte sein Mass für Selbsttranszendenz anhand der Lebensläufe von spirituellen Menschen«.[721] Demnach »ist die Selbsttranszendenz« etwa »bei Siddharta Gautama, Mahatma Gandhi, Albert Schweitzer« oder »Albert Einstein stark ausgeprägt«.[722]

Überaus bemerkenswert ist dabei das Ergebnis statistischer Analysen, wonach Spiritualität ein unabhängiges Persönlichkeitsmerkmal zu sein scheint.[723] Es korreliert weder mit Unsicherheit oder Ängstlichkeit noch mit anderen Eigenschaften der Persönlichkeit wie etwa Neurotizismus oder Gewissenhaftigkeit; dies widerspricht der Annahme, wonach der Spiritualität Lebensangst oder Angst vor dem Tode zugrunde lägen.[724]

Eine weitere statistische Besonderheit ist die Subkategorisierung der Selbsttranszendenz als Mass für Spiritualität in drei untereinander verwandte Aspekte: *Selbstvergessenheit, transpersonale Identifikation* und *mystisches Erleben.*

Die Fähigkeit zur Selbstvergessenheit, welche spirituell veranlagte Menschen besonders charakterisiert, bedeutet, sich vollständig auf eine Aufgabe zu konzentrieren, ganz darin aufzugehen und dabei Raum und Zeit um sich herum völlig zu vergessen.[725] »Der Psychologe Mihaly Csikszentmihaly nennt diesen Zustand ›Flow‹. In diesen Zustand kann jeder geraten, der ... hingebungsvoll mit einer schwierigen Aufgabe beschäftigt ist ... ›Selbstvergessenheit‹ bedeutet, diesen Flow« häufig und intensiv »zu erleben«.[726]

Die transpersonale Identifikation »zeichnet sich durch ein Gefühl der Verbundenheit mit dem Universum und allem aus, was darin enthalten ist ... Menschen mit einem hohen Grad an« dieser Eigenschaft »können starke Gefühle für andere Menschen, Tiere, Blumen, Flüsse oder Berge entwickeln. Manchmal haben sie das Gefühl, dass alle Dinge Teil eines einzigen lebenden Organismus sind.«[727]

Das dritte Merkmal der Selbsttranszendenz wird von Cloninger als mystisches Erleben bezeichnet, wobei er dem Begriff »mystisch« eine etwas andere Bedeutung gibt, als dies traditionellerweise der Fall ist. Im Grunde beinhaltet der Begriff der oben genannten transpersonalen Identifikation eher das, was gewöhnlich unter Mystik verstanden wird.

Mystisches Erleben im Sinne Cloningers beinhaltet den »Glauben an das Übernatürliche«.[728] Keine Zufälle, sondern Fügungen bestimmen dabei unser Leben; selbst banale Ereignisse können in bestimmten Situationen Bedeutung erlangen und werden als besondere Zeichen interpretiert, die auf etwas Bestimmtes hinweisen.

Mit diesen Bemerkungen zu Cloningers Selbsttranszendenzkonzept beschliessen wir nun das grosse Thema der Psychotherapie und im Besonderen der spirituellen Psychotherapie bzw. Positiven Psychologie. Alles in allem ist mit einer eindeutigen Begrifflichkeit nicht zu rechnen. Überlappungen und Überschneidungen liegen in der Natur sowohl der spirituellen Psychotherapie, der Positiven Psychologie sowie der Seelsorge.

In Auhagens Werk[729] werden Spiritualität und Religiosität zwar als Teil der Positiven Psychologie betrachtet, doch die umgekehrte Sichtweise kann mit gleichem Recht vertreten werden. Wie unter 7.2 bereits dargelegt, war bis zur Zeit der Aufklärung die psychologische Betreuung meist Priestern vorbehalten. Erst ab dem 19. Jahrhundert erfolgte ein grundlegender Wandel,[730] indem Ärzte nun wagten, zuvor gemiedenes »Terrain zu betreten«.[731] In durchaus vergleichbarer Weise annektierte die Positive Psychologie ihrerseits Tugendlehre und uraltes weisheitliches Wissen aus Philosophie und Religion. Man kann sich indes fragen, ob Letzteren Boden entzogen wurde, oder ob sich diese in psychiatrisch-psychotherapeutisches Gebiet hineingewagt haben. Die Frage, inwieweit wir es mit einer Psychologisierung der Religion oder mit einer Spiritualisierung der Psychotherapie zu tun haben, ist gewiss zweitrangig. Entscheidend ist die Tatsache ihrer Integration. Vielleicht lässt sich die Positive Psychologie auch als Brücke zwischen Seelsorge und Psychotherapie deuten. Mit der Spiritualisierung der Psychotherapie schliesst sich jedenfalls ein Kreis, dessen Ursprünge weit in die Antike zurückreichen.[732] Sie wurden vom

Christentum massgeblich rezipiert und zugleich weiter entfaltet.[733] Des Weiteren weisen die von Peterson und Seligman postulierten Kerntugenden eine inhaltliche und begriffliche Nähe zu den sogenannten Kardinaltugenden (*virtutes cardinales*) auf (s. auch Kapitel 4). Ihr Bezug zur christlichen Tradition sowie die geschichtliche und gegenwärtige Dimension der Seelsorge in ihren unterschiedlichen Kontexten sollen in den folgenden Kapiteln weiter vertieft werden.

9 Christliche Seelsorge

9.1 Allgemeine Aspekte

Eine Gruppe von vier Tugenden lässt sich bereits beim antiken Tragödiendichter Aischylos nachweisen. Zunächst erscheinen sie im Stück *Sieben gegen Theben* als Eigenschaften des Sehers Amphiaraos, der als »besonnen, wacker, frommen Sinns und gerecht« charakterisiert wird.[734] Erst bei Platon werden sie etwa im Dialog *Politeia* als Tugenden systematisiert.[735] Die Besonnenheit (*sophrosyne*) und Gerechtigkeit (*dikaiosyne*) werden begrifflich als solche übernommen. Für die Tapferkeit wählt Platon anstatt *agathos* (gut, »wacker«) das Synonym *andreia*. *Eusebes* (fromm, frommen Sinns) wird indes durch die Weisheit (*phronesis*) ersetzt. Dabei wird »die Gerechtigkeit den drei übrigen, aus den Seelenanteilen des Menschen abgeleiteten Kardinaltugenden übergeordnet«.[736] Diese gelangen, wie unter Kapitel 4 bereits erwähnt, »über die Stoa in die hellenistisch-römische Popularphilosophie« und werden über Philon von Alexandria schliesslich durch Ambrosius in die Bibelexegese einbezogen.[737] Eine entscheidende Erweiterung erfahren die Kardinaltugenden im christlichen Mittelalter durch die drei zentralen Begriffe *Glaube*, *Liebe* und *Hoffnung* (1. Kor 13, 13).

Die Gesamtrezeption dieser Tugenden durch die Positive Psychologie (s. 8.3) kann als wissenschaftliche Weiterführung einer antiken Tradition betrachtet werden, welche die paulinische Trias in einer profanisierten Form assimiliert. Sie wird durch die Begriffe Vertrauen, Wertschätzung und Hoffnung im Sinne von *psychologischen* Kategorien neu umschrieben. Wohl teilen die christlichen Werte Glaube, Liebe und Hoffnung bis zu einem gewissen Grade die Inhalte ihrer drei profanen »Geschwister«. Darüber hinaus konstituieren Glaube, Liebe und Hoffnung indes aus christlicher Sicht ein seelsorgerliches Spezifikum. Dieses transzendiert aufgrund seiner Radikalität den Rahmen profaner Lebenskunst. Indem es – bildhaft gesprochen – den aufstrebenden Pfeilern einer gotischen Kathedrale gleich das Alltagserleben überragt, bildet es als Proprium einen eigenen Raum. Christliche Liebe ist immer weiter gefasst als weltliche Liebe; sie ist grenzüberschreitend. Dasselbe gilt auch für das Vertrauen. Das Verhältnis zwischen dem profanen Aspekt in der Psychotherapie und dem christlichen Aspekt in der Seelsorge wird in den Kapiteln 10 und 11 noch ausführlich erörtert.

9.2 Der primär gemeinschaftliche Kontext der Seelsorge

9.2.1 Allgemeine Aspekte

Dass die neuere Theologie die Seelsorge vorwiegend als »Ergebnis der geschichtlichen Entfaltung des Christentums« betrachtet und weniger auf die Person Jesu zurückführt,[738] dürfte unter anderem auch daran liegen, dass das Neue Testament weder eine begriffliche Bestimmung noch eine Theorie der Seelsorge kennt. Gleichwohl galt es der alten wie auch mittelalterlichen Kirche als selbstverständlich, den Ursprung der christlichen Seelsorge aus der jesuanischen Praxis, wie sie sich aus den Evangelien erschliesst, abzuleiten (s.u. 9.2.2–9.2.5). Als zentral erscheint dabei die Metapher des guten Hirten[739] auf dem Hintergrund etwa des 23. Psalmes oder der johanneischen Tradition (z.B. Joh 21,15ff). Wesentlich ist auch der narrative Fundus der Reden und Taten Jesu; ganz besonders gründet Seelsorge in Jesu bejahenden Begegnungen mit fragenden und suchenden sowie Not leidenden Menschen.[740] Zu nennen sind in diesem Kontext das Gleichnis vom Barmherzigen Samariter als das eigentliche Paradigma empathischen Handelns (Lk 15,25–28), alsdann das Gleichnis vom verlorenen Sohn (Lk 15,11–24) sowie die mit diesem verwandten Parabeln von der verlorenen Drachme und vom verlorenen Schaf (Lk 15,4–6 und Lk 15,8.9).

Schliesslich ergänzen mehrere Logien das Bild, so etwa die Zusprüche »Ich habe Mitleid mit dem Volk« (Mk 8, 2a) oder »Kommet her zu mir all ihr Geplagten und Beladenen: Ich werde euch Ruhe geben« (Mt 11,28).

Auch Luther erkennt – wie bereits erwähnt (s. 3) – den Ursprung der Seelsorge in einer Person, nämlich der geschichtlichen Gestalt Jesu. In den Funktionen des *pastors*, *rectors* und *medicus* sieht er – mit anderen Worten – den *stützenden*, *führenden* sowie die *Wahrheit* und die *Verfehlung aufdeckenden*, *heilenden Christus*.[741] Damit nimmt er den von Carl Rogers beschriebenen Beziehungsaspekt bereits vorweg, denn die Seelsorge hängt wesentlich von der Persönlichkeit des Seelsorgers ab; so heisst es von Jesus, dass »wunderbare Kräfte« von ihm ausgehen würden, die sowohl Heil wie auch Heilung bewirkten.[742] Als eigentlich revolutionär ist in einer von Ängsten und vom Glauben an Dämonen durchdrungenen Welt darüber hinaus die Überwindung der Ausgrenzung des Unreinen durch körperliche Berührung Kranker zu werten (vgl. Mk 1, 29–31; 9, 17–27).

Eine Seelsorge, die der Not und Erwartung des Augenblicks entspringt, sieht sich indessen immer in einer gewissen Spannung zu festeren und von Routine geprägten Strukturen im Rahmen einer fortschreitenden Institutionalisierung der Seelsorgepraxis. So steht etwa die Pflicht zur Beichte, die von Basilius von Caesarea eingeführt wurde und die sich zu Beginn des 13. Jahrhunderts als Zwangsbeichte etabliert hatte, in klarem Kontrast zu einem freiheitlicheren Verständnis von Seelsorge.[743]

Ein kollektiver Seelsorgebegriff lässt sich in der alten Kirche erst beim oben genannten Basilius von Caesarea nachweisen; zum ersten Mal wird in der Mehrzahl von der Pflege der Seelen, der »*epimeleia ton psychon* … gesprochen. Damit rückt Seelsorge als Aufgabe des kirchlichen Amtes ins Blickfeld.«[744] Allerdings lassen die feinsinnigen psychologischen Reflexionen der kappadozischen Kirchenväter durchaus auf eine differenzierte und rege Seelsorge im persönlichen Rahmen schliessen (s. 9. 2. 2).

Die *Regula pastoralis* Gregors I. beschreibt ihrerseits minutiös die Verhaltensregeln »für den angehenden Priester …: ›Wie derjenige, der rechtmässig zum Amt gekommen ist, sein Leben einrichtet, wie er dann, wenn er ein gutes Leben führt, das Amt verwaltet, und wie endlich, wenn er das Amt gut verwaltet, täglich seine Schwachheit zu erkennen sucht, damit der Amtsantritt nicht der Demut entbehre, dem Amt das Leben nicht widerspreche, das Leben nicht durch die Lehrweise verliere, die Lehrweise nicht durch Anmassung Schaden erleide.‹ Im Einzelnen schildert Gregor 40 verschiedene Weisen, wie jeweils auf Menschen in der Seelsorge eingegangen werden kann.«[745] Diese kollektiven Anweisungen stehen selbstredend im Dienst einer bestmöglichen individuellen Seelsorge, sodass man durchaus sagen kann, dass in der alten Kirche persönliche und gemeinschaftliche seelsorgerliche Begegnung eine Einheit bildeten.

Mit diesen Bemerkungen zu den Kirchenvätern wollen wir im Folgenden in ihre spannende theologische Welt eintreten. Sie leitet sich in hohem Mass von der »soteriologischen Tragweite des Todes Jesu …, der sein Leben … gibt, um das Leben der Menschen zu ermöglichen (Mk10,45)«,[746] ab. Hieraus wird deutlich, dass die Seele – die Lebendigkeit bzw. das Lebendig-Sein des Menschen und somit sein ganzes Sein vor Gott – als das allerhöchste »Gut«[747] zu betrachten sei. Ihm gilt es von ganzem Herzen, mit ganzem Verstand und aller Kraft die allergrösste Sorge und Pflege angedeihen zu lassen.

9.2.2 Patristik

Die frühen Kirchenväter reflektierten antike Tradition im Lichte des Neuen Testamentes auf zweierlei Weise weiter. Zum einen taten sie dies auf einer philosophisch-systematischen Ebene. Zum anderen geschah es in einem mehr praktisch-psychologischen Sinn aus dem Bedürfnis heraus, das kirchliche Leben zu ordnen und so weit wie möglich konfliktfrei zu gestalten. Während auf der ersten Ebene die stark divergierenden spekulativen Ansätze ohne Relevanz geblieben sind (Ausnahmen s.u.), gingen aus dem anderen Bereich höchst kreative Entwürfe hervor, die aber leider weitgehend in Vergessenheit geraten sind. Ihnen möchten wir uns deshalb vertiefter zuwenden. Zuvor sollen jedoch noch zwei Aspekte zur Sprache kommen, die für das heutige Verständnis von Psychotherapie und Seelsorge von Bedeutung sind: die Frage nach der Beschaffenheit der Seele sowie ihrer Beziehung zum Leib.

Die platonische und aristotelische Auffassung einer immateriellen Seele wurde von den meisten Kirchenvätern geteilt. Nur Tertullian vertrat in Anlehnung an die Stoa die Stofflichkeit der Psyche. Den Beleg hierfür entnahm er der Heiligen Schrift selbst und zwar aus der Geschichte des armen Lazarus (Lk 16,19–31).[748] Die Qualen nämlich, die der Reiche nach seinem Tode erleiden muss, setzten eine Körperlichkeit voraus, zumal nur eine körperliche Seele leidensfähig sein kann.[749] Mehr noch: Tertullian führt sogar ein modern anmutendes Argument an. Demnach sei nur eine körperliche Seele in der Lage, die *imaginem corporis*[750] wahrzunehmen – eine Vorstellung die durchaus mit der neurobiologischen Vorstellung körperlicher Repräsentanzen in unserem Gehirn übereinstimmt. Wie unter 5.2 bereits erläutert, ist hiermit das Konzept des *Embodiment*, d.h. das Phänomen der wechselseitigen Vernetzung leiblicher, emotionaler und kognitiver Prozesse, angesprochen. Dies bedeutet, dass seelisches Erleben immer von einer entsprechenden körperlichen Empfindung begleitet wird und vice versa.[751]

Diesem Phänomen trägt die von den meisten Kirchenvätern vertretene Auffassung einer Einheit von Leib und Seele Rechnung, wobei Letztere als geschaffen gilt und daher auch nicht ewig sein kann. Nur Gott stehe es zu, der wesenhaft sterblichen Seele Unsterblichkeit zu verleihen. Daher unterscheidet Irenäus

»zwischen dem ›Hauch (*pnoe*) des Lebens‹ ... und dem ›lebendig machenden‹« göttlichen »›Geist‹ (*pneuma zoopoiun*)«.[752]

Doch nicht nur Spekulationen über das Wesen der Seele beschäftigten zahlreiche Vertreter der Alten Kirche. Generell erkennt man eine tiefe, ausgesprochen ernsthafte Auseinandersetzung mit der im dritten und vierten Jahrhundert noch allgegenwärtigen griechischen Philosophie. So strebte etwa Klemens von Alexandrien (gestorben 215 n.Chr.) in den *Stromateis*, seinen bunten »Gedankenteppichen«, »eine Synthese aus griechischer und christlicher Gedankenwelt«[753] an, die keinerlei Berührungsängste kannte. Ja, »er wagte es sogar wie Justinus zu behaupten: ›Sie (die Philosophie) führte nämlich das griechische Volk zu Christus hin, wie das Gesetz die Juden.‹«[754] Höchst bemerkenswert ist eine Stelle, wonach die tätige Aufmerksamkeit der Seele (*epimeleia tes psyches*) dem Wissenden als *therapeia tou theou* gilt.[755] Letztere ist als Heilung durch Gott wie auch wohl als Dienst an Gott im Sinne von Gottesdienst zu verstehen. Angesprochen dürfte hier die Erlösung über die Tiefendimension der Selbstsuche, die mit der Suche des Menschen nach Gott bzw. mit dem Gefundenwerden des Menschen durch Gott zusammenfällt. Und was noch an Unwissenheit über Gott bleibt, wird, so Klemens, durch unaufhörliche Liebestätigkeit wettgemacht. Hier ist also die unselige Alternative zwischen Selbst- und Gottessuche aufgehoben. Denn beides bedinge einander und führe zueinander, sofern es – gemäss Klemens – in Liebe geschieht.

Der oben erwähnte Tertullian, ein Gegner der griechischen Philosophie und Zeitgenosse des Klemens, schien sich indessen eher am Charakter und an den Allüren gewisser antiker Philosophen zu stossen, wenn er in seinem *apologeticum 46* schreibt: »Siehe, so ist das nur Stolz anderer Art, wenn Diogenes mit kotigen Füssen die stolzen Sofas des Platon zertritt; der Christ zeigt hochfahrende Verachtung nicht einmal gegen einen Armen ... Wenn ich die Redlichkeit in Vergleich stellen soll: Anaxagoras verweigerte seinen Gastfreunden das ihm anvertraute Gut; der Christ aber gilt ... auch bei den ausser seiner Gemeinschaft Stehenden als ehrlich. Wenn ich für die schlichte Geradheit der Gesinnung einstehen soll: Aristoteles hat seinen Freund Hermias auf schimpfliche Weise von seiner Stelle verdrängt; der Christ fügt auch nicht seinem Feinde Schaden zu ... Aristipp schwelgte in Purpur unter dem äusseren Schein grosser Sittenstrenge, und Hippias wird getötet, während er dem Staat Gefahren bereitet. Desgleichen hat kein Christ je unternommen, noch nicht einmal für die Seinigen, wenn sie durch jede Art Grausamkeit auseinandergesprengt wurden.«[756]

Überdeutlich wird hier die Bedeutung des Charakters eines Christen und seiner moralischen Integrität hervorgehoben. Heute weiss man, dass die Persönlichkeit des Seelsorgers wie auch jene des Psychotherapeuten eine ganz entscheidende Rolle im seelsorgerlichen bzw. psychotherapeutischen Geschehen spielt.

Wie Basilius der Grosse (330–379), der die inhaltliche und formale, das Denken schulende Kraft der Philosophie anerkannte, war auch Gregor von Nazianz (330–390) ein glühender Verfechter des Griechentums.[757] Als herausragendem Stilisten schien ihm die Kunst der Dichtung das geeignete Medium zu sein, die Schönheit der Natur, den tiefen Wert des Lebens und die Werke des Schöpfers in Bewunderung zu loben. So diente ihm die griechische Sprache als Vehikel, als Instrument inniger Anbetung: »Eines ersehn ich vor allem, die Kraft der Rede, mein Vater: schön ist die Feuergewalt des Wortes, wenn auf dem Markte, wenn vor Gericht es erstrahlt, schön, wenn es lobpreist am Feste. Glücklich der Geist, der Geschichte beherrscht: in eines gedrängtes Wissen ist die Geschichte, ist Einsicht vieler Geschlechter. Sprachkunde glättet die Rede und dämpft barbarischen Tonfall ... Mit dem Turnplatz vergleich ich die Schule des Denkens: ihr Kunstgriff reisst im geistigen Ringkampf ans Licht die verborgene Wahrheit. Jünglingsseelen gestaltet die Sittenlehre des Meisters so wie des Körbleins Geflecht dem weichen Käse die Form gibt. Lernen möcht ich, was in der Natur der Scharfsinn der Weisen, was ihr beflügelter Geist erforschte; in dunkles Geheimnis drangen sie ein, und was sie geschaut, verkünden die Bücher: Wunder des Erdreichs, der Lüfte, der Meerestiefen, des Himmels, aber in allem das Walten der unergründlichen Gottheit: wie sie es lenkt, wohin sie es führt, wo letztlich das Weltall endet, dies Weltall erfüllt von tausendfältiger Schönheit.«[758] Zugleich richtet sich Gregors Kritik etwa in der oratio 32, 25 aber auch gegen »das modisch gewordene Disputieren über theologische Fragen«, die er durchaus auch als »›schlimme Kunst der aristotelischen Künste oder ... Zauber platonischer Redegewandtheit, welche leider wie ägyptische Plagen in‹ die ›Kirche sich eingeschlichen haben‹«,[759] anprangern kann. »Generell erscheint seine Einschätzung der antiken Bildung in den Gedichten und Briefen positiver als in den Reden, in denen Gregor als öffentlicher Prediger die Christen von einer zu starken Hingabe an die Welt warnen will.«[760] Vielleicht kommt hier auch die Unterscheidung zwischen dem singularischen und pluralischen Gebrauch der Begriffs Seele in der *epimeleia tes psyches* bzw. *ton psychon* zum Ausdruck (s.u.).

Auf jeden Fall scheint hier Gregors frühe Spannung und Zerrissenheit zum Ausdruck zu kommen. In seiner Schrift *peri phyges* begründet er seine Flucht aus Nazianz in den Pontus, nachdem ihm von seinem Vater, dem Bischof von Nazianz, die Priesterweihe verliehen worden war; in der Abgeschiedenheit wollte er über die Implikationen und vor allem die Bürde seines Amtes nachdenken.[761] In einer charakteristisch allegorischen Sprache verglich er dabei den Priester mit einem Tierbändiger – eine Rolle, die er sich zunächst nicht zutraute.[762] Aus dieser Sicht lässt sich die Flucht als Rückzug deuten zur Selbstfindung und Stärkung der eigenen Seele im Blick auf die Auseinandersetzungen in der Gemeinde und auf »die Bändigung«[763] der Seelen (*psychon*) der vielen.

Auch von Johannes Chrysostomus wird überliefert, dass ihm ein Leben als Einsiedler gewiss mehr entsprochen hätte als ein beschwerliches Bischofsamt, das seiner Ansicht nach nur dann gut verwaltet werden könne, wenn man sich seiner Schwachheit täglich bewusst sei.[764] Die Metapher des Dompteurs dürfte sich indes auf die Schwierigkeiten beziehen, die sich ergeben, eine heterogene und wohl schwer zu führende Schar von Menschen unterschiedlichster sozialer Herkunft im Geiste des Kyrios, des Herrn, zu vereinen. Daher illustriert Gregor den Wert der Tugend, der auch von Basilius[765] betont wird, allegorisch im Bild des Olivenbaumes, der veredelt werden müsse, um reiche Frucht zu tragen.[766]

Die zentrale Metapher, welche sich sowohl bei Gregor von Nazianz wie auch bei Johannes Chrysostomus findet und die für die altkirchliche Entwicklung der Seelsorge prägend wurde, ist das Bild der ärztlichen Kunst.[767] Dabei wird an die Verfehlungen als Erkrankungen der Seele gedacht, die durch »Zuspruch der biblischen Verheissungen sowie ... priesterliche Fürbitte« therapiert werden sollten.[768] Es ist indes kaum zu bezweifeln, dass die Seelsorge auch mit Schwierigkeiten konfrontiert war, die man heute im Bereich der Psychiatrie ansiedeln würde. Einen Hinweis darauf gibt die Feststellung, dass das Verfahren, um die Seelen zu behandeln, vergleichsweise aufwändiger und anstrengender sei als die Medizin, die sich den körperlichen Leiden widmet.[769] Ein Argument, das man noch heute von vielen Psychotherapeuten hört.

Hierzu gehört auch Gregors Metapher des Seiltanzes, die eindrücklich illustriert, welch anspruchsvolle Aufgabe der Seelsorger zu erfüllen hat: Denn schon die kleinste Dysbalance könne zum Absturz führen.[770] Ganz offensichtlich nimmt Gregor seine Aufgabe sehr, vielleicht sogar allzu ernst, wenn er sich auch für die feinste *inclinatio* verantwortlich fühlt, die in seinen Augen höchst gravierende Konsequenzen zeitigen könnte. Damit ist ein zentrales Problem sowohl in der Seelsorge wie auch in der Psychotherapie angesprochen: die Notwendigkeit engagierter Abgrenzung, die einen Balanceakt zwischen Nähe und Distanz darstellt beziehungsweise eine massvolle empathische Haltung gegenüber den Klienten erfordert. Allerdings kann die Empathie in der Seelsorge, wie wir im 11. Kapitel noch sehen werden, weit über das in der Psychotherapie gebotene Mass hinausreichen. Ein solches nahezu grenzenloses Engagement wird als Proprium der Seelsorge exemplarisch am Verhalten des Barmherzigen Samariters erläutert (s. 11.2). Parallel zu diesem Engagement auf der seelsorgerlichen Ebene hat etwa Johannes Chrysostomus auch in seiner Funktion als Erzbischof von Konstantinopel diese Einstellung vorbildlich gelebt, indem er Prunk- und Geltungssucht am kaiserlichen Hof zu geisseln wagte, worauf er bei Kaiserin Eudokia in Ungnade fiel und anlässlich seiner zweiten Verbannung schliesslich starb.[771]

Analog zur Predigt, für die es im Neuen Testament eine Vielzahl von Begriffen gibt,[772] ist in der Patristik ebenfalls »von einer Vielfalt der Gestaltungsformen seelsorgerlichen Handelns«[773] auszugehen. Gepflegt wurde durch Origenes im Zusammenhang mit den Christenverfolgungen etwa die Gefängnisseelsorge.[774] Weiter begegnet »Seelsorge ... z.B. in Schriftlesungen und Predigt (Origenes, Johannes Chrysostomus) oder in Briefen (Basilius, Hieronymus, Augustin). Thematisiert werden dabei Lebenssituationen wie Trauer, Suizidalität, soziale Not u.a.«[775]

Noch näher bei der Psychotherapie dürfte indessen die Tätigkeit der Anachoreten anzusiedeln sein, wie im Folgenden noch ausführlich zu erläutern ist.

9.2.3 Anachoretentum

Daniel Hell, führender Depressionsforscher, gibt zu bedenken, dass die Wüstenväter bereits über eine Theorie der Depression verfügten, die auf dem Konzept der Akedia gründete. Der Begriff der Akedia stammt aus dem Griechischen und bezeichnet einen »Zustand der unruhigen oder angstvollen Bedrücktheit …, der offensichtlich Gemeinsamkeiten mit dem heutigen Begriff der Depression aufweist«.[776] Akedia umfasst auch Gefühle des Verdrusses, der Mattigkeit und des Widerwillens.[777] Dieser Gemütszustand stellte sich bei den Wüstenvätern des 4. bis 6. Jahrhunderts, die man im Grunde auch als »Aussteiger«[778] bezeichnen kann, in der Abgeschiedenheit selbst gewählten Einsiedlertums immer wieder ein. Sehr bemerkenswert ist die nicht wertende Wahrnehmung dieses Zustandes, der – wenn nicht übertönt durch geschäftiges Tun – den Abbas zu sich selber, zu seinen geheimen Gedanken und Gefühlen führen und auf diese Weise den Weg zum Göttlichen weisen sollte.[779] Die heilsame Bewegung führte also nicht durch allerlei Betriebsamkeit aus der Akedia heraus, sondern leidend durch sie hindurch. Geleitet war die Einstellung der Wüstenmütter und -väter durch folgende Grundfrage: »Wer bin ich eigentlich? Was wird mir an mir selber klar, wenn ich mich der Stille und äusseren Reizlosigkeit aussetze?«[780]

Daniel Hell zieht nun bemerkenswerte Parallelen zum Krankheitsbild der Depression. Diese wird als »eine menschliche Möglichkeit gesehen, auf eine innere oder äussere Problematik zu reagieren. Sie erscheint … nicht mehr als bloss destruktiver, zweckloser Vorgang, sondern … auch als zweck-volle Vorkehrung des Organismus, um Schlimmeres zu verhüten und in bedrohten sozialen Beziehungen«[781] bzw. existenzieller Not durch vertiefte Selbstwahrnehmung sich neu zu orientieren. Der Depression eignet damit potenziell eine sinnhafte Dimension an. Dies setzt aber eine Annahme des depressiven Geschehens als heilsames »Bremsmanöver« in unserer überreizten Seele voraus.[782] Wird diese Option abgewehrt, so geht der Botschaftscharakter verloren und das Leiden wird nur als Versagen gedeutet, wie dies »in der mittelalterlichen Lehre von der Todsünde der Akedia« der Fall war und was sich heute in einer leistungsorientierten Gesellschaft auch bei der Depression in verhängnisvoller Weise widerspiegelt.[783]

Diese Theorie hat eine lange und leidvolle Tradition: Sie reicht »von der humoralpathologischen Auffassung der griechischen und römischen Medizin von den Körpersäften, deren richtige Mischung Gesundheit, deren Ungleichgewicht« aber »Krankheit bedeute, über die moralische Verurteilung depressiver Menschen im Mittelalter bis hin zu der Degenerationshypothese Auguste Benedict Morels (1809–1873)«.[784] Dabei wurde depressives Leiden vorwiegend als defizitärer Zustand gewertet.[785] Ganz anders nehmen sich hingegen die Überzeugungen eines Marsilio Ficino (1433–1499) oder eines Søren Kierkegaard (1813–1855) aus, welche auch die »positiven Aspekte der finsteren Gemütsseite« betonten.[786] Ersterer »empfiehlt sogar die Melancholie ›zu suchen und zu neren (nähren) als die allerbest‹«, denn diesem Zustand glaubt er »sein waches und sensibles geistiges Dasein zu verdanken«.[787] »In ähnlicher Weise« betont der dänische Denker »die Sinnhaftigkeit der Schwermut: ›Es ist meine Überzeugung, mein Sieg über die Welt, dass ein Mensch, der die Bitterkeit der Verzweiflung noch nicht geschmeckt hat, die Bedeutung des Lebens verfehlt hat.‹«[788] Wir sehen uns hier mit zwei grundlegenden Paradigmata konfrontiert, zum einen die kausale Betrachtung, die Leiden minimieren will, und zum anderen die finale Sicht, die im Schmerz und – theologisch – im Kreuz eine Sinndimension zu erkennen vermag. Die Depression kann daher als Signal gedeutet werden, das nicht überhört oder übertönt werden will, das zum Innehalten und zur Einkehr bewegen will, und woraus Kraft zur Neuorientierung und zu einem neuen Aufbruch hervorgehen kann.

Bedeutsam ist darüber hinaus der Umstand, dass das Wissen und die Weisheit der Wüstenväter und -mütter sich nicht aus einer Theorie, sondern aus ihrer unmittelbaren persönlichen Erfahrung speisten. Diese »Abneigung gegenüber Lehrsystemen ... erklärt, warum es keine psychologische Lehre der

Wüstenväter gibt. Dennoch wurden die« Anachoreten »zu vielgesuchten Beratern. Nach und nach entwickelte sich sogar ein Touristenstrom aus den Hauptstädten des ... römischen Reiches, um ein Wort von ihnen zu erhaschen. Die bedeutsamere ›therapeutische‹ Tätigkeit ... geschah aber im Stillen.«[789] Man suchte »sich gegenseitig auf, um Erfahrungen auszutauschen. Vor allem jüngere, die am Beginn des Eremitenlebens standen, suchten Rat bei einem erfahrenen Abbas ... Daraus entwickelte sich« mit der Zeit »eine ›Psychotherapie des Wortes‹, die nicht theorieorientiert, sondern« aus der Intuition heraus »auf die Person und Situation des jeweiligen Rat suchenden Menschen ausgerichtet ist. Das ›Wort‹ wird« zur »Antwort auf eine spezifische Frage«[790] und sollte »wie ein Pfeil in die Seele eines Menschen« dringen, um dort reiche »Frucht« hervorzubringen.[791] Dieses sogenannte »Apophthegma« dürfte sich aber auch erst nach einer unter Umständen entbehrungsreichen und leidvollen Tiefenerfahrung wirksam entfaltet haben.

Selbstredend, dass es neben dem Weg der Wüstenmönche noch viele andere Formen der Selbsterfahrung gibt, die zu einer vergleichbaren Persönlichkeitsreifung führen können. Schliesslich hat sozialer Rückzug nicht selten auch als Alibi für eine Flucht vor der Welt und ihren Anforderungen herzuhalten. Im Grunde kann die Gesinnung des Anachoretentums, überall, nicht nur in der Einsamkeit, gelebt werden.

Im Folgenden soll der Beitrag des Kirchenvaters Augustinus für die Seelsorge umfassend gewürdigt werden.

9.2.4 Augustinus

Aurelius Augustinus (354–430) verdanken wir durch seine »Wende nach innen«[792] einen wesentlichen Beitrag in der Geistesgeschichte des Abendlandes. »Die griechische Zentrierung der Seelenvorstellung auf rationale Erkenntnis und Selbstgestaltung« führte – so der Psychiater und Psychotherapeut Daniel Hell – zwar »zum modernen Verständnis eines selbstbewussten Menschen hin«, war »damit aber noch nicht identisch; hierzu bedurfte es noch der Innenschau und Entwicklung des Personenbegriffs, wie sie sich erst unter christlichem Einfluss im Verlauf der abendländischen Geistesgeschichte bildeten«.[793]

Ansatzweise findet sich diese Entwicklung bereits bei Gregor von Nazianz, Basilius von Caesarea oder Johannes Chrysostomos. Als Beispiel wäre die kritische Selbstprüfung Gregors nach seiner Flucht vor dem Bischofsamt zu nennen (s. 9.2.2). Doch Augustins Einfluss übersteigt alles bisher Bekannte nicht nur in quantitativer, sondern auch qualitativer Hinsicht. Denn die minutiöse Analyse und die Niederschrift seiner Biografie von der »Mutterbrust« an bis hin zur Weltsicht des gereiften Mannes sind aufgrund der steten begleitenden Reflexion seiner Erfahrungen und ihrer jeweiligen Bedeutung für sein Leben als bislang einzigartig einzustufen.

Hierzu gehört die schonungslose Darstellung der verschlungenen Wege vom ehrgeizigen Welt- und Lebemann über die Hinwendung zum Manichäismus und damit verbunden die Abkehr von seiner Familie, zu der er erst nach einer Phase der Entfremdung zurückfindet, bis hin zur Konversion.[794]

Über die vielen Jahre des Ringens begleitet ihn die Liebe zur antiken Philosophie. Diese prägt sein Tugendverständnis und kulminiert in der Hinwendung zum Glauben, wobei die berühmte Mailänder Bekehrung nur den Endpunkt seiner jahrzehntelangen Suche und Entwicklung zum Christentum hin bildet. Die autobiografischen *Confessiones*, die Bekenntnisse des Kirchenvaters, haben bis heute nichts an Aktualität eingebüsst. Die detaillierte Darstellung der Lebensgeschichte, die nicht nur erzählend, sondern auch deutend »die innere Entwicklung selbst als zielgerichtet und sinnvoll«[795] begreift, ist im Grunde zeitlos. Sie antizipiert anderthalb Jahrtausende im Voraus die für die Psychiatrie, Psychoanalyse und Psychotherapie so entscheidende Bedeutung einer akkuraten Lebensgeschichte – in der Fachsprache auch als Anamnese bezeichnet. Die tiefgründigen Reflexionen und inneren Dialoge bergen einen erstaunlichen Schatz an nach wie vor gültigen psychologischen Erfahrungen und Erkenntnissen. Dass etwa gelebte Gefühle wie Tränen der Trauer über einen unwiederbringlichen Verlust einen Zustand depressiver Erstarrung lösen und den Blick auf eine neue Zukunft richten können, ist psychologisches Wissen, das Augustin am eigenen Leib und an der eigenen Seele erfahren hat. »Auf dem Höhepunkt des inneren Kampfes«, in welchem der alte Mensch und starre Schemata vom Neophytos und von einem neuen Lebensentwurf abgelöst werden, »bricht Augustin in heftige Tränen aus«; er vernimmt dabei »eine Kinderstimme, die mehrfach *tolle, lege* [nimm, lies] singt«, greift zur Schrift und »schlägt Röm 13,13f auf. Sofort spürt er, dass die *lux securitatis* [Licht der Sicherheit bzw. Gewissheit] in sein Herz einströmt und alle Zweifel verscheucht sind.«[796] Augustins Krise lässt sich wohl so charakterisieren, dass er sich an ein Leben gebunden glaubte, welches für ihn, der sich mittlerweile über die Jahre der Kirche angenähert hatte, nicht mehr von Bedeutung war. Und doch meinte er, ohne diese weltlichen Werte (s.o.) nicht leben zu können. Er hing also noch an etwas, das es in dieser Form für ihn gar nicht mehr gab, und erst als er sich auch gefühlsmässig von seinem früheren Leben losen konnte, was auch die Frage von Schuld und Sühne einschloss, gelang schliesslich die Befreiung vom »Alten Adam«.

Wir erkennen hier bereits den »Kierkegaard'schen Dreischritt« von der *ästhetischen* über die *ethische* hin zur *christlich-religiösen* Lebensform.[797] Vom Bedürfnis nach Ansehen und gesellschaftlicher Anerkennung führt der Weg zu jener kritischen und aufrichtigen Selbstsuche, die stets der Wahrheit verpflichtet ist und für die man keinen besseren Begriff als jenen einer aufrichtigen »Analyse« finden kann, allerdings unter dem Aspekt des Glaubens: »O Wahrheit, immer mir zur Seite! Wo wärest Du nicht mitgewandelt, mich zu lehren, wovor ich mich hüten, wonach ich langen soll, indes ich hier meine Selbstschau so schwach sie in der Niederung meiner Kraft gelang, Dir anheimgab und mir Deinen Spruch erbat? Ich habe die Welt da draussen mit dem Gesinn, so gut ich es vermochte, durchstreift und das Leben bedacht, mit dem ich meinen Leib beseele, und auch meine Sinne selbst. Denn ich bin eingetreten in die abgeschiedenen Räume meines Gedächtnisses, die vielen weitläufigen Hallen, ›auf wunderbare Weise‹ gefüllt mit unübersehbaren Vorräten. Ich blickte umher und erschrak. Und ohne Dich hätte ich von allem nichts mir deutlich machen können, aber nichts in allem fand ich, was nun Du gewesen wärest. Ja, auch ich selbst, der Findende, der ich alles durchwanderte, bemüht, zu unterscheiden und jegliches nach seinem Wert zu schätzen, manches durch die Sinne als Boten empfangend, bald erfragend, anderes als mir völlig anvermischt erfühlend, wiederum meine Boten selbst unterscheidend und aufzählend, alsdann nun schon befasst mit den weitgehäuften Schätzen meines Gedächtnisses, das eine prüfend, anderes zurücklegend, wieder anderes erst hervorgrabend: auch nicht ich selbst, will ich sagen, nicht ich, da ich dies tat, auch nicht sie warst Du. Denn Du bist das immerseiende Licht ...«[798]

Augustinus durchschreitet seine Vergangenheit und erkennt in manchem Tun selbstsüchtige Gründe, doch sieht er sich dabei nicht immer als Urheber – vielleicht spielt er auf etwas an, das wir heute als das Unbewusste bezeichnen würden. Eine biografische Aufarbeitung scheint indes erst im Bewusstsein der Wahrheit überhaupt möglich zu sein. Ohne diese von höchster Sorgfalt begleiteten Führung kann ein derart heikles Unterfangen durchaus auch misslingen und birgt die Gefahr, dass man sich im Universum einer komplexen und unüberschaubaren Lebensgeschichte heillos verliert.

Ruhe wird die Seele des Kirchenvaters daher erst in und mit Gott finden können und zwar durch ein Geschehen, das sein ganzen Herz – »durchpfeilt mit« seiner »Liebe«[799] – zu ergreifen hat.

Die »Bekehrung« war also weit mehr als nur ein einmaliges Geschehen bzw. einfaches Lippenbekenntnis, sondern ein Jahrzehnte dauernder Prozess des Suchens und Kampfes, der sich stets nach dem »göttlichen Licht« auszurichten versuchte. Die Authentizität, die die *Confessiones* in ihrer Gesamtheit auszeichnet, lassen Augustins Werk äusserst aktuell und noch heute höchst lesenswert erscheinen. Und so wird gleich zu Beginn sozusagen als Grundbekenntnis verheissen: »Denn geschaffen hast Du uns zu Dir, und ruhelos ist unser Herz, bis dass es hat seine Ruhe in Dir.«[800] Zu dieser Herzensruhe gelangt man nicht durch Wissen allein, sondern durch eine ganzheitliche Ausrichtung, die Augustinus auch als »ewige Weisheit« bezeichnen kann.[801] Hierzu gehört etwa jene zentrale Aussage zu Beginn des achten Buches der *Confessiones*, die seine Bekehrung zum Inhalt hat: »kein sichereres Wissen über Dich begehrte ich, sondern fester in Dir zu stehen« (*nec certior de te, sed stabilior in te esse cupiebam*). Gewiss lassen sich auch neuplatonische Elemente ausmachen, wie sie etwa im Dialog mit seiner Mutter zum Ausdruck kommen: »Im Fortgang des Gesprächs ergab sich uns, dass mit der Wonne des ewigen Lebens kein Entzücken unserer fleischlichen Sinne, wie gross es sei, wie köstlich es im irdischen Lichte gleisse, sich vergleichen, ja daneben auch nur nennen lasse: da erhoben wir uns mit heisserer Inbrunst nach dem ›wesenhaften Sein‹; und durchwanderten stufenweise die ganze Körperwelt, auch den Himmel, von dem herab Sonne, Mond und Sterne leuchten über die Erde. Und höher stiegen wir auf im Betrachten … und wir gelangten zu unserer Geisteswelt. Und wir schritten hinaus über sie, um die Gefilde erschöpflicher Fülle zu erreichen …«[802] Bemerkenswert ist indes, dass die Körperlichkeit sehr positiv konnotiert ist und keineswegs dualistisch und in entwertendem Sinn, etwa als Gefängnis (*soma sema*), gedeutet wird. Gewissermassen eine Umkehrung jener neuplatonischen Bewegung bedeutete der tiefe »Eindruck, den der Mailänder Kirchengesang« anlässlich seiner

Taufe in der Osternacht des Jahres 387 auf ihn machte:[803] »Wie weinte ich bei den Hymnen und Gesängen auf Dich, mächtig bewegt vom Wohllaut dieser Lieder Deiner Kirche! Die Weisen drangen an mein Ohr, und die Wahrheit flösste sich ins Herz, und fromminniges Gefühl wallte über: Die Tränen flossen, und mir war wohl bei ihnen.«[804] Zutiefst bewegend wird die Wirkung der geistlichen Musik erlebt. Hier lassen sich spannende Parallelen zu modernen musiktherapeutischen Verfahren erkennen.

Aus Augustins intensiver Innenschau und Selbstprüfung erwachsen noch weitere Bezüge zur Psychotherapie und Seelsorge. So lesen sich die folgenden Zitate wie Anweisungen aus einem Burn-out-Seminar: »Zeiten muss man festsetzen, Stunden bestimmen, die dem Seelenheil gehören!«[805] – oder: Im »Zwang der Geschäfte ... finde ich nichts, was der sichere Ort für meine Seele wäre, als Dich allein, der Ort der Sammlung für alles in mir Verstreute«.[806]

Schliesslich bietet Augustin einen interessanten psychodynamischen Ansatz zur Suchtbehandlung, wenn er schreibt: »Denn weil der Wille verkehrt war, kam aus ihm das Gelüste, und da ich in dem Gelüste dienstbar wurde, kam es zur Gewohnheit, und da ich der Gewohnheit nicht widerstand, kam es zur Notwendigkeit. Durch diese gleichsam ineinander gefügten Ringe – deshalb sprach ich von Kette – hielt mich eine harte Knechtschaft fest.«[807] Am Anfang eines Suchtgeschehens steht in der Tat eine fehlgeleitete Lebenseinstellung, die oft mit einer Dysphorie, einem Verstimmungszustand einhergeht. Dieser generiert einen Drang nach dem Suchtmittel, der sich durch Willensanstrengung kaum kontrollieren lässt. Nicht hier kann die Kette der Sucht durchbrochen werden, vielmehr beim Zustand innerer Orientierungslosigkeit oder Leere. Diese gilt es zunächst auszuhalten – das war die zentrale Botschaft der Anachoreten. In diesem Zustand des Mangels und innerer Unruhe scheint die Sensibilität für existenzielle Fragen indes erhöht zu sein. Wird dieser »Seelenhunger« nicht gestillt, besteht die Gefahr, dass die Leere gewohnheitsmässig mit einem Surrogat »gefüllt« werde.

Um die Leistung Augustins angemessen zu würdigen, sei nochmals der Blick auf das antike Denken gerichtet. »Die platonische Seele ist nicht introspektiv«,[808] gibt Daniel Hell zu bedenken, denn »sie erschaut eine äussere, kosmische Ordnung, von der sie nur Abbild ist. Um diese rationale Ordnung wahrzunehmen, hat der Mensch nach platonischer Auffassung nicht nach innen zu schauen, sondern seinen Blick nach aussen hin zum Kosmos zu richten, um dort die Ideen der Urgestalten zu entdecken.«[809] Gewiss lässt sich aus psychologischer Sicht ein projektives Geschehen geltend machen, das letztlich der Suche des Menschen nach sich selbst dient. Doch erst 1500 Jahre später sollte in Anlehnung an Ludwig Feuerbach die moderne Psychologie mit Sigmund Freud diese Vorstellung als einen innerseelischen Mechanismus der Projektion beschreiben und für die Therapie fruchtbar machen.

Allerdings sind auch bei Plato bereits Ansätze zur Introspektion zu erkennen, etwa im berühmten Höhlengleichnis,[810] wo Schattenwurf und Höhle exquisite Bilder des Unbewussten darstellen. Schliesslich finden sich auch in den Mysterienspielen vergleichbare Elemente. Die Nacht, in der die meisten Mysterien – wie übrigens auch die christliche Taufe – stattfanden, hatte wohl nicht nur mit deren Geheimhaltung zu tun; so dürfte jenes wunderbare Licht, das Plutarch beschreibt, schon eher einem Prozess der Bewusstwerdung entsprechen.[811] Allerdings stellen diese Initiationen ein kollektives Geschehen dar und können nicht mit der selbstkritischen Analyse bzw. mit dem inneren Dialog Augustins verglichen werden. Eher käme dafür noch die Inkubation (s. 7.2), der Tempelschlaf, als Ausdruck der Selbstsuche infrage, bei welchem das Seeleninnere gewissermassen das Wort ergreift, woraus Anweisungen zur Lebensgestaltung gewonnen wurden. Im Gegensatz zum Traum, der sich in der klassischen Periode dem schlafenden Geist erschliesst und – wie auch im Neuen und Alten Testament – als göttliche Botschaft wahrgenommen werden kann, ist aufgrund der dialogisch gestalteten *Confessiones* indessen ein anderer Zugang zum Wort Gottes erkennbar. Gewiss ist daher dem Kirchenhistoriker Moeller zuzustimmen, dass darin »eine« völlig »neuartige Auffassung vom Menschen niedergelegt« ist; denn der Mensch kann nach Augustin nicht allein in kontemplativer »Abgeschlossenheit ... zu seiner wahren Bestimmung« gelangen, vielmehr erst »in der Offenheit und Beziehung zu Gott, der seine ganze Existenz umschliesst und bestimmt«.[812]

9.2.5 *Mittelalter*

In diesem Kapitel sollen uns nicht die subtilen scholastischen Spekulationen über das Wesen der Seele beschäftigen, sondern die konkrete, praktische Seelsorge, die die Nähe zu den einfachen und Not leidenden Menschen suchte. Dabei werden zwei grundlegende Strömungen des Mittelalters, die für das Verhältnis von Seelsorge und Psychotherapie von ganz besonderer Bedeutung sind, thematisiert. Es sind dies zum einen die Bettelorden, die ab dem 13. Jahrhundert »eine Schlüsselrolle ... bei der pastoralen Betreuung der Volksmassen« einnahmen.[813] Zum anderen ist die Mystik mit ihren vielfältigsten Erscheinungsformen zu nennen, die mit dem in neuerer Zeit aufgekeimten Interesse für Spiritualität wieder stark an Aktualität gewonnen hat (s. 7.12).

9.2.5.1 *Armutsbewegungen*

Als Ausgangspunkt der Armutsbewegungen gilt die »cluniazensische« Reform des 10. Jahrhunderts. Diese Erneuerungsbewegung blieb »zunächst viele Jahrzehnte lang auf das Mönchtum … beschränkt … Die Rückkehr zur strengen Befolgung der Regel« war oberstes Ziel.[814] Darüber hinaus wurden zahlreiche neue monastische Gemeinschaften gegründet, wobei diese Bewegungen in die Laienschaft hineinwirkten, »und zwar gerade mit dem für sie Wesentlichen, dem Ruf nach Askese und frommer Durchbildung des ganzen Lebens«.[815] Hinzu kamen auch neue Elemente, wie etwa die Wanderpredigt, die – in Anlehnung an die irischen Missionare des 6. Jahrhunderts – zur Ausbreitung der mönchischen Ideale ebenfalls stark beitrug.[816] Diese Ideale entwickelten »sich um das Jahr zwölfhundert zu einer … Zivilisationsmacht, die den wissenschaftlichen, kulturellen und sozialen Fortschritt vorantrieb«.[817] Keine frommen Aufrufe, sondern nur die vorgelebten christlichen Werte vermochten somit die kreativen Kräfte der Erneuerung freizusetzen. Zudem durchlebte Europa »zwischen der Jahrtausendwende« und dem 13. Jahrhundert einen agrartechnischen Fortschritt, welcher einen enormen »demografischen Entwicklungsschub« zur Folge hatte, der bis zu einer Verdreifachung der Bevölkerung führte.[818] Dabei kam es »zu einer Landflucht, ein starker Urbanisierungsprozess setzte ein. In Italien, Frankreich, den Niederlanden und etwas später auch im deutschsprachigen Europa entstanden neue urbane Zentren, die im frühen Mittelalter nicht existiert hatten. Paris … wächst erst im zwölften Jahrhundert zur königlichen Verwaltungsmetropole und zur … Universitätsstadt heran. Die Urbanisierung lässt neue Marktplätze sowie bürgerliche Handels- und Handwerkseliten entstehen. Zugleich bildet sich aber auch eine« Gruppierung »entwurzelter Tagelöhner, die vom Land in die Städte strömen. Mit der Verstädterung und dem ökonomischen Fortschritt entsteht ein steiles soziales Gefälle, wie es die frühmittelalterliche Wirtschaftsform der Selbstversorgung nie gekannt hat.«[819] Mit diesen gesellschaftlichen Umwälzungen bildeten sich auch Gemeinschaften mit eigenen Heilsvorstellungen, welche die Einheit und das Machtmonopol der Kirche zu gefährden schienen.

So wurden etwa Katharer und Waldenser gnadenlos verfolgt. Doch »das Papsttum erkannte« bald, »dass es mit den Mitteln der Inquisition der Ketzer und Laiensekten allein nicht Herr werden konnte. Es bedurfte auch der Volksseelsorge, und es bedurfte neuer Ordensgemeinschaften, die durch volksnahe Bescheidenheit, moralische Integrität und soziales Engagement« sich berufen fühlen sollten, »den Zugang zu den niederen Ständen zu finden«.[820] Die grösste Bedeutung erlangten jene »beiden Kongregationen, die sich in den folgenden Jahrzehnten zu grossen, das ganze Abendland erobernden Mönchsorden entwickeln sollten: Die ›Armen Christi‹, die der Bischof Diego von Osma und dessen Stifts-Subprior Dominicus (ca. 1170–1221) seit ca. 1207 von Toulouse aus zur Seelsorge und Predigt aussandten – der spätere Dominikaner- oder Predigerorden –, und die ›Minderen Brüder‹ des Hl.– Franziskus. Der Dominikanerorden war eine planmässige Gründung«,[821] wohingegen der Franziskanerorden aus einem unmittelbaren innerern Impuls sowie einer Autoritätskrise ihres Gründers hervorging und erst »allmählich juristische Formen erhielt und regelrechte Ordensgestalt annahm«.[822] Die fehlende »stabilitas loci« beider Orden bildete »ein neues Element in der mittelalterlichen Kirchenordnung«.[823] Sie war nicht nur Garant ihres Erfolges, sondern auch ursprüngliches Moment der Seelsorge überhaupt. Der Gang zum Bedürftigen, die ungerufene Zuwendung, sind bis heute genuine seelsorgerliche Aspekte. Sie bilden einen wesentlichen Unterschied zur Psychotherapie, die – wie sie zurzeit gepflegt wird – nur selten Krankenbesuche abstattet oder von sich aus Orte der Not aufsucht.

»Die Missionswanderschaften der Ordensbrüder illustrieren« deutlich, »worin die Bettelorden ursprünglich ihre Hauptaufgabe sahen: Ihre Mitglieder sollten ungebunden umherziehen, vom Almosen leben und alle Anstrengung auf die Predigt und die Volksseelsorge legen. Mit ihrer Verpflichtung zur Besitzlosigkeit sollten sie nicht nur dem Beispiel Christi folgen, sondern vor allem auch eine glaubwürdige moralische Gegenmacht schaffen gegen die Pfründewirtschaft des etablierten Klerus. Als Dominikaner und Franziskaner sich in Klöstern niederliessen, beeinflusste ihr pastoraler Auftrag die Standortwahl. Traditionellerweise befanden sich Klosterbauten in einsamer Abgeschiedenheit und sollten es der Mönchsgemeinschaft erlauben, frei von weltlichen Störungen ein kontemplatives Leben zu führen. Die Bettelorden hingegen liessen sich mitten in den Städten nieder. Dort lebte ihr Klientel, die neu entstandene Unterschicht.«[824] In Basel steht noch heute die frühere Klosterkirche der Franziskaner. Die Barfüsserkirche, wie sie auch bezeichnet wird, beherbergt zurzeit den Hauptteil der Sammlung des Historischen Museums Basel. Und in Bern, Basel sowie Zürich finden sich noch heute Predigerkirchen. Jene in Zürich, die 1231 erstmals urkundlich erwähnt und im Jahre 1268 vollendet wurde, gehörte zum Kloster der Dominikaner, dem ältesten Bettelorden in Zürich.[825] Daneben »gründeten auch die Franziskaner, später die Augustiner-Eremiten ein Kloster in der Stadt«.[826] Mehr als bemerkenswert ist der Umstand, dass der Dominikanerorden nicht nur Männern vorbehalten war. So entstand »das Dominikanerinnenkloster Oetenbach auf dem Sihlbühl« als viertes »Bettelordenkloster in Zürich, in dem in der Blütezeit 120 Frauen lebten«.[827]

Ebenfalls von Frauen wurde die zweite, für die »persönliche Seelsorge« wichtige mittelalterliche Bewegung wesentlich mitgetragen: die Mystik. Ihr wollen wir uns im Folgenden zuwenden.

9.2.5.2 Mystik

Über die Etymologie des Begriffes besteht wenig Klarheit. Gewöhnlich wird das Wort Mystik von griechisch *myein* abgeleitet und bedeutet so viel wie *schliessen, verschliessen* (von Mund, Ohren und Augen).[828] Darin schwingt wohl der Aspekt des Geheimnisvollen und Unsagbaren mit. Allerdings liegt die Herkunft des »s« (Sigma) im Wort Mystik im Dunkeln. »Eine Verbalwurzel my(s)- taucht« zwar »in einem« antiken »mykenischen Dokument auf, es könnte sich um die ›Weihe‹ eines Würdenträgers handeln, doch sind Kontext und Interpretation keineswegs genügend deutlich«.[829]

Die Bestimmung des Begriffs Mystik bietet kaum geringere Probleme als dessen Herkunft. Gerhard Wehr äussert sich wie folgt hierzu: »Wenn von Mystik die Rede sein soll, ist eine ... Vorklärung unerlässlich. Bei weitem nicht alles, was sich so nennt, ist auch Mystik ... Vielfach sollte man von Mystizismus sprechen, ... wenn auf die erforderliche Klarheit wenig Wert gelegt wird. Andererseits gehen selbst unter Sachkennern die Meinungen auseinander, weil Ausgangspunkt, Einschätzung, Blickrichtung oder methodisches Vorgehen differieren.«[830]

Dennoch dürfte folgende Bestimmung auf breite Zustimmung stossen: »Mystik« ist Ausdruck »einer Sehnsucht und eines Strebens nach unmittelbarer Gottes- und Selbsterfahrung, die die Formen und Grenzen der allgemeinen Frömmigkeit überschreiten«.[831] Hierin sind zwei wesentliche Aspekte enthalten, indem die Subjektivität mystischen Erlebens immer zur Unterscheidung nötigt, »ob man die mystische Erfahrung als solche meint oder deren Beschreibung«.[832] Letztere dürfte indes nur über die Bildsprache vermittelbar sein. Der Dominikaner Meister Eckhart (gest. 1328) sprach dabei vom »allumgreifende(n) Sein« oder auch von einem »schlummernden ›Seelengrund‹« bzw. »glimmenden ›Seelenfunken‹ im Menschen«, den es zu »entfachen« gilt.[833] Diese geheimnisvolle subjektive Seite der Mystik stand und steht mitunter in scharfem Kontrast zu etablierten Glaubensinhalten und dogmatischen Strukturen der Kirche. »Statt in einseitiger Weise auf die Lehre (*doctrina*) abzuheben, ist die christliche Mystik eine auf Erfahrung gegründete« Weise der Gotteserfahrung »(*cognitio dei experimentalis et non doctrinalis*)«.[834]

In diesem Sinne ist Adalbert Geduhn zuzustimmen: »›Die Hinwendung zur Verinnerlichung ist immer die Stunde der Mystik gewesen, oft unter Schmerzen aus Ohnmachtserfahrungen entstanden. Das trat ein, wenn die historisch gewordenen Religionen mit ihren Riten und ausgeklügelten Denksystemen oder wenn die institutionalisierte Anstaltsfrömmigkeit der Kirche eine persönliche und unmittelbare Gotteserfahrung verbauten und in Notsituationen keinerlei hilfreiche Antwort gaben.‹«[835] »In der Tat schlug oft in Zeiten eines spirituellen Vakuums die Stunde der grossen Mystikerinnen und Mystiker.«[836]

Es gibt bemerkenswerte psychiatrische Parallelen zu oben genannten Notsituationen. So können Menschen, die Gewalt erfahren oder sexuell missbraucht werden, wie aus ihrem Körper treten und dem furchtbaren Geschehen quasi von aussen beiwohnen. Solche Erfahrungen werden in der Fachsprache neutral als »dissoziativ« bezeichnet. Der Begriff bezeichnet indes sachlich dieselbe Erfahrung der *ekstasis*, des Heraustretens aus einem gewöhnlichen in einen aussergewöhnlichen Erfahrungsbereich. Allerdings werden gewiss nicht alle mystischen Erfahrungen nur aus der Not geboren, vielmehr dürften sie als Gipfelerlebnisse (s. 7.7) durchaus auch positiv konnotiert sein.

Es ist auf jeden Fall zu bedenken, dass die gesellschaftliche und religiöse Sprengkraft, welche mystische Erfahrungen in sich bergen, von autokratischen Systemen bzw. herrschenden Institutionen nicht nur als heilsam, sondern primär als Bedrohung wahrgenommen werden konnten. »Als Irrlehrer verfemt und auf ein halbes Jahrtausend der öffentlichen Anerkennung entzogen wurde« etwa kein Geringerer als der Mystiker Meister Eckhart.[837] »Seine Zeitgenossin, die Begine Marguerite Porete … wurde am 1. Juni 1210 in Paris« gar »öffentlich verbrannt«.[838] Mystik ist mitunter weit mehr als nur ein rein persönliches kontemplatives Geschehen.

Darüber hinaus öffnet Mystik die Sinne nicht nur für die Höhen und Tiefen des Geistes, sondern auch für die Abgründe der

Seele, wenn man etwa an die Visionen und Versuchungen des heiligen Antonius denkt, geschildert in der *Vita Antonii* des alexandrinischen Bischofs Athanasius und in surrealer Allegorie dargestellt von Meister Matthias Grünewald auf dem Isenheimer Altar in Colmar.

Sind, so ist schliesslich zu fragen, der grenzüberschreitenden Mystik selber Grenzen gesetzt? Um diese Frage zu beantworten, bedarf es zunächst einer Vertiefung und Differenzierung des Begriffes: Mystik »steht für ein religiöses Urphänomen und basiert auf der Erfahrung eines unmittelbaren, intuitiven Kontaktes mit dem Absoluten ... Die durch die griechische Sprache vorgebildete Terminologie bietet drei kennzeichnende Grundworte an: Die Ekstase (*ekstasis*) als Entgrenzung, Heraustreten ... des Ich-Bewusstseins vom Personalen zum Transpersonalen hin ... Die Einigung (*enosis*), in der der Mensch die mystische Vereinigung mit dem Absoluten, mit dem in jeder Hinsicht Übergeordneten – oft unter Erschütterungen – erlebt. Das Nicht-Sein (*me-on*) als Bezeichnung eines ... Erfahrungsaktes, der den Menschen über das Sein hinausführt ... lässt sich in seiner Tiefe ... nicht dadurch ›erfassen‹, dass man ihn mit dem Sein identifiziert ... Charakteristika, die ... aus der Endlichkeit genommen sind«,[839] bilden allerhöchstens Reflexe jenes Überlichtes, welches in seiner Intensität das menschliche Auge nachtgleich blenden kann. Dieses göttliche Dunkel hat eminente seelsorgerliche Bedeutung, indem die »Gottesfinsternis« nicht als Eigenschaft Gottes gedeutet wird, sondern als Ausdruck menschlicher Begrenztheit, jenes alles überstrahlende Licht zu schauen und die darin verborgene höhere Vernunft zu begreifen.

Bei den drei Leitbegriffen handelt es sich indessen »nur um ›Kernbegriffe‹, um die sich mit Blick auf einen erweiterten Mystik-Begriff ein Kreis anderer Wesensmerkmale anordnen« lässt, wodurch die Bestimmung notgedrungen an Schärfe verlieren muss.[840] Jedenfalls scheint es verschiedene Zugänge zum Phänomen Mystik zu geben. »So hat« etwa »Meister Eckhart das

Erlebnis eines einzigartigen Durchbruchs betont, der von Gott her erfolgt und den Menschen ... in einen veränderten Zustand hineinstürzt (*raptus*). Andere Mystiker legen besonderen Wert auf das Absolvieren eines inneren Weges mit den Stadien der vorbereitenden Reinigung (*via purgativa*) und der Erleuchtung (*via illuminativa*), bevor es zum eigentlichen Ziel, der Vereinigung (*unio mystica*), kommen kann. Es liegt« darüber hinaus »in der Natur der Sache und es entspricht der Aktualität der Mystik, dass sie nicht an eine bestimmte Geschichtsepoche gebunden ist, wenngleich«[841] auch hier in Analogie zu den Kernbegriffen von einer Kernepoche im Kontext der Deutschen Mystik gesprochen werden kann. Wenn man also das Phänomen Mystik im Auge hat, so begegnet auf zahlreichen Ebenen – namentlich geografisch, zeitlich und individuell – so etwas wie ein Kontinuum mit umschriebenen Verdichtungszonen – vielleicht vergleichbar mit den herausragenden künstlerischen Leistungen der Renaissancemalerei oder der »Goldenen Flamen« des 17. Jahrhunderts. Vermutlich gilt für die Kunst dasselbe wie für die Mystik: Je tiefer die künstlerische bzw. mystische Erfahrung, desto unaussprechbarer ist sie. So lassen sich etwa Einzigartigkeit und Ausdruckskraft der Werke Leonardos, Michelangelos oder Rembrandts letztlich nur schweigend vernehmen.

Der soteriologische, heilsame Aspekt der Mystik, den wir weiter oben bereits angedeutet haben, ist sowohl für die Psychotherapie wie auch für die Psychiatrie als eminent bedeutsam einzustufen. Vorab Psychotherapeuten sind gut beraten, mystische Erfahrungen auch von psychisch kranken Menschen ernst zu nehmen.

Dies geht etwa aus folgender Episode, welche der kürzlich verstorbene Psychiater Christian Scharfetter berichtete, eindrücklich hervor. Sie zeigt, wie ratsam es ist, bei Schilderungen transpersonaler Erfahrungen genau hinzuhören: Einem Patienten, der sich das Leben nehmen wollte, sei eine Lichtgestalt erschienen, die ihn davon abhielt, diesen unwiederbringlichen

Schritt zu tun. Als der Patient seinem behandelnden Arzt von diesem aussergewöhnlichen Erlebnis erzählte, soll jener die Vision als pathologisches Geschehen bzw. als eine zu behandelnde Halluzination gedeutet und eine Erhöhung der antipsychotischen Medikation verordnet haben!

9.3 Der primär institutionelle Kontext der Seelsorge

9.3.1 Reformation

Es ist nicht möglich, im gegebenen Rahmen die gesamte Reformation unter dem Aspekt der Seelsorge ins Auge zu fassen. In diesem Kapitel richten wir unsere Aufmerksamkeit daher auf Martin Luther als dem Hauptexponenten der reformatorischen Bewegung. Hans-Martin Barth beurteilt das Wirken des einstigen Augustinermönches wie folgt: »In den meisten Lutherdarstellungen wird die Reformation als eine grosse theologische Auseinandersetzung vorgeführt, ein Kampfgeschehen, in dem es auf Tod und Leben um die Wahrheit ging. Dies ist natürlich nicht falsch ... Für meine Wahrnehmung ist die Reformation« aber »in erster Linie eine Seelsorge-Bewegung. Der Streit ging« letztlich »um die Wahrheit, die frei macht und trägt. Deswegen muss Luthers Theologie unter seelsorgerlich-therapeutischer Perspektive ... bedacht ... und weitergeführt werden.«[842] Und auch für Gerhard Ebeling ist klar, »dass Theologie und Seelsorge bei Luther einander aufs engste bedingen und durchdringen. Es handelt sich für ihn um eine so fundamentale Zusammengehörigkeit, dass beides nur miteinander gedeiht.«[843]

Dass die Seelsorge in die Predigt und in den Gottesdienst – der *cura animarum generalis* – einfloss, schliesst eine persönliche Begegnung selbstredend nicht aus. Davon zeugt etwa das »Antwortschreiben an einen angefochtenen Pfarrer«, worin Luther »die Gründe namhaft macht, die anstatt eines kurzen Briefes ein Gespräch erfordern«.[844] Er »weiss nicht, was den ihm nicht unbekannten Empfänger anficht. So viel aber steht fest: Je heftiger die Anfechtung, desto dringlicher ist es, ihr mit Gottes Hilfe *viva voce* und gesprächsweise zu begegnen ... Weil Luther« die näheren Umstände nicht kennt, »vermag er *in speciali* nichts zu schreiben. Dennoch bleibt er den grundlegenden Trost nicht schuldig: dass der Angefochtene in seinem Leiden nicht allein sei.«[845]

Im Grunde antizipiert Luther bereits psychotherapeutisches Wissen. Sachlich differenziert er treffend zwischen dem spezifischen und dem unspezifischen Anteil einer Therapie (s. 7.2). Der unspezifische, auch supportiv genannte Aspekt, basiert – wie Carl Rogers gezeigt hat (s. 3) – auf der Qualität der Beziehung zwischen dem Therapeuten und dem Klienten bzw. zwischen dem Seelsorger und dem Seelsorgeempfänger.[846] Der spezifische Anteil orientiert sich dagegen am jeweiligen Problem.

Die *viva vox* oder lebendige Stimme ist ein sehr treffendes Bild für jene menschlich-persönliche Begegnung, in der – wie schon die sprachliche Verwandtschaft nahelegt – die Gestimmtheit, die Stimmung des Trostes mitschwingt. Ebendiese macht die zwischenmenschliche Beziehung so unentbehrlich. Das weiss Luther, der sich nicht mit einem frommen Spruch auf billige Weise seiner seelsorgerlichen Aufgabe zu entledigen versucht. Die persönliche Begegnung mit einem seelisch leidenden Menschen ist für einen Therapeuten oder Seelsorger die höchste und schwierigste Form, Verantwortung mitzutragen. Ihr darf man grundsätzlich nicht ausweichen, ausser eine noch verantwortugsreichere Aufgabe müsste jener vorgehen. Dieser Grundsatz ist in den Augen des Verfassers etwa auch auf die neueren Formen der schriftlichen Internetseelsorge bzw. -psychotherapie zu übertragen, die einen persönlichen Kontakt nicht ersetzen, sondern höchstens ergänzen können. Demgegenüber bietet die Telefonseelsorge auch ohne direkten Kontakt eine *viva vox* und ein mitfühlendes Gegenüber.

Die Unmittelbarkeit der Begegnung findet bei Luther ihren Ausdruck auch in der Aufforderung, den Leuten »aufs Maul« zu schauen. Denn gerade durch seine Bibelübersetzung erweist sich der Theologe Luther auch als ein ausgewiesener Seelsorger. Die gleiche Sprache zu sprechen wie der Seelsorgeempfänger oder der Klient ist eine selbstverständliche Forderung für die Seelsorge wie auch für die Psychotherapie, zumal sich Lebensart und soziale Gegebenheiten wesentlich über die Sprache erschliessen. So bedeutete die mittelalterliche *misericordia* so viel wie »sich selber zum armen Mann herablassen«,[847] was heute mit dem Begriff der Empathie umschrieben werden kann. Damit ist im Sinne von Carl Rogers das mitfühlende Verstehen bzw. verstehende Mitfühlen angesprochen als eines der drei seelsorgerlich wie auch psychotherapeutisch wirksamen Faktoren (s. 3).[848]

Luthers Annäherung an die Sprache und Lebenswelt des einfachen Menschen grenzt sich wohltuend von einer vom Volk abgehobenen Kurie ab und stellt gewiss keine Anbiederung dar, sondern ist als Akt der Solidarität zu deuten.

Dass ein so feinfühliger Literat wie Thomas Mann »›eine instinktive Abneigung‹« gegen das »›Cholerisch-Grobianische‹«[849] des bedeutenden Gottesmannes verspürte, verkennt dabei den Aspekt der Authentizität, den die Psychotherapieforschung neben der oben genannten Empathie sowie der Wertschätzung als so essenziell für die Qualität einer Beziehung herausgearbeitet hat.[850]

Ein weiterer Kritikpunkt betrifft Luthers Menschenbild, das sich in keiner Weise mit dem neuzeitlichen anthropologischen Verständnis vereinbaren lasse, wonach »der seiner selbst bewusste und auf seine Selbstverwirklichung bedachte Mensch sich dem Grundanliegen der Theologie Luthers kaum zu öffnen vermag: nämlich der Rede von der alles bewältigenden Gnade Gottes«.[851] Doch war es nicht gerade der Mensch im übersteigerten Bewusstsein seiner selbst, der seit der Aufklärung – soeben herausgetreten aus der »selbstverschuldeten«

Unmündigkeit – in einem noch nie da gewesenen Masse Katastrophe an Katastrophe aneinandergereiht hat? Allein im 20. Jahrhundert ist von über hundert Millionen gewaltsam getöteten Menschen auszugehen. Luthers Forderung, wonach nur der hörende und sich seiner Bedingt- und Begrenztheit bewusste Mensch die egozentrische Perspektive zu überwinden vermag, erscheint hochaktuell. Es bedeutet eine Abkehr von der absoluten Autonomie, die sich an keine höheren Werte mehr gebunden fühlt, hin zu einer »Logonomie«. Aus Luthers Perspektive ist der Mensch stets auf den allumfassenden, vielfältig an ihn gerichteten Zuspruch, der alles Lebendige umfasst, vital angewiesen. Er ist dabei – biblisch gesprochen – existenziell »von jedem Wort, das aus Gottes Mund kommt« (Mt 4,4b), abhängig.

In knappster Zusammenfassung lässt sich über Luther sagen: Er war kein Leisetreter, vielmehr einer, »der einem an die Nieren und auf die Nerven gehen kann«.[852] Das heisst: Er trifft ins Schwarze, doch, wie er es tut, kann gehörig aufwühlen! Als Mensch ohne Zwischentöne, aber auch ohne Doppeldeutigkeiten vermag Luther kaum dem Bild des einfühlsamen, wohlwollenden und behutsam agierenden Seelsorgers zu entsprechen. Hierzu gehört auch Luthers pointierte Metaphorik. Wohl spricht er vom Teufel, doch bleibt stets offen, ob dies real gemeint ist oder nur im Sinne einer realitätsnahen Metapher. So etwa wenn er »die Auffassung vertrat: ›*Vera theologia est practica et fundamentum eius est Christus, cuius mors fide apprehenditur … Speculativa igitur theologia, die gehört in die Hölle zum Teufel.*‹«[853] Ein Sprachwechsel im gleichen Satz steht indes immer im Verdacht, als Stilmittel eine unterschiedliche semantische Ebene zu bedienen. Daher dürfte dieses Diktum von der Hölle und vom Teufel eher bildhaft zu deuten sein, und man muss sich fragen, ob es sich bei so konkret anmutenden Aussagen nicht eher um eine Rhetorik des Drastischen handelt, die im Bereich der Paränese anzusiedeln ist und der auch zahlreiche weitere Derbheiten des Reformators dienen sollten.[854]

Andererseits lässt sich bei Luther mit fortschreitendem Alter auch eine zunehmende Intoleranz erkennen, die sich sowohl gegen Mitkämpfer, welche sich ermächtigt fühlten, das gemeinsame Werk weiterzuführen, wie auch gegen jüdische Mitmenschen richtete. Denn wenn es »›kein mittleres Reich zwischen dem Reich Gottes und dem Reich des Satans‹«[855] gibt, dann muss alles Dazwischen und alle Lauheit als verdammenswert erscheinen. Bei Luther scheint im Alter die Radikalität, die keine andere Position gelten lässt, jene frühe Radikalität abzulösen, die unerschrocken und unumwunden die Wahrheit beim Namen nennt.

Wie war es nur möglich, dass die für so manche Menschen segensreiche seelsorgerliche Umarmung dieser epochalen Gestalt, dieses Rebellen und feurigen Reformers, für Einzelne zu einem erstickenden Würgegriff wurde? Andreas Karlstadt, Luthers Doktorvater und Mitstreiter in der Auseinandersetzung mit Johann Eck, sollte dies an Leib und Seele erfahren. »Karlstadts Stunde schlug ... als Luther auf der Wartburg weilte und somit dessen Führerposition im Zentrum der Reformation frei war. Endlich konnte er ... das von Luther zuvor Geforderte in die Tat umsetzen ... Die sogenannte Wittenberger Bewegung kam in Gang, von den orthodoxen Lutheranern alsbald als ›Wittenberger Wirren‹ ... in Verruf gebracht ... Dabei behielt« Karlstadt »wichtige Elemente der lutherischen Auffassung bei ... Was Luther für schädlich hielt, das war eine verfrühte Praktizierung der Reformen ... Luther sorgte nach seiner Rückkehr nach Wittenberg dafür, dass sich der dienstältere Kollege der Pressezensur unterwerfen musste. Doch dabei sollte es nicht bleiben ... Luther verlangte gar ein generelles Publikationsverbot, das auf Ausschaltung des missliebigen Kollegen tendierte ... Da« dieser »nicht bereit war, an die Universität zurückzukehren, andererseits aber als Pfarrer von Orlamünde nicht offiziell bestätigt wurde, wählte er einen anderen Weg. Er erwarb ein kleines Bauernwesen, um sich von da an ›mit dem Pflug zu nähren‹ ... und der gelehrte Doktor nannte sich bescheiden ›Nachbar Andres‹. Die missionarische Wirkung des erklärten Laien war ... beträchtlich. Luther witterte eine gefährliche Konkurrenz« und diffamierte »ihn – ähnlich wie den Thomas Müntzer – öffentlich ... als einen ›aufrührerischen Geist‹, dem die Obrigkeit das Handwerk legen müsse. Und ebendies geschah: Der Orlamünder Reformator wurde durch den Kurfürsten des Landes verwiesen (September 1524). Damit begann für den Vertriebenen ein unruhiges Wanderleben ... Bald musste er als Bauer, bald als Krämer, bald als Korrektor in einer Druckerei sein Leben fristen, ehe ihm Zwingli eine Pfarrstelle verschaffte, für wenige Jahre freilich nur. Indessen verfolgten ihn die Verleumdungen des wortgewaltigen Luther, der ihn als Tölpel und Lügengeist« und »Teufelspropheten« beschimpfte, doch wer »unbeeinflusst durch Luthers Gehässigkeiten Karlstadts Leben und Lehre kennenlernte, kam zu einem ganz anderen Urteil. Ausdrücklich schreibt beispielsweise der Zwingli-Nachfolger am Grossmünster in Zürich, Heinrich Bullinger, ... an seinen Freund Myconius nach Basel: ›Du brauchst nicht zu fürchten, der Mann wäre so, wie Luther ihn gezeichnet hat. Er ist sehr verträglich, bescheiden, demütig und in jeder Hinsicht einwandfrei.‹«[856]

Wie also konnte es nur geschehen, dass sich Luther gegenüber seinem früheren Mitstreiter so kalt und unbarmherzig gebärden konnte? »›Barmherzig hin, barmherzig her, wir reden hier von Gottes Wort‹«[857] – so lautet Luthers »Entgegnung«. Dass Barmherzigkeit durchaus auch in der Bibel gepredigt wird, blendet er offensichtlich aus. Es ist mehr als bemerkenswert, dass Karlstadt ein Mann der leisen Töne war, der »die ›allerhöchste Tugend Gelassenheit‹ ebenso« kultivierte wie die »innere Sammlung, ohne die der in Wort und Tat geäusserte Glaube wesenlos und unfruchtbar«[858] bliebe. Im Grunde hätte Karlstadt eine wunderbare Ergänzung zu Luthers derbem, temperamentvollem Wesen dargestellt. Denn Luthers Doktorvater hätte diesem als Vorbild dienen können, zumal er genau die gegenteiligen Eigenschaften des impulsiven Reformators verkörperte, die dieser durchaus hätte entwickeln können. Wir wollen hier über dieses mutmassliche Versäumnis indes nicht urteilen. Denn man kann sich Luthers schier übermenschliches Arbeitspensum und seine emotionale Belastung kaum »gravierend genug vorstellen. Die Klage darüber setzt bereits im Herbst 1516 ein ... Er sei Prediger im Kloster, Lektor bei Tisch, täglich auch als Parochialprediger in der Stadtkirche gebraucht, Studienleiter, Distriktvikar – und das heisst elffacher Prior – zuständig für die Einkünfte aus dem Fischteich in Leitzkau, Sachwalter ... und habe zu allem hinzu über Paulus zu lesen und an der Psalmenauslegung zu arbeiten. Was jedoch den grössten Teil seiner Zeit beanspruche, sei das Briefeschreiben. Fast nichts anderes tue er den ganzen Tag als dies, so dass er nicht mehr wisse, ob er nicht immer wieder dasselbe schreibe!«[859] Nicht zu vergessen ist schliesslich auch sein enormes theologisch-schriftstellerisches und dichterisches Schaffen.

Selbstredend ist die psychotherapeutische Implikation: Bei einem derartigen Pensum muss die Zeit für Einkehr, Musse und Selbstprüfung unweigerlich zu kurz kommen. Da droht Gefahr, sich zu verrennen und Abgespaltenes, das nicht gelebt wird, als unliebsame Eigenschaft bei seinem Gegenüber anprangern zu müssen.

Wäre es schliesslich nicht auch noch denkbar, dass die Angst vor einem strafenden Gott, unter welcher der junge Mönch so sehr gelitten hatte und die ihn zur reformatorischen Entdeckung der *iustitia Dei* geführt hatte, ihn mit der Zeit wieder heimlich einholte, und zwar in Form eines ihn erdrückenden Leistungszwanges? Die Erfahrung der Rechtfertigung allein aus Gnade droht jedenfalls immer wieder vom »alten Adam« zunichtegemacht zu werden. Stets steht der *simul iustus et peccator* vor der *curvitas*, vor der Versuchung, sich selber rechtfertigen zu müssen. Der Gefahr, sich gegenüber der göttlichen Gnade zu entfremden, ist man daher nie enthoben. Diese existenzielle Gegebenheit ist nicht nur aus seelsorgerlicher Sicht von eminenter Bedeutung. Auch in der psychotherapeutischen Arbeit ist sie allgegenwärtig. So bietet etwa die Burn-out-Erkrankung das Paradebeispiel eines versehrten Selbstwertes, der sich dauernd durch Leistung und Perfektionismus bestätigen muss.

So besehen, sind Augustins *Confessiones* ein vorbildlicher Versuch, stets zu hinterfragen, ob sich menschliches Tun aus der göttlichen Quelle der Liebe speist, oder ob sie sich aus der eigenen Doxa, dem eigenen Streben nach Anerkennung nährt.

Damit ist eine für die Seelsorge ganz entscheidender Frage angesprochen: Wo und durch wen empfängt der Seelsorger seine eigene Seelsorge? An wen kann er sich im Falle einer seelischen Krise wenden? Dieses Anliegen ist für ärztliche Psychotherapeuten u.a. durch die Pflicht zur Selbsterfahrung bzw. Super- und Intervision im Übrigen heute recht klar geregelt.

Zusammengefasst lässt sich über die Reformation sagen, dass nicht das Bekennen der Sünden von zentraler Bedeutung ist, vielmehr die Rechtfertigung des Sünders, mit anderen Worten die bedingungslose Bejahung des Menschen noch vor jeder eigenen Leistung. Diese Erfahrung, die ohne eigenes Zutun vermittelt, d.h. zugesprochen wird, bildet denn auch den »Ausgangspunkt der Seelsorge«.[860] Sie gründet nach Luther in Christus, der als *medicus*, *rector* und *pastor* auch »Ursprung der Seelsorge« ist.[861]

Aus dieser Sicht sind »Seelsorger ... nicht nur kirchliche Amtsträger, sondern im Sinne des Priestertums aller Gläubigen ... auch Frauen und Kinder«.[862] Gerade Kinder können aufgrund ihrer Authentizität grosse seelsorgerliche und psychotherapeutische Wirkung entfalten. Hier erinnern wir uns, dass sowohl Abraham Maslow wie auch Martin Seligman, die Begründer der Positiven Psychologie, durch Erfahrungen mit Kindern entscheidend beeinflusst worden waren (s. Kap. 8).

»Seit dem Augsburger Religionsfrieden von 1555 hatte es das deutsche Luthertum endlich dahin gebracht, reichsrechtlich anerkannt ... zu sein ... Als kirchliche Grundordnung bildete sich in den lutherischen Gebieten nun endgültig das evangelische Landeskirchentum aus.«[863] Daraufhin folgte eine Phase heftiger Auseinandersetzungen innerhalb des Luthertums selbst, die im Jahre 1577 in der *Formula Concordiae* schliesslich beigelegt werden konnten. Damit begann sich »im deutschen Protestantismus ... ein Bedürfnis nach Ordnung und Sicherheit« zu regen.[864] Der Wunsch, das mühsam Erlangte zu festigen, führte aber dazu, dass nicht mehr das lebendig erfahrene Wort der Bibel, vielmehr die »reine Lehre« der »wahre(n) Kirche« als konstitutiv erachtet wurde.[865] Eine Theorie der Verbalinspiration sollte es ermöglichen, einzelne aus dem Kontext herausgelöste Bibelsprüche als objektive Wahrheiten zu propagieren.[866] »Der Doktrinarismus, der die evangelische Theologie im Zeitalter der Orthodoxie weithin erfüllte, war ein Grund dafür, dass sich die Frömmigkeit des Luthertums in diesem Zeitalter manche eigene Wege suchte.«[867]

Im Kirchenlied und in der Kirchenmusik konnte das reformatorische Erbe gegenüber dogmatischen Auswüchsen indes lebendig bleiben. Des Weiteren entstand »eine Fülle an Trostschriften, Meditationsbüchern« sowie »Krisenbewältigungshilfen«.[868] Auch der bedeutendste Mystiker des Luthertums, der aus Görlitz stammende Schuhmacher Jacob Böhme (1575–1624), war ein Vertreter dieses Zeitalters.[869]

Hatte mit Luther der Protestantismus in seinen Ursprüngen im Sinne einer gewaltigen Eruption die elementare Einsicht der Rechtfertigung dem katholischen Ablasshandel entgegengeschleudert, so geriet auch im Luthertum mit der Zeit der Impetus nach und nach ins Stocken. Der magmatische Fluss begann in seiner äusseren Form zu erstarren. Doch die geistige

Glut vermochte auch unter der erkaltenden Kruste weiterzuglimmen, nämlich in Form einer verinnerlichten Frömmigkeit. Wesentlich erschien nicht mehr die Aussenperspektive der Institution, sondern fortan die Innenperspektive persönlicher Überzeugung. Der individuelle Glaube empörte sich »gegen Erscheinungsformen der alten Kirchlichkeit«.[870] Ein neues Zeitalter war damit eingeläutet worden.

9.4 Der primär persönliche Kontext der Seelsorge

9.4.1 Pietismus

Im engeren Sinne bezeichnet Pietismus die »Frömmigkeitsbewegung, die seit den 1670er-Jahren im deutschen Luthertum entstand«.[871] In einem weiter gefassten Rahmen bedeutet der Begriff indessen auch das Phänomen der Individualisierung des Glaubens. Im Vordergrund steht dabei nicht mehr der Bau der Institution Kirche, vielmehr die persönliche Erbauung. Das Gnadengeschenk Gottes als wesentliches Anliegen der Reformation erfuhr durch den neuzeitlichen Anspruch nach subjektiver Heilsgewissheit eine ganz neue Dimension. Wohl hatte sich Luther bei seiner Verteidigung in Worms auf sein Gewissen berufen, doch seine Argumente hatten ihren Grund in der Heiligen Schrift.[872] Neu sollte der Glaube, dessen Fundament nach wie vor die Bibel war, nicht mehr nur erkennbar, sondern auch erfahrbar sein. Den kirchlichen Strukturen setzte Philipp Jakob Spener, der »Vater des Pietismus« seine eigenen Forderungen nach Reformen entgegen. »Die Bibelstudien sollten bei Laien und Theologen vertieft, die Laien zu frommer Gemeinschaft und gegenseitiger Seelsorge geführt werden, und die Herrschaft des angelernten Wissens ... war zugunsten der frommen Praxis zu beenden.«[873]

»Speners Pia desideria (1675) – adressiert an die ›Hirten ... in Christo JEsu unserem Ertzhirten‹ ... projektierten u.a. die

Einrichtung von *collegia pietatis*.«[874] Diese Hauskreise, denen an der »Erbauung des Einzelnen (*aedificatio mutua*) gelegen war«, verhalfen »der Seelsorge ... zu einem neuen und nachhaltig wirkenden Sitz im Leben«.[875] Auf diese Weise hatte Spener »Seelsorge bereits als methodisch ausgerichtetes Gesprächsverfahren verstanden und dem in der Orthodoxie verpönten Hausbesuch neues Recht eingeräumt«.[876]

Damit schuf der Pietismus eine wesentliche theologische Voraussetzung, nämlich das Primat des Gefühles und der Erfahrung gegenüber der dogmatischen Vernunft, das eine der bedeutendsten Gestalten des Protestantismus aufzunehmen und kreativ weiterzudenken bereit war: Friedrich Daniel Ernst Schleiermacher (1768–1834). Diesem grossen Geist wollen wir uns im Folgenden vertieft zuwenden.

9.4.2 *Friedrich Daniel Ernst Schleiermacher*

Schleiermachers Menschenbild würde man heute als ganzheitlich bezeichnen. Religion könne nicht nur an die Vernunft und an moralische Regeln oder ein tugendhaftes Leben gebunden sein, wie dies die Poimenik zur Zeit der Aufklärung gefordert hatte. Auch eine dogmatische Fundierung kam für Schleiermacher nicht infrage. Vielmehr ging es ihm um den inneren Menschen und insbesondere um eine Religion, die »Sinn und Geschmack fürs Unendliche« habe.[877] Glaube müsse erfahrbar sein, und zwar in einer ganz besonderen Weise: Als »schlechthinniges Abhängigkeitsgefühl«.[878] Dieses sei gleichbedeutend mit dem Bewusstsein, »in Beziehung mit Gott« zu sein.[879] Es stellt das »eigentliche Grundbewusstsein des Menschen«[880] dar und bildet den Ursprung des Glaubens. Im Grunde – so Schleiermachers pointierte Position – ginge es nicht primär darum, die Bibel zu kennen, sondern darum, dass man selber ein solches Buch schreiben könne. Entscheidend sei mit anderen Worten nicht das Wissen, sondern die lebendige Erfahrung. Eine Auffassung, die für jeden orthodox eingestellten Zeitgenossen eine ungeheure Herausforderung dargestellt haben muss und die später auch von Karl Barth vehement angefochten wurde. Die heftige Kritik, Schleiermacher »mache einen Schleier« vor den klaren und distinkten Glaubensaussagen, konnte selbstverständlich nicht ausbleiben.

Demgegenüber bestätigen Zeitzeugen, dass Schleiermacher eine aussergewöhnliche menschliche Ausstrahlung besass und dass seine Predigten bei seinen Hörern aufgrund ihres Gefühlsgehaltes einen tiefen Eindruck hinterliessen.

Dass die Anlage zur Religion geweckt werden müsse und nicht durch die aufklärerische »Wut des Verstehens« unterdrückt werden dürfe,[881] mutet jedenfalls höchst modern an. Schleiermacher nimmt damit das pädagogische Prinzip der Förderung von Ressourcen sehr ernst. Die psychologische Forschung weiss überdies die ersten Wahrnehmungen und Äusserungen des Menschen im emotionalen Bereich verankert. Damit wird der Aspekt der Erfahrung und Entwicklung im Kontext des Glaubens unterstrichen.

Das bisher Gesagte, namentlich das Angewiesensein auf ein verlässliches Gegenüber, die Qualität des Erlebens, Emotionalität sowie die Entwicklung von Dispositionen bilden selbstredend zentrale Fundamente jeglicher Psychotherapie und Seelsorge.

Doch auch noch in anderen Bereichen erscheint Schleiermacher in hohem Masse aktuell, etwa wenn er schreibt, dass keine Wissenschaft gültige Aussagen über das Individuelle machen könne. Damit spielt er auf einen verbreiteten Kategorienfehler an, wenn etwa zu »zeigen« ist, dass es keinen freien Willen oder kein Subjekt gibt. Das Subjekt(ive) lässt sich nämlich aus der wissenschaftlichen Dritteperson-Perspektive gar nicht erfassen. Es entzieht sich aufgrund seiner inneren Qualität jeglichem objektiven bzw. analytischen Blick. Demgegenüber wird die »Frömmigkeit« als »unmittelbares Selbstbewusstsein« an das »Gefühl« als innenperspektivisches Erleben gebunden.[882] Es ist erstaunlich, wie Schleiermacher in Einklang mit der Affektlogik (s. 5.1) das emotionale »unvermittelte Selbstbewusstsein« dem reflexiven »Selbstbewusstsein« gegenüberstellt.[883] Doch er geht noch einen Schritt weiter, indem er Augenblicke unterscheidet, »in denen hinter einem ... bestimmten Selbstbewusstsein alles Denken ... zurücktritt«. Angesprochen ist hier die Kraft des ganzheitlichen Erlebens gegenüber einer einseitig hochgehaltenen Ratio (vgl. auch Anm. 172).

Wenn Schleiermacher weiter schreibt, dass »das Leben ... aufzufassen« sei »als ein Wechsel von Insichbleiben und Aussichheraustreten des Subjekts«, so spricht er die komplementären Persönlichkeitsmerkmale der Intro- und Extraversion an, wie sie von Carl Gustav Jung ebenfalls beschrieben wurden.[885] Noch heute wird die Extraversion zu den fünf grundlegenden Charakteristika der Persönlichkeit gezählt (»big five«).

Zentral ist auch die Bedeutung der Mündigkeit. Da diese immer an ein bestimmtes Handeln gebunden ist, erschöpft sie sich nicht, wie dies im Idealismus der Fall ist, in theoretischen Erwägungen.[886] Dogmatik habe sich überdies »an geschichtlichen Lebensvorgängen« zu orientieren, denn bei »der Theologie handelt es sich um einen Lebensvorgang«.[887]

Und wenn Schleiermacher schliesslich verschiedene Gefühlsstufen differenziert, so spricht er einen zentralen Topos u.a. der psychiatrischen Forschung an, nämlich die Unterscheidung zwischen einer *Bottom-up-* und einer *Top-down-*Betrachtung.

Indem Schleiermacher darauf bedacht ist, die Erfahrung in die Religion einzubringen sowie grundlegende psychologische Elemente in seine Glaubenslehre zu integrieren, weist er damit der Seelsorge des 19. Jahrhunderts ihren weiteren Weg.

Seit Schleiermacher ist die evangelische Seelsorge in besonderem Masse in der *cura animarum specialis*, im Individuum, verankert.[888]

Theodosius Harnack (1817–1889) knüpfte an »Schleiermachers Begriff der Erbauung« an: »›Alles geschehe in der Erbauung‹ (1. Kor. 14).«[889] Er unterstrich auf diese Weise die Position seines Lehrers, Carl Immanuel Nitzsch (1787–1868), für den die »›Erbauung des einzelnen Bewusstseins‹« durch die »›Austeilung des göttlichen Wortes‹« ebenfalls massgeblich war.[890]

Die kerygmatische Position des 20. Jahrhunderts knüpfte – allerdings zunächst sehr eigenwillig – daran an und definierte, wie etwa Hans Asmussen (1898–1968), Seelsorge als »›Verkündigung des Wortes Gottes an den Einzelnen‹«[891], wobei die Initiative im Gespräch ganz beim Seelsorger lag. Dieser »kommt als Vertreter eines Amtes mit einem verbindlichen Auftrag und einem bestimmten Anspruch … In der Situation des Gesprächs wird verkündigt« und »in der Verkündigung wird nicht argumentiert oder diskutiert, sondern behauptet. Auf den Anknüpfungspunkt beim Menschen ist« dabei »nicht einzugehen«.[892] Ganz offensichtlich wird hier Kritik gegenüber einer humanistisch geprägten Form der Gesprächsführung (s. 7.7) geäussert, bei welcher der Akzent auf der gemeinsamen und gleichberechtigten Suche nach Antworten und Lösungen gelegt wird.

Einen ganz anderen Vorbehalt äussert Eduard Thurneysen (1888–1974) und zwar gegenüber Freuds materialistischem Weltbild. Der Sicht der Psychoanalyse stellt er ein »ganzheitliches Menschenbild«[893] entgegen. »Am Verständnis des Menschen fällt« – so Thurneysen – »die Entscheidung über das Wesen der Seelsorge.«[894] Er unterscheidet daher zwischen »biblische(m) Menschenverständnis« und »psychologischer Menschenkenntnis« (s. Kap. 1). Dabei überbiete die biblische Perspektive jene der Psychologie.[895] Dennoch könne nach Thurneysen »die Anthropologie … weder rein geistlich, noch rein medizinisch-biologisch entworfen werden. Denn der Mensch ist, und zwar der gesunde wie der kranke Mensch, nach Seele und Leib ein Ganzes.‹«[896]

Im Gegensatz zu Asmussens autoritärem Ansatz, der zu einem »Bruch« in der Kommunikation führt, indem man dem Betroffenen »›auf seinen Kopf zu die Botschaft‹« mitteilt,[897] lehnt sich Thurneysen doch stärker an die Humanität an: »›Das für das Gespräch Entscheidende liegt darin, dass es zu einer Begegnung komme.‹«[898] Doch gehe es um weit mehr als nur um ein einfaches psychologisches Gespräch, denn »das Wort Gottes gilt ... ›als das grosse Gegenüber.‹«[899] Daher wird »›das ganze Feld des menschlichen Lebens ... dem Urteil des Wortes Gottes unterstellt‹«.[900] Somit geht gleichwohl »›durch das ganze Gespräch eine Bruchlinie‹«,[901] allerdings eine viel »liebevollere«, als dies noch bei Asmussen der Fall war. Thurneysen liegt im Grunde daran aufzuzeigen, »›dass das menschliche Urteilen ... in seiner Vorläufigkeit erkannt ist‹«.[902] Noch milder nimmt sich das Urteil des späten Karl Barth aus, welcher »fast nur noch in der Basler Strafanstalt gepredigt und hier seinen theologischen Neuansatz von der Menschenfreundlichkeit Gottes in einer menschenfreundlichen dialogischen Predigt« zum Ausdruck gebracht hat.[903] Ein Bibelwort soll den Gefangenen »ans Herz« gelegt und so zu einem »Lebenswort« werden.[904] Ganz eindrücklich zeigt sich hier die Nähe der Predigt zum seelsorgerlichen Gespräch.

Damit konnte sich die Seelsorge nicht mehr dem Zeitgeist entziehen und hatte danach zu streben, die Einsichten und Errungenschaften, welche aus den gesellschaftlichen Veränderungen, insbesondere der 68er-Bewegung, hervorgegangen waren, zu integrieren. Der paternalistische Ansatz war nicht mehr gefragt. Hinzu kam die rasante Entwicklung einer Vielzahl dialogisch ausgerichteter psychologischer Verfahren, welche sich zu einem integrierenden Bestandteil der Psychotherapie etablierten (s. Kap. 7).

Aus diesen tiefgreifenden Veränderungen heraus entstand in den 60er-Jahren des letzten Jahrtausends, ausgehend von den USA und Holland, die Seelsorgebewegung.[905] Diese »führte in den deutschen Kirchen zur« Ausgestaltung »einer pastoralpsychologisch orientierten Seelsorgepraxis und -lehre«, welche – wie dies der Name andeutet – bereit war, die Psychologie in die Poimenik aufzunehmen.[906]

Als führende Gestalten der pastoralpsychologischen Seelsorge gelten etwa Joachim Scharfenberg oder Dietrich Stollberg. Für Ersteren ist »»Seelsorge ... die göttliche Gabe der Solidarität eines gemeinsamen Fragens nach der Wahrheit«.[907] Nach wie vor entscheidend bleibe die »heilende Funktion« des Wortes.[908] Weitere wichtige Elemente sind der gleichberechtigte Dialog sowie die Integration des Instanzenmodells (Es/Ich/Über-Ich) Freuds oder auch die Phänomene von Übertragung und Gegenübertragung (vgl. auch 7.4.1 und 7.9).[909] Damit kommen die Gefühle des Seelsorgers und Seelsorgeempfängers sowie die damit verbundenen Lebensgeschichten bzw. die jeweiligen Innenperspektiven ins Spiel. Das Thema Sünde und die Gerechtsprechung werden unter dem Aspekt des Selbstwertes zur Sprache gebracht. Woraus bezieht der Mensch seinen Wert, was bestimmt seine Identität und wie entsteht das Gefühl, bejaht zu sein? Nach Stollberg soll sich »der Klient ... als Sünder von Gott angenommen wissen und damit zu einer realistischeren Selbst- und Fremdeinschätzung gelangen, die ihm hilft, ... Krisensituationen zu bewältigen«.[910] Die urmenschliche »Tendenz zur Selbstrechtfertigung ... zeigt zwei Möglichkeiten der Teilhabe am Reiche Gottes: Gesetzlich oder evangelisch. Der Weg des Gesetzes wird aber als Sackgasse erlebt ..., das Tat-Folge-Denken wird durchbrochen (Ps 103, 10) und die Angewiesenheit des Menschen auf den Glauben zur Rechtfertigung offenbar (Röm 3, 28). Im Neuen Testament äussert sich Seelsorge als Chance, anders zu leben aufgrund der erfahrenen« und zu erfahrenden »Liebe (Joh 5, 15; 8, 11; Röm 6, 6; 8, 2).«[911] Indem Seelsorge Antwort auf menschliche Not darstellt, beinhaltet sie immer auch psychotherapeutische Elemente.[912] Stollbergs Anliegen ist darauf gerichtet, aus verschiedenen psychotherapeutischen Verfahren (u.a. analytische, humantistische und systemische) ein integratives Modell der Seelsorge zu »gewinnen«.[913]

Gewissermassen als Vorläufer der Seelsorgebewegung ist Oskar Pfister zu betrachten, der schon früh psychologische Elemente in die Seelsorge integrierte, auch wenn sein Eintreten für die Psychoanalyse mitunter als unausgewogen und einseitig eingeschätzt wurde.[914] Dafür wird er u.a. von C. G. Jung kritisiert, der zu Freud »von Pfisters merkwürdigem ›medizinisch-theologischen Gemisch‹« spricht.[915] Doch sieht er »wie auch Freud ... darin freilich gute Entwicklungsmöglichkeiten«.[916] So stellte etwa für Oskar Pfister »die analytische Arbeit die unerlässliche Vorbereitung für den Heilsempfang«[917] dar. Grosses Lob erntet er dagegen von Albert Schweitzer: »›Verehrter lieber Herr Pfister, Tausend Dank für die Übersendung Ihrer beiden Schriften. Ich habe die Arbeit beiseite gelegt und beide in einem Zug gelesen. Sie können denken, wie sie mich als Theologen und als Arzt gefesselt haben. Bei ›Ein neuer Zugang‹ ist mir erst klar geworden, wie Sie die Psychoanalyse in der Seelsorge verwendet wissen wollen, und viele Bedenken, die ich früher hatte, sind dadurch zerstreut.‹«[918] Es ist sehr bemerkenswert, dass sich der Briefwechsel mit Schweitzer über etwa 30 Jahre erstreckte – ebenso lang übrigens wie jener zwischen Freud und Pfister.[919]

Neuere Strömungen in der Seelsorge umfassen seit den 90er-Jahren des 20. Jahrhunderts u.a. musikalische, systemische und energetische Elemente.[920] Diese Ansätze knüpfen indes an teilweise uralte Traditionen an. So hatte sich schon Augustin über die heilsame Wirkung der Musik geäussert (s. 9.2.4). Und auch der Gottesdienst als Gemeinschaft der Glaubenden kann durch das gleichberechtigte Zusammensein aller Gemeindeglieder eine sehr tiefe systemtherapeutische Kraft entfalten (so auch etwa das *mutuum colloquium fratrum*[921]). Schliesslich zieht sich die Spiritualität, die Manfred Josuttis mit seiner energetischen Seelsorge anvisiert, in den unterschiedlichsten Formen wie ein roter Faden durch die gesamte Geschichte des Christentums hindurch (vgl. 9.2.5.2). Man kann sie durchaus als Versuch deuten, den Seelsorger wieder vermehrt als Geistlichen denn als Psychologen zu begreifen.

Eine zukünftige Herausforderung für die Seelsorge dürfte indessen der interkulturelle Dialog als Folge fortschreitender Migration darstellen. Im Zuge der Globalisierung werden auch interreligiöse Fragen und die Suche nach seelsorgerlichen Formen wohl immer mehr an Bedeutung gewinnen.

Damit beschliessen wir das Kapitel über die christliche Seelsorge.

Im folgenden 10. Kapitel soll zunächst der gemeinsame Grund von Seelsorge und Psychotherapie reflektiert werden, bevor im 11. Kapitel noch ausführlich auf die spezifischen Aspekte der Seelsorge eingegangen wird.

10 Der gemeinsame Grund von Seelsorge und Psychotherapie

Um zu einem gemeinsamen Grund von Seelsorge und Psychotherapie zu gelangen, ist – wie einleitend erwähnt – eine Perspektive zu wählen, die nicht auf eine weltanschaulich-konzeptionelle Ebene, sondern auf die Grundelemente der Seelsorge und Psychotherapie gerichtet ist. Demnach sind die elementaren Eigenschaften und Praktiken, welche für beide Disziplinen bestimmend sind, in den Blick zu nehmen.

Bereits in den 1930er-Jahren war die Forschung bestrebt, nach einer allen Psychotherapieformen gemeinsamen Basis zu suchen. Vor allem Carl Rogers (s. 7. 7) beschäftigte sich mit der Frage, welche Faktoren in einer Psychotherapie die Weiterentwicklung eines Klienten fördern.[922] Dabei erwies sich die Qualität der zwischenmenschlichen Beziehung als fundamental.[923] Diese hängt von der jeweiligen Persönlichkeit des Therapeuten ab. Als besonders wachstumsfördernd gelten Eigenschaften wie Authentizität, Empathie und Wertschätzung, welche über die Psychotherapie hinaus auch für andere Berufe wie Seelsorger oder Lehrer relevant zu sein scheinen.[924]

Für die Seelsorge auf der anderen Seite wurden Jahrhunderte zuvor grundlegende Merkmale beschrieben, die ebenfalls personengebunden sind. So liegt nach Luther der Ursprung der Seelsorge in einer konkreten geschichtlichen Gestalt begründet: »Christus, der *medicus, rector et pastor*« ist.[925] Dabei sind nicht wie bei Carl Rogers innere Eigenschaften angesprochen, sondern die äusseren Fähigkeiten der Heilung, Führung und des Zuspruchs. Damit wird die christliche Seelsorge von ihrer Quelle, Christus, her gedeutet, was, von Ausnahmen wie etwa Oskar Pfister abgesehen, in der neuzeitlichen Wahrnehmung der Seelsorge bisher nur wenig Fürsprache erhalten hat. Seelsorge sei, so eine stark vertretene Meinung, als »Ergebnis der geschichtlichen Entfaltung des Christentums« zu deuten und weniger auf die neutestamentlichen Zeugnisse zurückzuführen.[926] Durch das Wiedererwachen der jesuanischen Historizitätsfrage in der Zeit nach Rudolf Bultmann erscheint es indes berechtigt, von den Logien und Gleichnissen Jesu entscheidende Impulse für die christliche Seelsorge abzuleiten – Impulse, die sich selbstredend über die Epochen entfaltet haben und vom jeweiligen Zeit- und Glaubensgeist überformt wurden.

Es ist nun mehr als bemerkenswert, dass trotz der enormen Vielfalt an psychotherapeutischen Methoden in der täglichen Praxis äusserst selten reine, sondern meistens Mischformen zur Anwendung kommen. Psychotherapie findet in aller Regel schulübergreifend, d.h. eklektisch, statt. Drei Elemente bestimmen dabei, allerdings je nach Gegebenheit ganz unterschiedlich gewichtet, das therapeutische Procedere: ein stützender, ein führender und ein aufdeckender Anteil. Diese drei Aspekte entsprechen im Kern der humanistischen, behavioristischen respektive tiefenpsychologischen Psychotherapierichtung, welche, wie gesagt, kaum in reiner Form praktiziert werden. Mehr als augenfällig ist dabei die Analogie zu den drei Luther'schen Funktionen des Christus *pastor*, *rector* und *medicus*. Sie werden unter 10.2 noch näher erläutert.

Im Folgenden sollen zunächst die Rogers'schen Kriterien ausführlich beleuchtet werden.

10.1 Die inneren Eigenschaften der Person: Authentizität, Empathie und Wertschätzung

Gemäss Rogers wird »eine persönliche Weiterentwicklung begünstigt ..., solange der Therapeut lebt, was er wirklich ist, wenn er in seiner Beziehung mit dem Klienten echt und ohne Fassade bleibt, also ganz offen Gefühle und Einstellungen lebt, die ihn im Augenblick bewegen ... Das heisst, er begibt sich in eine unmittelbare persönliche Begegnung mit seinem Klienten, indem er ihm von Person zu Person entgegentritt. Es bedeutet, dass er gänzlich er selbst ist und sich nicht verleugnet.«[927] Rogers ist sich bewusst, dass er einen kaum erfüllbaren idealen Zustand einfordert. Doch »die Wahrscheinlichkeit für eine Veränderung innerhalb der Persönlichkeit des Klienten« besteht »umso eher, je echter der Therapeut in der Beziehung ist und je stärker er mit sich selbst übereinstimmt … Man muss sich jedoch fragen, ob es stets nützlich ist, echt zu sein. Was tun, wenn man negative Gefühle hat? Wie soll sich der Therapeut verhalten, wenn er gegenüber dem Klienten Ärger, Langeweile oder Ablehnung verspürt? Meine vorläufige Antwort lautet, dass es für den Therapeuten auch bei solchen Gefühlen, die wir ja alle hin und wieder haben, vorzuziehen ist, real (im Sinne von echt) zu bleiben, statt eine Fassade aus Interesse, Anteilnahme und Zuwendung aufzurichten, während er in Wirklichkeit gar nicht so empfindet … Wenn ich daher in mir das Gefühl verspüre, dass mich mein Kontakt mit einem Studenten langweilt, und diese Empfindung andauert, so bin ich meiner Meinung nach ihm und unserer Beziehung schuldig, ihn an diesem Gefühl teilhaben zu lassen.«[928]

»Die zweite wesentliche Bedingung der therapeutischen Beziehung besteht … darin, dass der Therapeut ein präzises einfühlendes Verstehen für die persönliche Welt des Klienten entwickelt und er fähig ist, von den Fragmenten des so Verstandenen einiges … mitzuteilen. Die innere Welt des Klienten mit ihren ganz persönlichen Bedeutungen so zu verspüren, als wäre sie die eigene (doch ohne die Qualität des ›als ob‹ zu verlieren), das ist Empathie und das scheint mir das Wesentliche für eine wachstumsfördernde Beziehung zu sein … Wenn die Welt des Klienten dem Therapeuten klar geworden ist und er sich darin frei bewegen kann, dann ist es ihm möglich, dem Klienten von dem, was diesem erst vage bewusst ist, sein Verständnis zu vermitteln, und er kann auch Bedeutungsgehalte im Erleben des Klienten ansprechen, deren sich dieser kaum bewusst ist. Diese höchst sensible Einfühlung ist wichtig, um es einem Menschen zu ermöglichen, dass er sich selber nahekommt, dass er lernt, sich wandelt und entwickelt ... Ich glaube, dass Veränderung mit Wahrscheinlichkeit eintritt, wenn der Therapeut das Erleben erfassen kann, das in der inneren Welt des Klienten von Augenblick zu Augenblick abläuft; wenn er sieht und fühlt wie der Klient, ohne aber die Eigenständigkeit seiner Identität in diesem Prozess des Einfühlens zu verlieren.«[929] Auch hier folgt indes die Relativierung: »Keiner ... kann ständig ein derartiges Einfühlungsvermögen aufrechterhalten ..., genauso, wie wir kaum jemals eine umfassende Übereinstimmung mit uns selbst erreichen, aber man kann sich zweifellos in diese Richtung entwickeln.«[930]

»Schon in den Evangelien begegnet uns das Phänomen der Empathie. Zwei« Begebenheiten, die zweifellos bereits einen seelsorgerlichen oder psychotherapeutischen Charakter haben, »stellen etwa die Gespräche zwischen Jesus und Nikodemus (Joh 3,1–21) bzw. der Samariterin (Joh 4,4–26) dar. Auch wenn es sich ... um historisierte erzählerische Kompositionen handelt, stellen sie Zeugnisse grosser, einfühlsamer und fliessender kommunikativer Kraft dar. Interessanterweise findet sich in den Evangelien die Empathie nur bei Jesus und den uns in seinen Gleichnissen entgegengebrachten Gestalten«[931] sowie bei Frauen. Als Beispiel ist die Szene am Kreuz zu nennen (Joh 19, 25), wonach Jesu »Mutter und die Schwester seiner Mutter, Maria« sowie »die Frau des Klopas, und Maria von Magdala« – zweifellos mitfühlend – beim Gekreuzigten standen. Zu erwähnen ist in diesem Kontext auch das fürsorgliche Handeln des Barmherzigen Samariters (Lk 10,25–37). Als er nämlich den halbtot Liegenden sah, »wurde er von Mitleid ergriffen«. Dies weist darauf hin, »dass der Empathie nicht nur ein Gefühl zugrunde liegt, sondern dass sie auch« eine bewusste Wahrnehmung und damit einen »Denkakt voraussetzt, aus denen erst die konkrete Liebestat«[932] hervorzugehen vermag.[933]

In Wolfram von Eschenbachs Dichtung *Parzival* wird – um ein Beispiel aus der Literatur zu nehmen – das Mitgefühl zum eigentlich erlösenden Moment für den kranken König Anfortas. Erbarmen (*misericordia*) bedeutet dabei, »sich selber zum armen Mann herablassen, nicht nur gefühlsmässig mitleiden, sondern dem, der in Not ist, auch helfen. Es ist nicht (nur, Anm. vom Verf.) ein Gefühlswort, sondern (auch, Anm. vom Verf.) ein Tatwort.«[934] Allerdings versäumte es Parzival beim ersten Besuch auf der Gralsburg, Erbarmen mit Anfortas zu zeigen und ihn nach seiner Not zu fragen. Erst im zweiten Versuch – nach seiner Busse ... beim Höhlengespräch mit dem frommen Trevrizent – vermag er die alles erlösende Frage zu äussern: »Oheim, was wirret dir?«[935] Eine authentisch empfundene Frage, zu der »weder Kind noch Magd, noch Mann ... ihn ... veranlassen« darf, »denn sonst würde die Frage nicht helfen, sondern der Schaden würde bleiben wie zuvor und noch heftiger schmerzen«.[936] Damit wird Anfortas erst durch die explizite Äusserung des echt empfundenen Mitgefühls Erlösung zuteil.

»Die Wurzeln der Empathie lassen sich« übrigens »bis ins Kleinkindalter zurückverfolgen. Kleinkinder erregen sich praktisch vom ersten Lebenstag an, wenn sie ein anderes Kind weinen hören – eine Reaktion, in der manche den ersten Vorboten der Empathie sehen.«[937]

Als »dritte Bedingung, die einen therapeutischen Prozess begünstigt«, ist die Wertschätzung oder auch positive Zuwendung zu nennen.[938] Die »Hypothese lautet hier, dass umso eher eine Weiterentwicklung eintritt, je ausgeprägter der Therapeut eine warmherzige, positive und akzeptierende Haltung gegenüber den Vorgängen im Klienten einnimmt. Dies bedeutet, dass er den Klienten als Persönlichkeit schätzt, und zwar etwa mit jener Gefühlsqualität, die Eltern für ihr eigenes Kind empfinden, wenn sie es als Persönlichkeit ... anerkennen. Es bedeutet, dass er sich um seinen Klienten auf eine nicht besitzergreifende Weise sorgt, als um einen Menschen voller Möglichkeiten.

Es schliesst eine offene Bereitschaft für den Klienten ein, die ihm alle Gefühle gestattet, die im Augenblick in ihm vorhanden sind: Feindseligkeit und Zärtlichkeit, Auflehnung und Fügsamkeit, Selbstvertrauen und Selbstentwertung. Es bedeutet eine Art Liebe zu dem Klienten, so wie er ist; vorausgesetzt, dass wir das Wort Liebe entsprechend dem theologischen Begriff Agape verstehen und nicht in seiner romantischen oder besitzergreifenden Bedeutung. Das Gefühl, das ich beschreibe ... ist eine Art der Zuneigung, die ... nicht fordert.«[939]

In seiner Untersuchung beziehungsfördernder und damit die Therapie begünstigender Faktoren geht Rogers indessen noch einen entscheidenden Schritt weiter, indem er ein geradezu ideales Kriterium formuliert: »Das bedingungslose Akzeptieren. Bei dieser Einstellung«, so Rogers, »gibt es einen Gesichtspunkt, dessen ich mir nicht ganz so sicher bin. Die Hypothese ... lautet: Je bedingungsfreier die positive Zuwendung, umso erfolgreicher bzw. wirkungsvoller die Beziehung. Ich meine damit, der Berater müsse den Klienten in ganz umfassender Weise schätzen und nicht lediglich unter bestimmten Voraussetzungen. Er darf also beim Klienten nicht gewisse Empfindungen akzeptieren und andere wiederum ablehnen, sondern soll diesem Menschen eine bedingungsfreie positive Zuwendung entgegenbringen. Dies ist ein Gefühl ohne irgendwelche Einschränkungen und Bewertungen und bedeutet somit, dass keinerlei Urteil über den Klienten gefällt wird ... Sicher braucht man nicht Fachmann zu sein, um solche Einstellungen zu verwirklichen. Die besten unter den Eltern tun es im Überfluss, während es andere nicht tun.«[940]

Zahlreich sind die narrativen Zeugnisse solcher Wertschätzung, die Jesus seinen Mitmenschen entgegenbrachte, insbesondere in den Begegnungen mit gesellschaftlich Geächteten. Zu nennen sind etwa die ergreifenden Geschichten von der dankbaren »Sünderin« (Lk 7, 36ff), von der »Ehebrecherin« (Joh 8, 1ff) oder dem Oberzöllner Zachäus (Lk 19, 1ff). Auch hier erkennen wir die bedingungslose Bejahung einer Person unabhängig von ihrer Vorgeschichte als ein grundlegendes seelsorgerliches bzw. therapeutisches Element. Allerdings sprengt Rogers mit der Bedingungslosigkeit streng genommen den Rahmen der Psychotherapie, innerhalb deren Grenzen Geben und Empfangen in einem Gleichgewicht stehen sollten. So liegt etwa der Psychotherapie ein »Behandlungsvertrag« zugrunde, welcher Rechte und Pflichten des Therapeuten und Klienten klar regelt. Zur Pflicht des Ersteren und zu einer »lege artis«-Behandlung gehört zum Beispiel, eine therapeutische Beziehung aufzubauen, die auf den besagten Kriterien der Kongruenz, Empathie und Wertschätzung basiert. Diesen Eigenschaften sind in der Psychotherapie indessen Grenzen gesetzt, da ein Therapeut nicht über unlimitierte Ressourcen verfügt bzw. es auch nicht zu seiner Aufgabe gehören kann, immer und jederzeit verfügbar zu sein. Hierzu dient das sogenannte Setting, welches den räumlichen, zeitlichen und situativen Behandlungsrahmen definiert. Zur Pflicht des Klienten gehört, die Regeln dieses Settings einzuhalten, wozu natürlich auch die pünktliche Begleichung der Honorarforderung gehört.

Die ideale Wertschätzung, von der Rogers spricht, geht indes weit über das gewöhnliche Mass hinaus. Es wird eine bedingungslose Humanität anvisiert, deren Radikalität uns im 11. Kapitel als eigentliches Proprium der Seelsorge ausführlich beschäftigen wird.

10.2 Die äusseren stützenden, führenden und aufdeckenden Funktionen – Christus *pastor*, *rector* und *medicus*

Ein weiterer gemeinsamer Grund von Seelsorge und Psychotherapie wird durch die Aspekte des Christus *pastor*, *rector* und *medicus* konstituiert. Diese drei Elemente entsprechen, wie weiter oben bereits angedeutet, der stützenden, führenden und aufdeckenden Funktion in der Psychotherapie.

1. Christus, der *pastor*. Als ersten Aspekt der seelsorgerlichen Praxis Jesu, wie er in den Evangelien narrativ überliefert wird, ist das Bild des guten Hirten zu nennen. Dieses bereits im 23. Psalm präfigurierte Bild hat die christliche Seelsorge wohl am nachhaltigsten beeinflusst, mehr noch als die Motive des *rector* oder *medicus*. Als prägend dürfte Jesu bejahende Begegnung mit suchenden, fragenden und in Not geratenen sowie ausgegrenzten Menschen zu betrachten sein.[941] Von besonderer Bedeutung ist dabei das Gleichnis vom Barmherzigen Samariter unter anderem aufgrund seiner Radikalität. Diese sprengt alle Regeln psychotherapeutischen Handelns, wie im 11. Kapitel noch ausführlich zu erörtern sein wird. Der *pastor*-Aspekt wird im eigentlichen Sinne durch das Bild des guten Hirten repräsentiert, welcher sein Leben für seine Schafe opfert (vgl. Joh 10,11). Die Geschichte vom verlorenen Schaf (Lk 15,3–6) macht darüber hinaus deutlich, dass in der Seelsorge das einzelne Glied auf keinen Fall gegen die Gemeinschaft ausgespielt werden darf.

   Auf den wirkungsgeschichtlich so zentralen seelsorgerlichen Aspekt Jesu, des *pastor*, geht das Wirken vieler Armutsbewegungen zurück, etwa der Bettelorden. Ihr Gang zu den Bedürftigen und die ungerufene Zuwendung sind als genuine seelsorgerliche Elemente zu werten. Diese Tradition hat sich bis in die heutige Zeit in den Werken einer Mutter Teresa oder eines Albert Schweitzer bleibend fortgesetzt. In diesem Kontext ist auch die Pflege der Kranken durch Ordensschwestern, die »für Gottes Lohn« arbeiteten, zu nennen. Dass die Kranken und nicht die Gesunden eines Arztes bedürfen (Mt 9,12), ist nicht nur metaphorisch, sondern auch ganz konkret zu verstehen: die moralisch stigmatisierten »Sünder und Säufer« sind immer leidende, oft auch körperlich und psychisch versehrte Menschen, die auf *pastoral care* im eigentlichen Sinne des Wortes angewiesen sind.

In Analogie hierzu wurde der aktive Gang zu den Kranken, etwa der Hausbesuch, ab den 1970er-Jahren von der sich zu jener Zeit neu etablierenden Sozialpsychiatrie in deutlicher Abgrenzung zu der klassischen Psychoanalyse vertreten und gefördert, in neuerer Zeit aber aus ökonomischen Gründen leider wieder weitgehend aufgegeben.

Aller Seelsorge und Psychotherapie – so lässt sich zusammenfassend sagen – liegt damit der elementare Aspekt des Zuspruchs, das supportive Element, zugrunde, wie wir es etwa aus dem Logion in Mt 11,28 vernehmen: »Kommet her zu mir, all ihr Geplagten und Beladenen: Ich werde euch Ruhe geben.«

2. Christus, der *rector*. Aus der Metapher des Hirten leitet sich auch der zweite Aspekt ab; denn die Sorge um das Wohlergehen der Herde schliesst auch die richtige Führung ein. So finden sich neben Worten des Trostes (»Als er aber die Leute sah, wurde er von Mitleid ergriffen, denn sie waren erschöpft und niedergeschlagen, wie Schafe, die keinen Hirten haben« [Mt 9, 36]) auch die drei Aufforderungen an Petrus in Johannesevangelium: »Weide meine Lämmer ... Hüte meine Schafe ... Weide meine Schafe« (Mt 21,15.16.17). Dieser sehr wahrscheinlich redaktionelle Schluss des Evangeliums könnte darauf hindeuten, dass der Aspekt der Führung erst bei der Ausgestaltung der Gemeindeordnung und Herausbildung der Ämterhierarchie Bedeutung fürs parochiale Leben erlangt hat.

   Selbstredend auch hier die Entsprechung zum führenden Element in der Psychotherapie, vorab in ihrer verhaltenstherapeutischen Ausrichtung.

3. Christus, der *medicus*. Die Metapher des Arztes findet sich bereits im Alten Testament: »Ich, der Herr, bin dein Arzt« (Ex 15,26b). Besonders für das altkirchliche Seelsorgeverständnis erwies sich die Metapher der ärztlichen Kunst als

prägend. Sie lehnt sich an das bereits oben erwähnte Logion Jesu (Mt 9,12) an, wonach nicht die Gesunden, sondern die Kranken eines Arztes bedürfen. Dabei wurde bildhaft an die Sünden und Verfehlungen als »Krankheit der Seele« gedacht, die durch das biblische und priesterliche Wort therapiert werden sollten.[942] So pflegte Johannes Chrysostomos den Seelsorger sogar als *psychon hiatros,*[943] als Seelenarzt, zu bezeichnen. Insofern sich sowohl der Psychotherapeut wie auch der Seelsorger heute unter anderem mit Versäumtem und Fehlentwicklungen befassen, dürfte sich ihre Tätigkeit diesbezüglich kaum von jener der altkirchlichen Seelsorger unterschieden haben.

Leuchtet indes die Analogie zwischen der stützenden Funktion des Therapeuten und dem *pastor* beziehungsweise dem führenden Aspekt und dem *rector* unmittelbar ein, so bedarf die Analogie zwischen dem aufdeckenden Element und dem *medicus*-Motiv noch einer vertieften Betrachtung. Wohl gründet die Metanoia auf einem bewussten Entscheid, doch sie ist kaum als einmaliges Geschehen, sondern als ein Prozess, der mit einem Gewinn an Einsicht in unbewusste Motive und Mechanismen sowie vielen Rückschlägen verbunden ist, zu betrachten. Wäre der Mensch auf einen Schlag ein Neophytos, ein gänzlich neuer Mensch, so wären wohl viele Paulusbriefe nicht verfasst und auch der berühmte Passus in Röm 7,19.20 gewiss nicht geschrieben worden: »Denn nicht das Gute, das ich will, tue ich, sondern das Böse, das ich nicht will, führe ich aus. Wenn ich aber tue, was ich nicht will, so vollbringe nicht mehr ich es, sondern die Sünde, die in mir wohnt.« Entscheidend ist dabei – so die neuere pastoralpsychologische Seelsorge – die heilende Funktion des Wortes,[944] die nach der Wahrheit fragt und zwar in der eigentlichen Bedeutung des Wortes: als Unverborgenheit (*aletheia*).[945] Man kann hier durchaus das Konzept eines Unbewussten herauslesen. Ebenso – auch wenn nur selten so gedeutet – aus den Kreuzesworten Jesu: »Vater, vergib ihnen! Denn sie wissen nicht, was sie tun« (Lk 23,34).

Ein vierter Aspekt gehört schliesslich neben der Luther'schen Trias ebenfalls zur Seelsorge: die Autopoimenik als Zwiegespräch mit Gott, wie wir es etwa aus den Psalmen kennen. Bei Jesus wird diesbezüglich der Rückzug von der Menge, um zu beten (Mk 6,46) oder das Zwiegespräch mit Gott in Getsemani narrativ überliefert. Die Tradition der Autopoimenik durchzieht dabei die Geschichte des Christentums in einer unüberschaubaren Vielfalt von Formen, wie etwa bei den bereits genannten Wüstenvätern, in Augustins *Confessiones* oder in Mystik und Spiritualität.

11 Die Grenzen der Psychotherapie und das Proprium der Seelsorge

11.1 Die Radikalität des Glaubens

Radikale Theologie besteht gemäss Ingolf Dalferth »im radikalen Wechsel des Orientierungsrahmens, in dem Lebensphänomene ... verstanden werden«.[946] Dabei führt diese radikale Neuorientierung »nicht zu einem neuen Leben in einer anderen Welt, sondern zu einer neuen Sicht des Lebens in dieser Welt«.[947] Man könnte indes hinzufügen, dass diese neue Perspektive – so die Zeugnisse des Neuen Testamentes – durchaus ein anderes Empfinden, eine neue Qualität des Seins zur Folge haben.

Durch die Radikalität der Seelsorge – dies ist ihr eigentliches Proprium – wird die in sich gefaltete immanente Welt der Psychotherapie im Lichte der Liebe neu entfaltet. Darum kann Paul Tillich, der sich intensiv mit dem Verhältnis von Psychologie und Glaube auseinandergesetzt hat, sagen: »Das Neue Sein ist nicht etwas, das einfach an die Stelle des Alten Seins tritt. Nein, es ist eine Erneuerung des Alten, das verdorben, entstellt, zerspalten und beinahe vernichtet«, aber, Gott sei Dank, doch »nicht ganz vernichtet« war.[948] Aus diesem Grunde bedeutet »Erlösung ... nicht Vernichtung der Schöpfung, sondern Verwandlung der Alten Schöpfung in eine Neue Schöpfung. Darum können wir von der Neuen Schöpfung sprechen als von einem Wiederneumachen.«[949]

Diese radikale Erneuerung durch den Glauben, die u.a. in der Seelsorge ihren Ausdruck findet, unterscheidet sich von der säkularen Gestalt der Psychotherapie durch ein vierfaches »Wieder«. Es geht zunächst um die Wiedererneuerung einer in der Liebeskälte erstarrten Fürsorge (Gleichnis vom Barmherzigen Samariter), um eine Wiedererneuerung der Vergebung, die sich durch Aufrechnen verraten hat (Geschichte von der gerechten Sünderin und Gleichnis vom Geldverleiher), um die Wiedererneuerung einer durch kleinliche Forderungen eingeschnürten Freiheit (Gleichnis vom verlorenen und wiedergefundenen Sohn) sowie um die Wiedererneuerung eines durch Zweifel zersetzten Vertrauens (Stillung des Seesturmes).

Die Sinnsuche schliesslich, die an der Tatsache des Leidens irrewird, erfährt durch die »Hiob'sche« Gottesschau eine Sinnweitung, welche selbst im Angesicht des Todes nicht aufgehoben werden kann, sondern über den Tod hinausreicht (s. Kapitel 12).

Sehen wir uns im Folgenden das erste seelsorgerliche Proprium genauer an.

11.2 Radikale Fürsorge (Das Gleichnis vom Barmherzigen Samariter)

Es ist gewiss kein Zufall, dass Carl Rogers der Verdienst zukommt, den Aspekt der Beziehung als gemeinsamen Grund von Psychotherapie und Seelsorge wissenschaftlich herausgearbeitet zu haben. Wohl war man sich dieses Zusammenhanges aufgrund der psychotherapeutischen Erfahrung intuitiv bewusst, doch er bedurfte in einer auf Objektivität bedachten Zeit einer empirischen Bestätigung.

Darüber hinaus war es wiederum Rogers – er hatte zunächst Theologie studiert und sich erst danach der Psychologie zugewandt – beschieden, der Psychotherapie den Weg zur Seelsorge zu weisen. Indem er nämlich die Wertschätzung in ihrer Absolutheit reflektierte (s. 10.1), radikalisierte er sie so, dass dadurch die neutestamentliche Liebe sichtbare Gestalt gewann.

Es ist sehr aufschlussreich zu sehen, dass in den Evangelien das Gebot der Nächstenliebe häufig im Kontext der Gottesliebe erscheint. Dabei lesen wir nicht einfach, man solle Gott und seinen Nächsten nur lieben. Ebenso wenig hören wir, man soll dies mit Herzen, Seele und Kraft tun. Vielmehr lautet das Gebot: »Höre Israel, der Herr, unser Gott, ist allein Herr und du sollst den Herrn, deinen Gott, lieben mit deinem ganzen Herzen und mit deiner ganzen Seele und mit deinem ganzen Verstand und mit all deiner Kraft« (Mk 12,30). Mit dieser vielfachen Steigerung findet die Fülle der Liebe Gottes erst ihren angemessenen Ausdruck. Die eigentliche Pointe ihrer Verknüpfung mit der Nächstenliebe in den synoptischen Evangelien besteht darin, dass der Mensch nur im Lichte dieser alles überragenden Gottesliebe überhaupt in der Lage ist, die Liebe zum Mitmenschen in ihrer vollen Radikalität zu realisieren und unentwegt am Gottesreich zu arbeiten – bis hin zum Verlust des eigenen Lebens, um paradoxerweise eben das eigentliche Leben zu erlangen (s. 5.3).

Tatsächlich erscheint im Vorspann zum Gleichnis vom Barmherzigen Samariter ebendiese Frage:

> *Und siehe, da stand ein Gesetzeslehrer auf, um ihn (Jesus) zu versuchen, und sagte: Meister, was muss ich tun, damit ich ewiges Leben erbe? Er sprach zu ihm: Was steht im Gesetz geschrieben? Was liest du da? Und er antwortete: Du sollst den Herrn, deinen Gott, lieben mit deinem ganzen Herzen und mit deiner ganzen Seele und mit all deiner Kraft und mit deinem ganzen Verstand, und deinen Nächsten wie dich selbst. Er sprach zu ihm: Richtig hast du geantwortet; tue dies und du wirst leben. (Lk 15,25–28)*

Vincent van Gogh.
Der barmherzige Samariter

Wie Markus geht auch Lukas über die alttestamentliche Vorlage (Dtn 6, 5 und Lev 19, 18) hinaus, indem er den Begriff *dianoia*, Verstand, ergänzt, auf dass im Griechischen auch der Denkaspekt der Gottesliebe zum Ausdruck komme. Denn das Bedeutungsspektrum von hebräisch *leb* (Herz) ist von »Gefühl« bis hin zu »Vernunft« gespannt und daher nicht deckungsgleich mit dem griechischen Begriff *kardia* (s. 5.2/3).

Pikant an der Parabel vom Barmherzigen Samariter ist die Tatsache, dass sowohl der Priester wie auch der Levit – zwei Gesetzeskundige, die zweifellos viel über die Gottesliebe nachgedacht und gepredigt haben – achtlos an dem Schwerverletzten vorbeigehen. Erst der aus religiöser Sicht minderwertige Samariter ward von Mitleid ergriffen und ging auf den in Not geratenen, ganz und gar anonymen Menschen zu, goss Öl und Wein auf seine Wunden und verband sie. Dann hob er ihn auf sein Reittier und brachte ihn, wobei er wahrscheinlich zu Fuss neben ihnen herging, zur Herberge. Dort pflegte er ihn, indem er wohl die ganze Nacht an seiner Seite wachte. Anderntags gab er dem Wirt zwei Denare und bat diesen, für den Kranken zu sorgen; was er darüber hinaus aufzuwenden hätte, würde er ihm beim nächsten Mal zurückerstatten.

Die Radikalität dieses Handelns besteht nun darin, dass das Engagement des Samariters für eine ihm völlig unbekannte Person geradezu beispiellos ist. Es übersteigt jede an die Alltagswirklichkeit gebundene Vorstellung und lässt sich in kein gängiges moralisches Schema einordnen. Im Lichte der Gottesliebe transzendiert es jede therapeutische Realität, die an einen gesetzlich geregelten Behandlungsvertrag gebunden ist (s. 10.1). Alle Formen von Psychotherapie basieren nämlich auf einem Gleichgewicht von Geben und Nehmen. Dieser Balance kommt eine entscheidende pädagogische Bedeutung zu, zumal die therapeutische Beziehung aufgrund ihrer Ausgewogenheit beispielhaft für andere zwischenmenschliche Beziehungen sein soll. Denn der Klient muss den Wert der Wertschätzung, die ihm entgegengebracht wird, unbedingt zu würdigen wissen. Eine Hingabe, wie sie vom Barmherzigen Samariter vorgelebt wird, würde nicht nur den Therapeuten früher oder später in eine Erschöpfung treiben, sondern sie würde dem Klienten zudem den Eindruck vermitteln, dass das Engagement des Therapeuten eine Selbstverständlichkeit ist. Dem Gleichnis kommt vielmehr eine regulative Funktion zu; es verkörpert eine ideale Situation, an der wir uns, wie an der Bergpredigt, orientieren sollen – allerdings im realistischen Rahmen unserer Möglichkeiten, wobei man diesen Rahmen durchaus auch weit stecken darf.

In diesem Sinne dürfen einer Psychotherapie keine allzu starre Regeln auferlegt werden, welche jede Zuwendung exakt abwägen würden. Die Radikalität der Seelsorge soll durchaus auch in einer Psychotherapie ihre Berechtigung haben dürfen.

Über diese Zeichen der Menschlichkeit hinaus eignet der Seelsorge und besonders dem Aspekt der Fürsorge noch eine Dimension der Tiefe, die im Folgenden eingehend zu bedenken ist. Van Gogh hat sie in seiner berühmten Darstellung des Barmherzigen Samariters treffend erfasst. Nicht das Mitleid steht dabei im Zentrum, sondern das Mitleiden. Man erkennt gut auf dem Bild, mit welcher Anstrengung der Samariter den Geschundenen auf sein Lasttier hievt und wie er so an der Schwere des fremden Schmerzes mitträgt. Auf dem Weg bis zum Wirtshaus wird er darauf bedacht sein, den Notleidenden so gut als möglich dabei zu stützen. Unweigerlich wird man hier an die Gottesknechtslieder bzw. an Jesu Einzug in Jerusalem erinnert. In der Gestalt des leidenden Gottesknechtes bzw. des Erlösers verschmelzen die beiden Figuren des unschuldigen Opfers sowie des heilbringenden Samariters. Sie können auch als Präfiguration Christi, der Kreuz und Auferstehung in seinem Erlösungswerk vereinigt, gedeutet werden.

Unter 7.2 wurde auf das unspezifische oder supportive Element in der Psychotherapie hingewiesen und neben dem Aspekt der Unterstützung (engl. *support*) auch die Bedeutung des

Erduldens bzw. Ertragens (ital. *sopportare*) hervorgehoben. Dies wurde von Ludwig Binswanger, dem Begründer der Daseinsanalyse, als theologisch bedeutsamer Umstand gedeutet. Er prägte der Begriff der »›Tragung‹«,[950] der vom Psychiater Gaetano Benedetti aufgenommen und dahingehend vertieft wurde:[951]

»›Tragung hat eine andere Zeitdimension als ›Übertragung‹ ... Letztere kann im Verlaufe weniger Tage vollendet sein. Aber die Tragung ist immer ein wirkliches Getragensein über lange Zeitabschnitte hinweg, in den Stunden der positiven und der negativen Übertragung, in den Momenten der Aussichtslosigkeit, durch die leeren Augenblicke und die vielen Klagen der Kranken hindurch. Es vollendet sich dann ein Kreis, der mehr ist als die Summe der Deutungen und Einsichten, und der vielmehr in der Erfahrung einer ungebrochenen mitmenschlichen Kontinuität liegt.‹«[952] Damit erschloss »Binswanger ... einen wichtigen Unterschied zwischen der rein deskriptiven Psychopathologie, die trenne, die ›das abnorme seelische Geschehen in natürliche Klassen, Gattungen und Arten einteile‹ ..., und der psychopathologischen Phänomenologie, die das Gemeinsame suche: ›Sich einleben ..., statt einzelne Merkmale oder Eigenschaften abheben und aufzählen!‹ Dies mache eine genaue Beschreibung nicht überflüssig, aber nicht um ihrer selbst willen, sondern um die Begegnung zu vertiefen.«[953]

Als zutiefst theologisch erweisen sich die prophetischen Worte des Psychiaters Ludwig Binswanger an den Germanisten Emil Staiger: »›Psychiatrisches Sein ist ein Mit-Sein, in dem der Sinn der heilenden Liebe zuschanden wird‹«, wenn »›an Stelle des mitmenschlichen Heilens ... das Gesundmachen, tritt‹« – über diese »›Resignationsstufe‹« indes triumphiert »›die heilende Liebe aber doch wieder, insofern als sie auch im Geisteskranken den Menschen ... zu sehen vermag. Dieses Sehen ist nur möglich auf Grund der Liebe. Wenn meine Spezialkollegen so etwas hören, werden sie denken, ich sei verrückt ...‹«[954]

»In der therapeutischen Beziehung, in der ›Tragung‹ – so lässt sich zusammenfassend sagen – werden Wunden der Entfremdung und Ablehnung überwunden und ereignet sich« Vergebung beziehungsweise Heil.[955] Damit ist die Vergebung angesprochen, die in ihrer Radikalität als zweites seelsorgerliches Proprium nachfolgend reflektiert wird.

11.3 Radikale Vergebung (Die gerechte Sünderin und das Gleichnis vom Geldverleiher)

»Das Wesen der Vergebung ist vom Theologen Paul Tillich eingehend reflektiert worden. Er tut dies am Beispiel der Sünderin, die weinend Jesu Füsse mit ihren Tränen netzt und sie mit ihren Haaren trocknet (Lk 7,36–47). Auf das Murren der Anwesenden antwortet Jesus mit einem Gleichnis und mit den Worten: ›Ihre vielen Sünden sind vergeben, denn sie hat viel geliebt.‹ Man wäre versucht anzunehmen, dass ihr aufgrund ihres Liebeserweises vergeben worden sei. Doch genau dies ist nicht der Fall, wie das nachfolgende Gleichnis, das Jesus zum Schriftgelehrten spricht, verdeutlicht: ›Simon, ich habe dir etwas zu sagen … Ein Geldverleiher hatte zwei Schuldner: der eine schuldete ihm fünfhundert Denar, der andere fünfzig. Da sie es beide nicht zurückzahlen konnten, schenkte er es ihnen. Welcher von ihnen wird ihn nun mehr lieben? Simon antwortete: ich nehme an, der, dem er mehr geschenkt hat. Da sprach er zu ihm: Du hast richtig geurteilt. Und er wandte sich der Frau zu und sprach zu Simon: Siehst du diese Frau? Ich bin in dein Haus gekommen, Wasser für die Füsse hast du mir nicht gegeben; sie aber hat meine Füsse mit ihren Tränen benetzt und mit ihrem Haar getrocknet. Einen Kuss hast du mir nicht gegeben; sie aber hat, seit sie hereingekommen ist, nicht aufgehört, meine Füsse zu küssen … Deshalb sage ich dir: Ihre vielen Sünden sind vergeben, denn sie hat viel geliebt; wem aber wenig vergeben wird, der liebt wenig.‹

Dieser sinnlichen Szene muss eine entscheidende Begegnung der Tragung und Bejahung bereits vorausgegangen sein, die nicht tradiert wurde oder einer späteren Markusredaktion nicht wichtig genug zu sein schien. Möglicherweise glaubte dieser Bearbeiter, die Liebe der Frau sei tatsächlich die Voraussetzung für die ›Vergebung‹ gewesen; ganz ähnlich wie im Kommentar zum Gleichnis vom verlorenen Schaf (Lk 15, 3–7), das sich verirrt hatte und vom Hirten voll Freude zurückgebracht wurde. Dort heisst es am Schluss, einer für redaktionelle Veränderungen sensiblen Stelle, unsachgemäss: ›So wird im Himmel mehr Freude über einen Sünder sein, der umkehrt, als über neunundneunzig Gerechte, die Umkehr nicht nötig haben.‹ Doch von Umkehr ist im Gleichnis keine Rede, vielmehr von ›Rückbringung‹. Dies könnte ein Hinweis dafür sein, dass schon die frühe Kirche die jesuanische Botschaft der Sündenvergebung – d.h. die Überwindung von Entfremdung und damit die Wiederaufnahme in die menschliche Gemeinschaft – durch den Aspekt eigener Sühneleistung umdeutete. Bezeichnenderweise heisst es in der wohl ursprünglichsten Fassung der Berufung der Jünger bei Markus (3, 14a): ›Und er bestimmte zwölf, die er auch Apostel nannte, dass sie mit ihm seien.‹ Von einer Vorleistung … wird überhaupt nicht gesprochen! Das Angenommensein, die Beziehung ist das Entscheidende.«[956] Erst aus dieser fundamentalen Bejahung, aus dieser alles umgreifenden Gottesliebe, erwächst die Kraft, diese Liebe unter den Menschen weiterzu*tragen* und damit auch menschliche Schuld mitzu*tragen*. Dies kommt in der Rede, die Pater Staretz in Dostojewskis Roman *Die Brüder Karamasoff* an seine Mitbrüder richtet, zur Sprache: »Denn wisst, ihr Lieben, dass ein jeder von uns schuldig ist für alle und alles auf Erden, darüber besteht kein Zweifel, und dies nicht nur durch seinen Anteil an der allgemeinen Weltschuld, sondern jeder von uns ganz persönlich für alle Menschen und für jeden einzelnen Menschen auf dieser Erde. Diese Erkenntnis ist die Krone des Weges, den der Mönch zu gehen hat, ja, ist die Krone jedes Menschenlebens auf Erden … Erst nach dieser Einsicht kann sich unser ergriffenes Herz zu jener unendlichen Liebe weiten, die die ganze Welt umspannt und keine Sättigung kennt. Dann wird auch jeder von euch die Kraft haben, die ganze Welt durch seine Liebe zu erringen und mit seinen Tränen die Sünden der Welt abzuwaschen …«[957] »Jenseits von allem psychologischen Wissen und aller Fachkompetenz – so liesse sich formulieren – tragen wir alle Verantwortung für Vieles und leisten Sühne für Manches, das wir nicht verantwortet haben.«[958]

Wenn Albert Schweitzer etwa sagt, sein Werk in Lambarene sei Sühne für die vielen Verfehlungen von Generationen vor ihm, wie Ausbeutung oder Sklaverei, so hat er diese stellvertretende Wiedergutmachung im Auge. Es ist wohl kein Zufall, dass der Staat Gabon, wo Schweitzer wirkte, im Vergleich zu den Nachbarländern an der Guineaküste von Kriegen und Staatsstreichen weitestgehend verschont wurde.

Pergament spricht in diesem Zusammenhang von der »Absorbtion« von Leid und von der Unterbrechung der Kette von Ungerechtigkeiten, die von Generation zu Generation weitergegeben wurde.[959] Gewiss ist hier der zentrale Aspekt des christlichen Glaubens und mit der Feindesliebe die wohl höchste Ausformung dessen, was im Neuen Testament unter Liebe verstanden wird, angesprochen. Und: Vergebung bedeutet auch, in welcher Form auch immer, Wiederherstellung dessen, was uns einst genommen oder vorenthalten wurde – letztlich immer ein Werk Gottes. Dabei ist weniger an eine materielle Wiedergutmachung zu denken, als an eine Versöhnung mit einem widrigen Schicksal, was im Sinne Viktor Frankls als sinnstiftend erlebt werden muss[960] und unter Umständen auch eine Trauerarbeit erforderlich macht. »Ihr zwar habt Böses gegen mich geplant, Gott aber hat es zum Guten gewendet« (Gen 50, 20a) – so lauten die ergreifenden Versöhnungsworte Josefs an seine Brüder. In vergleichbarer Weise verblasst, wie das Gleichnis vom

Geldverleiher offenbart, die legitime Frage nach einer Rückzahlung in Raten oder jenem Faktor zehn zwischen den noch ausstehenden Schuldbeträgen, die ohnehin beiden Schuldnern erlassen werden (s.o.).

In Anbetracht solcher radikalen Humanität ist Menschlichkeit der Wirtschaftlichkeit immer übergeordnet. Wie schon das Gleichnis von der Perle (Mt 13,45f), für die ein Händler sein ganzes Hab und Gut hingibt, betonen will, erweist sich solche Humanität als unersetzliches und unverzichtbares Gut, ohne welches wir gar nicht wirklich leben oder – treffender – lebendig sein können.[961] So hatte auch der mit dem Friedensnobelpreis ausgezeichnete Nelson Mandela nach seiner Entlassung aus 27-jähriger Haft beteuert: »Es wird keine Rache geben. Es wird kein Blutvergiessen geben. Aber wir werden unser Land verändern.«[962] Mandelas moralische Autorität sollte in die Zukunft Südafrikas investiert worden. Die Absorbtion seines und seiner Landsleute Leiden hatte dem Friedensprozess und Aufbau einer neuen Gesellschaftsordnung zu dienen.

Wie der Titel von Mandelas autobiografischem Werk *Long walk to freedom* und die befreiende Handlung der »Sünderin«, die Jesu mehr Liebe erwies als der Schriftgelehrte, zeigen, bildet Vergebung wohl eine zentrale Voraussetzung sowohl für äussere wie auch innere Freiheit – eine Grunderfahrung, der in ihrer Radikalität im nun folgenden Abschnitt weiter reflektiert wird.

11.4 Radikale Freiheit (Das Gleichnis vom verlorenen und wiedergefundenen Sohn)

Genau entgegengesetzt zur radikalen Fürsorge des Barmherzigen Samariters stellt sich das Problem der radikalen Freiheit im Gleichnis vom verlorenen und wiedergefundenen Sohn:

Ein Mann hatte zwei Söhne. Und der jüngere von ihnen sagte zum Vater: Vater, gib mir den Teil des Vermögens, der mir zusteht. Der aber teilte den Besitz unter sie auf. Und wenige Tage danach packte der jüngere Sohn alles zusammen und zog in ein fernes Land. Dort verschleuderte er sein Vermögen in einem heillosen Leben. Als er aber alles aufgebraucht hatte, kam eine schwere Hungersnot über jenes Land und er begann, Mangel zu leiden. Da ging er und hängte sich an einen der Bürger jenes Landes, und der schickte ihn auf seine Felder, Schweine zu hüten. Und er hätte sich am liebsten den Bauch gefüllt mit den Schoten, welche die Schweine frassen, und niemand gab ihm davon. Da kam er zu sich und sagte: Wie viele Tagelöhner meines Vaters haben Brot in Hülle und Fülle, ich aber komme hier vor Hunger um. Ich will mich aufmachen und zu meinem Vater gehen und zu ihm sagen: Vater, ich habe gesündigt gegen den Himmel und vor dir. Ich bin nicht mehr wert, dein Sohn zu heissen; stelle mich wie einen deiner Tagelöhner. Und er machte sich auf und ging zu seinem Vater. Als er aber noch weit weg war, sah ihn sein Vater und er wurde von Mitleid ergriffen und eilte ihm entgegen, fiel ihm um den Hals und küsste ihn. Der Sohn aber sagte zu ihm: Vater, ich habe gesündigt gegen den Himmel und vor dir. Ich bin nicht mehr wert, dein Sohn zu heissen. Da sprach der Vater zu seinen Knechten: Schnell, bringt das beste Gewand heraus und zieht es ihm an! Und gebt ihm einen Ring an die Hand und Schuhe für die Füsse. Holt das Mastkalb, schlachtet es, und wir wollen essen und fröhlich sein. Denn dieser mein Sohn war tot und ist wieder lebendig geworden, er war verloren und ist gefunden worden. Und sie fingen an zu feiern. (Lk 15,11–24)

Rembrandt van Rijn.
Heimkehr des Verlorenen Sohnes

The State Hermitage Museum, St. Petersburg

Ganz im Gegensatz zum Gleichnis vom Barmherzigen Samariter, das durch eine fast grenzenlose Fürsorge gekennzeichnet ist, fällt hier das genaue Gegenteil auf: Die schier unermessliche Langmut und Passivität des Vaters erstaunen in höchstem Masse. Denn ein Erbvorbezug war selbst in der Antike ein aussergewöhnlicher Akt.[964] Wie kann überdies ein Vater seinen Sohn ziehen lassen, ohne sich nach der Absicht seines Tuns oder nach dessen Destination zu erkundigen? Aus welchem Grund wurde auf die Darstellung einer allfälligen Auseinandersetzung im Rahmen eines wohl länger dauernden Ablösungsprozesses verzichtet? Weder ein warnendes noch ermahnendes, auch kein Wort der Angst oder der Besorgnis, geschweige denn des Trostes werden ausgesprochen. Während des Wegbleibens bleibt der Vater zumindest äusserlich untätig. Er hält weder nach dem Aufenthaltsort Ausschau noch erkundigt er sich nach dem Befinden des Sohnes. Bei der Rückkehr wird auch nicht gefragt, wo er gewesen sei, was er in der Zwischenzeit erlebt habe und warum erst nach so langer Zeit wieder den Weg nach Hause zurückgefunden habe. Keine Vorwürfe fallen, das Vergangene ist scheinbar bedeutungslos, so wie die Zukunft beim Wegzug keines Wortes wert war; allein der Augenblick scheint zu zählen: überschwänglich die Gefühle, ausgelassen die Freude, gross die Feststimmung – allerdings ist Letztere keineswegs ungetrübt! Denn hier schliesst der zweite Teil des Gleichnisses vom verlorenen und wiedergefundenen Sohn an:

> *Sein älterer Sohn aber war auf dem Feld. Und als er kam und sich dem Haus näherte, hörte er Musik und Tanz. Und er rief einen von den Knechten herbei und erkundigte sich, was das sei. Der aber sagte zu ihm: Dein Bruder ist gekommen, und dein Vater hat das Mastkalb geschlachtet, weil er ihn gesund wieder bekommen hat. Da wurde er zornig und wollte nicht hingehen. Sein Vater aber kam heraus und redete ihm zu. Er aber antwortete seinem Vater: Siehe, all die Jahre diene ich dir, und nie habe ich dein Gebot übertreten. Und mir hast du nie einen Ziegenbock ge-*

geben, dass ich mit meinen Freunden hätte feiern können. Aber als dein Sohn kam, dieser da, der deinen Besitz mit den Huren durchgebracht hat, da hast du für ihn das Mastkalb geschlachtet. Er aber sprach zu ihm: Kind, du bist immer bei mir, und alles, was mein ist, ist dein. Aber jetzt müsste man feiern und sich freuen, denn dieser dein Bruder war tot und ist lebendig geworden, war verloren und ist gefunden worden. (Lk 15, 25–31)

Die »Figur des Vaters« ist, wie Eduard Schweizer treffend bemerkt, indes »sehr, sehr auffällig«,[965] zumal die radikale Zurückhaltung, die sich der Vater zunächst auferlegt hatte, sowohl am Schluss des ersten wie auch des zweiten Teiles des Gleichnisses ebenso radikal durchbrochen wird.

Nun gibt es in der buddhistischen Tradition des Lotos-Sutra ebenfalls ein Gleichnis vom Verlorenen Sohn,[966] welches zahlreiche inhaltliche Berührungspunkte mit der lukanischen Darstellung aufweist. In einem entscheidenden Punkt allerdings unterscheidet sich die buddhistische Variante von der neutestamentlichen. In der buddhistischen Spielart erkennt der Vater zwar den zurückgekehrten Sohn, dieser aber seinen inzwischen unermesslich reich gewordenen Vater nicht. Letzterer zeigt sich daher unwissend und lässt ihn aus Angst, der Sohn würde ihm nicht glauben, zunächst als Angestellten bei sich arbeiten. Viele Jahre müssen noch vergehen, ehe sich der Vater zu erkennen gibt.[967] In der lukanischen Version hingegen wird die defensive Haltung des Vaters sofort zugunsten des Mitgefühles für das zurückgekehrte Kind aufgegeben.

Auch im zweiten Teil des Gleichnisses, der wie ein schwerer Schatten am ersten hängt, gibt der Vater seine ursprüngliche Position auf. Der sonst so zurückhaltende Vater redet dem anderen Kind ins Gewissen und versucht ihn umzustimmen, wobei er seine radikale Haltung gegenüber dem nachfühlbar zornigen Sohn verteidigt.

Rembrandt van Rijn hat die Rückkehr des verlorenen Sohnes in einem eindrücklichen Gemälde festgehalten. Dabei wird der ältere Bruder nur am Rande vom Licht, das den Vater und den jüngeren Sohn umgibt, berührt. Das Gleichnis selbst lässt offen, ob sich der ältere Bruder doch noch erweichen lässt. Klar ist jedenfalls, dass die Menschlichkeit dort an ihre Grenzen stossen kann, wo Unverständnis und Gefühle des Zornes sich nicht aus der Welt schaffen lassen.

Dieser Konflikt spiegelt sich auch im Verhältnis von Seelsorge und Psychotherapie wider. Mag sich die Seelsorge an einer radikalen Sollensforderung orientieren – die Psychotherapie hat sich aus pädagogischen Gründen an die durch ein praktikables Wirklichkeitsprinzip gesetzten Limiten zu halten. Zwar sind auch der Seelsorge Grenzen gesetzt, doch darf sie mehr Humanität zulassen als die Psychotherapie. Auf der anderen Seite sollte Letztere die radikale Humanität nie ganz ausschliessen, zumal auch sie einmal einem in Not geratenen Menschen ohne aufzurechnen etwas geben oder erlassen können muss.

11.5 Radikales Vertrauen (Die Stillung des Seesturmes)

Die Geschichte von der Stillung des Seesturmes, die durchaus historischen Ursprungs sein könnte, liesse sich auch als Gleichnis bzw. als Metapher (s. 4.1) lesen: »Das Reich Gottes gleicht einer Schiffscrew, die in einen schweren Sturm geriet. Je mehr sich die Mannschaft abmühte und mit äusserster Kraft versuchte, der Wellen Herr zu werden, umso mehr drohte das Schiff zu kentern. Plötzlich fiel ihr Blick auf einen, der hinten im Boot schlief. In diesem Augenblick begann sich der Sturm zu legen ...«

Neben der für die Metapher charakteristischen (sekundären) semantischen Spannung »zwischen der szenisch verstandenen Erzählung und der Wirklichkeit des alltäglichen Lebens«[968]

durchzieht eine innere Spannung die gesamte Geschichte: Wie kann man denn nur auf einer beinahe sinkenden Barke entspannt schlafen? Hier kommt die Dialektik zwischen Angst und Vertrauen beziehungsweise Gelassenheit und Verzweiflung, die das Leben anhaltend durchzieht, zum Ausdruck. In hohem Masse verblüffend und für die Seelsorge wiederum konstitutiv ist dabei die Radikalität dieses Vertrauens, welche dem gesunden Menschenverstand und einem natürlichen Überlebensinstinkt so sehr zuwiderlaufen.

Zwei Einstellungen, die sowohl für die Seelsorge wie auch für die Psychotherapie von grundlegender Bedeutung sind, prallen hier heftig gegeneinander: einerseits die Forderung nach aktiver und kreativer Gestaltung in einer unvollkommenen Welt und andererseits die Gelassenheit, alles Geschehen ganz in Gottes Hand zu wissen.

Selbstredend, dass die Seelsorge sich eher am *pneuma* als Ausdruck der unbegrenzten Möglichkeiten Gottes denn an der *sarx*, die mehr für die Unvollkommenheit im Leben steht (vgl. 5.3), orientiert. Auf ebendieser grenzenlosen Erwartung göttlichen Handelns basiert die Radikalität seelsorgerlichen Vertrauens, die sich so grundlegend vom Vertrauensverständnis in der Psychotherapie unterscheidet.

Dies lässt sich am Phänomen der Kreditierung[969] gut erläutern. Angesprochen ist der Glaube des Therapeuten an die Ressourcen des Klienten, was den Erfolg einer Psychotherapie nachweislich günstig beeinflussen kann.[970] Allerdings versagt die von diesem vermittelte Kreditierung oft in Anbetracht jener übermächtigen inneren Diskreditierung, die über Jahrzehnte durch eine schädliche Sozialisation aufgebaut wurde. Das destruktive, entwertende Introjekt widersteht dabei jeder positiven therapeutischen Erwartung.

Das therapeutische Hilfs-Ich – auch die besten Therapeuten stellen nur ein Hilfs-Ich dar – erweist sich mitunter als machtlos angesichts jenes unüberwindbaren inneren Widerstandes,

Der Sturm auf dem See

Hitda-Kodex aus Meschede, um 1020

welches sich dem bejahenden Zuspruch des Therapeuten entgegenstellt. Daher ist der Rekurs auf Möglichkeiten, die ausserhalb der menschlichen Möglichkeiten liegen, so wesentlich. Der Klient muss nicht an sich glauben, was ihm in einer depressiven Blockade ohnehin nicht gelingen kann; doch darf er – dies wird ihm im seelsorgerlichen Gespräch zugesprochen – an Ressourcen glauben, die er nicht selber zu aktivieren braucht, nach denen er aber mit Unterstützung des Seelsorgers sich ausrichten kann. Nur so kann jene knechtende Macht des Über-Ichs durch die heilende Kraft eines umfassenderen, heilenden Ganzen gebrochen werden, das Menschen zu berühren und das seelische Dunkel zu erhellen vermag. Diese höhere Kreditierung ist das, was aus theologischer Sicht auch als Gnade bezeichnet wird. Sie ist selbst in tiefster Verzweiflung noch wirksam. Erst eingebettet in dieser absoluten Bejahung vermag das verzagte Herz den seelsorgerlichen Zuspruch ernst zu nehmen und mit Zuversicht wirksam werden zu lassen. Hieraus wird deutlich, dass auch die Psychotherapie sich nicht leisten kann, auf diese *gratia*, diese allumfassende Gratifikation grundsätzlich zu verzichten.

Kaum eine andere Geschichte könnte dieses Geschehen treffender ausdrücken als die folgende Begebenheit aus neuerer Zeit: Friedrichshafen, ein bedeutendes Zentrum deutscher Aviatikindustrie, war während des Zweiten Weltkrieges Ziel alliierter Angriffe gewesen. Dabei wurde die Nikolaus-Kirche fast vollständig zerstört; der Tabernakel mit der Inschrift: »Siehe, ich mache alles neu« blieb jedoch unversehrt. Inmitten totalster Vernichtung vermochte sich der geistige Keim für einen Neuanfang zu halten und zu entfalten. Und so bezeugt die heutige Kirche mit ihrer ausserordentlichen spirituellen Ausstrahlung diese hohe kreative Kraft der Erneuerung.

Seelsorgerliche und psychotherapeutische Kreditierung unterscheiden sich daher grundlegend. Das »ich glaube an dich« wird vom Seelsorger anders gesprochen als vom Psychotherapeuten. Letzterer vermittelt den Zuspruch im Rahmen weltlicher Limitierung: »So und so viel darf zugetraut oder darf erhofft werden, mehr aber nicht!« – diese Haltung vieler Therapeuten möchte auf keinen Fall falsche Hoffnungen wecken. Daher sind der Psychotherapie durch das Realitätsprinzip Grenzen gesetzt. Der Seelsorger dagegen spricht das Glaubenswort in seiner ganzen Radikalität aus, die Gott mehr zutraut, als aus menschlicher Sicht realistisch erscheint. Die Seelsorge darf an das »Unglaubliche« glauben, indem sie Veränderungen und Entwicklungen als möglich erachtet, die dem »gesunden Menschenverstand« unter Umständen zuwiderlaufen.

12 Synthese und Sinn-These

Im Neuen Testament begegnet die Frage nach dem Sinn u.a. in der Geschichte vom »Gang nach Emmaus« – wiederum lukanisches Sondergut (Lk 24, 13–32)! Hier wird narrativ die im eigentlichen Sinne des Wortes *Notwendigkeit* des Todes Jesu entfaltet: »Musste der Gesalbte nicht solches erleiden …?« Diese aus der Rückschau als unabwendbar wahrgenommene Realität des Kreuzes, die als Heilsgeschehen gedeutet wird, begegnet in den Evangelien recht früh (Mk 8, 31), wird aber zunächst vehement verworfen (Mk 8, 32). Der soteriologische Sinn wird von Petrus noch zugunsten eines partikulären Sinnkonzeptes – die Verhinderung der Verurteilung Jesu – abgelehnt. Demgegenüber lässt sich »der Begriff ›globaler Sinn‹ einführen, um die Sinnhaftigkeit zu bezeichnen, welche spirituelle« oder religiöse Erfahrungen »zutiefst« prägen; man spricht auch vom »›global meaning‹ als eine allgemeine« und umfassende »Sinngebung für das Leben … ›Situational meaning‹ (dt. situationsgebundener Sinn) wird« hingegen »für alle kurzzeitigen, situationsbezogenen Handlungen« verwendet.[971] Traumatische Erfahrungen können indessen einen bereits bestehenden globalen Sinn radikal infrage stellen. Wird ein Gerechter wie Hiob derart schwer getroffen, so werden nicht nur – wie dies seine Freunde tun – Zweifel am Gerechtsein Hiobs erhoben, sondern es wird sogar an Gottes Gerechtigkeit gezweifelt. In beiden Fällen erfährt der globale Sinn eine schwere Erschütterung von existenziellem Ausmass. Mitunter zeitigen globale Entgleisungen – man denke nur an die Katastrophen beider Weltkriege – geradezu kollektive Sinnkrisen und prägen das Weltbild von Generationen.

Globale, nicht situationsgebundene Krisen können dazu führen, dass Sinnentwürfe grundsätzlich fallengelassen werden, oder aber – und dies ist in unserem Kontext entscheidend –, dass eine Neuattribuierung erfolgt. Bei Hiob etwa wird das Leiden nicht mehr als Ausdruck von Schuld begriffen, sondern dient in einer finalen Perspektive der persönlichen Reifung und Vertiefung der Gottesbeziehung. Hiobs weltanschauliche Integration der Paradoxie, wonach es einen Gott der Liebe trotz und wegen allen Leidens gibt, ist die Folge seiner mystischen Gottesschau bzw. Gotteserfahrung: »Und der Herr antwortete Hiob aus dem Sturm und sprach: Wer behauptet, mein Walten sei finster, und redet ohne Einsicht? Gürte deine Lenden wie ein Mann, dann will ich dich fragen, und du lehre mich! Wo warst du, als ich die Erde gegründet? Rede, wenn du es weisst!« (38, 1–4). Erst jetzt vermag Hiob zu erkennen und bekennen: »Vom Hörensagen hatte ich von dir gehört, jetzt aber hat mein Auge dich gesehen« (42, 5).

Das rationale Weltverständnis, das an der Tatsache des Leidens irrewird, erfährt durch die Gottesschau eine fundamentale Sinnweitung. Dass das Leben in all seinen wunderbaren, aber auch schrecklichen Facetten als Ganzes einen Sinn hat, galt manchen Menschen – so etwa Paul Tillich, Albert Einstein, Viktor Frankl oder Ludwig Wittgenstein – als Fundament aller Spiritualität bzw. Religion.

In diesem Kontext ist auch die Rede vom »Letzten Sinn« angezeigt, der in seiner transzendenten Dimension sowohl über das oben genannte globale Sinnkonzept wie auch über das von Aaron Antonovsky als »sense of coherence« (SOC) bezeichnete Gefühl des »Zusammenpassens« von Geschehnissen hinausweist (s. 8.2.1). Denn beide Konzepte stossen in ihrer immanenten Ausrichtung mit dem Tod definitiv an die Grenze des Erklärbaren, zumal die letzte Antwort auf den Tod nur im Glauben gegeben werden kann. Die Einstellung zu dieser Grenze bildet daher die grundlegendste aller Unterscheidungen zwischen Seelsorge und Psychotherapie. Angesichts der Sprach- und Fassungslosigkeit *in conspectu mortis* verstummt die Psychotherapie, womit der Glaube an einen transzendenten Sinn als das eigentliche konstituierende Proprium der Seelsorge zu betrachten ist. War hinsichtlich Fürsorge, Freiheit, Vergebung und Vertrauen die Radikalität noch rein quantitativer Natur, so erschliesst sich die letzte Sinnfrage nur aus qualitativer Sicht. Ihr liegt eine Wahrnehmung zugrunde, die fundamental mit der Gottesfrage verbunden oder sogar mit ihr identisch ist und die auch die Theodizeefrage mit einschliesst.

Die Sinnfrage wurde immer wieder unterschiedlich angegangen: Unter den zahlreichen möglichen Entwürfen sei zunächst die atheistische des Schriftstellers Friedrich Dürrenmatt angeführt: »Die Frage nach dem Sinn ist die Wurzel allen Glaubens. Immer wieder wagt der Einzelne den Versuch, aus dem Kerker seiner selbst auszubrechen. Glaube, Liebe, Hoffnung: der Glaube, es sei möglich, den Kerker seiner selbst zu verlassen, die Liebe, es sei möglich, in den Kerker eines anderen einzubrechen, die Hoffnung, darin liege ein Sinn. So bricht der Einzelne seine Zelle auf und findet sich in der nächsten Zelle, bricht weitere auf, rennt durch Korridore, klettert über Mauern, stürzt Falltüren hinunter, neue Zellen, neue Gitter, neue Mauern, von Weitem hört er andere rufen, er läuft und klettert weiter, bis er erkennt, dass er immer noch in seinem eigenen Gefängnis herumirrt und die anderen Rufe aus anderen Gefängnissen kommen, wo andere herumirren. Die Position des Einzelnen führt zur Verzweiflung, zur Rebellion oder zur Akzeptation. Zur Verzweiflung, wenn er, eingeschlossen im Gefängnis seiner selbst, keinen Sinn sieht; Rebell, wenn er nie aufhört, gegen die Sinnlosigkeit seiner Gefangenschaft zu protestieren, obgleich es keine Instanz gibt, sodass er einer doppelten Sinnlosigkeit verfällt; zur Akzeptation, indem er entweder gerade in seiner Vereinzelung, in der Eingeschlossenheit in sich selber den Sinn sieht, in der Paradoxie der Existenz, deren Sinn deren Sinnlosigkeit ist, weil das Sein an sich keinen Sinn braucht, oder indem er die Frage nach dem Sinn seiner Gefangenschaft in sich selber sein lässt. Eine rationale Frage, auf die keine rationale Antwort möglich ist, ist eine sinnlose Frage. Es dauerte lange, bis ich das begriff. Seitdem bin ich Atheist. Ich weigere mich, auf Fragen Antworten zu geben, die dermassen nebulös sind, wie die nach Gott oder dem Sinn des Lebens …«[972]

Eine zweifelnde Stellung zwischen Glaube und Unglaube nimmt Jean-Paul mit seiner berühmten und erschütternden »›Rede des toten Christus vom Weltgebäude herab, dass kein Gott sei‹«[973] ein. Sie ist als »atheistischer Alptraum« konzipiert, aus welchem der Dichter alsdann mit Freudentränen in den Augen erwacht, glücklich darüber, dass seine Seele doch noch Gott anbeten kann. Dabei »›glimmte die Sonne‹« – einem Dankgebet gleich – »›tief hinter den vollen, purpurnen Kornähren …‹«[974] Der Text liest sich wie folgt: »›Jetzo sank eine hohe edle Gestalt mit einem unvergänglichen Schmerz aus der Höhe auf den Altar hernieder, und alle Toten riefen: ›Christus! Ist kein Gott?‹ Er antwortete: ›Es ist keiner … Ich ging durch die Welten, ich stieg in die Sonnen und flog mit den Milchstrassen durch die Wüsten des Himmels; aber es ist kein Gott. Ich stieg herab, so weit das Sein seine Schatten wirft, und schaute in den Abgrund und rief: ›Vater, wo bist du?‹ Aber ich hörte nur den ewigen Sturm, den niemand regiert, und der schimmernde Regenbogen aus Westen stand ohne eine Sonne, die ihn schuf, über dem Abgrund und tropfte hinunter. Und als ich aufblickte zur unermesslichen Welt nach dem göttlichen Auge, starrte sie mich mit einer leeren, bodenlosen Augenhöhle an; und die Ewigkeit lag auf dem Chaos und zernagte es und wiederkäuete sich … und alles wurde leer.«[975] Selbst die Kinder »warfen sich vor die hohe Gestalt am Altare und sagten: ›Jesus! haben wir keinen Vater?‹ – Und er antwortete mit strömenden Tränen: ›Wir sind alle Waisen, ich und ihr, wir sind ohne Vater.‹ … So hob er gross wie der höchste Endliche die Augen empor gegen das Nichts und gegen die leere Unermesslichkeit … ›O Vater! O Vater! Wo ist deine unermessliche Brust, dass ich an ihr ruhe? – Ach, wenn jedes Ich sein eigener Vater und Schöpfer ist, warum kann es nicht auch sein eigener Würgengel sein?‹«[976]

© ML

Andere schliesslich erleben Erfüllung darin, ihr Leben in den Dienst der Liebe zu stellen ohne – wie Friedrich Dürrenmatt – die Frage nach dem Sinn rational restlos geklärt haben zu wollen. Zu nennen sind etwa Persönlichkeiten wie Mutter Teresa oder Albert Schweitzer, der sich die Frage nach dem Sinn nicht leicht gemacht hat. Für ihn besteht »die einzige Möglichkeit, seinem Dasein einen Sinn zu geben« darin, sich von der Resignation angesichts der Schwere des Leidens in dieser Welt nicht entmutigen zu lassen, vielmehr »dadurch vertieft, verinnerlicht, geläutert, still und friedvoll« zu werden.[977] Denn »nur der Mensch, der durch Resignation« – man könnte sagen: durch Jean-Pauls Albtraum – »hindurchgegangen ist, ist« wahrer »Weltbejahung fähig«.[978] Aus dieser Perspektive stellt das grosse Engagement für Mitmenschen in Not die irrationale Antwort auf die für viele rational letztlich nicht zu beantwortende Sinnfrage dar.

Hier schliesst inhaltlich die Frage jenes Gesetzeslehrers aus dem Gleichnis vom Barmherzigen Samariter an: »Was muss ich tun, damit ich ewiges Leben erbe?« Das Gesetz verweist dabei auf die Liebe und diese wiederum auf den Notleidenden als unseren Nächsten, dessen Not durch unser Tun gelindert werden will. Darum die Antwort Jesu: »Geh auch du und tue dasselbe.« Auf diese Weise erfüllt sich – so die neutestamentliche Botschaft – letztendlich der Sinn unserer Existenz.

Anhang

Erkenntniskritische Akzente[979]

Nachfolgend sollen in Form von 10 Thesen kritische Anfragen[980] an das Selbstverständnis gegenwärtiger wissenschaftlicher Forschung, das auch die Psychotherapie wesentlich mitbestimmt, gerichtet werden.

1. Grenzerfahrungen

Im Gegensatz zum Wissenschaftsglauben zu Beginn des vorletzten Jahrhunderts, der von zahlreichen Zweigen der Naturwissenschaften, etwa der Medizin, bis in die Gegenwart weitgehend unkritisch geteilt wird, gilt der Empirismus heute aus philosophischer Sicht keineswegs als unangefochten.

So ist im von Karl Popper[981] formulierten Induktionsproblem ein erster Kritikpunkt angesprochen. Bei der Induktion »schliesst« man »von einer endlichen Reihe singulärer Aussagen ›A1 hat B‹, ›A2 hat B‹,›An hat B‹ auf eine entsprechende (unbegrenzte) universelle Aussage ›Alle A haben B‹.«[982] Nun geht man davon aus, dass es »prinzipiell unmöglich ist, eine universelle Aussage [sprich: Theorie, Anmerkung d. Verf.] endgültig auf der Grundlage noch so vieler singulärer Aussagen zu begründen«.[983] Als klassisches Beispiel gilt »die Entdeckung schwarzer Schwäne in Australien zu einer Zeit, als man sicher zu sein glaubte, dass es nur weisse Schwäne gibt«.[984] Oder mit K. Poppers Worten: »Die Induktionslogik nimmt ja an, dass wir von einzelnen Beobachtungen durch Verallgemeinerung zu den Naturgesetzen gelangen. Denkt man sich nun die einzelnen Beobachtungen einer Beobachtungsfolge in einem Koordinatensystem als Punkte eingezeichnet, so wird die graphische Darstellung des Gesetzes eine Kurve sein, die durch diese Punkte hindurchgeht. Aber durch eine endliche Anzahl von Punkten lassen sich unbegrenzt viele Kurven von verschiedenster Form legen. Da somit das Gesetz durch die Beobachtungen nicht eindeutig bestimmt ist, steht die Induktionslogik vor der Frage, welche von diesen Kurven zu wählen ist.«[985]

Alsdann ist der »beinharte« Empirist W. V. O. Quine zu nennen. Ironie des Schicksals: Er schlug dem Empirismus eine Wunde, von der dieser sich bis heute nicht erholt hat und vielleicht nie mehr erholen wird. Denn für Quine ist die Erfahrung immer mehrdeutig.[986] Es ist daher nicht möglich, auf empirischem Wege zwischen verschiedenen Theorien eine Entscheidung zu treffen. Daher verwirft Quine in seinem epochalen Aufsatz[987] die angebliche Grenze zwischen Naturwissenschaft und Metaphysik.

In diesen Kontext gehört auch die Auffassung des Philosophen Ludwig Wittgenstein. In seiner »Spätphilosophie wird die Enge jenes an den Naturwissenschaften orientierten« frühen »Ansatzes durchbrochen und zu einer Auseinandersetzung ausgeweitet, die alle Bereiche des menschlichen Geistes umfasst ... Das neue Grundwort heisst ›Sprachspiel‹.«[988] Hier löst sich die Grenze des Sagbaren (nämlich die »Sätze der Naturwissenschaft«[989]) auf.[990] Nicht, dass sie prinzipiell aufgehoben wäre – nur, dass sich die Trennlinie gar nicht so eindeutig ziehen lässt. Man könnte bildhaft sagen, dass die Grenze die sozusagen mikroskopische Vergrösserung einer Vielzahl ineinander verwobener Filigranlinien darstellt.[991] Denn das sogenannte Unaussprechbare oder auch unsere Überzeugungen ergeben den Hintergrund, auf dem das, was sich überhaupt aussprechen lässt, Bedeutung bekommt.[992]

2. Eines für alle

Statistische Methoden stossen dort an Grenzen, wo sie nur Aussagen über ein Kollektiv erlauben, nicht aber über ein Individuum. In der Tat suggeriert der Begriff »Gruppe« (z.B. Kontrollgruppe) eine Art Corpus, also eine Einheit. Diese »Einheit« besteht jedoch aus vielen einzelnen Personen, namentlich – etwa bei Studien über die Wirksamkeit von Medikamenten – sog. Respondern und Non-Respondern. Darunter befinden sich auch Individuen, die auf ein »wirksames« Medikament nicht ansprechen. Die durch Studien gewonnenen Ergebnisse stellen im Blick auf eine nachfolgende Einzelbehandlung nur noch eine Hypothese dar. Diese muss aber erneut empirisch bestätigt werden. Der für den Erfolg einer Untersuchung oft geforderte Signifikanzwert von 0,05 bedeutet, dass die Wahrscheinlichkeit einer Zufallsaussage bei 5 % liegt. Bei einer Replikation der Studie verringert sich der Wert, wird aber nie null sein.

3. Vor lauter Bäumen den Wald nicht mehr sehen

Die fast explosionsartige Zunahme von Wissen mit immer kürzerer Halbwertszeit ist zum einen positiv zu werten. Zum anderen birgt sie aber eine nicht zu unterschätzende Fussangel. Eine immer minutiösere Vermehrung von Daten bietet nämlich noch keineswegs Gewähr für ein tieferes Verstehen wissenschaftlicher Probleme. Mehr Wissen bedeutet nicht grundsätzlich auch mehr Erkenntnis. Ein Grundsatz der Chaostheorie lautet nämlich: Bei genauerer Messung wird ein Objekt unschärfer oder in seiner Interpretation willkürlicher.[993] Nehmen wir folgendes Beispiel: »Es hat sich ... ein Wissenschafter einmal zum Ziel gesetzt, die Länge der Küste von England zu bestimmen. Ein Kinderspiel auf den ersten Blick. Vor allem auch etwas, das sich genau eruieren lässt. Mit einem Faden und einer Karte Englands lässt sich dies auch einigermassen gut abschätzen – aber halt nur einigermassen. Man kann natürlich eine genauere Karte nehmen und einen etwas dünneren Faden, ... noch präzisere Karten zum Küstenverlauf, dann vielleicht sogar die Grundbuchblätter der an die Küste grenzenden Grundstücke, und am Schluss vermisst man den Küstenverlauf in der Natur, zunächst mit einfachen Mitteln, dann mit immer ausgefeilteren Vermessungsgeräten und am Ende wohl mit Lupe und Mikroskop. Und je genauer das Messverfahren wird, umso arbiträrer ... das Ergebnis, leider. Denn was genau als Küstenverlauf definiert werden soll, kann bei genauerer Betrachtung in einem Expertenstreit und methodischen Grundsatzdiskussionen enden.«[994] Mit anderen Worten: Eine forcierte Objektivierung kann zu einer Verfremdung der Wirklichkeit führen. Oder: Eine ins Masslose mündende Messung kann das untersuchte Objekt bis zur Unkenntlichkeit entstellen.

4. Was ist Wahrheit?

Die alte Pilatusfrage ist heute noch hochaktuell. Der vierte Kritikpunkt betrifft die Interpretation von Fakten und Forschungsergebnissen. Experten sind sich auch nicht immer über die Bedeutung unterschiedlicher Befunde und ihrer Gewichtung für die Bildung einer Theorie einig. Angesprochen sind hier die »transzendentalen Prinzipien als Leitregeln des Forschungsganges«.[995] Der Wissenschaftstheoretiker Thomas Kuhn spricht vom Paradigma[996] und meint damit einen gemeinsamen, im Grossen und Ganzen ungeschriebenen »Kanon allgemein akzeptierter Ansichten ..., Arbeitsweisen und Kriterien«[997] eines Forscherkollektivs. Dieser Kanon ist insofern relativ, als er nicht nur von Experte zu Experte variieren kann, sondern in der Regel auch innerhalb eines »Expertenlebens« immer wieder Veränderungen erfährt. Mit anderen Worten: Alles Objektive unterliegt letztlich einer subjektiven Deutung.

5. Rechnen versus Affektlogik

Der Mathematiker und theoretische Physiker Roger Penrose macht geltend, dass es mathematisch präzis definierte Fragen gibt, die sich rein rechnerisch, also auf Basis von Algorithmen, nicht lösen lassen.[998] D.h.: Denken geht über blosses Rechnen hinaus.[999] Beim Menschen sind Kognition und Emotion in sämtlichen psychischen Leistungen untrennbar miteinander verbunden.[1000] Dies bleibt bis heute das grosse ungelöste Problem aller künstlichen Intelligenz,[1001] was uns zum nächsten Kritikpunkt führt.

6. Die Welt der Intuition[1002]

Nicht selten steht man vor einer Frage, zu deren Beantwortung alles verfügbare Wissen keinen befriedigenden Beitrag zu leisten vermag. In dieser Aporie muss man – soll nicht eine Münze oder gar das Handtuch geworfen werden – auf andere Instrumente rekurrieren. Nicht wenige werden dabei ihre Intuition bei der Entscheidungsfindung mitspielen lassen. Dieses vor analytische Wissen, diese »Ahnung« hat keineswegs mit Aberglauben oder

Hokuspokus zu tun. Es lässt sich vielmehr als (allerdings wohl nicht immer bewusst) gesammeltes, verarbeitetes und schliesslich gespeichertes Erfahrungsgut deuten, das dann in einem bestimmten Kontext Anwendung findet. Man darf vermuten, dass diese un- bzw. vorbewussten Engramme mittels bewusster Information und aktiver Reflexion zur Bildung von Hypothesen führen. Ein häufig zitiertes Beispiel ist die Entdeckung der chemischen Struktur des Benzolringes durch Kekulé,[1003] der von einer Schlange, die sich in den Schwanz beisst, geträumt hatte. Auch die Intuition des Schachspielers, der noch vor der Analyse den nächsten Zug ahnt, ist hier zu erwähnen.

7. »Graue« und »grüne« Theorien

Von diesen Überlegungen leitet sich der siebte Kritikpunkt ab. Eine Theorie, die nur bekannte Fakten berücksichtigt, ist unvollständig. Natürlich ist es richtig, zunächst ein theoretisches System zu entwerfen, das auf Bekanntem basiert. Aber in einem zweiten Schritt müssen Variablen einfliessen, die auch eine hypothetische Realität abbilden. Dieser heuristische Ansatz öffnet den Blick auf eine mögliche, aber im Einzelnen noch nicht bekannte Konfiguration der Wirklichkeit. Ein reduktionistischer Ansatz vermag dies nicht. Diese Auffassung wurde übrigens auch von Albert Einstein vertreten.[1004] Paul Feyerabend formuliert pointiert: »Die Konsistenzbedingung, nach der neue Hypothesen mit anerkannten Theorien übereinstimmen müssen, ist unvernünftig, weil sie ältere und nicht bessere Theorien am Leben erhält. Theorienvielfalt ist für die Wissenschaft fruchtbar, Einförmigkeit dagegen lähmt kritische Kraft« und »gefährdet die freie Entwicklung des Individuums«.[1005]

8. Zufälle als Spielbälle

Das Konzept der offenen Theorie impliziert aber noch einen weiteren Aspekt. Ein theoretisches System muss nicht nur wegen des »Noch-nicht-Wissens«, sondern auch wegen des »Nicht-Wissen-Könnens« offen sein. Der klassischen naturwissenschaftlichen Vorstellung, wonach man eines Tages Nicht-Wissen in Wissen wird umwandeln können, steht die Unmöglichkeit, heute noch Unbekanntes eines Tages genau vorauszusagen, entgegen. Angesprochen ist hier der indeterministische Charakter der allen Erscheinungsformen zugrunde zu liegen scheint.

9. Der Wert der Kreativität

Es gibt heute ernst zu nehmende Theorien, die mentale Prozesse und moderne Physik zu integrieren versuchen. So könnten Quanteneffekte eine herausragende Rolle zur Erklärung von Bewusstsein spielen. Dies allerdings unter der Bedingung, dass besagte Effekte durch geeignete intrazelluläre Strukturen hinreichend verstärkt würden. Roger Penrose[1006] identifiziert sie mit den intrazellulären Mikrotubuli, Nobelpreisträger John Eccles[1007] mit den präsynaptischen Vesikelgittern.

Kategorien wie Kunst, Kreativität und auch Freiheit würden demnach nicht mehr nur auf klassischen deterministischen Effekten beruhen. Sie wären demnach gar nicht vollumfänglich voraussagbar. Ganz im Gegensatz zu den oben erörterten Chaosprozessen. Diese spielen sich nach klassischen physikalischen Regeln ab und lassen sich nicht prinzipiell, sondern nur wegen ihrer Komplexität nicht exakt bestimmen.

10. Fokus auf die Unschärfe

Was die Zukunft der Forschung anbelangt, so darf man sich wohl keiner Illusion hingeben: Trotz steter Verbesserung und Verfeinerung technischer Methoden sowie exponentiellem Wissenszuwachs ist die nächste Aporie vermutlich schon vorprogrammiert. Der grosse Physiker Wolfgang Pauli pflegte zu sagen, dass immer wenn er etwas verstanden hatte, er dafür auf einer anderen Ebene des Wissens wieder verwirrt war. Es war schliesslich die strengste aller empirischen Wissenschaften – nämlich die Physik –, die sich vom Korsett starrer klassischer Regeln befreite. Dazu gehört auch die Erkenntnis, dass ein Untersucher dauernd mit dem Gegenstand seiner Betrachtung bzw. seinem Gegenüber interferiert bzw. interagiert. D.h., dass man sich von der Vorstellung einer genauen Voraussagbarkeit von Ereignissen zu verabschieden hat. Das Prinzip der Unschärfe bzw. Unbestimmtheit wurde in den 20er-Jahren des letzten Jahrhunderts formuliert.[1008] Die Botschaft ist nach wie vor unterwegs.

11. Abschliessende Bemerkungen

Mein Anliegen ist offenkundig: Ein Plädoyer für einen Pluralismus in der wissenschaftlichen Forschung zu führen. Dieser gründet in der Erkenntnis, dass Erfahrung mehrdeutig, relativ und begrenzt ist.

Nach Einsteins Auffassung sind Theorien »nicht direkte Abbilder einer wirklichen Welt, sie sind Fiktionen«.[1009] Sie lassen sich nicht scharf von Glaubensaussagen trennen. Mit Wittgensteins Worten: »Mein Weltbild … ist der … Hintergrund, auf welchem ich zwischen wahr und falsch unterscheide.«[1010] Wissenschaft und Weltbild sind daher nicht wirklich zu trennen. Hierzu gehören auch die folgenden Ausführungen über die Fragen nach einem freien Willen.

Die Frage nach dem freien Willen

1. Einleitung

Im Jahre 1983 wurden Ergebnisse einer Untersuchung publiziert, die die Gewissheit eines freien Willens in der Folge massiv erschüttert und unser diesbezügliches Selbstverständnis zutiefst infrage gestellt haben. Es handelt sich um die sog. Libet-Experimente, oft auch »das Libet-Experiment« genannt, dessen Kernaussage lautet: Der bewusst empfundene Entschluss, eine bestimmte Handbewegung auszuführen, erfolgt im Mittel erst eine halbe Sekunde nach Beginn einer sich in der Hirnrinde aufbauenden und präzis registrierbaren elektrischen Aktivität. Dieser Befund wurde dahingehend gedeutet, dass eine Willenshandlung bereits unbewusst initiiert wird, noch bevor wir uns zu einer bestimmten Handlung entschliessen.[1011]

Die Zahl der Publikationen, die sich seither mit diesem *experimentum crucis* befasst haben, ist nicht mehr zu überblicken, und keine fundierte Diskussion über den freien Willen kommt heute um die Ergebnisse dieser Untersuchung herum. Diese scheinen darüber hinaus nicht nur Fachleuten bekannt zu sein; sie stossen selbst bei Laien, wie aus einer Fülle von Artikeln in der Presse[1012] immer wieder zu beobachten ist, auf grosses Interesse.

Sehen wir uns im Folgenden Libets Versuchsanordnung genauer an.

2. Das Experiment

Gerhard Roth umschreibt das Experiment wie folgt: Es wurden Probanden trainiert, »»innerhalb einer gegebenen Zeit (1–3 Sekunden) spontan den Entschluss zu fassen, einen Finger der rechten Hand oder die ganze rechte Hand zu beugen. Dabei blickten sie auf eine Oszilloskop-Uhr, auf der ein Punkt rotierte. Zu genau dem Zeitpunkt, an dem die Versuchspersonen den Entschluss zur Bewegung fassten, mussten sie sich die Position des rotierenden Punktes auf der ›Uhr‹ merken ... Bei allen Versuchspersonen wurde während des Experimentes«« eine bestimmte elektrische Hirnaktivität, das sog. »»Bereitschaftspozential gemessen, d.h. aus dem EEG (Elektroenzephalogramm, Anm. d. Verf.) herausgefiltert««.[1013] »Es zeigte sich, dass in keinem Fall der spontane Entscheid zu einer Finger- oder Handbewegung dem Bereitschaftspotenzial im entsprechenden Hirnareal vorausging ... Immer folgte die Angabe, jetzt eine Bewegung zu machen, dem Bereitschaftspotenzial nach – im Mittel um 1/2 Sekunde.«[1014]

Ironie des Schicksals: Der Dualist Benjamin Libet, der an eine Willensfreiheit glaubte und diese auch beweisen wollte, hatte ein Experiment entwickelt, das diese zu widerlegen schien.

Seither wurden zahlreiche ernst zu nehmende Argumente formuliert, welche die reduktionistischen Schlussfolgerungen aus Libets Untersuchungen und besonders die daraus abgeleitete Negation eines freien Willens kritisch hinterfragen sollten.

Von einem Kategorienfehler[1015] wird etwa gesprochen. Innen- und Aussenperspektive seien zu unterscheiden; subjektives Erleben und objektive Befunde könnten nicht gleichgesetzt oder verglichen werden. Was wir auch messen würden; es wäre nie geeignet, einen freien Willen zu widerlegen.

Das intuitive Argument stellt der rationalen Interpretation die subjektive Gewissheit und damit das »Bekenntnis zur Willensfreiheit«[1016] gegenüber. Der Determinismus unseres Denkens, Fühlens, Wollens und Handelns, so unwiderleglich er dem Verstand auch erscheinen mag, laufe unserem Empfinden klar zuwider. Auf jeden Fall bliebe »die Kausalitätsbeziehung zwischen Wille und Hirntätigkeit« – so die Schlussfolgerung von Konrad Akert in seiner Rektoratsrede aus dem Jahre 1987 – »auch weiterhin offen«.[1017]

Warum denn – so lautet eine weitere Frage – ist dem Menschen das Gefühl eines freien Willens eingegeben, das nur als Epi- oder gar als Pseudophänomen ohne ersichtliche Funktion zu betrachten ist?

Hier schliesst das evolutive Argument an. Es will wissen, warum sich denn die Evolution den Luxus geleistet habe, in jedem (bislang bekannten) menschlichen Gehirn, eine solche Illusion zu verankern.

Das historische Argument fragt schliesslich nach dem Sinn aller Satzungen, die sich menschliche Gemeinschaften seit alters gegeben haben, vom Codex Hammurabi über die zehn Gebote des Alten Testamentes bis hin zur modernen Gesetzgebung. Ohne einen freien Willen erscheinen diese ethischen Appelle samt und sonders als wertlose Konstrukte.[1018]

Allerdings war kaum je von einem absoluten freien Willen die Rede. Schon die alten Griechen glaubten, dass Götter die Entscheidungen der Menschen durchkreuzen können, dass menschlichem Willen mit anderen Worten Grenzen gesetzt sind. In der frühchristlichen theologischen Reflexion wird diese Einschränkung gar paradox formuliert: »Mühet euch um euer Heil … mit Furcht und Zittern! Denn Gott ist es, der in euch sowohl das Wollen als auch das Vollbringen wirkt …« (Phil 2, 12. 13). Hier sind die beiden für unsere Ratio unversöhnlichen Positionen des Determinismus im Sinne einer Prädestination und des Indeterminismus eines freien Willens mühelos vereint. Diese Denkfigur hat interessanterweise eine moderne Entsprechung in den Paradoxien der Quantenphysik.[1019] Damit liesse sich das Dilemma eines freien Willens elegant lösen: Aus der Dritteperson-Perspektive würde all unser Tun vollständig determiniert erscheinen, und ein freier Wille bliebe dabei ausgeschlossen. Aus der Ersteperson-Perspektive dagegen wäre ein solcher konstitutiv.[1020]

Es gibt darüber hinaus persönlich begründete Lösungsansätze, wie die Argumentation des Hirnforschers und Nobelpreisträgers John Eccles, die ihm allerdings beträchtliche Kritik vonseiten der Fachwelt eingetragen hat. Er postulierte ein transzendentes »Selbst«, das unsere materiellen Prozesse im zentralen Nervensystem frei beeinflusst.[1021] Gehirn und Geist stünden, so die Quintessenz seiner Theorie, über die Quantenphysik in einer Wechselbeziehung. »Meine dualistisch-interaktionistische Philosophie« – so lautet sein Bekenntnis – »war wie ein Leuchtturm, dessen Licht mich durch die Wirrnisse meines neurowissenschaftlichen Studiums geleitete.«[1022] Kein wissenschaftliches Argument, sondern das Bedürfnis nach Halt und Orientierung dienten hier als Begründung für seine Auffassung, letztlich: für seinen Glauben. Interessant ist auch das Eingeständnis des Neurobiologen Wolf Singer, der angeblich nicht an einen freien Willen glaubt; dennoch – so sagte er – »›gehe ich abends nach Hause und mache meine Kinder dafür verantwortlich, wenn sie irgendwelchen Blödsinn angestellt haben, weil ich natürlich davon ausgehe, dass sie auch anders hätten handeln können.‹«[1023]

Neben diesen eigenwilligen Einstellungen, die auf befreiende Weise die persönliche Seite des Problems zur Geltung bringen, gibt es noch eine ganze Reihe von kritischen Argumenten, die das Experiment selber betreffen. Die einen zielen auf die semantische Unschärfe verwendeter Begriffe. So wird »in den Veröffentlichungen der Libet-Gruppe und in vielen Artikeln zur Thematik … selten klar genug unterschieden zwischen (a) dem vor einer Handlung erlebten Wunsch oder Bedürfnis, die Handlung auszuführen (›wish to move‹ oder ›urge to move‹), (b) der Entscheidung für die Handlung (›decision‹) und (c) der Absichtlichkeit der Handlung. Es handelt sich hier aber um wohl zu unterscheidende Phänomene. Handlungswünsche sind nicht mit Entscheidungen, jetzt so oder so zu handeln, zu verwechseln. Handlungswünsche können viel früher auftreten. Eine Entscheidung kann, muss aber nicht auf dem Auftauchen eines Handlungswunsches beruhen.«[1024] Ein weiterer Kritikpunkt betrifft die Registrierung des Bereitschaftspotenzials. »Die Messung des Beginns des Bereitschaftspotenzials erfolgte durch Mittelung über 40 Versuche. Die fragliche Potenzialveränderung ist gegenüber dem ›Rauschen‹ … so gering, dass sie im Einzelversuch nicht messbar ist. Die Veränderung wird erst sichtbar, wenn man die aus einer gewissen Anzahl von Versuchen an einer Person gewonnenen EEG-Kurven summiert, wobei die ›Synchronisierung‹ der Kurven dadurch erfolgt, dass man den Beginn der jeweiligen Bewegung als gemeinsamen Nullpunkt wählt.«[1025] M.a.W.: Das Resultat der Experimente ist bereits Ergebnis mehrerer Interpretationsleistungen. Hierzu gehört auch die Annahme, dass es sich beim Bereitschaftspotenzial tatsächlich auch um die motorische Vorbereitung zu einer bestimmten Bewegung handelt. Ebenso wird die grosse Streubreite der Daten gemahnt, so z.B. das Intervall zwischen der »intention to move« und den EMG-Ableitungen[1026] der Bewegung, die von Libet mit ca. 200 ms angegeben wird.[1027] Diese Zeitspanne variiert in anderen Studien zwischen 40 und über 300 ms.[1028]

Darüber hinaus verweist Christoph Herrmann auf zum Teil groteske Fehleinschätzungen von Probanden, die den Zeitpunkt ihres Entschlusses, eine Handbewegung durchzuführen, bis zu 806 Millisekunden – also nahezu eine volle Sekunde – nach der Handbewegung selbst angaben![1029]

Schliesslich wird als weiteres Problem eine Latenz geltend gemacht, bis eine bestimmte Position des Zeigers bewusst wird.[1030] An genau diesem Punkt – an der Wahrnehmung der Uhr – soll das Libet-Experiment im Sinne eines Gedankenexperimentes kritisch weiterreflektiert und hinterfragt werden. Die Grundthese lautet: Es ist nicht möglich, sich gleichzeitig im Modus der Aussenperspektive (Blick auf die Uhr) und Innenperspektive (Entscheid zur Bewegungsauslösung) zu befinden.

4. Wahrnehmungsblindheit

Unser Organismus ist nicht in der Lage, beliebig viele Signale aus der Aussenwelt wahrzunehmen. Als Beispiele sind etwa das Vexierbild oder die »bewegungsinduzierte Blindheit«[1031] zu nennen. Im ersten Fall ist es nicht möglich, beide im Bild enthaltenen Informationen gleichzeitig zu erkennen. Der andere Fall ergibt sich aus folgender Versuchsanordnung: Auf einem Computerbildschirm sind im Dreieck angeordnete, helle gelbe Scheiben und im Hintergrund der Scheiben eine Wolke aus blauen, eher unauffälligen rotierenden Pünktchen zu sehen. Bei fast allen Betrachtern, die zunächst auf das gelbe Dreigestirn in der Mitte blicken, entwickelt sich schon nach kurzer Zeit der verblüffende Blindheitseffekt: die gelben Scheiben beginnen zu verschwinden. Man kann anscheinend nicht auf Dauer die blaue Bewegungsgestalt und die gelbe Ruhegestalt zugleich sehen.[1032] »Eine« weitere »Besonderheit sei hier noch erwähnt, nämlich die Tatsache, dass wir in dem Moment, in dem unsere Augen von einem Gegenstand zum anderen springen, die Welt nicht verwischt erleben, obwohl wir dies müssten, denn das Bild des Gegenstandes rutscht dabei mit grosser Geschwindigkeit über die Netzhaut«.[1033] Diese zu erwartende Wahrnehmung wird »durch das Kommando für die Augenbewegungen unterdrückt«, sodass »wir für einen Bruchteil einer Sekunde blind sind, ohne dass wir dies merken«.[1034]

Zwei Konsequenzen ergeben sich aus dem Gesagten. Erstens: Bei wechselnden Wahrnehmungen besteht eine Tendenz, bestimmte Elemente aus der Aussenwelt auszublenden und zweitens: Der Wechsel in der aussenperspektivischen Wahrnehmung braucht Zeit. Die Libet-Experimente weisen wesentliche Gemeinsamkeiten mit den obigen Beispielen auf und unterscheiden sich davon nur in einem Punkt: Es findet ein Wechsel von der Aussen- zur Innenperspektive statt. Dabei muss die Aufmerksamkeit weg vom Uhrzeiger nach innen gerichtet werden, um die Handbewegung ausführen zu können – und dieser Perspektivenwechsel ist als zeitkonsumierender Prozess – vergleichbar mit der Reaktionszeit im Strassenverkehr – zu deuten. Dieser Aspekt soll weiter unten (Abschnitt 7) noch näher erläutert werden.

Wir fassen zusammen: Es wird aufgrund der oben erörterten Arten von Wahrnehmungsblindheit angenommen, dass sich eine Versuchsperson nicht gleichzeitig im Modus der Innen- und Aussenperspektive befinden kann. Es ist deshalb wahrscheinlich, dass auch im Libet-Experiment, wo die Blickrichtung ebenfalls geändert wird, eine bestimmte Zeitspanne, nennen wir sie Delta-t, für den Perspektivenwechsel erforderlich ist. Hieraus folgt, dass während man auf den rotierenden Zeiger blickt, bereits damit begonnen wird, die Perspektive zu wechseln und zwar um diese Zeitdifferenz Delta-t vor dem als t-Null anvisierten Moment, an dem der Entschluss zur Handbewegung erfolgen soll. Wenn dann der rotierende Zeiger t-Null erreicht, blickt die Versuchsperson bereits »nach innen«, um die Handbewegung auszuführen.

Ein vertieftes Verständnis dieser mutmasslichen Prozesse bieten dem neurobiologisch interessierten Leser die beiden folgenden Abschnitte. Die Gedankenführung dieses Abschnittes wird im Abschnitt 7 wiederaufgenommen.

5. Neurobiologie des Libet-Experimentes[1035]

Eine erste zentrale Frage lautet zunächst: Welche zerebralen Prozesse bildet das Bereitschaftspotenzial ab? Hierzu lassen wir am besten Gerhard Roth zu Worte kommen: »Die bewusste Planung und Vorbereitung von Handlungen geschieht im hinteren parietalen und im präfrontalen Cortex (Scheitel- und vorderes Stirnhirn, Anm. d. Verf.). Dort entsteht zunächst der Wunsch, etwas zu tun, und es wird zum Beispiel bei einer Greifbewegung das Greifziel und der ungefähre Zeitverlauf der Bewegung festgelegt ... Vom präfrontalen und parietalen Cortex« laufen »massive Bahnen zum Corpus striatum« und »von dort zum Globus pallidus«.[1036] Diese Strukturen sind wesentliche Bestandteile der sogenannten Basalganglien, in denen »alle von uns mehrfach erfolgreich ausgeführten Handlungsabläufe gespeichert sind«; sie bilden daher eine Art »grosses ›Handlungsgedächtnis‹«.[1037] Die »Anweisung«, die vom vorderen Stirn- und hinteren Schläfenlappen der Hirnrinde zu den Basalganglien geleitet wird, könnte also lauten: Du wirst zu gegebener Zeit eine Handbewegung ausführen. Zu gegebener Zeit, weil die Basalganglien noch nicht »handlungsbevollmächtigt« sind. Sie müssen zuerst durch das limbische System, wo in besonderem Masse die Qualitäten früherer Erfahrungen emotional konnotiert sind, »freigeschaltet werden«.[1038] An diese neurobiologischen Prämissen knüpft die zentrale These als mögliche Lösung des Libet-Problems an, die im Folgenden erläutert werden soll.

6. Eine bunte Impulskaskade

Der Wechsel von der Aussen- zur Innenperspektive im Libet-Experiment dürfte, wie bei der Meditation, wo die Aufmerksamkeit auch »nach innen« gerichtet wird, mit einem Entspannungszustand des Organismus einhergehen.[1039] Die Empfindung einer generellen Relaxation der Muskulatur würde – so die These – zum Thalamus geleitet, jener Region im Zwischenhirn, wo fast alle sensiblen Reize zusammenlaufen.

Unser Wissen über den weiteren Verlauf der Informationsverarbeitung verdanken wir einer Entdeckung des Neurobiologen Joseph LeDoux. Vor nicht allzu langer Zeit war man der Ansicht gewesen, dass sensible Reize zuerst zum Cortex gelangen und erst von dort zu Bereichen des limbischen Systems, namentlich der Amygdala (Mandelkern), weitergeleitet werden. Dieser gilt als »Spezialist« für emotionale Erinnerungen und prüft die neuen Informationen daraufhin, ob sie als positiv oder negativ zu werten sind. Nun aber entdeckte LeDoux ein Bündel von Nervenzellen, die direkt zur Amygdala verlaufen, zusätzlich zu jenen, die den längeren Weg zum Cortex nehmen.[1040]

Dieses »neuronale Seitengässchen« arbeitet zwar sehr schnell – das ist seine Stärke –, aber ungenau und weitgehend unbewusst, Informationen werden in Blitzeseile an die Basalganglien weitergeleitet, die eine lebensrettende Sofortreaktion auslösen.[1041] Diese Errungenschaft wurde in der Evolution in jedem Säugerhirn verankert. Im Strassenverkehr ist sie unentbehrlich, denn sie erlaubt uns, auf eine Gefahr reflexhaft zu reagieren, bevor wir sie bewusst voll wahrgenommen haben. Doch dürften nicht nur Gefahrenmomente, sondern generell reflexhafte Prozesse diese Abkürzung wählen. Der Perspektivenwechsel im Rahmen des Libet-Experimentes könnte ebenfalls dafür infrage kommen. Erst dadurch vermöchte das limbische System die Basalganglien, denen die Anweisung zur Handbewegung vom hinteren parietalen und präfrontalen Cortex als sog. »Sitz« bewusster Handlungsplanung zuvor schon »zugespielt« wurde, zu aktivieren. Damit wird auch die Voraussetzung für die »Freischaltung« der sog. dorsalen Schleife, einem Schaltkreis zwischen Cortex, Basalganglien und Thalamus, geschaffen, was schliesslich die Ausführung der geplanten Handlung ermöglicht. Es scheint, dass dieses System »mehrfach durchlaufen wird. Während dieser Zeit baut sich im prämotorischen, supplementärmotorischen und motorischen Cortex eine Erregung auf, die wir als Bereitschaftspotenzial bezeichnen.«[1042] Dieses setzt – wie einleitend erläutert – z.T. eine halbe Sekunde vor dem Zeitpunkt des bewussten Entschlusses, eine geplante Handlung auszuführen, ein; und weitere 200 ms später, zum Bewegungsbeginn, erreicht das Bereitschaftspotenzial seinen Höhepunkt. Dass diese Latenz von einer halben Sekunde nicht als Argument gegen einen freien Willen angeführt werden kann, soll nun in den folgenden Abschnitten schrittweise begründet werden.

7. Ein Beispiel aus dem Alltag

Es gibt aufschlussreiche verkehrsmedizinische Untersuchungen, deren Ergebnisse sich mit dem Libet-Setting vergleichen lassen. Dabei wird die Reaktionszeit, d.h. die Zeitdauer vom Moment der Wahrnehmung eines Gefahrenmomentes bis zum Augenblick der Berührung des Bremspedales gemessen (die Schwelldauer der Bremsanlage und der eigentliche Bremsweg sind nicht eingeschlossen). Diese im Volksmund auch »Schrecksekunde« genannte Zeitspanne dauert zwischen 0, 37 und 0, 79, im Mittel 0, 58 Sekunden.[1043]

Zum Vergleich: Im Libet-Experiment dauert die Zeit vom Beginn des Bereitschaftspotenzials bis zur Handbewegung ca. 0, 7 Sekunden. Die ganze Impulskette bewegt sich damit in der Grössenordnung der oben angegebenen Reaktionszeit. M.a.W.: Der Perspektivenwechsel kommt im Rahmen des Libet'schen Geschehens als Startschuss für die gesamte Impulskaskade, vom Aufbau des Bereitschaftspotenzials bis hin zur Handbewegung, durchaus infrage.

8. Bewusst oder unbewusst?

Die Frage, ob der Perspektivenwechsel bewusst oder unbewusst erfolgt, lässt sich wohl nicht eindeutig beantworten. Wahrscheinlich spielt er sich – wie die oben erörterte »Blindheit« beim aussenperspektivischen Blickwechsel – unbewusst ab. Allerdings dürfte er über das körperliche Empfinden doch bewusstseinsfähig sein. Das Konzept des Embodiment, wonach Körper, Gefühl und Denken als dynamische Einheit begriffen werden,[1044] legt jedenfalls nahe, dass psychische Prozesse – und dazu darf bestimmt auch der Perspektivenwechsel mit dem veränderten Fokus der Aufmerksamkeit gezählt werden – mit einem veränderten körperlichen Empfinden einhergehen. Es sollte daher möglich sein, dieses beim Perspektivenwechsel mittels sog. achtsamkeitsbasierter Verfahren[1045] bewusst zu »begleiten« (s. auch unten).

Schauen wir uns zur Illustration erneut eine Analogie aus dem Strassenverkehr an. Wir fahren mit dem Auto auf eine Ortschaft zu. Sowie wir die Tafel mit der Geschwindigkeitsbegrenzung erblicken, ist uns augenblicklich klar, dass wir das Tempo auf den angezeigten Wert reduzieren müssen. Zu einem Zeitpunkt, der sich uns intuitiv und aus Erfahrung erschliesst, schalten wir in der Folge in den nächsttieferen Gang, um mit der korrekten Geschwindigkeit in den Ort einzufahren. Dieser Vorgang läuft in der Regel mit nur geringer, unter Umständen sogar ohne Aufmerksamkeitskapazität, also völlig unbewusst, ab. Hieraus zu schliessen, wir wären in unserer Fahrweise unfrei, d.h. determiniert, übersähe die Tatsache, dass das Fahrgeschehen sehr wohl Ausdruck eigenen Willens und eigener Kreativität sein kann. Die Fahrweise ist nämlich das Ergebnis lang dauernden und bewussten Lernens in der Fahrschule. Und die stete Verfeinerung des

Fahrstils untersteht ebenfalls bewusster und willentlicher Kontrolle. Erst mit der Zeit werden diese eingeübten Prozesse im Handlungsgedächtnis (s. o.) abgespeichert, von wo aus sie auch ohne bewusste Kontrolle abgerufen werden können.

Dass sie automatisiert ablaufen, muss deshalb immer im Horizont einer mit hoher Aufmerksamkeit besetzten Entstehung gesehen werden. Denn beim Blick auf die Geschwindigkeitstafel weisen, neurobiologisch gesprochen, die zuständigen kortikalen Areale die Basalganglien umgehend an, das Tempo zu drosseln – der Zeitpunkt dafür wird indes intuitiv vom limbischen System bestimmt (s. o.).

Aus diesen Überlegungen heraus lässt sich eine plausible Relation zwischen »urge to move« und »decision to move« formulieren: Letzteres ist als bewusst empfundener kognitiver Endpunkt eines potenziell bewusstseinsfähigen leiblichen Erlebensprozesses, nämlich des »urge to move«, zu betrachten. Es macht biologisch durchaus Sinn, den unmittelbaren Wunsch zu einer Handlung, den wir als »eigentliche Willensentscheidung« erleben, möglichst in die Nähe dieser Handlung selbst anzusiedeln und ihn zeitlich von der längerfristigen Handlungsplanung und vom Perspektivenwechsel abzutrennen.

Nehmen wir als Beispiel einen Hochspringer: Wann fällt die Entscheidung zum Sprung? Unmittelbar unter der Latte vor dem eigentlichen Absprung oder bereits in der Phase der Konzentration vor dem Anlauf oder vielleicht schon in den Tagen davor, da sich der Athlet mental auf den Wettkampf vorbereitet? Darüber hinaus wird dieser Entscheid auch durch das Training sowie Einüben und Automatisieren bestimmter Bewegungsabläufe beeinflusst. Zweifellos hat jeder dieser Momente seine Bedeutung für das ganze Geschehen, das sich aus einer Kette eigenständiger und zugleich voneinander abhängiger Elemente konstituiert.

M.a.W.: Wir haben es bei der Willensfreiheit nicht allein mit einem punktuellen Entscheid, sondern mit einem Entscheidungsprozess zu tun. Jüngere Untersuchungen mittels bildgebender Verfahren wie fMRI weisen nämlich darauf hin, dass bereits bis zu 10 Sekunden vor der »decision to move« für eine bestimmte Handlung prädiktive Signale aus dem Gehirn nachweisbar sind.[1046] Dies bedeutet, dass längerfristige Handlungsplanung, Intention, Abrufen automatisierter Vorgänge, Entschluss und Initiierung einer Handlung eine Einheit bilden.[1047]

Zwar erweckt die Analyse kurzfristiger Prozesse, wie dies im Libet-Experiment der Fall ist, tatsächlich den Eindruck, das »Unbewusste« bzw. das limbische System seien die eigentlichen Entscheidungsträger. Dass die obgenannten prädiktiven Signale noch vor einer willentlichen Handlung im für eine Handlungsplanung zuständigen frontopolaren Kortex nachweisbar sind, deutet indes doch darauf hin, dass dem Frontalhirn mit seinen exekutiven Funktionen eine Führungsrolle zukommt.[1048] Die Relation zwischen »bewusst« und »unbewusst«, zwischen Kontrolle und Automatismus, muss man sich daher wohl so vorstellen, dass die subkortikalen Zentren mit zahlreichen vom Cortex »ausgestellten Vollmachten« ausgestattet sind, die es ihnen erlauben, »eigenständige Entscheide« zu fällen. Diese dynamische Betrachtung kommt der Lösung des Libet-Problems wohl näher als eine lineare bzw. eindimensionale Analyse, die entweder von einem »freien Willen« oder von einem »Determinismus« ausgeht. Das Konzept der sogenannt starken, d.h. uneingeschränkten Willensfreiheit würde den Menschen aus allen seinen biologischen und sozialen Bezügen und Bedingtheiten herauslösen. Durch die Annahme eines starken Determinismus wäre der Mensch dagegen – zum Roboter degradiert – seiner eigentlichen Verantwortung beraubt.

9. Eine illustrative Anekdote

Folgende kurze Anekdote soll abschliessend nochmals das Wechselspiel zwischen bewusster und unbewusster Ebene und damit die Thematik eines freien Willens veranschaulichen:

Wenn die Hausherrin am Vorabend dem Koch die Anweisung gibt, am folgenden Tag für die geladenen Gäste um zwölf Uhr das Mittagessen zu bereiten, so kann man sich natürlich fragen, ob gemäss dem Willen der Hausherrin oder des Koches das Essen vorbereitet wird. Selbst wenn sie ihm das Menü vorgibt, so bleibt ihm doch ein breiter Spielraum für eigene Vorstellungen. Natürlich hat sie ihren Koch selbst eingestellt und weiss gut, welchen Stil er pflegt. Und doch wird er auch eigenen Stimmungen und Eingebungen folgen. Wenn der Koch dann die Speisen zubereiten beginnt, ohne dass die Hausherrin den genauen Zeitpunkt kennt, so wird man wohl nicht sagen können, es geschehe ohne ihren Willen. Sowohl an den Geräuschen in der Küche wie auch an den Gerüchen im Hause wird sie aber immer klarer erkennen, wie weit der Koch ist und für welches Menü er sich entschieden hat. Es ist natürlich müssig zu fragen, wer denn für das Essen verantwortlich ist. Selbstverständlich beide – und je länger sie den Koch und er sie kennt, je besser eingespielt das Team ist, desto weniger Anweisungen werden nötig sein. Und doch wird letztlich die Hausherrin die Verantwortung vor ihren Gästen zu tragen haben – eine Verantwortung, die vom gegenseitigen Vertrauen zwischen ihr und ihren Angestellten wesentlich mitgeprägt sein wird.

Anmerkungen

1 Jochheim, Seelsorge und Psychotherapie 1.
2 Jochheim, aaO. 99.
3 Ebd.
4 Thurneysen, Die Lehre von der Seelsorge. Zit. n. Jochheim, Seelsorge und Psychotherapie 108.
5 Jochheim, Seelsorge und Psychotherapie 108.
6 Jochheim, aaO. 25.
7 Ebd.
8 Ebd.
9 Wittgenstein, Philosophische Untersuchungen §§66f.
10 Selbstredend, dass es noch eine Vielzahl weiterer Psychotherapieformen gibt. Ergänzend sei Edgar Heims Übersicht über die verschiedenen »Psychotherapiestränge« angeführt: 1. Methoden zur Entspannung und Körperwahrnehmung, 2. Methoden zur Stützung, 3. Methoden zur Bewusstseinsförderung und innerpsychischen Entwicklung, 4. Methoden zur Veränderung des Verhaltens, 5. Methoden zur Veränderung von Denken und Einstellungen, 6. Methoden zur Förderung des emotionalen Erlebens und Ausdrucks, 7. Methoden mit systemischer Förderung von Familien- oder Gruppenprozessen (Heim, Die Welt der Psychotherapie 17, 18).
11 Im Grunde gehört eine Zusammenfassung an den Anfang einer Arbeit. Bedingt durch die Komplexität des Themas erfolgt diese aus Gründen des besseren Verständnisses indes erst an dieser Stelle nach der Problemanzeige und -analyse.
12 S. Lansel, Gemeinsame Aspekte von Psychotherapie und Seelsorge 34.
13 Heim, Die Welt der Psychotherapie 107.
14 Rogers, Therapeut und Klient 211.
15 Steiger, Seelsorge 13. »Hoc Paulus dicit: Pacientes estote ad omnes, quia plures sunt conscienciae tales a sathana adflictae. Hic textus Christum exponit verum medicum, rectorem et pastorem«, (Luther, WA 31/II, 311, 11–13).
16 Rössler, Grundriss der Praktischen Theologie 175.
17 Ebd.
18 S. hierzu Jochheim, Seelsorge und Psychotherapie 5.
19 Ebd.
20 S. Jochheim, Seelsorge und Psychotherapie 6.
21 S. Jochheim, aaO. 21.
22 Heim, Die Welt der Psychotherapie 107. S. auch Lansel, Gemeinsame Aspekte von Psychotherapie und Seelsorge 34.
23 Frank, What is Psychotherapy? 10.
24 Gräb, Deutungsarbeit 326.

25 Ebd.
26 Vgl. Weder, Neutestamentliche Hermeneutik 23.
27 Holzhey, Flug und Fall der Seele 21.
28 Vgl. Jochheim, Seelsorge und Psychotherapie 4, 265.
29 S. Popkes, Der Krankenheilungsauftrag Jesu 34.
30 S. Popkes, aaO. 37.
31 Popkes, aaO. 37, 38.
32 Bonhoeffer, Ursprung und Wesen der christlichen Seelsorge 53.
33 S. ebd.
34 »corporalitas animae in ipso Evangelio relucebit« (Tertullian, Liber de anima, caput VII).
35 Bonheoffer 63
36 Warkotsch, Antike Philosophie im Urteil der Kirchenväter 126.
37 Warkotsch, aaO. 127.
38 Warkotsch, aaO. 386, 387.
39 Gregor von Nazianz (Greogorius theologus), oratio IIV, 199, III.
40 Klein, Kardinaltugenden 695.
41 Ebd.
42 Ebd.
43 Hell, Die Sprache der Seele verstehen. Die Wüstenväter als Therapeuten 11.
44 Vgl. auch Hell, Seelenhunger 58.
45 Pannenberg, Wissenschaftstheorie und Theologie 12.
46 Ebd.
47 Ebd.
48 Ebd.
49 S. Rössler, Grundriss der Praktischen Theologie 189.
50 Rössler, aaO. 195.
51 Pfister, Psychoanalyse und Seelsorge. Zit. in Jochheim 19.
52 S. Jochheim, Seelsorge und Psychotherapie 29.
53 Jochheim, Seelsorge und Psychotherapie 25.
54 Rössler, Grundriss der Praktischen Theologie 198.
55 Raguse, Freud – Pfister. Stationen einer unverbrüchlichen Freundschaft 35.
56 Jochheim, Seelsorge und Psychotherapie 72. Vgl. auch Nase, »Ein merkwürdiger Mann« – Oskar Pfister und die Anfänge der analytischen Seelsorge 25.
57 Pfister, Analytische Seelsorge 139. Zit. in: Jochheim, Seelsorge und Psychotherapie 27.
58 Raguse, Freud – Pfister. Stationen einer unverbrüchlichen Freundschaft 42.
59 Zit. in Jochheim 75.
60 S. Jochheim, Seelsorge und Psychotherapie 180, 181.
61 S. Jochheim, aaO. 84.
62 S. Jochheim, aaO. 173, 174.
63 Zit. in Jochheim, Seelsorge und Psychotherapie 108.

64 Jochheim, Seelsorge und Psychotherapie 108.
65 Ebd.
66 Zit. in Jochheim aaO. 118.
67 Zit. in Möller, Einführung in die Praktische Theologie 159.
68 Zit. in Möller, aaO. 160.
69 Zit. in Jochheim, Seelsorge und Psychotherapie 107.
70 Zit. in Möller, Einführung in die Praktische Theologie 161.
71 Möller, Einführung in die Praktische Theologie 161.
72 Ebd.
73 Ebd.
74 Ebd.
75 Jochheim, Seelsorge und Psychotherapie 178.
76 Jochheim, aaO. 179.
77 Ziemer, Seelsorge 1114.
78 Ebd.
79 Möller, Einführung in die Praktische Theologie 162.
80 Ebd.
81 Ebd.
82 Möller, aaO. 163.
83 Möller, aaO. 164.
84 Möller, ebd.
85 Ebd.
86 Möller, aaO. 19.
87 Möller, aaO. 20, 21.
88 S. Möller, aaO. 167–171.
89 Duden, Etymologie 750.
90 Hasenfratz, Seele 736–737. Klein, Der Begriff der Seele in Philosophie und Religion 27.
91 Hell, Seelenhunger 15.
92 Dihle, Psyche 606.
93 Homer, Ilias IX, 408f.
94 Dihle, Psyche 606.
95 Homer, Ilias V, 654.
96 Dihle, Psyche 606.
97 Dihle, aaO. 605.
98 Homer, Ilias XXXIII, 106.
99 Homer, Die Odyssee XI, 222.
100 Dihle, Psyche 606.
101 Ebd.
102 Dihle, aaO. 607.
103 Dihle, aaO. 608.
104 Platon, Apologia Socratis 30a–b (Übersetzung v. Verf.).
105 Platon, Der Staat IV 439d–441e.

106 Platon, Timaios 69d–70a.
107 Platon, Der Staat IV 439d–441e.
108 Vgl. Ciompi, Die emotionalen Grundlagen des Denkens 45–128.
109 Holzhey, Flug und Fall der Seele 21. S. auch Bild auf der nächsten Seite.
110 Ebd.
111 Ebd.
112 Ebd.
113 Holzhey, Flug und Fall der Seele 25.
114 Descartes, Meditatio II de prima philosophia Abs. 5; VII, 26.
115 Descartes, aaO. Abs. 6; VII, 27.
116 Holzhey, Flug und Fall der Seele 27.
117 Ebd.
118 Ebd.
119 Holzhey, aaO. 28.
120 Ebd.
121 Ebd.
122 Gerlach/Herrmann, Goethe erzählt sein Leben 57.
123 Holzhey, Flug und Fall der Seele 29, 30.
124 Kant, Prolegomena zu einer jeder künftigen Metaphysik (§46) 112.
125 Holzhey, Flug und Fall der Seele 30.
126 Holzhey, aaO. 31.
127 s. Holzhey, aaO. 29
128 Zit. n. Sträuli-Eisenbeiss, Was denkt und fühlt – das Gehirn oder die Seele? 7.
129 Hügli/Lübcke, Philosophielexikon 281.
130 Hügli/Lübcke, aaO. 201.
131 Hügli/Lübcke, aaO. 522.
132 Andrade e Silva/Lochak, Wellen und Teilchen 58–60.
133 Hügli/Lübcke, Philosophielexikon 522.
134 Heisenberg, Der Teil und das Ganze 108.
135 Hell, Seelenhunger.
136 Holzhey, Flug und Fall der Seele 20.
137 Ebd.
138 S. Ricoeur, Die lebendige Metapher 10, 33.
139 Zur wechselseitigen Bereicherung zweier Metaphern s. Kunz, Proceeding from the Virgin Shrine 13, 14.
140 Wittgenstein, Tractatus logico-philosophicus (Satz 7) 115: »Wovon man nicht sprechen kann, darüber muss man schweigen.«
141 Ebd.
142 Wittgenstein, Geheime Tagebücher 71. Hier spricht ein tief religiöser Philosoph zu uns, etwa in einer Notiz vom 16. 5. 16: »Schlafe heute im Infanteriefeuer, werde wahrscheinlich zugrundegehen. Gott sei mit mir! In Ewigkeit Amen. Ich bin ein schwacher Mensch, aber er hat mich bis nun

erhalten. Gott sei gelobt in Ewigkeit, Amen. Ich übergebe meine Seele dem Herrn.«

143 S. Holzhey, Flug und Fall der Seele 21, 22.

144 Schweitzer, Aus meinem Leben und Denken 169.

145 Hauskeller, Alfred North Whitehead 33.

146 Hügli/Lübcke, Philosophielexikon 551.

147 Wolff, Anthropologie des Alten Testaments 23.

148 von Rad, Weisheit in Israel 76.

149 Wolff, Anthropologie des Alten Testaments 22.

150 Wolff, aaO. 23, 24.

151 Von den insgesamt 754 Belegen im hebräischen Alten Testament wird *näfäsch* in der Septuaginta in etwa 680 Fällen mit *psyche* übersetzt (Jenny, Näfäsch Seele 95).

152 Wolff, Anthropologie des Alten Testaments 29.

153 Wolff, aaO. 33.

154 Ebd.

155 Wolff, aaO. 35.

156 Wolff, aaO. 44.

157 Die Gefahr, dass Individualität und Würde im Krieg der Staatsräson geopfert werden und dass der oder die Einzelne zu einer Zahl oder Nummer degradiert wird, ist ein allzu menschliches und beileibe kein neuzeitliches Phänomen.

158 Jenny, Näfäsch Seele 95.

159 Man könnte diese Unterscheidung auf die Kurzformel bringen: Der Hebräer ist, der Grieche hat Seele. Allerdings muss man – wie James Barr (»Bibelexegese und moderne Semantik«) warnt – sich hüten, aus Einzelbeobachtungen vorschnell Verallgemeinerungen abzuleiten.

Eine Präexistenz der Seele lässt sich aus dieser Perspektive für den Hebräer allerdings nur schwer ableiten. Und in frühen alttestamentlichen Texten heisst es z.B. für die Zeit nach dem Tod: »So starb Abraham in schönem Alter, alt und lebenssatt, und ward versammelt zu seinen Stammesgenossen« (Gen. 25,8). Erst in späteren Textkorpora (z.B. Dan 12) finden sich wohl unter hellenistischem Einfluss Belege für einen Glauben an ein Fortleben nach dem Tode.

160 Wolff, Anthropologie des Alten Testaments 57.

161 Wolff, aaO 58.

162 Vgl. Schöpflin, Seele 739.

163 S. Anm. 149.

164 Schöpflin, Seele 739.

165 Wolff, Anthropologie des Alten Testaments 68–95.

166 Damasio, Descartes' Irrtum 16.

167 Hüther, Wie Embodiment neurobiologisch erklärt werden kann 75.

168 Vgl. auch Bultmann, Zao, Zoe 835.

169 von Rad, Weisheit in Israel 376.

170 Wolff, Anthropologie des Alten Testaments 79.

171 Wolff, aaO. 79.

172 Deneke, Psychische Struktur und Gehirn 95.

173 Jaspers, Psychologie der Weltanschauungen 118.

174 Jaspers, aaO. 117.

175 In bemerkenswerter Analogie differenziert Damasio zwischen einem elementaren Selbst-Bewusstsein, auch Kernbewusstsein genannt, und einem erweiterten Bewusstsein, der u.a. die Funktionen des Denkens, Fühlens, Wollens und des leiblichen Erlebens umfasst (Damasio, Ich fühle, also bin ich 28, 29).

176 Neutestamentlich gedacht könnte Knecht, griechisch *pais*, auch mit Kind oder Sohn übersetzt werden. Dies wird bei der Taufe Jesu, welche sich inhaltlich stark an Jes 42,1–4 anlehnt, vom Evangelisten vorausgesetzt: »Das ist mein geliebter Sohn« – griechisch *hyos*, »an dem ich Wohlgefallen habe« (Mt 3, 17b).

177 »Meine Seele erhebt den Herrn, und mein Geist jubelt über Gott, meinen Retter: Er hat die Niedrigkeit seiner Magd angesehen. Denn siehe, von nun an werden mich selig preisen alle Geschlechter, denn Grosses hat der Mächtige an mir getan. Und heilig ist sein Name, und von Geschlecht zu Geschlecht wird sein Erbarmen denen zuteil, die ihn fürchten. Er hat Gewaltiges vollbracht mit seinem Arm, zerstreut hat er, die hochmütig gesinnt sind im Herzen, Mächtige hat er vom Thron gestürzt und Niedrige erhöht, Hungrige hat er gesättigt mit Gutem, und Reiche hat er leer ausgehen lassen. Er hat sich Israels, seines Knechtes, angenommen, und seines Erbarmens gedacht, wie er geredet hat zu unseren Vätern, zu Abraham und seinen Nachkommen in Ewigkeit.«

178 Schweizer, Psyche 655.

179 Ebd.

180 Ebd.

181 Schweizer, Psyche 637.

182 Schweizer, aaO. 635.

183 Bultmann, Zao, Zoe 833.

184 Bultmann, aaO. 834. Schweizer, Psyche 636.

185 Bultmann, Zao, Zoe 833.

186 Ebd. Dem Leben (*zoe*) als Gegebenheit liesse sich sprachspielerisch tentativ die Gemachtheit des gestaltenden Geistes (*psyche*) gegenüberstellen.

187 Bultmann, aaO. 836. Vgl. auch Aristototeles, Metaphysik XI 1072 b.

188 Bultmann, Theologie 510.

189 Eine gewiss zentrale psychotherapeutische bzw. seelsorgerliche Einsicht.

190 Bultmann, Zao, Zoe 838.

191 Schweizer, Psyche 636.

192 Hell, Aufschwung für die Seele 14.

193 Hell, aaO. 15.
194 Ebd.
195 Hell, Seelenhunger 20, 21.
196 Hell, aaO. 21.
197 Erikson, Jugend und Krise 81.
198 Erikson, aaO. 82.
199 S. Flammer, Entwicklungstheorien 85.
200 S. Wintzer, Praktische Theologie 43–45.
201 Figl, Bilder für die Seele 15.
202 Ebd.
203 Hasenfratz, Seele. 735.
204 Ebd.
205 Ebd.
206 Ebd.
207 Hasenfratz, aaO. 734.
208 Hasenfratz, aaO. 735.
209 Ebd.
210 Hasenfratz, Religionswissenschaftliches zur Seelenkonzeption 124.
211 Hasenfratz, aaO. 127.
212 Ebd.
213 Hasenfratz, Seele 735.
214 Hasenfratz, aaO. 734.
215 Klein, Der Begriff der Seele in Philosophie und Religion 35, 36.
216 Klein, aaO. 38.
217 Ebd.
218 Figl, Bilder für die Seele 17, 18.
219 Ebd.
220 Vgl. Figl, aaO. 19.
221 Duden, Etymologie 907.
222 Easwaran, Die Upanishaden 126, 127.
223 Der altindische Begriff Atman bedeutet »Hauch, Seele« und ist mit dem deutschen Wort Atem verwandt (Duden, Etymologie 53). Dem Atman als Einzelseele steht der in einer Einheit gedachte komplementäre Begriff des Brahman oder der Weltseele gegenüber (s.u.).
224 Figl, Bilder für die Seele 20.
225 Utsch, Religiöse Fragen in der Psychotherapie 93.
226 Figl, Bilder für die Seele 20.
227 Figl, aaO. 20, 21.
228 Figl, aaO. 21.
229 von Borsig, Juwel des Lebens 50.
230 Jaspers, Vom Ursprung und Ziel der Geschichte 19–42.
231 Lansel, Gemeinsame Aspekte von Psychotherapie und Seelsorge 34–37.
232 Klein, Der Begriff der Seele in Philosophie und Religion 36.

233 Ellenberger, Die Entdeckung des Unbewussten 21.

234 S. Ellenberger, aaO. 25.

235 Diese Anschauung liegt sowohl der antiken Säftelehre wie auch der modernen neurobiologischen Transmittertheorie zugrunde. Letztere geht von einem Zuviel bzw. Zuwenig an Überträgerstoffen aus.

236 Ellenberger, Die Entdeckung des Unbewussten 31.

237 Ebd.

238 Ellenberger, aaO. 34.

239 Ellenberger, aaO. 34, 35.

240 Eine vergleichbare Missdeutung einer Wundergeschichte durch den Evangelisten finden wir auch bei der Heilung eines Gelähmten, Mk 2,1–12. Dort wird wegen des angeblichen Gedränges vor dem Hause der Kranke auf einer Bahre durch das abgedeckte Dach hinuntergelassen. Auch diesen Akt deutet Markus als Zeugnis von grossem Glauben. Die Vorstellung, die sich dahinter verbirgt, ist aber die, dass der Dämon die Öffnung im Dach als den eigentlichen Eingang zum Hause wähnt. Durch dieses Loch wird er nach dem Exorzimus versuchen, in den Kranken wieder einzudringen, was ihm aber dadurch verwehrt werden soll, dass die Öffnung zwischenzeitlich wieder verschlossen wird (s. auch Verhoeven, Jesus 115). Als alter Volksglaube findet sich diese Vorstellung u.a. bei Goethe im Munde Mephistopheles': »'s ist ein Gesetz der Teufel und Gespenster: Wo sie hereingeschlüpft, da müssen sie hinaus« (Faust I, 1410, 1411).

Böcher geht dagegen davon aus, dass die »Rationalisierung oder Unterdrückung exorzistischer Züge« eine charakteristische und wohl absichtliche Tendenz der synoptischen Tradition darstelle (zit. n. bzw. s. Gnilka, Das Evangelium nach Markus 99). Die unterschiedliche Überlieferung der Heilung der Schwiegermutter des Petrus (s.u.) könnte dafür ein Indiz sein.

241 Ellenberger, Die Entdeckung des Unbewussten 59.

242 Ellenberger, aaO. 75.

243 Ellenberger, aaO. 59.

244 Ellenberger, aaO. 36.

245 Ebd.

246 Pesch, Das Markusevangelium I 282.

247 Ebd. Zentrale Gedanken und Formulierungen zur Heilung des besessenen Geraseners und zur antiken Tempelmedizin sind meiner Lizenziatsarbeit »Die Gefühle Jesu nach den Evangelien«, S. 66–75, entnommen.

248 Vieles spricht dafür, dass es sich hier um eine chronische Schizophrenie handelt.

249 Allerdings heisst es in V.40 zunächst nur, es seien Kranke mit unterschiedlichen Leiden zu ihm gebracht worden, die er gesund machte, indem er ihnen die Hände auflegte. Erst in V. 41 liest man, dass von vielen auch böse Geister ausfuhren, nachdem sie Jesus bedroht hatte.

250 Bornkamm, Jesus von Nazareth 53.

251 Schauer/Elbert/Neuner, Interaktion von neurowissenschaftlichen Erkenntnissen und psychotherapeutischen Einsichten am Beispiel von traumatischem Stress und dessen Behandlung mittels narrativer Expositionstherapie 100.
252 Ellenberger, Die Entdeckung des Unbewussten 76.
253 Ebd.
254 Koelbing, Arzt und Patient in der antiken Welt 60.
255 Lansel, Zur Aktualität des antiken Asklepioskultes 584.
256 Kerényi, Der Göttliche Arzt 60.
257 Popkes, Der Krankenheilungsauftrag Jesu 38, 39.
258 Ebd.
259 Schnalke, Tempelschlaf 846.
260 Ebd.
261 Lansel, Zur Aktualität des antiken Asklepioskultes 584, 585.
262 Koelbing, Arzt und Patient in der antiken Welt 62.
263 Koelbing, aaO. 63.
264 Ebd.
265 Delini-Stula/Lehtinen/Holsboer-Trachsler, Diagnostische und therapeutische Bedeutung von Schmerzsymptomen 281.
266 Rüegg, Gehirn, Psyche und Körper.
267 May, Apollonios von Tyana 70.
268 Der Einbezug des beziehungsstiftenden Dialogs, der sich um ein Verstehen und nicht nur um ein Erklären bemüht, erscheint als heute oft geforderte Ergänzung zu einer rein rational ausgerichteten medizinischen Behandlung hochaktuell. Gesundheit wird nicht nur als Befreiung von Symptomen, sondern – weit umfassender – als ganzheitliches Geschehen begriffen.
269 Hell, Aufschwung für die Seele 65.
270 Ebd.
271 Kind, Psychotherapie und Psychotherapeuten. Methoden und Praxis 68, 69.
272 Kind, aaO. 16.
273 Ebd.
274 Kind, aaO. 16, 17.
275 Schonauer/Kersting, Supportive Psychotherapie 631.
276 Ebd.
277 Ebd.
278 S. Jochheim, Seelsorge und Psychotherapie 25.
279 Schonauer/Kersting, Supportive Psychotherapie 630.
280 Popkes, Der Krankenheilungsauftrag Jesu 37.
281 Popkes, aaO. 37, 38.
282 Popkes, aaO. 40, 41.
283 Karger-Decker, Die Geschichte der Medizin 42.
284 Ebd.

285 Hoff, Geschichte der Psychiatrie 6.
286 Karger-Decker, Die Geschichte der Medizin 54.
287 Karger-Decker, aaO. 62.
288 Ebd.
289 S. Hell, Seelenhunger 78.
290 Hoff, Geschichte der Psychiatrie 6.
291 Ebd.
292 Diese Angaben verdanke ich einem Vortrag von Frau Aline Steinbrecher mit dem Titel »Ein historischer Rückblick zur Geschichte des Suizids und dessen Verhinderung«, gehalten in der Psychiatrischen Universitätsklinik Zürich am 25.8.2016.
293 Ellenberger, Die Entdeckung des Unbewussten 96.
294 Ellenberger, aaO. 89, 90.
295 Ellenberger, aaO. 91.
296 Ellenberger, aaO. 94.
297 Ellenberger, aaO. 96.
298 Ellenberger, aaO. 97.
299 Ebd.
300 Ebd.
301 Ellenberger, aaO. 107, 108.
302 Ellenberger, aaO. 99.
303 Ebd.
304 Ellenberger, aaO. 99, 100.
305 Ellenberger, aaO. 101.
306 Ellenberger, aaO. 107. S. auch Heim, Die Welt der Psychotherapie 22.
307 Ellenberger, Die Entdeckung des Unbewussten 107.
308 Ellenberger, aaO. 112.
309 Ellenberger, aaO. 112, 113.
310 Heim, Die Welt der Psychotherapie 106.
311 Heim, aaO. 21.
312 Shorter, Geschichte der Psychiatrie 29.
313 Heim, Die Welt der Psychotherapie 21.
314 Heim, aaO. 11.
315 Ebd.
316 Heim, aaO. 17.
317 Heim, aaO. 17, 18.
318 Heim, aaO. 18.
319 Nach Heim, Die Welt der Psychotherapie 17.
320 Meerwein, Übertragung 545.
321 Heim, Die Welt der Psychotherapie 23.
322 Zaudig/Trautmann-Sponsel/Pielsticker, Entspannungsverfahren 721, 723.
323 Zaudig/Trautmann-Sponsel/Pielsticker, aaO. 721.
324 Zaudig/Trautmann-Sponsel/Pielsticker, aaO. 724.

325 Zaudig/Trautmann-Sponsel/Pielsticker, aaO. 721.
326 Zaudig/Trautmann-Sponsel/Pielsticker, aaO. 724.
327 Ebd.
328 Koukkou-Lehmann, Hirnmechanismen normalen und schizophrenen Denkens 26, 27.
329 Bauer, Warum ich fühle, was du fühlst 21.
330 Bauer, aaO. 45.
331 Singer/Kraft, Zum Mitfühlen geboren 32.
332 Rogers, Therapeut und Klient 216.
333 Singer/Kraft, Zum Mitfühlen geboren 37.
334 Vgl. Hell, Aufschwung für die Seele 151.
335 Ellenberger, Die Entdeckung des Unbewusssten 81–83.
336 Ebd.
337 Ebd.
338 Zaudig/Trautmann-Sponsel/Pielsticker, Entspannungsverfahren 714.
339 Villiger, Deutsche Literatur. Von den Anfängen bis zur Gegenwart 166.
340 Borbély, Das Geheimnis des Schlafes 80.
341 Jung, Zugang zum Unbewussten 38.
342 Borbély, Das Geheimnis des Schlafes 82. S. Koukkou/Lehmann, Ein systemtheoretisch orientiertes Modell der Funktionen des menschlichen Gehirns und die Ontogenese des Verhaltens 287–415.
343 S. de Weck, Seine Freiheit war die Präzision 27.
344 Platon, Der Staat IX 572.
345 Platon, aaO. 572, 573. Durch die Erwartung eines Traumes wird die Fähigkeit beeinflusst, sich an das Geträumte zu erinnern; wer an die Bedeutung eines Traumes glaubt, wird eher Zugang zu seinen Träumen haben (Strauch/Meier, Den Träumen auf der Spur 68).
346 Jung, Die praktische Verwendbarkeit der Traumanalyse 53, 54.
347 Aristoteles, Über Träume 461a–b.
348 Borbély, Das Geheimnis des Schlafes 81.
349 Jacobi, Die Psychologie von C. G. Jung 74, 75.
350 Jacobi, aaO. 75.
351 Aristoteles, Über Traumdeutung 462b–463a.
352 Ebd.
353 Frankl, … trotzdem Ja zum Leben sagen 120, 121.
354 Frankl, aaO. 121, 122.
355 Schnalke, Tempelschlaf 846.
356 S. Jung, Psychologie und Religion 39, 40.
357 Jung, aaO. 42.
358 Jung, aaO. 43.
359 Jacobi, Die Psychologie von C. G. Jung 75.
360 S. Ricoeur, Die lebendige Metapher 10, 33.

361 Jülicher, Die Gleichnisreden Jesu (1888); Die Gleichnisreden Jesu. Zweiter Teil (1889).

362 Jung, Psychologie und Religion 23.

363 Zit. in Jung, Psychologie und Religion 25.

364 Möller/Laux/Kapfhammer, Psychiatrie und Psychotherapie.

365 LeDoux, Das Netz der Gefühle.

366 Flor, Bilder für eine gesunde Psyche 52.

367 LeDoux, Das Netz der Gefühle 291.

368 Damasio, Descartes' Irrtum 207–213. Vgl. auch Anhang II, 9.

369 S. Damasio, Descartes' Irrtum 210.

370 Roth, Aus Sicht des Gehirns 143.

371 Roth, Ebd.

372 Kuiper, Die seelischen Krankheiten des Menschen 25–34.

373 Buber, Ich und Du 12.

374 Buber, aaO. 13, 14.

375 Insel/Fernald, How the Brain processes Social Information 697–722.

376 Lorenz, Der Kumpan in der Umwelt des Vogels 267–281.

377 Roth, Fühlen, Denken, Handeln. Wie das Gehirn unser Verhalten steuert 53.

378 Insel/Fernald, How the Brain processes Social Information 697–722.

379 Bauer, Prinzip Menschlichkeit 49–51. Kosfeld/Heinrichs/Zak/Fischbacher/Fehr, Oxytocin increases trust in humans 673–676.

380 Bayertz, Evolution und Ethik.

381 Heim, Die Welt der Psychotherapie 83.

382 Ebd.

383 Bowlby, Attachment and loss (Vol 1–3).

384 Zimmer Höfler/Hell, Attachment und Psychotherapie. Konzepte der Bindungstheorie 7–12. S. auch Lansel, Panik und Depression: diagnostische Entität und/oder komorbide Erkrankungen? 153–157.

385 Lansel, Panik und Depression: Diagnostische Entität und/oder komorbide Erkrankungen? 153–157.

386 S. Ebd.

387 Ebd.

388 Neben den vier Grund- oder Basisgefühlen Angst, Wut, Trauer und Freude (Ciompi, Die emotionalen Grundlagen des Denkens 59), differenziert Antonio Damasio (Descartes' Irrtum 180–219) darüber hinaus noch sekundäre Gefühle. Letzteren liege zusätzlich ein mentaler Bewertungsprozess zugrunde, der differenziertere Spielarten der Primärgefühle erlaubt. Genau genommen zählt Ciompi zu den Basisgefühlen noch Interesse, Damasio Ekel hinzu. Beide »Affekte« lassen sich aber wohl auf entwicklungsgeschichtlich frühe, präemotionale Reaktionsformen im Sinne von »Hin-zu« oder »Hin-weg-von« zurückführen.

389 Rüger, Angst 43–48.

390 Lansel, Vom Wesen und Wert der Angst 71–74.

391 Lansel, Das Doppelgesicht der Angst – eine Untersuchung zur Semantik des Angstbegriffs 240–241.

392 Ebd.

393 Ebd.

394 Ebd. Vgl. auch Lansel, Formen der Angst – ein nosologischer Streifzug 129–133.

395 Rüger, Angst 43–48.

396 Lansel, Das Doppelgesicht der Angst – eine Untersuchung zur Semantik des Angstbegriffs 240–241.

397 Lansel, Vom Wesen und Wert der Angst 71–74.

398 S. Hersch, Das philosophische Staunen 272.

399 Ebd. Vgl. Schulz, Die Dialektik von Geist und Leib bei Kierkegaard 347–366.

400 Insel/Fernald, How the Brain processes Social Information 697–722.

401 Pöldinger, Angst und Angstbewältigung 420–426.

402 Klein, Anxiety reconceptualized 1–35.

403 Ciompi, Die emotionalen Grundlagen des Demkens 58. Bereits Davies und Mitarbeiter hielten fest, »that it is possible to identify separable themes of stimuli that elicit anxiety. Beck et al. … have presented evidence that two main ideational themes can be distinguished …; one is the concern about social rejection and the other … about physical harm.« (Davies/Norman/Cortese/Malla, The Relationship Between Types of Anxiety and Depression 31–35).

404 Steinmeier, aaO. 76, 77.

405 Hell, Seelenhunger 187–213.

406 Drewermann, Atem des Lebens. Band II 153.

407 Ebd.

408 Hell, Welchen Sinn macht Depression?

409 Buber, Ich und Du 37.

410 Buber, aaO. 25.

411 Frankl/Lapide, Gottessuche und Sinnfrage 54.

412 Ebd.

413 Erikson, Jugend und Krise 81, 82.

414 Mahler/Pine/Bergman, Die psychische Geburt des Kindes. Symbiose und Individuation 13.

415 Stern, Die Lebenserfahrung des Säuglings 40, 41. Die Ergebnisse dieser neueren Forschung werden auch unter dem Begriff des kompetenten Säuglings zusammengefasst.

416 Hafner, »Da wachsen kleine Prinzen heran« 27.

417 Lansel, Vom Wesen und Wert der Angst 71–74.

418 Ebd.

419 Ebd.

420 Schulz, Die Dialektik von Geist und Leib bei Kierkegaard 357.

421 Ebd.

422 Kierkegaard, Der Begriff Angst 47.

423 Lansel, Vom Wesen und Wert der Angst 71–74.

424 Anbei noch vier Bemerkungen zu obigen Gedanken:

1. Die Notwendigkeit, Ängstigendes zu Ende zu denken, ist auch integraler Bestandteil in der Therapie von Zwangsstörungen, die im Grunde zu den Angstkrankheiten zu zählen sind. Denn der Zwang dient dazu, Ängste abzuwehren – etwa die Angst, das Haus könnte explodieren, falls man nicht nochmals den Gashahn kontrolliert. In der Therapie gilt es, diese furchtbare Vorstellung zuzulassen und einer Deutung zuzuführen. So könnte eine Intervention wie folgt lauten: »Nach der Explosion, also nachdem diese enormen Energien frei geworden sind, müssten Sie (der Patient) ein neues Heim suchen und beziehen; Bekannte, die noch an ihr altes Haus gebunden sind, würden dabei – u. U. schwer – verletzt werden.« M. a. W.: Bei jedem Entwicklungsschritt in Richtung Veränderung, der den bestehenden Rahmen »sprengt«, ist damit zu rechnen, dass das Umfeld vor den Kopf gestossen wird und verletzt reagiert.

2. Die Triebangst ist nicht transzendental – dies hiesse Kierkegaard falsch zu verstehen. Sie wird vielmehr gelernt. Ein Kleinkind zeigt keinerlei Angst, seine Bedürfnisse auszuleben; es tut dies sogar mit grosser Lust. Erst durch aversive Reize, mehrheitlich Strafen, später aber auch aufgrund der Erfahrung destruktiver Folgen seines eigenen triebhaften Handelns, lernt es, gewisse eigene Impulse zu fürchten. Vor aller Erfahrung hingegen »ist die Angst vor dem Sündenfall gleichsam« als »transzendentale Bedingung aller späteren Angst« (Schulz, Die Dialektik von Geist und Leib bei Kierkegaard 354). Die Angst, sich zu verfehlen und Schuld auf sich zu laden, wird aufgrund der im Sündenfall gesetzten Freiheit als »Tat der eigentlichen Menschwerdung« gedeutet (Ebd.). Gewiss ist die Möglichkeit der Reflexion und Antizipation möglicher Konsequenzen sowie ein damit verbundenes Bewusstsein von Schuld ein menschliches Spezifikum, das allerdings von Mensch zu Mensch unterschiedlich ausgeprägt sein kann.

3. Auf jeden Fall gibt es vor dem Sündenfall kein eigentliches In-der-Welt-Sein und damit auch kein eigentliches Weltbewusstsein. Natürlich ist man vor jeder Möglichkeit selbst verantworteten Handelns bereits in der Welt; hinsichtlich jenes ausstehenden Entscheides aber eben doch nicht. »Sündenfall« stellt daher »nur die verallgemeinerte Form der ethischen Selbstwahl« dar (Schulz, Die Dialektik von Geist und Leib bei Kierkegaard 351).

4. Absolut richtig liegt Kierkegaard, wenn er geltend macht, dass »die Angst in der geschichtlichen Entwicklung im quantitativen Sinn zunimmt. Jeder muss zwar für sich selbst die Angst neu erfahren ..., aber die Prädisposition wird durch die Entwicklung gesteigert, und zwar in dem Sinne, dass die höher werdende Bewusstseinslage die Angstbereit-

schaft verstärkt« (Schulz, Die Dialektik von Geist und Leib bei Kierkegaard 356).

Tatsächlich nimmt die Vulnerabilität bei psychischen Leiden mit jedem Ereignis generell zu, was Betroffene noch empfindlicher für weitere Rückfälle werden lässt. Darum ist es zwar richtig, Lebenserfahrungen zu machen, die die sogenannte Resilienz, d.h. die Widerstandskraft und die Bewältigungsstrategien verbessern. Auf der anderen Seite ist es gleichwohl wichtig, Risiken mit unabsehbaren negativen Folgen möglichst zu vermeiden, da dadurch ängstliches und defensives Verhalten erlernt oder verstärkt werden kann.

425 Lansel, Vom Wesen und Wert der Angst 71–74.

426 Zit. in bzw. s. Lansel, Vom Wesen und Wert der Angst 71–74.

427 Selbstredend folgende bizarre, wohl biografisch gefärbte Anekdote Kierkegaards: »Es geschah in einem Theater, dass in den Kulissen Feuer aufkam. Der Spassmacher trat vor, um das Publikum zu unterrichten. Man hielt es für einen Scherz und applaudierte; er wiederholte es; man jubelte noch lauter. Ebenso denk ich, wird die Welt zu Grunde gehen unter allgemeinem Jubel von witzigen Köpfen, die glauben, es sei ein ›Witz‹« (Kierkegaard, Entweder/Oder 32, 33).

428 Lansel, Vom Wesen und Wert der Angst 71–74.

429 Meyers Enzyklopädisches Lexikon (Band 2), 219.

430 Jaspers, Psychologie der Weltanschauungen 117, 118.

431 Meyers Enzyklopädisches Lexikon (Band 2), 219.

432 Meyers Enzyklopädisches Lexikon (Band 11), 603.

433 Bultmann, Zum Problem der Entmythologisierung 19–27.

434 Drewermann, Atem des Lebens. Band I 651.

435 Ebd.

436 Zit. n. Hell, Aufschwung für die Seele 110. S. auch Peng, Einladung zur Achtsamkeit.

437 Die Relation zwischen Gabe und Aufgabe, zwischen Empfangen und ethischem Handeln erschliesst sich sich bis zu einem gewissen Grad auch aus folgender Beobachtung. Schon beim Kleinkind scheint ein – allerdings noch rudimentäres – moralisches Empfinden vorhanden zu sein. Die neuere Forschung vertritt in dieser Frage ein duales »nature-nurture«-Konzept. Dies lässt sich anhand ausgeklügelter Experimente vermuten, wie folgendes Beispiel zeigt: Ein Einjähriger »hatte gerade drei Puppen (von Erwachsenen gespielt, Anm. des Verf.) gesehen, die sich einen Ball hin und her schoben, bis sich eine der Puppen mit dem Ball aus dem Staub machte. Danach wurden die Puppen dem Jungen gegenübergesetzt, jede neben einem Stapel Süssigkeiten ... Der Junge griff ohne Zögern zum Naschwerk des ›Bösewichts‹ und bestrafte ihn«, indem er ihm eine Süssigkeit wegnahm und ihm erst noch »eins auf die Nase« gab (Bloom, Wie die Moral

zur Welt kommt 59–64). Natürlich muss dieses moralische Empfinden durch Sozialisation noch ausdifferenziert werden.

438 S. Rössler, Grundriss der Praktischen Theologie 87.

439 Meyers Enzyklopädisches Lexikon (Band 8) 390.

440 Ebd.

441 Boss, Praxis der Psychosomatik 16.

442 Heim, Die Welt der Psychotherapie 93, 94.

443 Heim, aaO. 94.

444 S. Steinmeier, Sprachgewinn 68.

445 Heim, Die Welt der Psychotherapie 94.

446 Heim, aaO. 94–96.

447 Frankl, Ärztliche Seelsorge 38.

448 Frankl, aaO. 37.

449 Ebd.

450 Frankl, ... trotzdem Ja zum Leben sagen 133.

451 Frankl, Der Mensch vor der Frage nach dem Sinn 54.

452 Frankl, ... trotzdem Ja zum Leben sagen 127.

453 Frankl, aaO. 38.

454 Kind, Psychotherapie und Psychotherapeuten 62.

455 Heim, Die Welt der Psychotherapie 103.

456 Heim, aaO. 104.

457 Ebd. Die Gestalttherapie ist nur wenig systematisiert; in ihr hat »wohl primär« Friedrich Perls' »eigenes Empfinden und die ihm gemässe Ausdrucksform« Gestalt gewonnen (s. Heim, Die Welt der Psychotherapie 108).

458 Heim, Die Welt der Psychotherapie 104.

459 In: Hoffman, Abraham Maslow: Der Pionier der Selbstverwirklichung 56.

460 Zit. in Heim, Die Welt der Psychotherapie 104.

461 Hamer, Das Gottes-Gen 33–35.

462 Maslow, The »Core-Religious« or »Transcendent« Experience 352–364.

463 Hamer, Das Gottes-Gen 34.

464 Zit. n. Schindler, Behaviorismus 57.

465 Ebd.

466 Ebd.

467 Hell, Seelenhunger 19. »Indem die Verhaltenslehre vom persönlichen Erleben absieht und sich ausschliesslich für beobachtbare Verhaltensweisen ... interessiert, handelt sie sich den Vorteil ein, ihre Annahmen überprüfbar zu machen ... Dabei bleibt aber der Mensch auf ein verhaltensorientiertes Reiz-Reaktionsschema reduziert, auch wenn als Zwischenglieder (zwischen Reiz und Reaktion) die biologischen Voraussetzungen des Organismus eingebaut werden ... Auch dieses Modell, das die moderne Psychologie und Psychiatrie immer mehr bestimmt, kommt ohne Einbezug des seelischen Erlebens aus. Es abstrahiert davon, dass der Mensch einem Reiz (etwa der

Gabe von Brot und Wein) auch eine symbolische Bedeutung (etwa die religiöse Bedeutung des Abendmahls) zumessen kann« (Hell, aaO. 20).

468 Utsch, Religiöse Fragen in der Psychotherapie 70.

469 Ayan, Achtsamkeit 81.

470 Heideneich/Michalat, Achtsamkeit und Akzeptanz in der Psychotherapie 209.

471 Vortrag gehalten am 8.5.06 in der Psychiatrischen Poliklinik des Universitätsspitals Zürich.

472 Hell, Aufschwung für die Seele 111.

473 Wir haben unter 7. 5 bereits die Position Freuds angedeutet, der sich – auch wenn er offenbar nicht an der Geistigkeit des Menschen zweifelte – nur im »Parterre und Souterrain« seines psychologischen Gebäudes aufhielt (Heim, Die Welt der Psychotherapie 93, 94).

474 Jones, Das Leben und Werk von Sigmund Freud 63.

475 Jones, aaO. 61, 62.

476 So besehen ist Freud als Funktionalist (s. 5.1) zu bezeichnen.

477 Freud, Abriss der Psychoanalyse 9.

478 Freud, aaO. 9, 10.

479 Freud, aaO. 18.

480 Freud, aaO. 18, 19.

481 Freud, aaO. 19.

482 Friedlein, Geschichte der Philosophie 292.

483 Friedlein, aaO. 293.

484 Friedlein, aaO. 280.

485 Friedlein, aaO. 288.

486 Friedlein, aaO. 303.

487 Friedlein, aaO. 317.

488 Friedlein, aaO. 319.

489 Friedlein, aaO. 320.

490 Friedlein, aaO. 321.

491 Jaffé, C.G. Jung. Erinnerungen, Träume, Gedanken 153–155.

492 Jaffé, aaO 157.

493 Ellenberger, Die Entdeckung des Unbewussten 382–383.

494 Jacobi, Die Psychologie von C.G. Jung 49.

495 Jung, Das Grundproblem der gegenwärtigen Psychologie 373–376.

496 Jacobi, Die Psychologie von C.G. Jung 75.

497 Jacobi, aaO. 110.

498 Freud, Traumdeutung 140.

499 Jacobi, Der Weg zur Individuation 63.

500 Jaffé, C.G. Jung. Erinnerungen, Träume, Gedanken 96–99.

501 S. Flammer, Entwicklungstheorien 85.

502 S. Wintzer, Praktische Theologie 43–45.

503 Roth, Aus Sicht des Gehirns 173.

504 Kandel, Psychiatrie, Psychoanalyse und die neue Biologie des Geistes 32.

505 Kandel, aaO. 42, 43.

506 Kandel, aaO. 42.

507 Wehner-v. Segesser, Placebo – oder wenn Hoffnung heilt 61.

508 Balint, Der Arzt, sein Patient und die Krankheit 21.

509 Rüegg, Gehirn, Psyche und Körper 156.

510 Auhagen, Das Positive Mehren. Herausforderungen für die positive Psychologie 1.

511 Bucher, Moderne Sinnsuche 16.

512 S. Utsch, Religiöse Fragen in der Psychotherapie 186.

513 Campiche/Dubach, Jede(r) ein Sonderfall? Religion in der Schweiz. Campiche, Die zwei Gesichter der Religion. Faszination und Entzauberung.

514 Uehlinger, Religiosität – mit und ohne Institutionen? 9.

515 Ebd.

516 Ebd.

517 Hamer, Das Gottes-Gen 33.

518 Ebd.

519 Hamer, aaO. 34.

520 Ebd.

521 Hamer, aaO. 35.

522 Ebd.

523 Bucher, Moderne Sinnsuche 17, 18.

524 Utsch, Religiöse Fragen in der Psychotherapie 69.

525 Zit. in Utsch, Religiöse Fragen in der Psychotherapie 28.

526 Utsch, Religiöse Fragen in der Psychotherapie 70.

527 Friedlein, Geschichte der Philosophie 19.

528 Utsch, Religiöse Fragen in der Psychotherapie 72. Wundt, ursprünglich Physiologe, hatte eine Professur für induktive Philosophie in Zürich inne. Es ist indes befremdend zu erfahren, dass er das »Manifest der Intellektuellen«, welches sich zur Kriegspolitik Kaiser Wilhelms II bekannte, gemeinsam mit vielen weiteren namhaften Wissenschaftlern unterzeichnet hatte (s. Zahrnt, Die Sache mit Gott 14).

529 Utsch, Religiöse Fragen in der Psychotherapie 72.

530 Utsch, aaO. 70.

531 Ebd. Hier klingt Wilhelm Diltheys Unterscheidung zwischen erklärenden Natur- und verstehenden Geisteswissenschaften an.

532 Ellenberger, Die Entdeckung des Unbewussten 463–468.

533 Utsch, Religiosität und Spiritualität 77.

534 Utsch, Religiöse Fragen in der Psychotherapie 71.

535 Utsch, Religiosität und Spiritualität 77, 78.

536 Utsch, aaO. 77.

537 Adler, Der Sinn des Lebens 190.

538 Adler, aaO. 189.

539 Adler, aaO. 187.
540 Adler, aaO. 188.
541 Ebd.
542 Adler, aaO. 189.
543 Adler, aaO. 190.
544 Adler, aaO. 192.
545 »Dann wird der König … sagen: ›Kommt her, ihr Gesegneten meines Vaters, empfangt als Erbe das Reich, das euch bereitet ist … Denn ich war hungrig, und ihr habt mir zu essen gegeben. Ich war durstig, und ihr habt mir zu trinken gegeben. Ich war fremd, und ihr habt mich angenommen … Was ihr einem dieser meiner … Brüder getan habt, das habt ihr mir getan‹« (Mt 25, 34. 35. 40b).
546 Bair, C. G. Jung. Eine Biographie.
547 Gewisse Passagen werden derart detailliert geschildert, dass sie nicht immer glaubhaft erscheinen.
548 Hamer, Das Gottes-Gen 25.
549 Hamer, aaO. 27.
550 Im Gegensatz zu Mutationen, die zu direkten Veränderungen an der DNA führen, beruhen epigenetische Einflüsse auf vergleichbar weniger stabilen Methylierungsprozessen um die DNA selbst, die aber doch über mehrere Generationen hinweg weiter vererbt werden können.
551 Utsch, Religiöse Fragen in der Psychotherapie 15.
552 Ebd.
553 S. Utsch, Religiöse Fragen in der Psychotherapie 29.
554 Positronen-Emissions-Tomografie und funktionelle Magnetresonanztomografie.
555 Der Begriff Neurotheologie erscheint deshalb so sehr problematisch, weil durch die Kontraktion der beiden Begriffe Neurobiologie und Theologie zu einem einzigen Wort einerseits eine Vermischung verschiedener Kategorien und andererseits eine Reduktion religiösen Erlebens auf rein materielle Gegebenheiten suggeriert werden kann. Weiter ist zu beachten, dass die zeitliche Auflösung der Verfahren, deren Bilder aus vaskulären Parametern gewonnen werden, sich im Sekundenbereich bewegen. Die elektrischen Vorgänge im Gehirn finden aber innerhalb von Millisekunden statt und könnten in ganz anderen, als den durch den Computer errechneten Bereichen stattfinden (Jäncke, Hirnforschung: bildgebende Verfahren 125. Rüegg, Gehirn, Psyche und Körper 13, 14). Vgl. auch Vollenweider, Aussergewöhliche Bewusstseinszustände und die urchristliche Religion 103–117.
556 Angel/Krauss, Neurotheologie. Der interdisziplinäre Gott 69.
557 Azari/Nickel/Wunderlich u. a., Neural correlates of religious experience 1649–1652.
558 Azari/Nickel/Wunderlich u. a., aaO. 1649.

559 Azari/Nickel/Wunderlich u. a., aaO. 1651.

560 Newberg/d'Aquili/Rause, Der gedachte Gott. Wie Glaube im Gehirn entsteht. Angel/Krauss, Neurotheologie. Der interdisziplinäre Gott 72.

561 Kraft, Religion. Wo Gott wohnt 10. Im Titel des ansonsten ausgewogenen Artikels müsste indessen das Wort wohnt in Anführungs- und Schlusszeichen stehen.

562 Bucher, Moderne Sinnsuche 18. »Persinger liess« übrigens »seinen ›Gotteshelm‹ patentieren und vermarkten; für 220 Dollar sollte sich jeder Kunde religiöse Erlebnisse kaufen können. Seine Forschungen gerieten jedoch unter massive Kritik«; eine Wiederholung des Experimentes unter Doppelblindbedingungen ergab, dass in der Kontrollgruppe ohne Magnetstimulation »gleich viele Teilnehmer wie in der Experimentalgruppe von mystischen Erfahrungen« berichteten! (Bucher, Moderne Sinnsuche 18).

563 Bandelow/Wedekind, Angst – Neurobiologie 498.

564 Ramachandran, Die blinde Frau, die sehen kann 290.

565 Ebd.

566 Ebd.

567 Klimchak, Das Ich im Schneckenhaus 68.

568 Ramachandran, Die blinde Frau, die sehen kann 290.

569 Bucher, Moderne Sinnsuche 19.

570 Treffend deutet der Dichter Jean-Paul in seiner »Vorschule der Ästhetik« einen Teil der Sprache als »»Wörterbuch erblasster Metaphern«« (vgl./ zit. in Lansel, Vom Wesen und Wert der Angst 71–74).

571 Vgl. Moeller, Geschichte des Christentums in Grundzügen 209.

572 Maslow, The »Core-Religious« or »Transcendent« Experience 352–364.

573 Hamer, Das Gottes-Gen 34.

574 Ebd.

575 Dawkins, Der Gotteswahn 21, 22.

576 Dawkins, aaO. 23.

577 Dawkins, aaO. 22.

578 Utsch, Religiöse Fragen in der Psychotherapie 30.

579 Ramachandran, Die blinde Frau, die sehen kann 292.

580 S. Ramachandran, aaO. 451.

581 Ramachandran, aaO. 302.

582 Ebd.

583 Otto, Das Heilige.

584 Vgl. Lansel, Sickness and Spirituality 167–169.

585 Dostojewski, Der Idiot 217.

586 Dostojewski, aaO. 211, 212.

587 Schleiermacher, »Der christliche Glaube«, Erster Band, 1. Kapitel, Paragraf 4, 23.

588 Buber, Ich und Du.

589 Utsch, Religiöse Fragen in der Psychotherapie 23.

590 Fischer, Mahatma Gandhi 29.

591 Maslow, The »Core-Religious« or »Transcendent« Experience 352–364.

592 Hoffman, Abraham Maslow: Der Pionier der Selbstverwirklichung 55.

593 In: Hoffman, Abraham Maslow: Der Pionier der Selbstverwirklichung 56.

594 Maslow, Motivation und Persönlichkeit 11.

595 Frankl, Der Mensch vor der Frage nach dem Sinn 54.

596 Zimmer Höfler/Hell, Attachment und Psychotherapie. Konzepte der Bindungstheorie, neurobiologische Erkenntnisse und Folgerungen für die therapeutische Beziehung 7–12. S. auch Lansel, Panik und Depression: Diagnostische Entität und/oder komorbide Erkrankungen? 153–157.

597 Hoffman, Abraham Maslow: Der Pionier der Selbstverwirklichung 56.

598 Maslow, Motivation und Persönlichkeit.

599 Maslow, aaO. 7, 8.

600 Hoffman, Abraham Maslow: Der Pionier der Selbstverwirklichung 57.

601 Auhagen, Das Positive mehren. Herausforderungen für die Positive Psychologie 1.

602 Auhagen, aaO. 2. Einerseits kommt hier eine ethische Ausrichtung, wie sie Albert Schweitzer als Grundprinzip des Sittlichen formulierte, zum Ausdruck: Gut ist, »Leben erhalten, Leben fördern, entwickelbares Leben auf seinen höchsten Wert bringen« (Schweitzer, Aus meinem Leben und Denken 171). Andererseits wird man an die Frage des Gesetzeslehrers im Gleichnis vom Barmherzigen Samariter erinnert: »Meister, was muss ich tun, damit ich ewiges Leben erbe?« (Lk 10, 25b).

603 Auhagen, Das Positive mehren 4, 5.

604 Ebd.

605 Lopez/Snyder, Oxford Handbook of Positive Psychology.

606 Auhagen, Positive Psychologie. Anleitung zum »besseren« Leben.

607 Schütz/Hertel/Heindl, Positives Denken 15.

608 Ebd.

609 Ebd.

610 Schütz/Hertel/Heindl, aaO. 16.

611 Ebd.

612 Ebd.

613 Ebd.

614 Schütz/Hertel/Heindl, aaO. 17.

615 Utsch, Religiosität und Spiritualität 87.

616 Ebd.

617 Utsch, Religiöse Fragen in der Psychotherapie 73. Pergament, The Psychology of Religion and Coping.

618 Utsch, Religiöse Fragen in der Psychotherapie 73.

619 Antonovsky, Salutogenese.

620 Auhagen, Das Positive mehren 2.

621 Pergament, The Psychology of Religion and Coping 1.
622 Frankl, Der unbewusste Gott. Psychotherapie und Religion 93.
623 Rahm, Gelassenheit 32.
624 Duden. Herkunftswörterbuch 262.
625 Rahm, Gelassenheit 33.
626 Rahm, aaO. 32.
627 Rahm, aaO. 38.
628 Rahm, aaO. 37.
629 Rahm, aaO. 38.
630 Rahm, aaO. 41.
631 Häring/Agarwalla/Müller/Küchenhoff, Die emotionale Qualität der therapeutischen Arbeitsbeziehung und ihre Auswirkung auf Prozess und Outcome nach dem ersten Jahr ambulanter Psychotherapien 154.
632 Zit. in Jochheim, Seelsorge und Psychotherapie 107.
633 Rahm, Gelassenheit 32.
634 Mogel, Geborgenheit 51.
635 Mogel, aaO. 52.
636 Mogel. aaO. 53.
637 Mogel, aaO. 52.
638 Mogel, aaO. 58.
639 Ebd.
640 Schweer/Thies, Vertrauen 136. Etymologisch leitet sich das lateinische credere von *cor dare*: »das Herz geben« ab und betont damit den Aspekt des Vertrauens und der Treue. Zum griechischen *pistis* s.u.
641 Ebd.
642 Schweer/Thies, aaO. 137.
643 Ciompi, Die emotionalen Grundlagen des Denkens 93–103.
644 Zit. in Schweer/Thies, Vertrauen 140.
645 Vgl. Schweer/Thies, aaO. 139, 140.
646 Bultmann, Theologie des Neuen Testamentes 91–92.
647 Bultmann, aaO. 92
648 Grass, Glaube 1611.
649 Büchner, Dantons Tod 52.
650 Johann, Büchner 161.
651 Frankl, ... trotzdem Ja zum Leben sagen 133.
652 Tausch, Sinn in unserem Leben 105.
653 Wittgenstein, Tractatus logico-philosophicus (6. 41).
654 Duden, Das Herkunftswörterbuch 770.
655 Hell, Aufschwung für die Seele 95.
656 S. auch Tausch, Sinn in unserem Leben 99.
657 Prigogine, Vom Sein zum Werden. Vgl. auch Peat, Synchronizität 95–98.
658 Antonovsky, Salutogenese 16.
659 Ebd.

660 Tausch, Sinn in unserem Leben 103.

661 Tausch, aaO. 105. Bemerkenswert ist in diesem Zusammenhang der Umstand, dass sich – etwa bei Psychosen – auch ein Überschuss an Sinnerleben einstellen kann. Die Tatsache, dass jedem Detail Bedeutung zugesprochen wird, kann durchaus einen salutogenetischen Effekt haben, indem dadurch auf das fragmentierte Ich oder Selbst strukturierend und im aufwertenden Sinn eingewirkt wird.

662 Zit. in: Frankl, Der unbewusste Gott 78.

663 Ebd.

664 Ebd.

665 Földényj, Der Identitätslose und sein Ich 42.

666 Frankl, ... trotzdem Ja zum Leben sagen 127.

667 Die Frage nach einem letzten Sinn im Leben angesichts des Leidens sowie aller Nichtigkeit und Vernichtung – in letzter Konsequenz des Todes – lässt sich aus theologischer Sicht im Grunde nur mit Jesaja 55, 8. 9 beantworten: »Denn meine Gedanken sind nicht eure Gedanken, und eure Wege sind nicht meine Wege, Spruch des Herrn, denn so hoch der Himmel über der Erde ist, so viel höher sind meine Wege als eure Wege«.

668 Seligman, Flourish 10.

669 Stallmach, Glück ist nicht mehr das Ziel 60.

670 Zu diesem Thema gibt es eine umfangreiche Literatur, z.B.: Pieper/Pieper, Wege aus der Glücksfalle: Warum wir auf der Suche nach Glück so oft scheitern und wie wir dies ändern können.

671 Hier sind gewiss die berühmten Verse aus Schillers Gedicht »Die Glocke« zu nennen: »Die Leidenschaft flieht! Die Liebe muss bleiben, Die Blume verblüht, Die Frucht muss treiben.«

672 Buber, Die Erzählungen der Chassidim (Zwei Taschen) 746.

673 Beckett, Flötentöne 10, 11 (in der Übertragung von E. Tophoven und K. Krolow).

674 Kuiper, Die seelischen Krankheiten des Menschen 21.

675 Guéguen, Humortherapie. Die Lachkur 50–54.

676 Ebd.

677 Schütz/Hertel/Heindl, Positives Denken 18.

678 Guéguen, Humortherapie. Die Lachkur 50–54.

679 Eco, Der Name der Rose 206.

680 Schwennen, Verzeihen 150.

681 Schwennen, aaO. 156.

682 Schwennen, aaO. 157.

683 Ebd.

684 S. Schwennen, Verzeihen 159.

685 Ebd.

686 Ebd.

687 Utsch, Religiosität und Spiritualität 82.

688 Ebd.

689 Baumann/Linden, Weisheitstherapie 42–46.

690 Ebd.

691 Ayan, Weisheit 34–40.

692 Baumann/Linden, Weisheitstherapie 42–46.

693 Selbstredend, dass diese Konzeptualisierung trotz ihrer erheblichen Differenziertheit auch nur eine grobe Annäherung an das Phänomen Weisheit darstellen kann. Gerade die Überlappung einiger Items zeigt, wie schwierig eine abgrenzende Bestimmung von Weisheit ist. Diese dürfte letztendlich durch eine unüberschaubare Vielfalt von Bezügen charakterisiert sein und einer Systematisierung weitgehend widerstehen.

694 Ayan, Weisheit 34–40.

695 Ebd.

696 Peterson/Seligman, Character, Strength and Virtues 35–40.

697 Tillich, Der Mut zum Sein.

698 S. Brunner, Gerechtigkeit 29–36.

699 Rawls, Eine Theorie der Gerechtigkeit.

700 Peterson/Seligman, Character, Strength and Virtues 37.

701 Vgl. Brunner, Gerechtigkeit 147, 148. S. auch Joh 15, 13: »Niemand hat grössere Liebe als die, dass einer sein Leben hingibt für seine Freunde.«

702 Peterson/Seligman, Character, Strength and Virtues 38.

703 Wittgenstein, Tractatus logico-philosophicus (6. 522) 115.

704 Ebd.

705 Wittgenstein, Geheime Tagebücher.

706 Man müsste präzisieren: Aus naturwissenschaftlicher Sicht sind jenseits des Sagbaren keine sinnvollen Aussagen möglich, wie auch Wittgenstein betont: »Die richtige Methode der Philosophie wäre eigentlich die: Nichts zu sagen, als was sich sagen lässt, also die Sätze der Naturwissenschaft« (Tractatus logico-philosophicus 6. 53). Das gesamte (innenperspektivische) Erleben bliebe damit ausgeschlossen. Dass man gleichwohl darüber reden kann ist – so besehen – keine Aufgabe der Philosophie, sondern der Psychologie. Gefühle widerstehen nach Wittgenstein einer konkreten Begrifflichkeit: »Ich kann mein Gefühl nur in die Metapher fassen« (Wittgenstein, Geheime Tagebücher 80).

707 Hartmann, Zen-Zitate ganzheitlich kommentiert.

708 Peterson/Seligman, Character, Strength and Virtues 38.

709 Frankl, Der Mensch vor der Frage nach dem Sinn 100. Hier sei sprachspielerisch auf die doppelte Bedeutung von *»erfüllen«* verwiesen: einen Sinn oder eine Aufgabe erfüllen und zugleich davon erfüllt sein.

710 Frankl, Der Mensch vor der Frage nach dem Sinn 100.

711 Frankl, aaO. 101.

712 Hamer, Das Gottes-Gen 33–35.

713 Peterson/Seligman, Character, Strength and Virtues 39.

714 Zit. in Hamer, Das Gottes-Gen 45.
715 Peterson/Seligman, Character, Strength and Virtues 39.
716 Ebd.
717 Ebd.
718 Hamer, Das Gottes-Gen 32.
719 Ebd.
720 Hamer, aaO. 33, 34.
721 Hamer, aaO. 45.
722 Ebd.
723 Hamer, aaO. 53, 54.
724 S. Hamer, aaO. 52, 53. Bemerkenswert ist überdies auch die Tatsache, dass gemäss Pergament Religion nur dann mit Angst korreliert, wenn das Gottesbild strafender Natur ist. Der Glaube an einen gütigen Gott dagegen fördert »in Verbindung mit emotionaler Geborgenheit in einer Glaubensgemeinschaft das psychische und körperliche Wohlbefinden deutlich« (S. Utsch, Religiöse Fragen in der Psychotherapie 73).
725 Hamer, Das Gottes-Gen 38.
726 Hamer, aaO. 38, 39.
727 Hamer, aaO. 41.
728 Hamer, aaO. 44.
729 Auhagen, Positive Psychologie.
730 Heim, Die Welt der Psychotherapie 21.
731 Hell, Seelenhunger 79.
732 S. Lansel, Zur Aktualität des antiken Asklepioskultes.
733 S. Bonhoeffer, Ursprung und Wesen der christlichen Seelsorge.
734 Aischylos, Sieben gegen Theben 70 (Vers 610).
735 Platon, Der Staat IV 428a–434c.
736 Klein, Kardinaltugenden 695.
737 Ebd.
738 Rössler, Grundriss der Praktischen Theologie 175.
739 Steiger, Seelsorge 7.
740 Ziemer, Seelsorge 1111.
741 Steiger, Seelsorge 13.
742 Bornkamm, Jesus von Nazareth 53.
743 S. Bonhoeffer, Ursprung und Wesen der christlichen Seelsorge 125 sowie Ziemer, Seelsorge 1112.
744 Ziemer, Seelsorge 1110–1111.
745 Möller, Einführung in die Praktische Theologie 3.
746 Zumstein, Seele 1100.
747 Ebd.
748 »corporalitas animae in ipso Evangelio relucebit« (Tertullian, Liber de anima, caput VII).

749 »in tantum quod passibile est corporale est« (Tertullian, Liber de anima, caput VII).

750 Tertullian, Liber de anima, caput VII.

751 Damasio, Descartes' Irrtum 16.

752 Ricken, Seele 9.

753 Warkotsch, Antike Philosophie im Urteil der Kirchenväter 126.

754 Warkotsch, aaO. 127.

755 Klemens von Alexandria, Stromateis VII, I, C/D.

756 Zit. in Warkotsch, Antike Philosophie im Urteil der Kirchenväter 91.

757 Wittig, Gregor von Nazianz. Briefe 10.

758 Zit. in Wittig, Gregor von Nazianz. Briefe 9 (Übersetzung von B. Wyss).

759 Zit. in Wittig, aaO. 11.

760 Ebd.

761 Möller, Einführung in die Praktische Theologie 2.

762 Ebd.

763 Ebd.

764 Möller, aaO. 3.

765 Warkotsch, Antike Philosophie im Urteil der Kirchenväter 386, 387.

766 Gregor von Nazianz (Greogorius theologus), oratio IIV, 199, III.

767 Steiger, Seelsorge 9.

768 Ebd.

769 »Id porro hac demum ratione quispiam perspexerit, si animarum curandarum rationem cum corporum medicina contulerit« (Gregor von Nazianz [Greogorius theologus]), oratio II, 20, XVI.

770 »In universum autem illud apud nos constat, quod quemadmodus in sublimi et pendulo fune gradientibus in hanc vel illam partem deflectere, minime tutum est, nec etiam parva inclinatio parvum periculum affert, verum eorum salus in aequilibrio posita est: ad eumdem quoque modum utramvis in partem quispiam, sive ob vitae improbitatem, sive ob imeritatem propenderit, haud leve periculum, tum ipsi tum iis quibus praeest, imminet, ne in peccatum prolabantur« (Gregor von Nazianz [Greogorius theologus]), oratio II, 28, XXXIV.

771 S. Möller, Einführung in die Praktische Theologie 124.

772 *martyrein*, *didaskein*, *euangelizein*, *homilein*, wobei letzteres Wort nicht die eigentliche öffentliche Predigt, sondern mehr das vertrauliche Gespräch bezeichnet (Möller, Einführung in die Praktische Theologie, 122, 123). Diese Bedeutung verweist erneut auf die Nähe von Predigt und Seelsorge.

773 Ziemer, Seelsorge 1112.

774 Steiger, Seelsorge 9.

775 Ebd.

776 Hell, Die Sprache der Seele verstehen. Die Wüstenväter als Therapeuten 11.

777 Ebd.

778 Hell, aaO. 25.
779 Hell, aaO. 127.
780 Hell, aaO. 14.
781 Hell, Welchen Sinn macht Depression? 18.
782 Hell, Die Sprache der Seele verstehen. Die Wüstenväter als Therapeuten 118.
783 Hell, aaO. 130.
784 Hell, Welchen Sinn macht Depression? 18, 19.
785 Hell, aaO. 19.
786 Ebd.
787 Ebd.
788 Ebd.
789 Hell, Die Sprache der Seele verstehen. Die Wüstenväter als Therapeuten 18.
790 Ebd.
791 Möller, Einführung in die Praktische Theologie 152.
792 Hell, Seelenhunger. Der fühlende Mensch und die Wissenschaft vom Leben 57.
793 Ebd.
794 »... ichgebläht verlor ich Dich, und mein geschwollenes Gesicht schloss mir die Augen zu« (Augustinus, Bekenntnisse 117 [IIV, 7]).
795 Moeller, Geschichte des Christentums in Grundzügen 106.
796 Schindler, Augustin/Augustinismus I 650.
797 Kierkegaard, Entweder/Oder Teil I + II.
798 Augustinus, Bekenntnisse 209 [X, 40].
799 Augustinus, aaO. 151 [IX, 2].
800 Augustinus, aaO. 7 [VIII, 1].
801 Augustinus, aaO. 164 [IX, 10].
802 Ebd.
803 Schindler, Augustin/Augustinismus I 651.
804 Augustinus, Bekenntnisse 158 [IX, 6].
805 Augustinus, aaO. 101[VI, 11].
806 Augustinus, aaO. 209 [X, 40].
807 Augustinus, aaO. 136 [VIII, 5].
808 Hell, Seelenhunger 57.
809 Ebd.
810 Platon, Der Staat VII 514a–518b.
811 Plutarch, Fragment 168 Sandbach. In: Burkert, Antike Mysterien 77.
812 Moeller, Geschichte des Christentums in Grundzügen 106.
813 Binswanger, Der Kern unserer Kultur 26.
814 Moeller, Geschichte des Christentums in Grundzügen 157.
815 Moeller, aaO. 166.
816 Moeller, aaO. 167.
817 Binswanger, Der Kern unserer Kultur 26.

818 Ebd.
819 Ebd.
820 Ebd.
821 Moeller, Geschichte des Christentums in Grundzügen 196.
822 Moeller, aaO. 198.
823 Moeller, aaO. 197.
824 Binswanger, Der Kern unserer Kultur 27.
825 Schwizer, Wenn Bettelmönche bauen 6.
826 Ebd.
827 Ebd. Die Benediktinerinnenabtei des Fraumünsters wurde zwar schon im ersten Jahrtausend gegründet; doch es waren vorwiegend Frauen aus dem Hochadel, die der Gemeinschaft beitreten durften. Selbst der Austritt und die Heirat waren ihnen gestattet.
828 Wehr, Europäische Mystik 9. Kloft, Mysterienkulte der Antike 7.
829 Burkert, Antike Mysterien 15.
830 Wehr, Europäische Mystik 7.
831 S. von Magdeburg, »Das fliessende Licht der Gottheit« und Kommentar von Gerhard Wehr 7.
832 Wehr, Europäische Mystik 7.
833 Bernath, Von der Hochscholastik zur Spätscholastik. Die Mystik 241.
834 Wehr, Europäische Mystik 11.
835 Wehr, aaO. 11, 12.
836 Wehr, aaO. 12.
837 von Magdeburg, »Das fliessende Licht der Gottheit« und Kommentar von Gerhard Wehr 10.
838 von Magdeburg, aaO. 10, 11.
839 Wehr, Europäische Mystik 9, 10. Neurobiologische Studien (Angel/Krauss, Neurotheologie 72. S. Hilbrecht, Meditation und Gehirn 28–34) deuten darauf hin, dass sich im Zustand von Versenkung bzw. Meditation ein komplementärer Bewusstseinszustand einstellt. Zum einen beobachtet man ein Absinken des mentalen Niveaus als Ausdruck einer tiefen seelischen Entspannung. Zum anderen lässt sich eine ausgeprägte Vigilanz, die einer geschärften Aufmerksamkeit entspricht, nachweisen.
840 Wehr, Europäische Mystik 10.
841 Wehr, aaO. 11.
842 Barth, Die Theologie Martin Luthers 28.
843 Ebeling, Luthers Seelsorge an seinen Briefen dargestellt 7.
844 Ebeling, aaO. 13.
845 Ebeling, aaO. 14.
846 S. Rogers, Therapeut und Klient 213–218.
847 Anmerkung von W. Stapel. In: von Eschenbach, Parzival 164.
848 Rogers, Therapeut und Klient 213–218.
849 Zit. in Barth, Die Theologie Martin Luthers 4.

850 Rogers, Therapeut und Klient 213–218.
951 Barth, Die Theologie Martin Luthers 26.
852 Barth, aaO. 25.
853 Zit. in Ebeling, Luthers Seelsorge an seinen Briefen dargestellt 3.
854 Vgl. Ebeling, aaO. 7.
855 Barth, Die Theologie Martin Luthers. Eine kritische Würdigung 25.
856 Wehr, Martin Luther. Mystische Erfahrung und christliche Freiheit im Widerspruch 149–153.
857 Zit. in: Wehr, aaO. 172.
858 Wehr, aaO. 151.
859 Ebeling, Luthers Seelsorge an seinen Briefen dargestellt 20.
860 Ziemer, Seelsorge 1113.
861 S. auch Kap. 3 und 10.2.
862 Steiger, Seelsorge 13.
863 Moeller, Geschichte des Christentums in Grundzügen 266.
864 Moeller, aaO. 267.
865 Ebd.
866 Moeller, aaO. 270.
867 Moeller, aaO. 271.
868 Ziemer, Seelsorge 1113.
869 Moeller, Geschichte des Christentums in Grundzügen 272.
870 Moeller, aaO. 298.
871 Ebd.
872 Wehr, Martin Luther. Mystische Erfahrung und christliche Freiheit im Widerspruch 126.
873 Moeller, Geschichte des Christentums in Grundzügen 299.
874 Steiger, Seelsorge 19.
875 Ebd.
876 Ziemer, Seelsorge 1113.
877 Zit. in Ebeling, Wort und Glaube 84.
878 Schleiermacher, Der christliche Glaube 28.
879 Schleiermacher, aaO. 23.
880 Moeller, Geschichte des Christentums in Grundzügen 335.
881 Schleiermacher, Über die Religion 105, 106.
882 Schleiermacher, Der christliche Glaube 14.
883 Schleiermacher, aaO. 16.
884 Ebd.
885 Jung, Psychologische Typen 594.
886 Weyman, Glaube als Lebensvollzug und der Lebensbezug des Denkens 19.
887 Weyman, aaO. 22.
888 Möller, Einführung in die Praktische Theologie 158.
889 Möller, aaO. 5.
890 Möller, aaO. 158.

891 Möller, aaO. 159.
892 Ebd.
893 Lansel, Gemeinsame Aspekte von Psychotherapie und Seelsorge 34–37.
894 Jochheim, Seelsorge und Psychotherapie 108.
895 Ebd.
896 Zit. in Jochheim, aaO. 118.
897 Zit. in Möller, Einführung in die Praktische Theologie 159.
898 Zit. in Möller, aaO. 160.
899 Zit. in Jochheim, Seelsorge und Psychotherapie 107.
900 Zit. in Möller, Einführung in die Praktische Theologie 161.
901 Ebd.
902 Ebd.
903 Möller, aaO. 134.
904 Ebd.
905 Ziemer, Seelsorge 1114.
906 Ebd.
907 Möller, Einführung in die Praktische Theologie 162.
908 Ebd.
909 Ebd.
910 Möller, aaO. 163.
911 Möller, aaO. 164.
912 Ebd.
913 Ebd.
914 Jochheim, Seelsorge und Psychotherapie 8.
915 Nase, »Ein merkwürdiger Mann« 19.
916 Ebd.
917 Jochheim, Seelsorge und Psychotherapie 27.
918 Noth, »Deine Ehrfurcht und meine Liebe« 46.
919 Ebd.
920 S. Möller, Einführung in die Praktische Theologie 167–171.
921 Steiger, Seelsorge 13.
922 S. Lansel, Gemeinsame Aspekte von Psychotherapie und Seelsorge 34.
923 Heim, Die Welt der Psychotherapie 107.
924 Rogers, Therapeut und Klient 211.
925 Steiger, Seelsorge 13.
926 Rössler, Grundriss der Praktischen Theologie 175.
927 Rogers, Therapeut und Klient 211.
928 Rogers, aaO. 213, 214.
929 Rogers, aaO. 216, 217.
930 Rogers, aaO. 217.
931 Lansel, Gemeinsame Aspekte von Psychotherapie und Seelsorge 35.
932 Ebd.

933 Dieses Zusammenspiel zwischen Emotion und Kognition bezeichnet man auch als affektlogisches Prinzip. Man weiss heute, dass »kognitive Prozesse ... durch begleitende emotionale Erfolgsqualitäten inhaltlich und in ihrer Verlaufsrichtung ständig überformt« werden, »wie« auch »umgekehrt kognitive Prozesse die emotionalen Qualitäten des Erlebens ständig verändern« (Deneke, Psychische Struktur 95).

934 Anmerkung von W. Stapel. In: v. Eschenbach, Parzival 164.

935 von Eschenbach, Parzival 403.

936 von Eschenbach, aaO. 249.

937 Goleman, Emotionale Intelligenz 129.

938 Lansel, Gemeinsame Aspekte von Psychotherapie und Seelsorge 35.

939 Rogers, Therapeut und Klient 218.

940 Rogers, aaO. 219.

941 Ziemer, Seelsorge 1111.

942 Steiger, Seelsorge 9.

943 Ebd.

944 Möller, Einführung in die Praktische Theologie 162.

945 Ebd.

946 Dalferth, Radikale Theologie 16.

947 Dalferth, aaO. 17.

948 Tillich, Das Neue Sein 27.

949 Ebd.

950 Zit. in: Hell, Aufschwung für die Seele. Wege innerer Befreiung 136.

951 Hell, Ebd.

952 Zit. in: Ebd.

953 Hoffmann, Ludwig Binswanger. Psychiater, Psychoanalytiker, Existenzphilosoph, Daseinsanalytiker 17–20.

954 Zit. in Hoffmann, Ludwig Binswanger. Psychiater, Psychoanalytiker, Existenzphilosoph, Daseinsanalytiker 17–20. Vgl. auch Lansel, Gemeinsame Aspekte von Psychotherapie und Seelsorge 34–37.

955 Lansel, Gemeinsame Aspekte von Psychotherapie und Seelsorge 34–37.

956 Ebd.

957 Dostojewski, Die Brüder Karamasoff 264, 265.

958 Lansel, Gemeinsame Aspekte von Psychotherapie und Seelsorge 34–37.

959 Pergament, The Psychology of Religion and Coping 386.

960 Frankl, Der Mensch vor der Frage nach dem Sinn.

961 Die Preisgabe der Humanität vergleicht Albert Schweitzer mit einem Menschen, der, um besser durch die »Stürme des Lebens zu schiffen«, sich seines Mund- und Wasservorrates entledigt; schliesslich »schifft er leichter dahin, aber als verschmachtender Mensch«. In: Schweitzer, Aus meiner Kindheit und Jugendzeit 310.

962 Häfliger, »Er war ein Weiser« 15.

963 Mandela, Long walk to freedom.

964 Schweizer, Jesus, das Gleichnis Gottes. Was wissen wir wirklich vom Leben Jesu? 33.
965 Ebd.
966 von Borsig (Hrsg.), Juwel des Lebens 50–54.
967 Um sich seinem »Sohn in seiner Elendsgestalt« nähern und ihm begegnen zu können, »nimmt der Vater selbst ›Knechtsgestalt‹ an« (!) (von Borsig (Hrsg.), Juwel des Lebens 51.
968 Weder, Gleichnisse 62.
969 Hermann/Dürler/Rohrer/Boothe, Beziehungs- und Kommunikatioskonzept der Kreditierung 56–62.
970 S. Hell, Aufschwung für die Seele 65.
971 van Quekelberghe, Grundzüge der spirituellen Psychotherapie 54.
972 Dürrenmatt, Gedankenfuge 79, 80.
973 S. Zahrnt, Die Sache mit Gott 136.
974 Zit. in Zahrnt, aaO. 136, 137.
975 Zahrnt, aaO. 136.
976 Ebd.
977 Schweitzer, Aus meinem Leben und Denken 239, 240.
978 Schweitzer, aaO. 240.
979 Dieses Kapitel ist weitestgehend meinem Beitrag »Evidence-based Medicine: Segen ohne – oder mit – Grenzen? Eine erkenntniskritische Auseinandersetzung« 1677–1681 entnommen.
980 Selbstredend sind auch diese Anfragen kritisch zu hinterfragen.
981 Popper, Logik der Forschung.
982 Hügli/Lübcke, Philosophielexikon 289.
983 Ebd.
984 Ebd.
985 Popper, Logik der Forschung 98, 99.
986 Vgl. Danneberg, Erfahrung und Theorie als Problem moderner Wissenschaftsphilosophie in historischer Perspektive 39.
987 Quine, Zwei Dogmen des Empirismus.
988 Wuchterl/Hübner, Wittgenstein 118.
989 Wittgenstein, Tractatus logico-philosophicus (6. 53).
990 Wuchterl/Hübner, Wittgenstein 120.
991 Ebd.
992 Ebd.
993 Zimmermann, Chaos regiert die Welt – oder der Zufall?
994 Ebd.
995 Avgelis, Rationale Rekonstruktion und Empirie 68.
996 Kuhn, Die Struktur wissenschaftlicher Revolution 10.
997 Hügli/Lübcke, Philosophielexikon 334.
998 Penrose, The Emperors New Mind 538.
999 Ebd.

1000 Ciompi, Die emotionalen Grundlagen des Denkens 93–103.

1001 Tschacher, Wie Embodiment zum Thema wurde 13–17.

1002 Die Literatur zum Thema ist in jüngster Zeit enorm angewachsen und kaum mehr zu überblicken.

1003 Jung, Zugang zum Unbewussten 38.

1004 S. Heisenberg, Der Teil und das Ganze 80.

1005 Feyerabend, Wider den Methodenzwang 39.

1006 Penrose, Shadows of the Mind 357–377.

1007 Eccles, Wie das Selbst sein Gehirn steuert 213–233.

1008 Heisenberg, Der Teil und das Ganze 97, 147.

1009 Feyerabend, Wissenschaft und Kunst 112.

1010 Schulte, Wittgenstein. Eine Einführung 223.

1011 Libet/Gleason/Wright/Pearl, Time of conscious intention to act in relation to onset of cerebral activity (readiness potential). The unconscious initiation of a freely voluntary act 623–642.

1012 Z. B. Kaeser, Im Zweifel gegen das Gehirn 78, 79. S. auch Schneider, Der freie Unwille 71, 72; Wenzel, Die Freiheit der Hirnforschung und der unfreie Wille, 43; Hasler, Was will, wenn wir wollen? 59.

1013 Zit. n. Hell, Seelenhunger 126, 127.

1014 Hell, aaO. 127.

1015 Der Begriff des Kategorienfehlers geht auf den englischen Philosophen Gilbert Ryle zurück.

1016 Tag, Neurowissenschaft und Strafrecht 356.

1017 S. Rüegg, Gehirn, Psyche und Körper 9.

1018 Gfeller, Kleine Geschichte der Ethik 7, 8.

1019 Andrade e Silva/Lochak, Wellen und Teilchen 58–60. Dasselbe Phänomen – etwa das Licht – erscheint uns dabei in zwei einander sich ausschliessenden komplementären Weisen (Korpuskel oder Welle).

1020 Dieses Argument wurde auch vom Physiker Max Planck vertreten: »»Zusammenfassend können wir also sagen: Von aussen betrachtet ist der Wille kausal determiniert, von innen betrachtet ist der Wille frei. Mit der Feststellung dieses Sachverhaltes erledigt sich das Problem der Willensfreiheit. Es ist nur dadurch entstanden, dass man nicht darauf geachtet hat, den Standpunkt der Betrachtung ausdrücklich festzulegen und einzuhalten. Wir haben hier ein Musterbeispiel für ein Scheinproblem (Max Planck: Göttinger Abschiedsvorlesung ›Scheinprobleme der Wissenschaft‹ 1958«. Zit. n. Eichhorn, Suizidprävention und Suizidhilfe aus Patientensicht 141–147).

1021 Eccles, Wie das Selbst sein Gehirn steuert. John Eccles und der Philosoph Karl Popper haben ihr dualistisch-interaktionistisches Weltbild in ihrem berühmten Werk »Das Ich und sein Gehirn« entworfen.

1022 Eccles, aaO. 31.

1023 Zit. n. Schneider, Der freie Unwille 72.

1024 Nida-Rümelin, Zur philosophischen Interpretation der Libet-Experimente 94, 95.

1025 Nida-Rümelin, aaO. 93, 94.

1026 EMG ist die Abkürzung für Elektromyografie. Der Begriff bezeichnet die elektrische Ableitung der Impulse, die die bewegten Muskeln generieren, und markieren den Beginn der Handbewegung.

1027 Libet/Gleason/Wright/Pearl, Time of conscious intention to act in relation to onset of cerebral activity (readiness potential). The unconscious initiation of a freely voluntary act 623–642.

1028 Gomes, The Interpretation of Libet's Results on the Timing of Conscious Events 221–230.

1029 Herrmann/Pauen/Min/Busch/Rieger, Analysis of a choice-reaction task yields a new interpretation of Libet's experiments 151–157.

1030 Rollmann, Sensory events with variable central latencies provide inaccurate clocks 329–359.

1031 Tschacher, Wie Embodiment zum Thema wurde 23.

1032 Tschacher, aaO. 23, 24.

1033 Roth, Aus Sicht des Gehirns 44.

1034 Ebd.

1035 Ausführlichere, reich bebilderte Darstellungen zu diesem Thema finden sich z.B. bei Kandel/ Schwartz/Jessel, Principles of Neural Science.

1036 Roth, Aus Sicht des Gehirns 173. Wie oben erörtert (s. 3.2.6.1), vermischen Ausdrücke wie: »Dort (d.h. in den genannten Bereichen der Hirnrinde, Anm. des Verf.) entsteht zunächst der Wunsch, etwas zu tun« Aussen- und Innenperspektive bzw. entsprechen einer monistischen Sicht und einem Primat der Materie gegenüber dem »Geist«. Eine neutralere Formulierung wäre: »Der Wunsch, etwas zu tun, entspricht zeitlich einer Aktivitätssteigerung in den Gebieten der hinteren parietalen und präfrontalen Hirnrinde.« Schon der Titel von Roths dennoch bemerkenswertem Werk »Aus Sicht des Gehirns« suggeriert eine höhere Rangordnung des Gehirns gegenüber dem personalen Erleben.

1037 Roth, Aus Sicht des Gehirns 173.

1038 Roth, aaO. 176.

1039 Hilbrecht, Meditation und Gehirn 33–34.

1040 LeDoux, Das Netz der Gefühle 173–179.

1041 Goleman, Emotionale Intelligenz 36.

1042 Roth, Aus Sicht des Gehirns 176.

1043 Burckhardt, Reaktionszeiten bei Notbremsvorgängen.

1044 Tschacher, Wie Embodiment zum Thema wurde 30.

1045 Heidenreich/ Michalat, Achtsamkeit und Akzeptanz in der Psychotherapie – Eine Einführung 9–21.

1046 Soon/Brass/Heinze/Haynes, Unconscious determinants of free decisions in the human brain 543–545.

1047 Vgl. Brass/Haggard, The what, when, whether model of intentional action 319–325.

1048 Kornhuber/Deeke, Bereitschaftspotential und Willensfreiheit 133.

Literaturnachweis

1. Allgemeine Hilfsmittel

Duden. Herkunftswörterbuch. Etymologie der deutschen Sprache. Band 7, Mannheim/Leipzig/Wien/Zürich (3) 2001.

Kirchenrat der Evangelisch-reformierten Landeskirche des Kantons Zürich (Hrsg.): Zürcher Bibel, Zürich (3) 2009.

2. Übrige Literatur

Adkinson, R.: Heilige Symbole. Die Kelten (Übers. v. B. Steckhan), München 2009.

Adler, A.: Der Sinn des Lebens, Frankfurt am Main (24) 2010.

Aischylos, Sieben gegen Theben (Übers. Staiger, E.) Stuttgart 2015.

Andrade e Silva, J.; Lochak, G.: Wellen und Teilchen. Einführung in die Quantenmechanik, Frankfurt am Main 1974.

Angel, H.-F.; Krauss, A.: Neurotheologie. Der interdisziplinäre Gott, Gehirn & Geist 4/2004.

Anselm von Canterbury, Proslogion. Lateinisch-deutsche Ausgabe von P. Francisus Salesius Schmitt O. S. B., Stuttgart-Bad Cannstatt (2)1984.

Antonovsky, A.: Salutogenese. Zur Entmystifizierung der Gesundheit, Tübingen 1997.

Aristoteles: Metaphysik. Philosophische Schriften 5 (Übers. Bonitz, H.), Hamburg 1995.

Aristoteles: Über Traumdeutung. In: Kleine naturwissenschaftliche Schriften (Parva naturalia). (Übers. und Hrsg. Dönt, E.), Stuttgart 2010.

Augustinus, A.: Bekenntnisse (Übers. Bernhart, J.), Frankfurt am Main/Hamburg (3) 1956.

Auhagen, A.E. (Hrsg.): Positive Psychologie. Anleitung zum »besseren« Leben, Weinheim (2) 2008.

Auhagen, A.E.: Das Positive mehren. Herausforderungen für die Positive Psychologie. In: Auhagen, A.E. (Hrsg.): Positive Psychologie. Anleitung zum »besseren« Leben, Weinheim (2) 2008.

Avgelis, N.: Rationale Rekonstruktion und Empirie. Zur gegenwärtigen Problemlage in der Wissenschaftstheorie. In: Freudiger, J.; Graeser, A.; Petrus, K. (Hrsg.): Der Begriff der Erfahrung in der Philosophie des 20. Jahrhunderts, München 1996.

Ayan, S.: Achtsamkeit. Willkommen im Jetzt, Gehirn & Geist 3/2007.

Ayan, S.: Weisheit, Gehirn & Geist 12/2009.

Azari, N.P.; Nickel, J.; Wunderlich G. et al.: Neural correlates of religious experience. European Journal of Neuroscince; 13: 1649–1652.

Bair, D.: C. G. Jung. Eine Biographie, München 2005.

Balint, M.: Der Arzt, sein Patient und die Krankheit, Stuttgart (10) 2001.

Bandelow, B.; Wedekind, D.: Angst – Neurobiologie. In: Förstl. H.; Hautzinger, M.; Roth, G. (Hrsg.): Neurobiologie psychischer Störungen, Heidelberg 2006.

Barr, J.: Bibelexegese und moderne Semantik. Theologische und linguistische Methode in der Bibelwissenschaft, München 1965.

Barth, H.-M.: Die Theologie Martin Luthers. Eine kritische Würdigung, Gütersloh 2009.

Bauer, J.: Warum ich fühle, was du fühlst. Intuitive Kommunikation und das Geheimnis der Spiegelneurone, München 2006.

Bauer, J.: Prinzip Menschlichkeit. Warum wir von Natur aus kooperieren, Hamburg 2006.

Baumann, K.; Linden, M.: Weisheitstherapie, Gehirn & Geist 12/2009.

Bayertz, K.: Evolution und Ethik. Grösse und Grenzen eines philosophischen Forschungsprogrammes. In: Bayertz, K. (Hrsg.): Evolution und Ethik, Stuttgart 1993.

Beckett, S.: Flötentöne, Frankfurt am Main 1982.

Bernath, G.A.: Von der Hochscholastik zur Spätscholastik. Die Mystik. In: Kottje, R.; Moeller, B. (Hrsg.): Ökumenische Kirchengeschichte 2. Mittelalter und Reformation, Mainz/München (3) 1983.

Binswanger, D.: Der Kern unserer Kultur. Das Magazin Nr. 22, 1. 6.–7. 6. 2013.

Bloom, P.: Wie die Moral zur Welt kommt. Psychologie Heute (November 2010).

Bonhoeffer, T.: Ursprung und Wesen der christlichen Seelsorge, München 1985.

Borbély, A.: Das Geheimnis des Schlafes. Neue Wege und Erkenntisse der Forschung, Zürich 1987.

Bornkamm, G.: Jesus von Nazareth, Stuttgart/Berlin/Köln/Mainz (13) 1983.

Boss, M.: Praxis der Psychosomatik. Krankheit und Lebensschicksal, Bern 1978.

Bowlby, J.: Attachment and loss. Vol 1. Attachment, London 1982.

Bowlby, J.: Attachment and loss. Vol 2. Separation: anxiety and anger, London 1973.

Bowlby, J.: Attachment and loss. Vol 3. Loss, sadness and depression, London 1980.

Brass, M.; Haggard, P.: The what, when, whether model of intentional action. Neuroscientist 2008; 14: 319–325.

Brunner, E.: Gerechtigkeit, Zürich 1943.

Buber, M.: Ich und Du, Heidelberg (11) 1983.

Buber, M.: Die Erzählungen der Chassidim, Zürich 2003.

Bucher, A.: Moderne Sinnsuche, Gehirn&Geist 3/2011.

Büchner, G.: Dantons Tod, Stuttgart 2002.

Bultmann, R.: Zao, Zoe. In: Kittel, G. (Hrsg.): Theologisches Wörterbuch zum Neuen Testament (Band II), Stuttgart 1938.

Bultmann, R.: Theologie des Neuen Testaments, Tübingen (9) 1984.

Bultmann, R.: Zum Problem der Entmythologisierung. In: Glauben und Verstehen. Gesammelte Aufsätze IV, Tübingen 1965.

Burkert, W.: Antike Mysterien. Funktionen und Gehalt, München (4) 2003.

Burckhardt, M.: Reaktionszeiten bei Notbremsvorgängen, Köln 1985.

Campiche, R.J.; Dubach, A.: Jede(r) ein Sonderfall? Religion in der Schweiz, Zürich 1993.

Campiche, R.J.: Die zwei Gesichter der Religion. Faszination und Entzauberung, Zürich, 2004.

Ciompi, L.: Die emotionalen Grundlagen des Denkens. Entwurf einer fraktalen Affektlogik, Göttingen 1997.

Dalferth, I.U.: Radikale Theologie, Leipzig 2010.

Damasio, A.R.: Descartes' Irrtum. Fühlen, Denken und das menschliche Gehirn, Berlin (2) 2005.

Damasio, A.R.: Ich fühle, also bin ich. Die Entschlüsselung des Bewusstseins, Berlin (7) 2007.

Danneberg, L.: Erfahrung und Theorie als Problem moderner Wissenschaftsphilosophie in historischer Perspektive. In: Freudiger, J.; Graeser, A.; Petrus, K. (Hrsg.): Der Begriff der Erfahrung in der Philosophie des 20. Jahrhunderts, München 1996.

Davies, F.; Norman, R.M.G.; Cortese, L.; Malla, A.K.: The Relationship Between Types of Anxiety and Depression. J Nerv Ment Dis 1995; 183: 31–35.

Dawkins, R.: Der Gotteswahn, Berlin (5) 2009.

Delini-Stula, A.; Lehtinen, A.; Holsboer-Trachsler, E.: Diagnostische und therapeutische Bedeutung von Schmerzsymptomen der Depression. Schweiz. Arch. Neurol. Psychiat. 2006; 157: 278–83.

Deneke, F.-W.: Psychische Struktur und Gehirn. Die Gestaltung subjektiver Wirklichkeiten, Stuttgart/New York 1999.

Descartes, R.: Meditationen über die Grundlagen der Philosophie (Meditationes de prima philosophia), Hamburg (3) 1992.

de Weck, R.: Seine Freiheit war die Präzision. Tages Anzeiger vom 14.3.2011.

Dihle, A.: Psyche. In: Friedrich G. (Hrsg.): Theologisches Wörterbuch zum Neuen Testament (Band XI), Stuttgart/Berlin/Köln/Mainz 1973.

Dostojewski, F.M.: Die Brüder Karamasoff, München/Zürich (23)1987.

Dostojewski, F.M.: Der Idiot, München 1955.

Drewermann, E.: Atem des Lebens. Die moderne Neurologie und die Frage nach Gott. Band 1: Das Gehirn, Düsseldorf (3) 2006.

Drewermann, E.: Atem des Lebens. Band 2: Die Seele, Düsseldorf 2007.

Drewermann, E.: Jesus von Nazareth. Bild eines Menschen, Düsseldorf 2008.

Dürrenmatt, F.: Gedankenfuge, Zürich 1992.

Easwaran, E. (Hrsg.): Die Upanishaden. Eingeleitet und übersetzt von Eknath Easwaran, München 2008.

Ebeling, G.: Wort und Glaube. Band 3. Beiträge zur Fundamentaltheologie, Soteriologie und Ekklesiologie, Tübingen 1975.

Ebeling, G.: Luthers Seelsorge an seinen Briefen dargestellt, Tübingen 1997.
Eccles, J.C.: Wie das Selbst sein Gehirn steuert, München 1994.
Eco, U.: Der Name der Rose, München/Wien 1984.
Eichhorn, M.: Suizidprävention und Suizidhilfe aus Patientensicht. In: Rehmann-Sutter, C.; Bondolfi, A.; Fischer, J.; Leuthold, M. (Hrsg.): Beihilfe zum Suizid in der Schweiz. Beiträge aus Ethik, Recht und Medizin, Bern/Berlin/Bruxelles 2006.
Ellenberger, H.F.: Die Entdeckung des Unbewussten. Geschichte und Entwicklung der dynamischen Psychiatrie von den Anfängen bis zu Janet, Freud, Adler und Jung, Bern 1973.
Erikson, E.H.: Jugend und Krise. Die Psychodynamik im sozialen Wandel, Stuttgart (5) 2003.
Feyerabend, P.: Wider den Methodenzwang, Frankfurt am Main (7) 1999.
Feyerabend, P.: Wissenschaft als Kunst, Frankfurt am Main 1984.
Figl, J.: Bilder für die Seele. Eine religionswissenschaftlich-vergleichende Perspektive. In: Figl, J.; Klein, H.-D. (Hrsg.): Der Begriff der Seele in der Religionswissenschaft, Würzburg 2002.
Fischer, L.: Mahatma Gandhi. Sein Leben und seine Botschaft an die Welt, Darmstadt.
Flammer, A.: Entwicklungstheorien. Psychologische Theorien der menschlichen Entwicklung, Bern/Göttingen/Toronto (2) 1996.
Flor, H.: Bilder für eine gesunde Psyche, Gehirn&Geist 1–2/2010.
Földényj, L.: Der Identitätslose und sein Ich. Wie es Wilhelm Meister in Auschwitz erging. Zehn Begriffe für ein Kertész-Wörterbuch. In: »du« – Zeitschrift für Kultur. Imre Kertész. Der Fremde, Nr. 5, Juni 2005.
Frank, J.D.: What is Psychotherapy? Ed.: Bloch S. An Introduction to the Psychotherapies, Oxford University Press (3) 1996.
Frankl, V.: Der unbewusste Gott. Psychotherapie und Religion, München (5) 1979.
Frankl, V.: Ärztliche Seelsorge, Wien (11) 2005.
Frankl, V.: Der Mensch vor der Frage nach dem Sinn, München/Zürich (18) 2005.
Frankl, V.: Lapide, P.: Gottessuche und Sinnfrage, Gütersloh (2) 2005.
Frankl, V.: ... trotzdem Ja zum Leben sagen. Ein Psychologe erlebt das Konzentrationslager, München (28) 2007.
Freud, S.: Abriss der Psychoanalyse, Frankfurt am Main 1972.
Freud, S.: Die Traumdeutung. Studienausgabe, Bd. II, Frankfurt am Main (2) 1979.
Friedlein, C.: Geschichte der Philosophie, Berlin (13) 1980.
Gerlach, H.E.; Herrmann, O.: Goethe erzählt sein Leben. Nach Selbstzeugnissen Goethes und Aufzeichnungen seiner Zeitgenossen zusammengestellt, Hamburg 1956.
Gfeller, N.: Kleine Geschichte der Ethik, Zürich (3) 2005.
Gnilka, J.: Das Evangelium nach Markus. EKK. Evangelisch-katholischer Kommentar zum Neuen Testament 2/1, Zürich/Düsseldorf (5) 1998.
Goleman, D.: Emotionale Intelligenz, München 1997.

Gomes, G.: The Interpretation of Libet's Results on the Timing of Conscious *Events:* A Commenatry. Consciousness ans Cognition. 2002; 11: 221–230.

Gräb, W.: Deutungsarbeit. Überlegungen zu einer Theologie therapeutischer Seelsorge. In: Pastoraltheologie. Wissenschaft und Praxis in Kirche und Gesellschaft, Vandenhoeck & Ruprecht 1997.

Grass, H.: Glaube. V. Dogmatisch. In: Galing, K. (Hrsg.): Die Religion in Geschichte und Gegenwart. Handwörterbuch für Theologie und Religionswissenschaft. Band II, Tübingen (3) 1986.

Gregor von Nazianz (Gregoriuss theologus): Oratio VII. In: Migne, J.-P. (Hrsg.): Patrologiae grecae, Tomus XXXV, Turnholti Belgium.

Guéguen, N.: Humortherapie. Die Lachkur, Gehirn&Geist 7-8/2011.

Hafner, K.: »Da wachsen kleine Prinzen heran«, Tages Anzeiger vom 15.2.2011.

Hamer, D.: Das Gottes-Gen. Warum uns der Glaube im Blut liegt, München 2006.

Häfliger, M.: »Er war ein Weiser«. NZZ Nr. 285 vom 7. 12. 2013.

Häring, N.; Agarwalla, P.; Müller, E.; Küchenhoff, J.: Die emotionale Qualität der therapeutischen Arbeitsbeziehung und ihre Auswirkung auf Prozess und Outcome nach dem ersten Jahr ambulanter Psychotherapien. Schweiz. Arch. Neurol. Psychiat. 2010;161(5):154–65.

Hartmann, H.: Zen-Zitate ganzheitlich kommentiert, Ennetbaden 1991.

Hasenfratz, H.-P.: Seele. II. Altes Testament. In: Theologische Realenzyklopädie (Bd. XXX), Berlin/New York 1999.

Hasenfratz, H.-P.: Religionswissenschaftliches zur Seelenkonzeption. Am Beispiel Altägyptens. In: Figl, J.; Klein, H.-D. (Hrsg.): Der Begriff der Seele in der Religionswissenschaft, Würzburg 2002.

Hasler, F.: Was will, wenn wir wollen? NZZ am Sonntag vom 15.7.2007.

Hauskeller, M.: Alfred North Whitehead. Zur Einführung, Hamburg 1994.

Heidenreich, T.; Michalat, J.: Achtsamkeit und Akzeptanz in der Psychotherapie. Ein Handbuch, Tübingen (2) 2006.

Heim, E.: Die Welt der Psychotherapie. Entwicklungen und Persönlichkeiten. Stuttgart 2009.

Heisenberg, W.: Der Teil und das Ganze. Gespräche im Umkreis der Atomphysik, München (2) 1998.

Hell, D.: Welchen Sinn macht Depression? Ein integrativer Ansatz, Reinbek bei Hamburg 1997.

Hell, D.: Die Sprache der Seele verstehen. Die Wüstenväter als Therapeuten, Freiburg im Breisgau 2002.

Hell, D.: Seelenhunger. Der fühlende Mensch und die Wissenschaft vom Leben, Bern/Göttingen/Toronto/Seattle 2003.

Hell, D.: Aufschwung für die Seele. Wege innerer Befreiung, Freiburg/Basel/Wien 2005.

Hermann, M.-L-; Dürler, N.; Rohrer, G.; Boothe, B.: Beziehungs- und Kommunikatioskonzept der Kreditierung. Psychotherapeut 2013; 58: 56–62.

Herrmann, C.S.; Pauen, M.; Min B.-K.; Busch, N.; Rieger, J.W.: Analysis of a choice-reaction task yields a new interpretation of Libet's experiments. International Journal of Psychophysiology 2008;67:151–157.

Hersch, J.: Das philosophische Staunen. Einblicke in die Geschichte des Denkens, München (2) 1982.

Hilbrecht, H.: Meditation und Gehirn. Alte Weisheit und moderne Wissenschaft, Stuttgart 2010.

Hoff, P.: Geschichte der Psychiatrie. In: Möller, H.-J.; Laux, G.; Kapfhammer, H.-P. (Hrsg.): Psychiatrie und Psychotherapie, Berlin/Heidelberg/New York (2) 2003.

Hoffman, E.: Abraham Maslow: Der Pionier der Selbstverwirklichung, Psychologie Heute, November 2010.

Hoffmann, K.: Ludwig Binswanger. Psychiater, Psychoanalytiker, Existenzphilosoph, Daseinsanalytiker. Psychiatrie (Beilage zu ARS MEDICI) 1/2001:17-20.

Holzhey, H.: Flug und Fall der Seele – Philosophische Reflexionen in anthropologischer Absicht. In: Stuhr, U.; Leuzinger-Bohleber, M.; Beutel M.E. (Hrsg.): Langzeit-Psychotherapie. Perspektiven für Therapeuten und Wissenschaftler, Stuttgart/Berlin/Köln 2001.

Homer: Die Odyssee, Hamburg 1906.

Homer: Ilias, Stuttgart 2010.

Hügli, A.; Lübcke, P.: Philosophielexikon. Personen und Begriffe der abendländischen Philosophie von der Antike bis zur Gegenwart, Reineck bei Hamburg (2) 1995.

Hüther, G.: Wie Embodiment neurobiologisch erklärt werden kann. In: Storch, M.; Cantieni, B.; Hüther, G.; Tschacher, W. (Hrsg.): Embodiment. Die Wechselwirkung von Körper und Psyche verstehen und nutzen, Bern 2006.

Insel, T.R.; Fernald, R.D.: How the Brain Processes Social Information. Searching for the Social Brain. Annu. Rev. Neurosci. 2004; 27: 697–722.

Jacobi, J.: Der Weg zur Individuation, Olten 1971.

Jacobi, J.: Die Psychologie von C. G. Jung. Eine Einführung in das Gesamtwerk. Frankfurt am Main 1992.

Jaffé, A.: C.G. Jung. Erinnerungen, Träume, Gedanken, Zürich (7) 1979.

Jäncke, L.: Hirnforschung: bildgebende Verfahren. Zur Grenze zwischen Naturwissenschaft und philosophischer Spekulation. In: Holderegger A.; Sitter-Liver B.; Hess C.W.; Rager, G. (Hrsg.): Hirnforschung und Menschenbild. Beiträge zur interdisziplinären Verständigung, Basel 2007.

Jaspers, K.: Vom Ursprung und Ziel der Geschichte. München: Piper, 1949.

Jaspers, K.: Psychologie der Weltanschauungen. Berlin/Heidelberg/New York (6)1971.

Jenny, E.: näfäsch Seele. In: Jenny, E. (Hrsg.): Theologisches Handwörterbuch zum Alten Testament (Band II), München/Zürich (3) 1984.

Jochheim, M.: Seelsorge und Psychotherapie. Historisch-systematische Studien zur Lehre von der Seelsorge bei Oskar Pfister, Eduard Thurneysen und Walter Uhsadel, Bochum 1998.

Johann, E.: Büchner, Hamburg (10) 1973.
Jones, E.: Das Leben und Werk von Sigmund Freud. Band 1, Bern/Stuttgart/Wien (3) 1982.
Jülicher, A.: Die Gleichnisreden Jesu, Freiburg im Breisgau 1888.
Jülicher, A.: Die Gleichnisreden Jesu. Zweiter Teil. Auslegung der Gleichnisreden der drei ersten Evangelien, Freiburg im Breisgau/Leipzig/Tübingen 1899.
Jung, C.G.: Psychologische Typen, Olten 1971.
Jung, C.G.: Zugang zum Unbewussten. In: Jung, C.G.; von Franz; M.-L.; Freeman, J. (Hrsg.): Der Mensch und seine Symbole, Olten/Freiburg im Breisgau 1982.
Jung, C.G.: Das Grundproblem der gegenwärtigen Psychologie. Band 8, Olten/Freiburg im Breisgau (4) 1982.
Jung, C.G.: Psychologie und Religion, München (6) 2004.
Kaeser, E.: Im Zweifel gegen das Gehirn. NZZ am Sonntag, Ausgabe vom 11.5.2008.
Kandel, E.R.: Disorders of Mood: Depression, Mania, and Anxiety Disorders. In: Kandel, E.R.; Schwartz, J.H.; Jessel, T.M. (Hrsg): Principles of Neural Science, New York (4)2000.
Kandel, E.R.; Schwartz, J.H.; Jessel, T.M. (Hrsg.): Principles of Neural Science, New York (4) 2000.
Kandel, E.R.: Psychiatrie, Psychoanalyse und die neue Biologie des Geistes, Frankfurt am Main 2008.
Karger-Decker, B.: Die Geschichte der Medizin – von der Antike bis zur Gegenwart, Düsseldorf 2001.
Kant, I.: Prolegomena zu einer jeden künftigen Metaphysik, Hamburg 2001.
Kerényi, K.: Der Göttliche Arzt. Studien über Asklepios und seine Kultstätte, Zürich 1948.
Kierkegaard, S.: Der Begriff Angst. Übers. von Emanuel Hirsch, Düsseldorf 1958.
Kierkegaard, S.: Entweder/Oder. Teil I. Übers. von Emanuel Hirsch, Düsseldorf 1956.
Kierkegaard, S.: Entweder/Oder. Teil II. Übers. von Emanuel Hirsch, Düsseldorf 1957.
Kind, H.: Psychotherapie und Psychotherapeuten. Methoden und Praxis. Stuttgart/New York 1982.
Klein, D.F.: Anxiety reconceptualized. In: Mod Probl Pharmacopsychiatr 1987; 22: 1–35.
Klein, H.-D.: Der Begriff der Seele in Philosophie und Religion. In: Figl, J.; Klein, H.-D. (Hrsg.): Der Begriff der Seele in der Religionswissenschaft, Würzburg 2002.
Klein, U.: Kardinaltugenden. Historisches Wörterbuch der Philosophie. Band 4, Basel/Stuttgart 1976.
Klemens von Alexandria: Stromateis VII, I, C/D. In: Migne, J.-P. (Hrsg.): Patrologiae Grecae Tomus IX, Turnholti Belgium (9)1966.
Klimchak, S.: Das Ich im Schneckenhaus, Gehirn & Geist 3/2003.
Kloft, H.: Mysterienkulte der Antike. Götter, Menschen, Rituale, München, (3)2006.

Kornhuber; H.H.; Deeke; L.: Bereitschaftspotential und Willensfreiheit Schweiz. Arch. Neurol. Psychiat. 2008; 159: 133.

Kosfeld, M.; Heinrichs, M.; Zak, P.J.; Fischbacher, U.; Fehr, E.: Oxytocin increases trust in humans. Nature 2005; 435: 673-676.

Koelbing, H.M.: Arzt und Patient in der antiken Welt, Zürich/München 1977.

Koukkou-Lehmann, M.: Hirnmechanismen normalen und schizophrenen Denkens. Eine Synthese von Theorien und Daten, Berlin/Heidelberg/New York 1987.

Kuhn, T.S.: Die Struktur wissenschaftlicher Revolution, Frankfurt am Main 1976.

Kuiper, P.C.: Die seelischen Krankheiten des Menschen. Schriften zur Psychoanalyse und psychosomatischen Medizin. Hrsg.: Loch W., Mitscherlich A., von Uexküll T. Bern/Stuttgart (5) 1980.

Kraft, U.: Religion. Wo Gott wohnt. Gehirn&Geist 2/2002.

Kunz, R.: Proceeding from the Virgin Shrine: The Birth of a Metaphor. In: Giselbrecht R.A.; Kunz, R. (Hrsg.): Sacrality and Materiality. Locating Intersections, Göttingen/Bristol 2016.

Lansel, M.: Vom Wesen und Wert der Angst. Eine philosophische Annäherung an ein psychologisches Phänomen. Der informierte Arzt-Gazette Médicale 1997; 18: 71–74.

Lansel, M.: Das Doppelgesicht der Angst – Eine Untersuchung zur Semantik des Angstbegriffs. Schweiz. Arch. Neurol. Psychiat. 1998; 149: 240–241.

Lansel, M.: Panik und Depression: Diagnostische Entität und/oder komorbide Erkrankungen? Schweiz. Arch. Neurol. Psychiat. 2002; 153: 153–157.

Lansel, M.: »Evidence-based Medicine: Segen ohne – oder mit – Grenzen?« Eine erkenntniskritische Auseinandersetzung. Schweiz. Ärztezeitung 2001; 82: 1677–1681.

Lansel, M.: Formen der Angst – ein nosologischer Streifzug. Schweiz. Arch. Neurol. Psychiat. 2004; 155: 129–133.

Lansel, M.: Gemeinsame Aspekte von Psychotherapie und Seelsorge. Schweiz. Arch. Neurol. Psychiat. 2009; 160: 34–37.

Lansel, M.: Die Gefühle Jesu nach den Evangelien. Die Bedeutung der Affekte als Brücke zwischen Bericht und Bekenntnis. Lizenziatsarbeit der Theologischen Fakultät der Universität Zürich unter der Leitung von Prof. Dr. Samuel Vollenweider, Zürich 2009 (nicht publiziert).

Lansel, M.: Zur Aktualität des antiken Asklepioskultes. Im Spannungsfeld zwischen ›case history‹ und Spiritualität. Schweiz. Ärztezeitung 2015; 96: 583–585.

Lansel, M.: Sickness and Spirituality. In: Giselbrecht R.A.; Kunz, R. (Hrsg.): Sacrality and Materiality. Locating Intersections, Göttingen/Bristol 2016.

LeDoux, J.: Das Netz der Gefühle. Wie Emotionen entstehen, München (4) 2006.

Libet, B.; Gleason, C.A.; Wright, E.W.; Pearl, D.K.: Time of conscious intention to act in relation to onset of cerebral activity (readiness potential). The unconscious initiation of a freely voluntary act. Brain 1983; 106: 623–642.

Lopez, S.J.; Snyder, C..R.: Oxford Handbook of Positive Psychology, New York (2) 2009.

Lorenz, K.: Der Kumpan in der Umwelt des Vogels. J. Ornith. 1935; 82: 267–281.

Luther, M.: D. Martin Luthers Werke, Kritische Gesamtausgabe (Weimarer Ausgabe), 31. Band, Zweite Abteilung, Weimar/Graz.

Mahler, M.; Pine, F.; Bergman, A.: Die psychische Geburt des Kindes. Symbiose und Individuation, Frankfurt am Main 1997.

Mandela , N.: Long walk to freedom, London (8) 1996.

Maslow, A.H.: The »Core-Religious« or »Transcendent« Experience. The highest state of consciousness, Garden City 1972.

Maslow, A.H.: Motivation und Persönlichkeit, Reinbek bei Hamburg (12) 2010.

May, R.: Apollonios von Tyana. In: Leven, K.-H. (Hrsg.): Antike Medizin. Ein Lexikon, München 2005.

Meerwein, F.: Übertragung. In: Müller, C. (Hrsg.): Lexikon der Psychiatrie, Berlin/Heidelberg/New York 1973.

Meyers Enzyklopädisches Lexikon (in 25 Bänden): Bibliographisches Institut, Mannheim/Wien/Zürich (9) 1973.

Moeller, B.: Geschichte des Christentums in Grundzügen, Göttingen (3) 1983.

Mogel, H.: Geborgenheit. In: Auhagen, A.E. (Hrsg.): Positive Psychologie. Anleitung zum »besseren« Leben, Weinheim (2) 2008.

Möller, C.: Einführung in die Praktische Theologie. Tübingen/Basel 2004.

Möller, H.-J.; Laux, G.; Kapfhammer, H.-P. (Hrsg.): Psychiatrie und Psychotherapie, Berlin/Heidelberg/ New York (2) 2003.

Nase, E.: »Ein merkwürdiger Mann« – Oskar Pfister und die Anfänge der analytischen Seelsorge. In: Noth, I.; Morgenthaler, C. (Hrsg.): Seelsorge und Psychoanalyse, Stuttgart 2007.

Newberg, A.; d'Aquili, E.; Rause, V.: Der gedachte Gott. Wie Glaube im Gehirn entsteht, München 2003.

Nida-Rümelin, M.: Zur philosophischen Interpretation der Libet-Experimente. In: Holderegger, A.; Sitter-Liver, B.; Hess, C.W.; Rager, G. (Hrsg.): Hirnforschung und Menschenbild. Beiträge zur interdisziplinären Verständigung, Fribourg/ Basel 2007.

Noth, I.: »Deine Ehrfurcht und meine Liebe« – Oskar Pfister (1873–1956) und Albert Schweitzer (1975–1965). In: Noth, I.; Morgenthaler, C. (Hrsg.): Seelsorge und Psychoanalyse, Stuttgart 2007.

Otto, R.: Das Heilige. Über das Irrationale in der Idee des Göttlichen und sein Verhältnis zum Rationalen, München 1979.

Pannenberg, W.: Wissenschaftstheorie und Theologie, Frankfurt am Main (1) 1973.

Peat, F.D.: Synchronizität. Die verborgene Ordnung, München (3) 1992.

Peng-Keller, S.: Einladung zur Achtsamkeit, Freiburg im Breisgau 2012.

Penrose, R.: The Emperors New Mind. Concerning Computers, Minds and The Laws of Physics, London 1990.

Penrose, R.: Shadows of the Mind. A Search for the Missing Science of Consciousness, London 1994.

Pergament, K.I.: The Psychology of Religion and Coping, New York/London 1997.

Pesch, R.: Das Markusevangelium I. Teil, Freiburg/Basel/Wien (4) 1984.

Peterson, C.; Seligman, M.E.P.: Character, Strength and Virtues. A Handbook and Classification, Oxford/New York 2004.

Pieper, M.H.; Pieper, W.J.: Wege aus der Glücksfalle: Warum wir auf der Suche nach Glück so oft scheitern und wie wir dies ändern können, Freiburg im Breisgau 2004.

Platon: Platonis opera. Band 1. Apologia Socratis (Edition: Burnet), Oxford 1900.

Platon: Sämtliche Dialoge. Band II. Phaidros. Apelt, O. (Hrsg.), Hamburg 2004.

Platon: Sämtliche Dialoge. Band V. Der Staat. Apelt, O. (Hrsg.), Hamburg 2004.

Platon: Sämtliche Dialoge. Band VI. Timaios. Apelt, O. (Hrsg.), Hamburg 2004.

Pöldinger, W.: Angst und Angstbewältigung. Therapeutische Umschau 1988; 45: 420–426.

Popkes, E.D.: Der Krankenheilungsauftrag Jesu. Studien zu seiner ursprünglichen Gestalt und seiner frühchristlichen Interpretation, Neukirchen-Vluyn 2014.

Popper, K.R.: Logik der Forschung, Tübingen (8) 1984.

Popper, K.R.; Eccles, J.C.: Das Ich und sein Gehirn, München (10) 2008.

Prigogine, I.: Vom Sein zum Werden. Zeit und Komplexität in den Naturwissenschaften, München/Zürich 1979.

Quine, W.V.O.: Zwei Dogmen des Empirismus. In: Sinnreich, J. (Hrsg.): Zur Philosophie der idealen Sprache, München 1972.

Rahm, D.: Gelassenheit. In: Auhagen, A.E. (Hrsg.): Positive Psychologie. Anleitung zum »besseren« Leben, Weinheim (2) 2008.

Raguse, H.: Freud – Pfister. Stationen einer unverbrüchlichen Freundschaft. In: Noth, I.; Morgenthaler, C. (Hrsg.): Seelsorge und Psychoanalyse, Stuttgart 2007.

Ramachandran, V.S.: Die blinde Frau, die sehen kann, Reinbeck bei Hamburg 2009. Rawls, J.: Eine Theorie der Gerechtigkeit, Frankfurt am Main 1979.

Ricken, F.: Seele. Historisches Wörterbuch der Philosophie. Band 9, Basel/Stuttgart 1971.

Ricoeur, P.: Die lebendige Metapher. In: Essbach, W.; Waldenfels, B. (Hrsg.): Übergänge. Band 12. , München (3) 2004.

Rogers, C.R.: Therapeut und Klient. Grundlagen der Gesprächspsychotherapie, Frankfurt am Main 1983.

Rollmann; G.B.: Sensory events with variable central latencies provide inaccurate clocks. Behavioral and Brain Sciences. 1985; 49: 329–59.

Rössler, D.: Grundriss der Praktischen Theologie Berlin/New York (2) 1994.

Roth, G.: Fühlen, Denken, Handeln. Wie das Gehirn unser Verhalten steuert, Frankfurt am Main 2001.

Roth, G.: Aus Sicht des Gehirns, Frankfurt am Main 2003.

Rüegg, J.C.: Gehirn, Psyche und Körper. Neurobiologie von Psychosomatik und Psychotherapie, Stuttgart/New York (3) 2006.

Rüger, U.: Angst. In: Müller, C. (Hrsg.): Lexikon der Psychiatrie, Berlin/Heidelberg/ New York 1986.

Schauer, M.; Elbert, T.; Neuner, F.: Interaktion von neurowissenschaftlichen Erkenntnissen und psychotherapeutischen Einsichten am Beispiel von traumatischem Stress und dessen Behandlung mittels narrativer Expositionstherapie. In: Becker, R.; Wunderlich, H.-P. (Hrsg.): Wie wirkt Psychotherapie? Forschungsgrundlagen für die Praxis, Stuttgart/New York 2007.

Schindler, A.: Augustin/Augustinismus I. In: Krause, G./ Müller, G. (Hrsg.): Theologische Realenzyklopädie (Band 4), Berlin/New York 1979.

Schindler, R.: Behaviorismus. In: Müller, C. (Hrsg.): Lexikon der Psychiatrie, Berlin/Heidelberg/ New York 1986.

Schleiermacher, F.: Über die Religion. Reden an die Gebildeten unter ihren Verächtern. Dritte Rede, Göttingen (6) 1967.

Schleiermacher, F.: »Der christliche Glaube«, Erster Band, 2. Ausgabe, Berlin (7)1960.

Schnalke, T.: Tempelschlaf. In: Leven, K.-H. (Hrsg.): Antike Medizin. Ein Lexikon, München 2005.

Schneider, R.U.: Der freie Unwille. NZZ Folio April/2002.

Schonauer, K.; Kersting, A.: Supportive Psychotherapie und ärztliche Gesprächsführung. In: Möller, H.-J.; Laux, G.; Kapfhammer, H.-P. (Hrsg.): Psychiatrie und Psychotherapie, Berlin/Heidelberg/New York (2) 2003.

Schöpflin, K.: Seele. In: Müller, G. (Hrsg.): Theologische Realenzyklopädie (Band 30), Berlin/New York 1999.

Schulte, J.: Wittgenstein. Eine Einführung, Stuttgart 1989.

Schulz, W.: Die Dialektik von Geist und Leib bei Kierkegaard. Bemerkungen zum »Begriff Angst«. In: Theunissen, M.; Grewe, W. (Hrsg.): Materialien zur Philosophie Sören Kierkegaards, Frankfurt am Main 1979.

Schütz, A.; Hertel, J.; Heindl, A.: Positives Denken. In: Auhagen, A.E. (Hrsg.): Positive Psychologie. Anleitung zum »besseren« Leben, Weinheim (2) 2008.

Schweer, M.K.W.; Thies, B.: Vertrauen. In: Auhagen, A.E. (Hrsg.): Positive Psychologie. Anleitung zum »besseren« Leben, Weinheim (2) 2008.

Schweitzer, A.: Aus meinem Leben und Denken. Band 1. Gesammelte Werke in fünf Bänden, Buchclub Ex Libris Zürich.

Schweitzer, A.: Aus meiner Kindheit und Jugendzeit. Band 1. Gesammelte Werke in fünf Bänden, Buchclub Ex Libris Zürich.

Schweizer, E.: Psyche. In: Friedrich G. (Hrsg.): Theologisches Wörterbuch zum Neuen Testament (Band XI), Stuttgart/Berlin/Köln/Mainz 1973.

Schweizer, E.: Jesus, das Gleichnis Gottes. Was wissen wir wirklich vom Leben Jesu?, Göttingen (2) 1996.

Schwennen, C.: Verzeihen. In: Auhagen, A.E. (Hrsg.): Positive Psychologie. Anleitung zum »besseren« Leben, Weinheim (2) 2008.

Schwizer, V.: Wenn Bettelmönche bauen. Kirchenbote des Kantons Zürich 6/99.

Seligman, M.E.P.: Flourish. A Visionary New Understanding of Happiness and Wellbeing, New York/London/Toronto/Sydney 2011.

Singer, T.; Kraft, U.: Zum Mitfühlen geboren, Gehirn & Geist 4/2004.

Shorter, E.: Geschichte der Psychiatrie, Berlin 1999.

Sölle, D.: O Grün des Fingers Gottes. Die Meditationen der Hildgard von Bingen, Wuppertal 1989.

Soon, C.S.; Brass, M.; Heinze, H.-J.; Haynes, J.-D.: Unconscious determinants of free decisions in the human brain. Nature neuroscience 2008; 11: 543–545.

Spitzer, M.: Lernen. Gehirnforschung und die Schule des Lebens, Heidelberg/ Berlin 2002.

Stallmach, L.: Glück ist nicht mehr das Ziel. NZZ Nr. 143 vom 22. 6. 2011.

Steiger, J.A.: Seelsorge I. Kirchengeschichtlich. In: Müller, G. (Hrsg.): Theologische Realenzyklopädie (Band 31), Berlin/New York 1999.

Steinmeier, A.M.: Sprachgewinn. Überlegungen im Anschluss an Joachim Scharfenberg. In: Noth, I.; Morgenthaler, C. (Hrsg.): Seelsorge und Psychoanalyse, Stuttgart 2007.

Stern, D.N.: Die Lebenserfahrung des Säuglings, Stuttgart (8) 2003.

Sträuli-Eisenbeiss, B.: Was denkt und fühlt – das Gehirn oder die Seele? In: MUSEION 2000. Heft 2. Zürich, 1997.

Tag, B.: Neurowissenschaft und Strafrecht. In: Holderegger, A.; Sitter-Liver, B.; Hess, C.W.; Rager, G. (Hrsg): Hirnforschung und Menschenbild. Beiträge zur interdisziplinären Verständigung, Fribourg 2007.

Tausch, R.: Sinn in unserem Leben. In: Auhagen, A.E. (Hrsg.): Positive Psychologie. Anleitung zum »besseren« Leben, Weinheim (2) 2008.

Tertullian: Liber de anima. In: Migne, J.-P. (Hrsg.): Patrologiae cursus completus. Tomus secundus, Paris 1844.

Tillich, P.: Das Neue Sein. Religiöse Reden. 2. Folge, Stuttgart (4) 1977.

Tillich, P.: Der Mut zum Sein, Berlin 1991.

Tschacher, W.: Wie Embodiment zum Thema wurde. In: Storch, M./Cantieni, B./ Hüther, G./Tschacher, W. (Hrsg.): Embodiment. Die Wechselwirkung von Körper und Psyche verstehen und nutzen, Bern 2006.

Uehlinger, C.: Religiosität – mit und ohne Institutionen? Neue Daten und Deutungen zum Glauben in der Schweiz. NZZ Nr. 19 vom 24.1.2005.

Utsch, M.: Religiöse Fragen in der Psychotherapie. Psychologische Zugänge zu Religiosität und Spiritualität, Stuttgart 2005.

Utsch, M.: Religiosität und Spiritualität. In: Auhagen A.E. (Hrsg.): Positive Psychologie. Anleitung zum »besseren« Leben, Weinheim (2) 2008.

van Quekelberghe, R.: Grundzüge der spirituellen Psychotherapie, Eschborn bei Frankfurt am Main 2007.

Verhoeven, P.: Jesus. Die Geschichte eines Menschen, München/Zürich 2008.

Villiger, H.: Deutsche Literatur. Von den Anfängen bis zur Gegenwart, Frauenfeld 1971.

Vollenweider, S.: Aussergewöhnliche Bewusstseinszustände und die urchristliche Religion. Eine alternative Stimme zur psychologischen Exegese. Ev Th 65 (2005): 103–117.

von Borsig, M. (Hrsg.): Juwele des Lebens. Buddhas erleuchtetes Erbarmen. Aus dem Lotos-Sutra, Freiburg/Basel/Wien 2002.

von Eschenbach, W.: Parzival. Übertragen von W. Stapel, München/Wien 1984.

von Goethe, J.W.: Faust. Erster Teil, Berlin/Leipzig/Wien/Stuttgart. XXXX

von Magdeburg, M.: »Das fliessende Licht der Gottheit« und Kommentar von Gerhard Wehr, Wiesbaden 2010.
von Rad, G.: Weisheit in Israel, Gütersloh 1992.
Warkotsch, A.: Antike Philosophie im Urteil der Kirchenväter, München/ Paderborn/Wien 1973.
Weder, H.: Neutestamentliche Hermeneutik, Zürich (2) 1989.
Wehner-v. Segesser, S.: Placebo – oder wenn Hoffnung heilt. NZZ Nr. 230 vom 4.10.2006.
Wehr, G.: Europäische Mystik. Eine Einführung, Wiesbaden.
Wehr, M.: Martin Luther. Mystische Erfahrung und christliche Freiheit im Widerspruch, Schaffhausen 1996.
Wenzel, U.J.: Die Freiheit der Hirnforschung und der unfreie Wille. Wird die Neurowissenschaft zur Gesellschaftslehre? NZZ Nr. 19 vom 24./25.1.2004.
Weyman, V.: Glaube als Lebensvollzug und der Lebensbezug des Denkens. Eine Untersuchung zur Glaubenslehre Friedrich Schleiermachers. In: Studien zur Theologie und Geistesgeschichte des neunzehnten Jahrhunderts, Band 25, Göttingen 1977.
Wintzer, F.: Praktische Theologie, Neukirchen/Vluyn (2) 1985.
Wittgenstein, L.: Tractatus logico-philosophicus. Logisch-philosophische Abhandlung, Frankfurt am Main 1963.
Wittgenstein, L.: Philosophische Untersuchungen. In: Werkausgabe Band I, Frankfurt am Main 1984.
Wittgenstein, L.: Geheime Tagebücher. 1914–1916. Baum, W. (Hrsg.), Wien (3)1992.
Wittig, M.: Gregor von Nazianz. Briefe. In: Gessel, W. (Hrsg.): Bibliothek der Griechischen Literatur. Band 13, Stuttgart 1981.
Wolff, H.W.: Anthropologie des Alten Testaments, Gütersloh (7) 2002.
Wuchterl, K.; Hübner, A.: Wittgenstein, Hamburg 1984.
Zahrnt, H.: Die Sache mit Gott. Die protestantische Theologie im 20. Jahrhundert, München (4) 1980.
Zaudig, M.; Trautmann-Sponsel, R.D.; Pielsticker, A.: Entspannungsverfahren. In: Möller, H.-J.; Laux, G.; Kapfhammer, H.-P. (Hrsg.): Psychiatrie und Psychotherapie, Berlin/Heidelberg/New York (2) 2003.
Ziemer, J.: Seelsorge. In: Betz, H. D. et al. (Hrsg.): Religion in Geschichte und Gegenwart (Band 7), Tübingen (4) 2004.
Zimmer Höfler, D.; Hell, D.: Attachment und Psychotherapie. Konzepte der Bindungstheorie, neurobiologische Erkenntnisse und Folgerungen für die therapeutische Beziehung. Schweiz. Arch. Neurol. Psychiat. 1997; 148:7–12.
Zimmermann, H.: Chaos regiert die Welt – oder der Zufall? NZZ Nr. 292 vom 14.12.2000.
Zumstein, J.: Seele. III. Christentum. 1. Neues Testament. In: Betz, H. D. et al. (Hrsg.): Religion in Geschichte und Gegenwart (Band 7), Tübingen (4) 2004.

Lebenslauf

Dr. med. Michel Lansel, geboren 1955. Medizinstudium in Zürich. Promotion zum Thema »Panikerkrankungen«. Facharzt für Psychiatrie und Psychotherapie FMH. Seit 1993 in eigener Praxis in Zürich tätig. Theologiestudium in Zürich und Abschluss 2009. Lizenziatsarbeit zum Thema »Die Gefühle Jesu nach den Evangelien. Die Bedeutung der Affekte als Brücke zwischen Bericht und Bekenntnis«.

Forschungsschwerpunkte: Das Verhältnis von Seelsorge und Psychotherapie. Das Phänomen Angst aus (existenz-)philosophischer, psychologischer und theologischer Perspektive. Erkenntnistheoretische Aspekte psychiatrischer und psychotherapeutischer Forschung sowie die Frage nach der Willensfreiheit.